Das große Hausbuch der Astrologie

DAS GROSSE HAUSBUCH DER ASTROLOGIE

Praktische
Einführung in das Erstellen
von Horoskopen
Umfassender Horoskopteil

MOEWIG

Originalausgabe
© 1992 by Verlagsunion Erich Pabel-Arthur Moewig KG
Alle Rechte vorbehalten
Umschlaggestaltung und -illustration:
Atelier Bachmann, Reischach;
Druck und Bindung: Ebner Ulm
ISBN 3-8118-1219-X

INHALT

Vorwort: Welchen praktischen Nutzen hat die Astrologie .. 13

1. Teil: Einführung in die praktische Astrologie 18

   von Heidelore Kluge

Der Tierkreis 19
   Tierkreisbild und Tierkreiszeichen 19
   Die Entsprechungen der Tierkreiszeichen 20
Der Aszendent 29
Die Häuser 37
   Das 1. Haus 39
   Das 2. Haus 39
   Das 3. Haus 40
   Das 4. Haus 40
   Das 5. Haus 40
   Das 6. Haus 41
   Das 7. Haus 41
   Das 8. Haus 41
   Das 9. Haus 42
   Das 10. Haus 42
   Das 11. Haus 42
   Das 12. Haus 43
Die Planeten 44
   Die Planetenherrscher 46
   Die Planetenprinzipien 46
   Die Bedeutung der Planetenpositionen
   in den zwölf Zeichen und Häusern 49

Erstellung und Deutung eines Horoskops 74
Kleines Lexikon der Astrologie 89

2. Teil: Die Tierkreiszeichen 101

Widder (21. März bis 20. April) 103
   Die starken und schwachen Seiten des Widder-Menschen . 103
   Erziehung der Widder-Kinder. 107
   Der Widder-Mensch als Freund. 111
   Berufe, die sich für Widder-Menschen eignen 113
   Der Widder als Arbeitgeber. 115
   Der Widder als Angestellter. 116
   Diese Gesundheitsregeln sollten
   Widder-Menschen beachten. 118
   Der Widder-Mann und die moderne Partnerschaft 121
   Die Widder-Frau und die moderne Partnerschaft 124
   Wer paßt am besten zum Widder-Mann?. 127
   Wer paßt am besten zur Widder-Frau? 131
   Glückstage der Widder-Menschen 134
   Gückszahlen der Widder-Menschen 135
   Glückssteine und Glücksfarben der Widder-Menschen. . . 136

Stier (21. April bis 20. Mai). 137
   Die starken und die schwachen Seiten
   des Stier-Menschen 137
   Erziehung der Stier-Kinder 141
   Der Stier-Mensch als Freund. 145
   Berufe, die sich für Stier-Menschen eignen 147
   Der Stier als Arbeitgeber 149
   Der Stier als Angestellter 150
   Diese Gesundheitsregeln sollten
   Stier-Menschen beachten. 151
   Der Stier-Mann und die moderne Partnerschaft 153
   Die Stier-Frau und die moderne Partnerschaft 157
   Wer paßt am besten zum Stier-Mann? 160
   Wer paßt am besten zur Stier-Frau? 162
   Glückstage der Stier-Menschen 165
   Glückszahlen der Stier-Menschen 166
   Glückssteine und Glücksfarben der Stier-Menschen 167

Zwillinge (22. Mai bis 21. Juni) 168
　Die starken und schwachen Seiten
　des Zwillinge-Menschen 168
　Erziehung der Zwillinge-Kinder 172
　Der Zwillinge-Mensch als Freund 176
　Berufe, die sich für Zwillinge-Menschen eignen 178
　Der Zwilling als Arbeitgeber 179
　Der Zwilling als Angestellter 181
　Diese Gesundheitsregeln sollten
　Zwillinge-Menschen beachten 183
　Der Zwillinge-Mann und die moderne Partnerschaft 185
　Die Zwillinge-Frau und die moderne Partnerschaft 188
　Wer paßt am besten zum Zwillinge-Mann? 191
　Wer paßt am besten zur Zwillinge-Frau? 194
　Glückstage der Zwillinge-Menschen 196
　Glückszahlen der Zwillinge-Menschen 197
　Glückssteine und Glücksfarben der Zwillinge-Menschen . 198
Krebs (22. Juni bis 22. Juli) 199
　Die starken und die schwachen Seiten
　des Krebs-Menschen 199
　Erziehung der Krebs-Kinder 203
　Der Krebs-Mensch als Freund 207
　Berufe, die sich für Krebs-Menschen eignen 209
　Der Krebs als Arbeitgeber..................... 211
　Der Krebs als Angestellter..................... 212
　Diese Gesundheitsregeln sollten
　Krebs-Menschen beachten.................... 214
　Der Krebs-Mann und die moderne Partnerschaft 216
　Die Krebs-Frau und die moderne Partnerschaft 219
　Wer paßt am besten zum Krebs-Mann? 222
　Wer paßt am besten zur Krebs-Frau?.............. 225
　Glückstage der Krebs-Menschen................. 227
　Glückszahlen der Krebs-Menschen 228
　Glückssteine und Glücksfarben der Krebs-Menschen ... 229
Löwe (23. Juli bis 23. August)................... 230
　Die starken und schwachen Seiten des Löwe-Menschen.. 230
　Erziehung der Löwe-Kinder.................... 234

Der Löwe-Mensch als Freund................. 238
Berufe, die sich für Löwe-Menschen eignen 240
Der Löwe als Arbeitgeber..................... 242
Der Löwe als Angestellter..................... 243
Diese Gesundheitsregeln sollten
Löwe-Menschen beachten..................... 244
Der Löwe-Mann und die moderne Partnerschaft 246
Die Löwe-Frau und die moderne Partnerschaft 249
Wer paßt am besten zum Löwe-Mann?.............. 253
Wer paßt am besten zur Löwe-Frau?............... 255
Glückstage der Löwe-Menschen.................. 258
Glückszahlen der Löwe-Menschen 258
Glückssteine und Glücksfarben der Löwe-Menschen.... 259
Jungfrau (24. August bis 23. September)............. 261
Die starken und die schwachen Seiten
des Jungfrau-Menschen....................... 261
Erziehung der Jungfrau-Kinder.................. 265
Der Jungfrau-Mensch als Freund 269
Berufe, die sich für Jungfrau-Menschen eignen 271
Die Jungfrau als Arbeitgeber.................... 272
Die Jungfrau als Angestellter.................... 274
Diese Gesundheitsregeln sollten
Jungfrau-Menschen beachten................... 276
Der Jungfrau-Mann und die moderne Partnerschaft 278
Die Jungfrau-Frau und die moderne Partnerschaft 281
Wer paßt am besten zum Jungfrau-Mann?........... 284
Wer paßt am besten zur Jungfrau-Frau?............ 287
Glückstage der Jungfrau-Menschen................ 289
Glückszahlen der Jungfrau-Menschen 290
Glückssteine und Glücksfarben der Jungfrau-Menschen.. 291
Waage (24. September bis 23. Oktober)............. 292
Die starken und die schwachen Seiten
des Waage-Menschen........................ 292
Erziehung der Waage-Kinder 296
Der Waage-Mensch als Freund 300
Berufe, die sich für Waage-Menschen eignen 302
Die Waage als Arbeitgeber..................... 304

Die Waage als Angestellter 305
Diese Gesundheitsregeln sollten
Waage-Menschen beachten 307
Der Waage-Mann und die moderne Partnerschaft...... 309
Die Waage-Frau und die moderne Partnerschaft....... 312
Wer paßt am besten zum Waage-Mann? 315
Wer paßt am besten zur Waage-Frau? 318
Glückstage der Waage-Menschen 320
Glückszahlen der Waage-Menschen 321
Glückssteine und Glücksfarben der Waage-Menschen ... 322
Skorpion (24. Oktober bis 22. November) 323
Die starken und die schwachen Seiten
des Skorpion-Menschen 323
Erziehung der Skorpion-Kinder 327
Der Skorpion-Mensch als Freund 331
Berufe, die sich für Skorpion-Menschen eignen 333
Der Skorpion als Arbeitgeber................... 334
Der Skorpion als Angestellter................... 336
Diese Gesundheitsregeln sollten
Skorpion-Menschen beachten................... 338
Der Skorpion-Mann und die moderne Partnerschaft 340
Die Skorpion-Frau und die moderne Partnerschaft 343
Wer paßt am besten zum Skorpion-Mann? 346
Wer paßt am besten zur Skorpion-Frau?............ 349
Glückstage der Skorpion-Menschen............... 352
Glückszahlen der Skorpion-Menschen 353
Glückssteine und Glücksfarben der Skorpion-Menschen . 353
Schütze (23. November bis 21. Dezember) 355
Die starken und die schwachen Seiten
des Schütze-Menschen 355
Erziehung der Schütze-Kinder 359
Der Schütze-Mensch als Freund 363
Berufe, die sich für Schütze-Menschen eignen 365
Der Schütze als Arbeitgeber 366
Der Schütze als Angestellter 368
Diese Gesundheitsregeln sollten
Schütze-Menschen beachten.................... 369

Der Schütze-Mann und die moderne Partnerschaft 371
Die Schütze-Frau und die moderne Partnerschaft 374
Wer paßt am besten zum Schütze-Mann? 377
Wer paßt am besten zur Schütze-Frau? 380
Glückstage der Schütze-Menschen 383
Glückszahlen der Schütze-Menschen 384
Glückssteine und Glücksfarben der Schütze-Menschen . . 385
Steinbock (22. Dezember bis 20. Januar) 386
Die starken und schwachen Seiten
des Steinbock-Menschen 386
Erziehung der Steinbock-Kinder 390
Der Steinbock-Mensch als Freund 394
Berufe, die sich für Steinbock-Menschen eignen 396
Der Steinbock als Arbeitgeber 397
Der Steinbock als Angestellter 399
Diese Gesundheitsregeln sollten
Steinbock-Menschen beachten 400
Der Steinbock-Mann und die moderne Partnerschaft ... 403
Die Steinbock-Frau und die moderne Partnerschaft 406
Wer paßt am besten zum Steinbock-Mann? 409
Wer paßt am besten zur Steinbock-Frau? 412
Glückstage der Steinbock-Menschen 415
Glückszahlen der Steinbock-Menschen 415
Glückssteine und Glücksfarben der Steinbock-Menschen . 416
Wassermann (21. Januar bis 19. Februar) 418
Die starken und schwachen Seiten
des Wassermann-Menschen 418
Erziehung der Wassermann-Kinder 422
Der Wassermann-Mensch als Freund 426
Berufe, die sich für Wassermann-Menschen eignen 428
Der Wassermann als Arbeitgeber 430
Der Wassermann als Angestellter 431
Diese Gesundheitsregeln sollten Wassermann-Menschen
beachten 433
Der Wassermann-Mann und die moderne Partnerschaft . . 435
Die Wassermann-Frau und die moderne Partnerschaft ... 438
Wer paßt am besten zum Wassermann-Mann? 441

Wer paßt am besten zur Wassermann-Frau? 444
Glückstage der Wassermann-Menschen 447
Glückszahlen der Wassermann-Menschen 448
Glückssteine und Glücksfarben
der Wassermann-Menschen 449
Fische (20. Februar bis 20. März) 450
Die starken und schwachen Seiten des Fische-Menschen . 450
Erziehung der Fische-Kinder 454
Der Fische-Mensch als Freund 458
Berufe, die sich für Fische-Menschen eignen 460
Der Fisch als Arbeitgeber 462
Der Fisch als Angestellter 463
Diese Gesundheitsregeln sollten
Fische-Menschen beachten 465
Der Fische-Mann und die moderne Partnerschaft 467
Die Fische-Frau und die moderne Partnerschaft 470
Wer paßt am besten zum Fische-Mann? 473
Wer paßt am besten zur Fische-Frau? 475
Glückstage der Fische-Menschen 478
Glückszahlen der Fische-Menschen 479
Glückssteine und Glücksfarben der Fische-Menschen . . . 480

Vorwort:
Welchen praktischen Nutzen hat die Astrologie?

Astrologie kann jeder betreiben!

Denn „Sterndeutung" – so lautet die exakte Übersetzung des aus dem Griechischen stammenden Begriffes – ist weder ein allwissendes Orakel noch eine nur wenigen Auserwählten zugängliche Geheimlehre. Astrologie ist auch keine von Mysterien umwobene Zukunftsdeuterei und erst recht kein bequemer Ausweg, mit dem Hinweis auf ein angeblich unausweichbares Schicksal Verantwortung abzuschieben. Astrologie kann Ihnen Entscheidungen nicht abnehmen – aber sie hilft Ihnen dabei, die richtigen Entscheidungen zu treffen.

Der Tierkreis und die Planetenkonstellationen zeigen nicht in erster Linie Ereignisse, sondern Tendenzen an. Die Tierkreiszeichen stellen gewissermaßen zwölf Urbilder oder Ideen dar. Psychologisch gesprochen enthalten diese auf der menschlichen Ebene zwölf verschiedene Arten des „In-der-Welt-Seins", von denen jeweils bestimmte in uns als Zielvorstellungen angelegt sind. Ein unter dem Sternzeichen Zwillinge geborener Mensch wird also unter den gleichen Umständen ganz anders empfinden und meistens auch ganz anders handeln als beispielsweise ein unter dem Sternzeichen Stier oder Skorpion geborener Mensch.

Man könnte es auch so ausdrücken: Die Prägung durch ein Sternzeichen läßt uns aus der Gesamtheit der Wirklichkeit bestimmte Ausschnitte besonders scharf, andere weniger scharf und manche gar nicht wahrnehmen – als ob wir Brillen aufhätten, die jeweils nur für bestimmte Färbungen der Wirklichkeit durchlässig wären. So vermitteln uns die Sternzeichen Kenntnis über bestimmte Neigungen, Erlebnisbereitschaften und Interessenrichtungen, denen wir unbewußt unterliegen.

Aber die Astrologie schildert auch bei jedem Zeichen die „echte" und die „unechte" Form, in der es gelebt werden kann, sowie bestimmte zeichentypische Verhaltensweisen, die durch ihre Summierung über lange Zeit sich zu Schicksal zusammenballen. Und darin gerade liegt die Möglichkeit der Selbstverantwortung für jeden einzelnen Menschen: Das Horoskop zeigt die Chancen und Gefahren unserer jeweiligen Anlage, die so zu einer Aufgabe wird, die nur der betreffende Mensch lösen kann.

Astrologie ist also durchaus praktische Lebenshilfe! Man kann sie als ein im Laufe von Jahrtausenden entwickeltes und verfeinertes Mittel bezeichnen, das dazu beiträgt, sich selbst und seine Mitmenschen besser zu begreifen und zu verstehen. Die Astrologie weist Ihnen Wege, wie Sie Ihr Leben glücklicher und erfolgreicher gestalten können, indem sie aufzeigt, welche Fähigkeiten und Möglichkeiten in Ihnen angelegt sind – Gaben, von denen Sie vielleicht gar nichts wissen, weil sie durch Umweltzwänge verschüttet oder verfremdet wurden. Nur wenn Sie Ihren ureigensten Wesenskern samt Ihren Schwächen und Grenzen kennen, können Sie sich so verwirklichen, daß Ihnen das Leben Erfüllung und Zufriedenheit schenkt.

Aber die Astrologie weckt in Ihnen auch Verständnis für die Eigenart Ihrer Mitmenschen und kann so Brücken vom Ich zum Du schlagen und das menschliche Zusammenleben reibungsloser und harmonischer machen. Denn wenn man einmal erkannt hat, wie tief bestimmte Verhaltensweisen in der Natur des Menschen verwurzelt sind, wird man sich auf die Eigenarten seiner Mitmenschen leichter einrichten und ihnen toleranter begegnen können.

Man kann die Astrologie – wenn sie seriös angewandt wird – als die Kunst des Erfassens und Deutens des „Lebenskodes" bezeichnen, der jedem Menschen mit auf den Weg gegeben wird. Eine exakte Wissenschaft ist sie freilich nur in ihrem rechnerischen Teil. Dieser aber ist nur die eine Seite. Die andere heißt Erfahrung, Einfühlungsvermögen, Tiefblick, und ist das unentbehrliche Rüstzeug eines jeden Menschen, der ein Horoskop stellen und deuten will. Bei wirklich guten Astrologen gehen diese beiden Seiten immer miteinander einher. Horoskope für Menschen, die der Astrologe nicht persönlich kennengelernt hat, sollten die Ausnahme von der Regel sein! Man muß schon einiges über die Person des Betreffenden wissen und mindestens psychologische Grundkenntnisse besitzen, um ein Horoskop individuell deuten zu können. Computerhoroskope erfüllen diese Voraussetzungen nicht – sie können deshalb nur sehr allgemeine Aussagen machen.

Gibt es auch Gefahren der Astrologie? Je höher ein Mensch geistig entwickelt ist, desto mehr freien Willen hat er, das im Horoskop Angezeigte positiv zu gestalten. Je mehr wir bereit sind, uns zu wandeln, desto weniger unterliegen wir den Einflüssen. Jeder Mensch hat seinen „Lebenskode" und seine persönliche Himmelsmechanik. Der Verzagte und von Trieben Beherrschte ist ihr ausgeliefert. Darum bleibt es in letzter Konsequenz dem einzelnen überlassen, ob er gut daran tut, sich eine astrologische Prognose erstellen zu lassen oder sie selbst zu erstellen. Er sollte sich besser sehr genau prüfen, ob sein Interesse nicht etwa nur der Ausdruck von Lebensangst ist. Dann nämlich besteht die Gefahr, „horoskopsüchtig", also von der Aussage des Horoskops psychologisch abhängig zu werden. Wer so handelt, mißbraucht die Astrologie und verliert seine innere Freiheit.

Mit gesteigertem Bewußtsein und Selbstbewußtsein emanzipiert sich der Mensch immer mehr vom Kosmos. In der Naturverbundenheit früherer Menschheitsepochen war die Bindung des Menschen an sein Horoskop wesentlich stärker, als dies heute der Fall ist. Dies erkennen wir daran, daß jedem ein Maßstab dafür genannt werden kann, an dem er ermessen kann, inwieweit er in der Lage ist, seine inneren Sternenkräfte zu meistern: Je nachdem, wieweit der einzelne in der Lage ist, alte Gewohnheiten zu überwinden, sein angeborenes Temperament zu verändern und sich von vererbungsbedingten Charakteristika frei zu machen, beherrscht er seine Sterne – und beherrschen nicht seine Sterne ihn!

1. Teil
Einführung
in die praktische Astrologie

Der Tierkreis

Tierkreisbild und Tierkreiszeichen

Beide Begriffe tragen den gleichen Namen, müssen aber streng voneinander geschieden werden, denn sie decken sich nicht mehr wie vor etwa 1900 Jahren zur Zeitenwende. Völlig haben sie sich nie gedeckt und können es auch in Zukunft nicht!

Die Tierkreisbilder sind die sichtbaren Sternformationen innerhalb der Ekliptik, d.h. innerhalb des Jahresweges unserer Sonne im Raum. Die sichtbaren Tierkreisbilder sind nicht von gleicher Länge. Das ist der Grund für die Tatsache, daß sich Bild und gleichnamiges Zeichen nur ungefähr decken können. Die gleichnamigen Tierkreiszeichen sind uns unsichtbar. Sie existieren nur im rhythmischen Geschehen, das sich zwischen Sonne und Erde abspielt.

In den zwölf Tierkreiszeichen, nach denen sich fast alle Kalender richten, geht es um den Sonnenrhythmus im Jahresgeschehen. Null Grad Widder – das ist der Anfang des Tierkreises – liegt dem Zeichen nach jeweils da, wo die Sonne sich in der Sekunde der Frühlings-Tagundnachtgleiche von der Erde aus gesehen befindet. Würde man vom Mittelpunkt der Erde eine Linie zur Frühlingssonne ziehen und sie bis zu dem sichtbaren Tierkreisbild verlängern, so würde man dort heute auf das Sternbild Fische stoßen.

Jährlich verschiebt sich dieser Frühlingspunkt um 50,24 Bogensekunden rückwärts im Reigen der sichtbaren Tierkreisbilder. Diesen Vorgang nennt man Präzession. Daraus ergibt sich ein Zyklus von 25920 Jahren oder rund 26000 Jahren, innerhalb dessen der Frühlingspunkt den ganzen Tierkreis durchwandert und wieder am gleichen Punkt ankommt. Vor rund 26000 Jahren wies der Frühlingspunkt schon einmal auf das Bild Fische. Etwa zur Zeitenwende ging die Frühlingssonne vom sichtbaren Bild Widder über in das Bild Fische. Im Jahre 2474 wird der Frühlingspunkt in das Bild Wassermann überwechseln.

Für die Horoskopie ist diese Verschiebung freilich ohne Belang, weil man schon in früheren Zeiten nicht den sichtbaren Sternbildern, sondern der durch die Tierkreiszeichen gegebenen Einteilung des Jahreslaufes reale Wirkqualitäten zuschrieb, also den astrologischen Tierkreis von den Sternen löste. Daß früher wie heute auch viele Astrologen zu dieser Abstrahierung nicht fähig sind und immer noch den Sternbildern als Konfigurationen von Himmelskörpern eine tatsächliche Einflußnahme auf das Menschenleben zugestehen, hat der seriösen Astrologie sehr geschadet und sie dem Vorwurf ausgesetzt, jede Horoskopdeutung sei von vornherein als Humbug zu verwerfen, weil in Wirklichkeit heute kein Planet mehr in dem Sternbild stünde, in das der Astrologe ihn ins Horoskopformular einträgt.

Deshalb sei es noch einmal wiederholt: Der Astrologe arbeitet nicht mit Sternbildern, sondern mit Tierkreiszeichen. Der astrologische Tierkreis ist nicht auf Fixsternfiguren bezogen, sondern auf den Jahreslauf der Erde. Nur wenn man sich diese unmittelbare Verknüpfung des astrologischen Tierkreises mit irdischen Gegebenheiten vor Augen hält, vermag man den Sinngehalt der uralten Tierkreissymbole überhaupt zu ergründen. Diese sind nämlich durchaus nicht das Ergebnis einer willkürlichen Projektion von Phantasiegestalten auf das Himmelsgewölbe, sondern zu Symbolen verdichtete Aussagen über energetische Wirkungen des Sonnenlaufs auf irdisches Leben und Geschehen, nicht nur auf körperlicher, sondern auch auf geistig-seelischer Ebene.

Die Entsprechungen der Tierkreiszeichen

Die aus dem Jahreslauf abgeleiteten Aussagen über die Tierkreiszeichen lassen sich erheblich verfeinern und erweitern, wenn wir die Segmente des Tierkreises zueinander in Bezug setzen. Solche auf den Grundcharakteristiken aufbauenden Bezüge kennt man seit alter Zeit.

Mit ihrer Hilfe kann man nicht nur die Charakteristik eines jeden Tierkreiszeichens bestimmen; die Gruppierungen dieser Zeichen sind auch für die Deutung des Gesamthoroskops von großer Wichtigkeit.

Die Polarität
Vom Zeichen Widder ausgehend, teilt man den Tierkreis in positive und negative (männliche und weibliche, aktive und passive) Zeichen auf. Auf ein positives folgt jeweils ein negatives Zeichen. Positiv und negativ sind nicht als „gut" oder „schlecht" bzw. „günstig" oder „ungünstig" zu verstehen, sondern geben die Wirkrichtung eines Zeichens an: Zeichen mit positiver Polarität wirken von innen nach außen, Zeichen mit negativer Polarität wirken von außen nach innen.

Tabelle der Polaritäten

Zeichen	Polarität
Widder	+
Stier	−
Zwillinge	+
Krebs	−
Löwe	+
Jungfrau	−
Waage	+
Skorpion	−
Schütze	+
Steinbock	−
Wassermann	+
Fische	−

Die Elemente
Uralt ist die Lehre von den vier Elementen oder Grundwesenheiten des Stofflichen und Seelischen, denen schon die alten Griechen die vier Temperamente beiordneten: Feuer, Luft, Erde und Wasser. Die Elemente geben die *Wirkweise* eines Zeichens an. Jedem der Elemente sind drei Tierkreiszeichen zugeordnet.

Das Feuertrigon

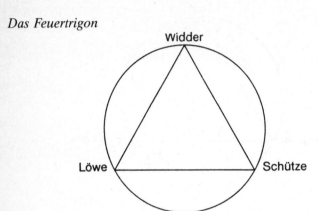

Das Urelement Feuer entspricht der sich strahlenförmig ausbreitenden Bewegungsform. Es manifestiert sich als Energie und Bewegung, als Leben überhaupt. Sein Einfluß schafft Kraft, Kühnheit, Mut, Ehrgeiz, Unternehmungslust, Zuversicht und Selbstvertrauen, Idealismus und starke Empfindungen – aber auch Unbedachtsamkeit, mangelnde Anpassungsfähigkeit, Leidenschaft, Ungeduld, Zorn und Unbeugsamkeit.

Dem Feuerelement gehören die Zeichen
                    Widder, Löwe, Schütze
an.
– Der Widder ist oft rasch gereizt und flammt schnell auf. Sinnbildlich dafür steht das Anfangs- oder Strohfeuer. Er greift vorwiegend durch die Tat in die Außenwelt ein.
– Das Feuer des Löwen brennt beständiger, gleichmäßiger und stabiler. Er hat viel Wärme und Herzensfeuer zu verschenken. Aufgrund seines Geltungsdranges ist er eher extravertiert.

– Beim Schützen ist das Feuer mehr ein geistiges; es ist beweglicher und schmiegsamer als das Widder- und Löwenfeuer. Den Schützen treibt es infolge seines Expansionsdranges in die Außenwelt.

Das Erdtrigon

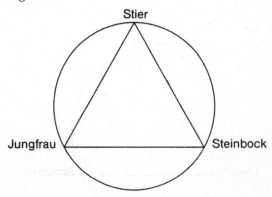

Das Urelement Erde entspricht der zusammenziehenden Bewegungsform und führt daher zur dichteren, festen Manifestation. Hier herrscht eine größere Bindung und Anpassung an das Materielle, an das egoistische Fühlen und Wollen vor. Dieses Urelement zeitigt prägende und überlegene geistige Qualitäten und führt zu Stetigkeit, Fleiß, Geduld, Ausdauer, Verstand, guter Konzentrationsfähigkeit, Wirklichkeitsnähe – aber auch zu Starrsinn, Habsucht, Strenge, Unbeugsamkeit, Fanatismus, Kritiksucht und Genußliebe.

Dem Erdelement gehören die Zeichen
Steinbock, Stier und Jungfrau
an.
– Der Steinbock hat die Fähigkeit zu gewaltigen Anstrengungen, aber er neigt auch zu Starrheit und Herrschsucht.
– Der Stier versteht Substanz anzuziehen und anzuhäufen. Ihn prägen Beschaulichkeit und Beharrungswille.
– Die Jungfrau ist am ehesten an die Realität und die jeweiligen Lebensbedingungen angepaßt.

Das Lufttrigon

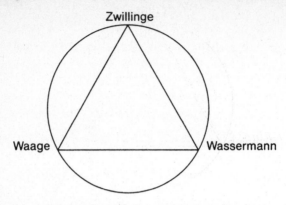

Das Urelement Luft beherrscht die gasförmige Bewegungsform. Dadurch entsteht Schmiegsamkeit, Schnelligkeit und größere Anpassungsfähigkeit. Empfindungen und Gefühle sind lebhafter, die geistigen Fähigkeiten beweglicher, die Eindrucksfähigkeit stärker. Interessen und Neigungen werden schnell geweckt, doch besteht die Tendenz, das Objekt zu wechseln.

Dem Luftelement gehören die Zeichen
Waage, Wassermann, Zwillinge
an.

– Die Waage neigt zum Abwägen, Anpassen und Ausgleichen: deshalb ist sie begabt zum Vermitteln.

– Der Wassermann steht dem Prinzip des höheren Wissens am nächsten. Er ist fähig zu intuitivem Denken und Handeln.

– Der Zwilling bleibt im Denken mehr in den Bereichen des Stofflichen und ist geeignet für die Einholung und Weitergabe von Informationen.

Das Wassertrigon

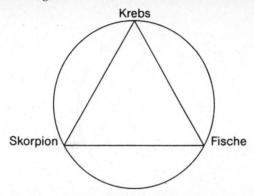

Das Urelement Wasser entspricht der flüssigen bzw. sich wellenartig ausbreitenden Bewegungsform und beeinflußt sehr stark das Gefühl, das Gemüt und die Empfindungswelt. Es verursacht im allgemeinen eine Neigung zur melancholischen Träumerei, stillen Beschaulichkeit und Ruhe, zur Bequemlichkeit und zum Wohlleben. Es macht weicher, leicht beeinflußbar und ebenso leicht dem Stimmungswechsel unterworfen.

Dem Wasserelement gehören die Zeichen
                Krebs, Skorpion und Fische
an.

– Den gefühlsbetonten Krebs prägen Einfühlungsvermögen, Anpassungsfähigkeit und Verbindlichkeit. Dabei ist er jedoch wechselhaft und voller Gegensätze.

– Beim Skorpion drängt die geballte Energie nach allen Seiten ihrer Auswirkungen zum Äußersten. Die Gefühle sind sehr stark, die seelischen Spannungen groß.

– Der passive Fisch ist empfänglich für geistig-seelische Strömungen aller Art.

Die Qualitäten

Die Qualitäten besagen, welche *Wirkintensität* ein Zeichen hat. Jeweils vier Tierkreiszeichen haben die gleiche Qualität, so daß sich ein Kreuzschema ergibt. Auf ein Kardinalzeichen folgt jeweils ein fixes und darauf ein veränderliches Zeichen.

Das kardinale Kreuz

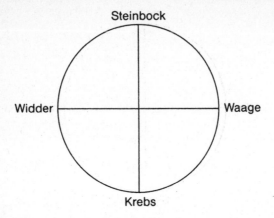

Die Gliederung des ekliptischen Raums in das kardinale oder Hauptkreuz resultiert aus den Zeichen der Tagundnachtgleiche – Widder und Waage – und den Zeichen des Wendekreises der Sonne – Krebs und Steinbock. An den Sonnenwenden werden die Polaritäten des Lebens in reinster Weise erfahren. Deshalb sind die kardinalen Zeichen gewissermaßen die Hauptzeichen des Tierkreises! Ihnen wird von alters her die stärkste Wirkmacht zugeschrieben. Menschen mit betonten Kardinalzeichen im Horoskop besitzen als Anlage ein dynamisches, zielgerichtetes Vorwärtsstreben. Sie zeigen Mut zu Entscheidungen, Risiko- und Einsatzbereitschaft, sind formungsintensiv, handeln aktiv, unternehmend, tatkräftig, schöpferisch, impulsgebend und richtungweisend, ehrgeizig, bestimmt und bestimmend – aber auch rastlos, unbeständig, voreilig, unbedacht und sind Spannungen unterworfen.

Das fixe oder feste Kreuz

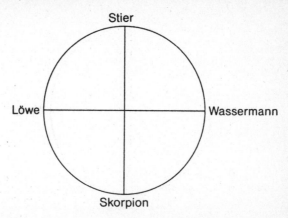

Die Betonung des fixen Zeichens zeigt ein statisches Verhalten. Gehandelt wird erst nach gründlicher, angemessener Überlegung. Die Ziele werden durch Ausdauer und Beharrlichkeit erreicht. Es besteht die Fähigkeit, etwas zu konsolidieren, das einmal Geschaffene zu erhalten und zu pflegen.

Menschen mit Betonung des fixen Kreuzes sind anlagebedingt die zuverlässigsten Menschentypen. Sie sind ausdauernd, stabil, fest gegründet, konzentriert, in sich ruhend, sicherheitsstrebend – aber auch starrsinnig, unbeweglich, festgefahren bis stur.

Das flexible oder veränderliche Kreuz

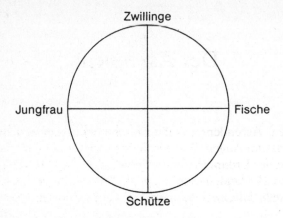

Die Hauptmerkmale der flexiblen Zeichen liegen auf den Gebieten des Verstandes und des Geistes. Menschen mit Betonung der flexiblen Zeichen sind weniger für körperliche Arbeit geeignet, wenigstens nicht für andauernde, strenge – sie eignen sich besser für Denkarbeiten. Die flexiblen Zeichen verleihen mehr Anpassungsfähigkeit als bei den anderen Gruppen, ecken weniger an als die kardinalen und die fixen und verstehen es besser, einmal gemachte Fehler wieder auszugleichen. Sie umgehen krasse Härten und versuchen, ihr Ziel auf dem Wege des geringsten Widerstandes zu erreichen. Menschen mit betonten flexiblen Zeichen besitzen eine gute Anpassungsfähigkeit, Beweglichkeit bei der Durchführung eines Schaffensprozesses und die Fähigkeit, sich schnell in veränderliche Umstände hineinzufinden. Sie sind vielseitig, ideenreich, beweglich, fleißig, weltoffen – aber auch nervös, labil und schweifend und verfügen über wenig Kraftreserven.

Der Aszendent

Unter dem Aszendenten verstehen wir jenes Zeichen des Tierkreises, das im Augenblick der Geburt am Osthimmel erscheint. Als Folge der Erdumdrehung scheint sich der ganze Tierkreis im Laufe von 24 Stunden einmal um die Erde zu drehen; im Durchschnitt steigt alle zwei Stunden ein neues Bild am Osthorizont auf.

Das Aszendentenzeichen kann nur mit Sicherheit bestimmt werden, wenn die genaue Geburtszeit bekannt ist. Eine Unsicherheit von ein bis zwei Stunden macht eine exakte Festlegung bereits unmöglich, weil dann der Schnittpunkt von Osthorizont und Ekliptik bereits in einem anderen Zeichen liegen kann.

Das Tierkreiszeichen, in das der Aszendent fällt, nennt man auch „aufsteigendes Zeichen". Es ist neben dem Sonnenzeichen (diejenigen Sternzeichen, in denen am Tag der Geburt eines Menschen die Sonne steht) das wichtigste Element des Horoskops. Während das Sonnenzeichen nur sehr allgemeine Angaben zuläßt, modifiziert der Aszendent diese Angaben für den individuellen Fall. Das ist leicht zu erklären: Schließlich gilt das Sonnenzeichen einen ganzen Monat lang, während das Aszendentenzeichen nur jeweils zwei Stunden lang gilt!

Auch der Geburtsherrscher bezieht sich immer auf den Aszendenten, ist also immer der dem „aufsteigenden Zeichen" zugeordnete Planet.

Aus der nachfolgenden Aszendententabelle kann man den Aszendenten mit einer Genauigkeit bis auf zehn Grad gemäß der Geburtsstunde ablesen. Die Tabelle bringt den Umfang eines Tierkreiszeichen von 30 Grad in jeweils drei Drittelungen (Dekanaten): 0–10, 10–20, 20–30 Grad eines Zeichens. Dies ist zwar ungenau, genügt aber für die Feststellung des Zeichens am Aszendenten.

Zu beachten sind die jeweiligen Sommerzeiten, für die man eine Stunde von der Ortszeit abziehen muß. Eine Tabelle mit diesen Zeiten folgt im Anschluß an die Aszendententabelle.

		Januar			Februar			März		
		1.	11.	21.	1.	10.	20.	1.	11.	21.
Widder	1. Dek.	11.20	10.40	10.00	9.20	8.40	8.00	7.25	6.45	6.05
	2. Dek.	11.38	10.57	10.17	9.38	8.57	8.20	7.42	7.02	6.22
	3. Dek.	11.56	11.13	10.33	9.56	9.13	8.40	7.58	7.18	6.40
Stier	1. Dek.	12.15	11.30	10.50	10.15	9.30	9.00	8.15	7.35	6.57
	2. Dek.	12.37	11.55	11.13	10.37	9.53	9.20	8.40	7.58	7.20
	3. Dek.	12.59	12.20	11.37	10.59	10.17	9.40	9.05	8.22	7.43
Zwillinge	1. Dek.	13.20	12.45	12.00	11.20	10.40	10.00	9.30	8.45	8.06
	2. Dek.	13.57	13.20	12.37	11.57	11.17	10.40	10.05	9.22	8.41
	3. Dek.	14.34	13.55	13.13	12.34	11.54	11.20	10.40	9.59	9.59
Krebs	1. Dek.	15.10	14.30	13.50	13.10	12.30	12.00	11.15	10.35	9.55
	2. Dek.	16.00	15.20	14.40	14.00	13.20	12.50	12.05	11.25	10.45
	3. Dek.	16.50	16.10	15.30	14.50	14.10	13.40	12.55	12.15	11.35
Löwe	1. Dek.	17.40	17.00	16.20	15.40	15.00	14.30	13.45	13.05	12.26
	2. Dek.	18.37	17.57	17.17	16.47	15.57	15.25	14.42	14.03	13.22
	3. Dek.	19.34	18.54	18.13	17.44	16.54	16.20	15.39	15.02	14.19
Jungfrau	1. Dek.	20.30	19.50	19.10	18.30	17.50	17.15	16.35	16.00	15.15
	2. Dek.	21.27	20.47	20.07	19.27	18.47	18.10	17.32	16.55	16.12
	3. Dek.	22.24	21.44	21.04	20.24	19.44	19.05	18.29	17.50	17.08
Waage	1. Dek.	23.20	22.40	22.00	21.20	20.40	20.00	19.25	18.45	18.05
	2. Dek.	0.17	23.37	22.57	22.17	21.37	21.00	20.22	19.42	19.00
	3. Dek.	1.14	0.34	23.54	23.13	22.34	22.00	21.19	20.39	19.59
Skorpion	1. Dek.	2.10	1.30	0.50	0.10	23.30	23.00	22.15	21.35	20.55
	2. Dek.	3.07	2.27	1.47	1.07	0.27	23.55	23.10	22.32	21.51
	3. Dek.	4.03	3.24	2.44	2.04	1.24	0.50	0.05	23.29	22.47
Schütze	1. Dek.	5.00	4.20	3.40	3.00	2.20	1.45	1.00	0.25	23.44
	2. Dek.	5.50	5.10	4.30	3.50	3.10	2.35	1.52	1.15	0.34
	3. Dek.	6.40	6.00	5.20	4.40	4.00	3.25	2.44	2.05	1.25
Stein-	1. Dek.	7.30	6.50	6.10	5.30	4.50	4.15	3.35	2.55	2.15
bock	2. Dek.	8.07	7.27	6.47	6.07	5.27	4.50	4.12	3.32	3.05
	3. Dek.	8.44	8.03	7.23	6.43	6.03	5.25	4.49	4.08	3.55
Wasser-	1. Dek.	9.20	8.40	8.00	7.20	6.40	6.00	5.25	4.45	4.04
mann	2. Dek.	9.43	9.03	8.23	7.43	7.03	6.25	5.48	5.07	4.27
	3. Dek.	10.07	9.22	8.47	8.07	7.22	6.50	6.12	5.28	5.50
Fische	1.Dek.	10.30	9.45	9.10	8.30	7.45	7.15	6.35	5.50	5.13
	2. Dek.	10.47	10.03	9.27	8.47	8.03	7.30	6.52	6.08	5.30
	3. Dek.	11.03	10.22	9.43	9.10	8.22	7.45	7.08	6.27	5.48

		April			Mai			Juni		
		1.	11.	21.	1.	11.	21.	1.	10.	20.
Widder	1. Dek.	5.25	4.45	4.00	3.25	2.45	2.00	1.25	0.45	0.00
	2. Dek.	5.42	5.02	4.20	3.42	3.02	2.20	1.42	1.02	0.17
	3. Dek.	6.00	5.18	4.40	3.59	3.18	2.40	1.58	1.18	0.33
Stier	1. Dek.	6.17	5.35	5.00	4.15	3.35	3.00	2.15	1.35	0.50
	2. Dek.	6.40	5.58	5.20	4.38	3.58	3.20	2.38	1.57	1.13
	3. Dek.	7.03	6.22	5.40	5.02	4.22	3.40	3.02	2.23	1.37
Zwillinge	1. Dek.	7.26	6.45	6.00	5.25	4.45	4.00	3.25	2.45	2.00
	2. Dek.	8.03	7.22	6.40	6.02	5.22	4.40	4.02	3.22	2.37
	3. Dek.	8.40	7.59	7.20	6.39	5.39	5.20	4.39	3.59	3.13
Krebs	1. Dek.	9.15	8.35	8.00	7.15	6.35	6.00	5.15	4.35	3.50
	2. Dek.	10.05	9.23	8.50	8.05	7.23	6.48	6.05	5.23	4.40
	3. Dek.	10.55	10.12	9.40	8.55	8.12	7.36	6.55	6.11	5.30
Löwe	1. Dek.	11.45	11.00	10.30	9.45	9.00	8.25	7.45	7.00	6.20
	2. Dek.	12.42	12.00	11.15	10.42	10.00	9.22	8.42	8.00	7.17
	3. Dek.	13.37	13.00	12.20	11.38	11.00	10.19	9.39	9.00	8.14
Jungfrau	1. Dek.	14.35	14.00	13.15	12.35	12.00	11.15	10.35	10.00	9.10
	2. Dek.	15.32	14.55	14.10	13.32	12.55	12.10	11.32	10.55	10.07
	3. Dek.	16.29	15.50	15.05	14.28	13.50	13.05	12.29	11.50	11.03
Waage	1. Dek.	17.25	16.45	16.00	15.25	14.45	14.00	13.25	12.45	12.00
	2. Dek.	18.22	17.42	17.00	16.22	15.40	15.00	14.22	13.42	12.57
	3. Dek.	19.19	18.39	18.00	17.19	16.35	16.00	15.19	14.39	13.54
Skorpion	1. Dek.	20.15	19.35	19.00	18.15	17.30	17.00	16.15	15.35	14.50
	2. Dek.	21.10	20.32	19.55	19.10	18.27	17.55	17.10	16.12	15.47
	3. Dek.	22.05	21.29	20.50	20.05	19.24	18.50	18.05	16.48	16.44
Schütze	1. Dek.	23.00	22.25	21.45	21.00	20.20	19.45	19.00	17.25	17.40
	2. Dek.	23.52	23.15	22.35	21.52	21.10	20.35	19.52	18.36	18.30
	3. Dek.	0.44	0.05	23.25	22.44	22.00	21.25	20.44	19.48	19.20
Steinbock	1. Dek.	1.35	0.55	0.15	23.35	22.50	22.15	21.35	21.00	20.10
	2. Dek.	2.12	1.32	0.50	0.12	23.28	22.50	22.12	21.35	20.47
	3. Dek.	2.49	2.08	1.25	0.49	0.07	23.25	22.49	22.10	21.24
Wassermann	1. Dek.	3.25	2.45	2.00	1.25	0.45	0.00	23.25	22.45	22.00
	2. Dek.	3.48	3.07	2.25	1.47	1.07	0.25	23.47	23.07	22.23
	3. Dek.	4.12	3.29	2.50	2.08	1.28	0.50	0.08	23.28	22.45
Fische	1. Dek.	4.35	3.50	3.15	2.30	1.50	1.15	0.30	23.50	23.08
	2. Dek.	4.52	4.08	3.30	2.48	2.08	1.30	0.48	0.08	23.25
	3. Dek.	5.08	4.27	3.45	3.07	2.27	1.45	1.06	0.27	23.43

		Juli			August			September		
		1.	11.	21.	1.	11.	21.	1.	11.	21.
Widder	1. Dek.	23.20	22.40	22.00	21.20	20.40	19.50	19.15	18.35	17.50
	2. Dek.	23.38	22.57	22.17	21.37	20.57	20.08	19.33	18.52	18.08
	3. Dek.	23.57	23.13	22.33	21.53	21.13	20.27	19.52	19.08	18.27
Stier	1. Dek.	0.15	23.30	22.50	22.10	21.30	20.45	20.10	19.25	18.45
	2. Dek.	0.37	23.53	23.13	22.33	21.53	21.10	20.32	19.48	19.07
	3. Dek.	0.59	0.17	23.37	22.57	22.17	21.35	20.53	20.12	19.28
Zwillinge	1. Dek	1.20	0.40	0.00	23.20	22.40	22.00	21.15	20.35	19.50
	2. Dek.	1.57	1.17	0.37	23.57	23.17	22.35	21.50	21.12	20.27
	3. Dek.	2.34	1.54	1.13	0.34	23.53	23.10	22.25	21.48	21.03
Krebs	1. Dek.	3.10	2.30	1.50	1.10	0.30	23.45	23.00	22.25	21.40
	2. Dek.	4.00	3.20	2.40	2.00	1.20	0.35	23.52	23.17	22.32
	3. Dek.	4.50	4.10	3.20	2.50	2.10	1.25	0.43	0.08	23.24
Löwe	1. Dek.	5.40	5.00	4.20	3.40	3.00	2.15	1.35	1.00	0.15
	2. Dek.	6.37	5.57	5.17	4.37	3.57	3.10	2.32	1.55	1.10
	3. Dek.	7.34	6.54	6.14	5.34	4.54	4.05	3.29	2.50	2.05
Jungfrau	1. Dek.	8.30	7.50	7.10	6.30	5.50	5.00	4.25	3.45	3.00
	2. Dek.	9.27	8.47	8.07	7.27	6.47	6.00	5.22	4.42	3.57
	3. Dek.	10.24	9.44	9.03	8.24	7.44	7.00	6.19	5.38	4.54
Waage	1. Dek.	11.20	10.40	10.00	9.20	8.40	8.00	7.15	6.35	5.50
	2. Dek.	12.17	11.37	10.57	10.17	9.37	8.55	8.10	7.32	6.47
	3. Dek.	13.14	12.34	11.54	11.14	10.34	9.50	9.05	8.28	7.44
Skorpion	1. Dek.	14.10	13.30	12.50	12.10	11.30	10.45	10.00	9.25	8.40
	2. Dek.	15.07	14.27	13.47	13.07	12.27	11.42	10.57	10.22	9.37
	3. Dek.	16.04	15.24	14.44	14.03	13.24	12.39	11.54	11.18	10.34
Schütze	1. Dek.	17.00	16.20	15.40	15.00	14.20	13.35	12.50	12.15	11.30
	2. Dek.	17.50	17.10	16.30	15.50	15.10	14.33	13.42	13.05	12.20
	3. Dek.	18.40	18.00	17.20	16.40	16.00	15.12	14.33	13.55	13.10
Steinbock	1. Dek.	19.30	18.50	18.10	17.30	16.50	16.00	15.25	14.45	14.00
	2. Dek.	20.07	19.27	18.47	18.07	17.27	16.37	16.02	15.22	14.37
	3. Dek.	20.44	20.03	19.23	18.43	18.03	17.13	16.38	15.58	15.13
Wassermann	1. Dek.	21.20	20.40	20.00	19.20	18.40	17.50	17.15	16.35	15.50
	2. Dek.	21.43	21.02	20.23	19.43	19.02	18.13	17.37	16.58	16.13
	3. Dek.	22.07	21.23	20.47	20.07	19.23	18.37	17.58	17.22	16.37
Fische	1. Dek.	22.30	21.45	21.10	20.30	19.45	19.00	18.20	17.45	17.00
	2. Dek.	22.47	22.03	21.27	20.47	20.03	19.17	18.38	18.02	17.17
	3. Dek.	23.03	22.22	21.43	21.03	20.12	19.33	18.57	18.18	17.33

		Oktober			November			Dezember		
		1.	11.	21.	1.	11.	21.	1.	11.	21.
Widder	1. Dek.	17.15	16.30	15.50	15.15	14.35	13.55	13.15	12.35	12.00
	2. Dek.	17.30	16.48	16.08	15.33	14.53	14.12	13.33	12.53	12.17
	3. Dek.	17.45	17.07	16.27	15.52	15.12	14.28	13.52	13.12	12.33
Stier	1. Dek.	18.00	17.25	16.45	16.10	15.30	14.45	14.10	13.30	12.55
	2. Dek.	18.25	17.47	17.07	16.32	15.52	15.10	14.32	13.52	13.13
	3. Dek.	18.50	18.08	17.28	16.54	16.13	15.35	14.54	14.13	13.37
Zwillinge	1. Dek.	19.15	18.30	17.50	17.15	16.35	16.00	15.15	14.35	14.00
	2. Dek.	19.50	19.07	18.27	17.50	17.12	16.35	15.50	15.12	14.37
	3. Dek.	20.25	19.43	19.03	18.25	17.49	17.10	16.25	15.48	15.13
Krebs	1. Dek.	21.00	20.20	19.40	19.00	18.25	17.45	17.00	16.25	15.50
	2. Dek.	21.50	21.10	20.32	19.52	19.17	18.35	17.52	17.17	16.40
	3. Dek.	22.40	22.00	21.23	20.44	20.08	19.25	18.44	18.08	17.30
Löwe	1. Dek.	23.30	22.50	22.15	21.35	21.00	20.15	19.35	19.00	18.20
	2. Dek.	0.27	23.47	23.10	22.32	21.55	21.10	20.32	19.55	19.17
	3. Dek.	1.24	0.44	0.05	23.29	22.50	22.05	21.29	20.50	20.14
Jungfrau	1. Dek.	2.20	1.40	1.00	0.25	23.45	23.00	22.25	21.45	21.10
	2. Dek.	3.18	2.37	1.57	1.22	0.42	0.00	23.22	22.42	22.07
	3. Dek.	4.16	3.34	2.54	2.19	1.39	1.00	0.19	23.39	23.04
Waage	1. Dek.	5.15	4.30	3.50	3.15	2.35	2.00	1.15	0.35	0.00
	2. Dek.	6.10	5.27	4.47	4.10	3.32	2.55	2.10	1.32	0.57
	3. Dek.	7.05	6.24	5.44	5.05	4.29	3 50	3.05	2.29	1.53
Skorpion	1. Dek.	8.00	7.20	6.40	6.00	5.25	4.45	4.00	3.25	2.50
	2. Dek.	8.57	8.17	7.37	6.57	6.22	5.40	4.57	4.22	3.47
	3. Dek.	9.54	9.14	8.34	7.54	7.19	6.35	5.54	5,19	4.44
Schütze	1. Dek.	10.50	10.10	9.30	8.50	8.15	7.30	6.50	6.15	5.40
	2. Dek.	11.40	11.00	10.20	9.42	9.05	8.20	7.42	7.05	6.30
	3. Dek.	12.30	11.50	11.10	10.34	9.55	9.10	8.34	7.55	7.20
Steinbock	1. Dek.	13.20	12.40	12.00	11.25	10.45	10.00	9.25	8.45	8.10
	2. Dek.	13.57	13.17	12.37	12.02	11.20	10.37	10.02	9.22	8.47
	3. Dek.	14.34	13.53	13.13	12.39	11.55	11.13	10.38	9.58	9.23
Wassermann	1. Dek.	15.10	14.30	13.50	13.15	12.30	11.50	11.15	10.35	10.00
	2. Dek.	15.33	14.53	14.33	13.37	12.55	12.13	11.37	10.58	10.23
	3. Dek.	15.57	15.17	14.17	13.58	13.20	12.37	11.58	11.23	10.37
Fische	1. Dek.	16.20	15.40	15.00	14.20	13.45	13.00	12.20	11.45	11.10
	2. Dek.	16.38	15.57	15.17	14.38	14.02	13.18	12.38	12.02	11.27
	3. Dek.	16.57	16.13	15.33	14.56	14.18	13.37	12.57	12.18	11.43

Sommerzeit in Deutschland

einfache Sommerzeit:

1916 vom 30. 4.	23 Uhr	bis 1. 10.	1 Uhr
1917 vom 16. 4.	8 Uhr	bis 17. 9.	3 Uhr
1918 vom 15. 4.	3 Uhr	bis 16. 9.	3 Uhr
1940 vom 1. 4.	3 Uhr	*durchgehend*	
1942		bis 2. 11.	2 Uhr
1943 vom 29. 3.	3 Uhr	bis 4. 10.	2 Uhr
1944 vom 3. 4.	3 Uhr	bis 2. 10.	2 Uhr

1945 vom 2. 4. 2 Uhr bis 15. 9. 24 Uhr*
(* im von den Westmächten besetzen Teil)
 vom 2. 4. 2 Uhr bis 9. 5. 2 Uhr*
 vom 9. 5. 2 Uhr bis 20. 8. 2 Uhr*
 (doppelte Sommerzeit!)
 vom 20. 8. 2 Uhr bis 18. 11. 2 Uhr*
(* im russisch besetzten Teil Deutschlands)
1946 vom 14. 4. 3 Uhr bis 7. 10. 3 Uhr
1947 vom 6. 4. 3 Uhr bis 11. 5. 3 Uhr

doppelte Sommerzeit:
1947 vom 11. 5. 3 Uhr bis 29. 6. 3 Uhr

dann wieder einfache Sommerzeit:
1947 vom 29. 6. 3 Uhr bis 5. 10. 3 Uhr
1948 vom 18. 4. 2 Uhr bis 3. 10. 3 Uhr
1949 vom 10. 4. 2 Uhr bis 2. 10. 3 Uhr

1980 vom 6. 4. 2 Uhr bis 28. 9. 3 Uhr
1981 vom 29. 3. 2 Uhr bis 27. 9. 3 Uhr
1982 vom 28. 3. 2 Uhr bis 26. 9. 3 Uhr
1983 vom 27. 3. 2 Uhr bis 25. 9. 3 Uhr
1984 vom 25. 3. 2 Uhr bis 30. 9. 3 Uhr
1985 vom 31. 3. 2 Uhr bis 29. 9. 3 Uhr
1986 vom 30. 3. 2 Uhr bis 28. 9. 3 Uhr

1987 vom 29. 3. 2 Uhr bis 27. 9. 3 Uhr
1988 vom 27. 3. 2 Uhr bis 25. 9. 3 Uhr
1989 vom 26. 3. 2 Uhr bis 24. 9. 3 Uhr
1990 vom 25. 3. 2 Uhr bis 30. 9. 3 Uhr
1991 vom 31. 3. 2 Uhr bis 29. 9. 3 Uhr
1992 vom 29. 3. 2 Uhr bis 27. 9. 3 Uhr
1993 vom 28. 3. 2 Uhr bis 26. 9. 3 Uhr

Anmerkung: Die Uhrzeit bei Beginn der Sommerzeit ist MEZ, die bei Ende MESZ

Die Häuser

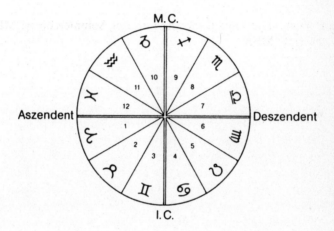

Dem Tierkreis liegt der jährliche Umlauf der Erde um die Sonne zugrunde. Er ist insofern ein „globales" Bezugssystem, als die Sonne beispielsweise Ende März von jedem Punkt der Erde aus gesehen im Zeichen Widder steht. Darüber hinaus aber hat jeder Mensch noch ein persönliches, vom Zeitpunkt und Ort seiner Geburt abhängiges Bezugssystem – das System der Häuser (auch Felder oder Örter genannt), das auf der Tagesdrehung der Erde beruht.

Durch die tägliche Drehung der Erde um ihre Achse kommen Gestirne und Ekliptik ständig in ein anderes Bezugsverhältnis zum Meridian und Horizont eines bestimmten Punktes der Erdoberfläche. Deshalb ist dieses im Augenblick der Geburt am Geburtsort gegebene Verhältnis für diesen Zeitpunkt und Ort charakteristisch: Einige Planeten und Abschnitte der Ekliptik befinden sich über, andere unter dem Horizont, und zwei Zeichen stehen im Aufgang und Untergang: In ihnen liegen die Schnittpunkte der Ekliptik mit dem Horizont des Geburtsortes. Den Schnittpunkt im Osten bezeichnet man als Aszendent, den Schnittpunkt im Westen als Deszendent. Die Verbindungslinie zwischen beiden bildet eine Hauptachse des Horoskops.

Die zweite Hauptachse bildet der Meridian (Mittagskreis) des Geburtsortes, der Kreis zwischen Zenit und Nadir, in dem alle Sterne ihre höchste bzw. niedrigste Stellung erreichen. In der Astrologie heißt der Zenit Himmelsmitte (Medium Coeli, abgekürzt MC) und der Nadir Himmelstiefe (Immum Coeli, abgekürzt IC). Mit Aszendent, Deszendent, Himmelsmitte und Himmelstiefe hat das Häusersystem wie der Tierkreis vier Kardinalpunkte. Der Aszendent entspricht dem Frühlings- oder Widderpunkt im Tierkreis, der Deszendent dem Herbst- oder Waagepunkt, die Himmelsmitte dem Wintersonnenwendepunkt, die Himmelstiefe dem Sommersonnenwendepunkt. Diese Entsprechungen machen die enge Verknüpfung beider Bezugskreise des Horoskops deutlich, weisen aber auch schon auf die Korrelation zwischen den zwölf Häusern und den zwölf Tierkreiszeichen hin.

Durch die Horizontachse, die Verbindung zwischen Aszendent und Deszendent, wird das Horoskop in zwei Hälften geteilt: Die Häuser 1–6 liegen unter dem Horizont, die Häuser 7–12 über dem Horizont. Die unter dem Horizont liegenden Häuser bilden die Ich-Sphäre, die über dem Horizont liegenden Häuser die Du-Sphäre. Die Häuser 1–6 geben also Aufschlüsse über das Ich des betreffenden Menschen, über sein Selbstverständnis, seine Anlagen und Fähigkeiten, sein Wesen usw., die Häuser 7–12 geben Aufschlüsse über sein Verhältnis zur Mitwelt, seine Bindungen und Forderungen an andere, aber auch über das, was ihm aus der Umwelt zukommt.

Auch durch die Meridianachse, die Himmelsmitte und Himmelstiefe verbindet, wird das Horoskop in zwei Hälften geteilt. Die linke (östliche) Hälfte besteht aus den Häusern 10, 11, 12, 1, 2 und 3, die rechte (westliche) Hälfte aus den Häusern 4, 5, 6, 7, 8 und 9. Die Osthälfte ist die Sphäre der bewußten Welt, die Westhälfte die der unbewußten Welt.

Darüber hinaus werden die Häuser noch zu den Tierkreiszeichen in Beziehung gesetzt. In den Grundtönungen findet man dabei eine offensichtliche Korrespondenz zwischen Widder und 1. Haus, Stier und 2. Haus, Zwillingen und 3. Haus usw. Außerdem ist jedes Haus in seiner Wirkintensität und Wirkweise noch nach dem Gruppenschema gefärbt (kardinale Zeichen, Feuerzeichen usw.). Wie den kardinalen Zeichen schreibt man auch den kardinalen Häusern die stärkste Wirkintensität zu, fixe Häuser sind von mittlerer, veränderliche Häuser von schwacher Intensität.

Das 1. Haus

kardinales Feuer-Haus
aktive Wirkintensität
Inhalte: Das erste Haus beinhaltet alles am Menschen, was angeboren ist und kein Ergebnis der Einwirkung der Umwelt. Dazu gehören seine Persönlichkeit und sein Temperament, sein Charakter und ganzes Wesen, auch seine äußere Erscheinung, Mimik und Gestik und seine Kondition, außerdem seine geistigen und seelischen Anlagen.

Das 2. Haus

fixes Erd-Haus
mittlere, stabile Wirkintensität
Inhalte: Hier finden wir Auskunft über Besitz und Mittel eines Menschen. Dazu gehört auch der Ehrgeiz voranzukommen (im Unterschied zur Fähigkeit, dies zu verwirklichen). Das Haus bezieht sich auf finanzielle Möglichkeiten, nicht jedoch auf Geld und Güter, die geerbt werden.

Das 3. Haus

veränderliches Luft-Haus
schwache, bewegliche Wirkintensität
Inhalte: Das dritte Haus repräsentiert die intellektuellen Fähigkeiten eines Menschen und alles andere, wodurch er seine Persönlichkeit anderen gegenüber ausdrückt, etwa seine Ausdrucksweise und alle übrigen Mittel der Kommunikation mit der Welt. Auch Zweckbeziehungen zur Umwelt, einschließlich Geschwistern und anderen Verwandten, gehören dazu – allerdings sind damit mehr die intellektuellen als die emotionalen Beziehungen gemeint.

Das 4. Haus

kardinales Wasser-Haus
starke, beharrliche Wirkintensität
Inhalte: Hier finden wir die ursprüngliche Umgebung eines Menschen dargestellt – der Geburtsort und das elterliche Haus gehören dazu, wie Eltern und Erbe, auch das Schicksal der Eltern. Betroffen sind auch Häuser, Landbesitz und jeder andere Besitz, der mit der Erde verbunden ist. Außerdem bezieht sich dieses Haus auch auf Vorgänge, die einen Abschluß bedeuten, einschließlich der Verhältnisse am Lebensende.

Das 5. Haus

fixes Feuer-Haus
mittlere, aktive Wirkintensität
Inhalte: Das 5. Haus repräsentiert das Liebesleben eines Menschen, außerdem alle Tätigkeiten, die ihm besonderes Vergnügen bereiten. So bezieht es sich auch auf innerste Wünsche, außerdem auf Kinder, Glücksspiel und Spekulationen.

Das 6. Haus

veränderliches Erd-Haus
schwache, stabile Wirkintensität
Inhalte: Hier finden wir Auskunft über die Gesundheit und die physischen Kräfte eines Menschen und über alles, was mit seinem Körper verbunden ist, insbesondere Nahrung und Kleidung. Es bezieht sich auch auf Dienste, die andere diesem Menschen leisten, sowie auf seine Angestellten und Haustiere. Auch unbewußte Hindernisse, Belastungen in Leben und Beruf sowie die Arbeit im allgemeinen werden hier angesprochen.

Das 7. Haus

kardinales Luft-Haus
starke, bewegliche Wirkintensität
Inhalte: Hier finden wir Auskunft über die Partner eines Menschen, insbesondere den Mann oder die Frau, jedoch auch über Geschäftspartner. Auch auf sein Wirken in der Öffentlichkeit und seine Popularität bezieht sich das 7. Haus. Es wird außerdem mit Rechtsstreitigkeiten verknüpft sowie mit offenen Feindschaften.

Das 8. Haus

fixes Wasser-Haus
mittlere, schwankende Wirkintensität
Inhalte: Hier finden wir die Forderungen der Umwelt, Gewinne und Verluste, überraschenden Vermögenszuwachs durch Erbschaften, aber auch schwere Eingriffe und Unglücksfälle, materielle Gefahren und Gefahren für das Leben. Auch der Tod und gewisse Jenseitserlebnisse gehören dazu. Früher nannten die Astrologen das 8. Haus das „Haus des Todes" und meinten, es zeige die wahrscheinliche Lebensdauer eines Menschen sowie die

Art seines Todes an. Moderne Astrologen betrachten es eher als ein „Haus der Regenerierung", mit allem verbunden, was dem Menschen auf psychische, geistige oder physische Weise neues Leben gibt.

Das 9. Haus

veränderliches Feuer-Haus
schwache, aber aktive Wirkintensität
Inhalte: Das 9. Haus gibt Auskunft über die Weltanschauung eines Menschen, über seine geistige Gemeinschaft mit der Umwelt, über seine geistigen Wünsche und die Fähigkeit, sie zu verwirklichen. Auch lange, bedeutsame Reisen mit einem ernsthaften Ziel gehören dazu.

Das 10. Haus

kardinales Erd-Haus
starke, stabile Wirkintensität
Inhalte: Dieses Haus ist bedeutsam für die soziale Stellung, die ein Mensch erreichen kann. Man findet Auskunft über seine Beschäftigung und Karriere, seinen beruflichen Status und die damit verbundenen Rechte und Pflichten. Auch die Beziehung zu Vorgesetzten und staatlichen Autoritäten gehört in dieses Haus. Außerdem kennzeichnet es die Mutter eines Menschen.

Das 11. Haus

fixes Luft-Haus
mittlere, bewegliche Wirkintensität
Inhalte: Das 11. Haus ist traditionell als „Haus der Freundschaft" bekannt. Es beschreibt die Menschen, von denen sich der Horo-

skopträger von Natur aus angezogen fühlt, und die Art der Beziehung, die er zu ihnen hat. Das Haus enthält auch das soziale Leben und allgemein die Haltung zur Menschheit.

Das 12. Haus

veränderliches Wasser-Haus
schwache, schwankende Wirkintensität
Inhalte: Dieses Haus kennzeichnet Hindernisse aus der Umwelt, geheime Feinde, innere und äußere Widerstände und Hemmnisse und persönliche Hemmungen, die die Durchsetzung in der Umwelt erschweren. Auch geheime Dinge aller Art – z.B. Zugehörigkeit zu Geheimgesellschaften – finden hier ihren Niederschlag. Schließlich bezeichnet dieses Haus jede Sphäre – vom Gefängnis bis zur Armee –, wo Disziplin die Hauptsache ist.

Die Planeten

Die Planeten sind das bewegliche Element im Horoskop. Sie symbolisieren Lebensorgane, Wesenskräfte, Grundkräfte und Aktivitäten des Lebens, Fähigkeiten und Eigenschaften und steuern zum Aufbau des Charakters bei. Diese Kräfte sind ununterbrochen vorhanden, werden jedoch durch den Lauf der Gestirne modifiziert. Um die Planetenprinzipien bestimmen zu können, gruppiert man die Planeten am besten zunächst unter den folgenden Gesichtspunkten:
– Es gibt *sonnenzugewandte und sonnenabgewandte Planeten.*
  Sonnenzugwandte, auch innere oder untere Planeten genannt, sind:
Mond, Merkur und Venus.
  Sonnenabgewandte, obere oder äußere Planeten sind:
Mars, Jupiter und Saturn.
– Als nächstes wird unterschieden zwischen *schnellaufenden und langsamlaufenden Gestirnen.*
  Schnellaufende Gestirne sind:
Mond, Merkur, Venus und Mars.
  Langsamlaufende Gestirne sind:
Jupiter, Saturn, Uranus, Neptun und Pluto.
– Wie die Tierkreiszeichen haben auch die Planeten eine bestimmte Wirkrichtung: Sie wirken entweder von innen nach außen oder von außen nach innen, sind also entweder positiv (aktiv, männlich) oder negativ (passiv, weiblich), was durch ein Plus- oder Minuszeichen ausgedrückt wird.
  Pluspolarität haben:
Sonne, Mars, Jupiter, Uranus und Pluto.
  Minuspolarität haben:
Mond, Venus und Neptun.

Merkur und Saturn können beiden Reihen zugehören: Sie übernehmen die Polarität des Zeichens, in dem sie im Geburtshoroskop stehen.

Früher kannte die Astrologie nur sieben herrschende Planeten. Später wurden weitere entdeckt: Uranus, Neptun und Pluto. Aber schon rechnet die Astrologie mit weiteren Planeten innerhalb unseres Sonnensystems. Wenn ein Zeichen oder Haus von keinem Planeten besetzt ist, bleiben seine Charakteristiken latent. Freigesetzt und damit wirksam werden sie erst durch die Besetzung des Zeichens oder Hauses durch einen oder mehrere Planeten. In diesem Fall tritt eine Wechselbeziehung zwischen Zeichen, Haus und Planet ein: Dieser übernimmt zu seiner Eigennatur die Charakteristiken von Zeichen und Haus. Das kann je nach der Position im Horoskop zu einer Verstärkung, Abschwächung oder scheinbaren Veränderung des Planetenprinzips führen. Die Veränderung ist deshalb nur scheinbar, weil jeder Planet sein Prinzip stets beibehält, dieses aber durch stark gegensätzliche Charakteristiken eines Zeichens oder Hauses so sehr „gefärbt" werden kann, daß die tatsächlich gegebene Überlagerung wie eine Vermischung, also Veränderung wirkt.

Die Planetenherrscher

Symbol	Planet	Polarität	herrscht im Zeichen:	herrscht im Haus:
☉	Sonne	+	Löwe	5. Haus
☾	Mond	–	Krebs	4. Haus
☿	Merkur	gemischt	Zwillinge/ Jungfrau	6. Haus/ 3. Haus
♀	Venus:	– –	Stier/ Waage	7. Haus/ 2. Haus
♂	Mars	+	Widder/ Skorpion	8. Haus/ 1. Haus
♃	Jupiter	+	Schütze/ Fische	9. Haus/ 12. Haus
♄	Saturn	–	Steinbock/ Wassermann	10. Haus/ 11. Haus
♆	Neptun	–	Fische	12. Haus
♇	Pluto	+	Skorpion	8. Haus

Die Planetenprinzipien

Die Sonne
Die Sonne symbolisiert die Lebenskraft, das Ich, den Lebenswillen, die Ausstrahlungskraft. Ihre Wirkeigenschaften sind Vitalität, Furchtlosigkeit, Großherzigkeit.

Der Sonne, das heißt dem Sonnenhaften in uns, entspricht der Drang zur Freiheit und Autonomie, der sich zwischen den Polen gesunder Selbstverwirklichung, narzißtischem Größenwahn oder aber mangelnder Kraft zur Selbstbestimmung bewegen kann. Es besteht eine Beziehung der Sonne zum „Ideal-Ich".

Der Mond
Der Mond symbolisiert das Seelische, Unbewußte, die Gewohnheiten und Reaktionen, darüber hinaus Mutterschaft und Gestaltungskraft. Seine Wirkeigenschaften sind Formung, Sammlung, aber auch Wechselhaftigkeit. Über den Mond haben wir einen Zugang zu den unbewußten Regionen der Seele. Das kann erlebt werden als ahnende Instinktsicherheit, traumhaftes Leben in wirklichkeitsferner Wunschwelt oder als kindliches Steckenbleiben in früher Mutterbindung.

Der Merkur
Der Merkur steht für Intellekt, Verstand und Kommunikation, aber auch für Kritiksucht. Seine Wirkeigenschaften sind Klugheit, analytisches Denken, Berechnung. Mit Merkur orientieren wir uns denkend in der Welt, zwischen den Polen von Erkenntnis, skeptisch relativierender Intellektualität oder aber Denkhemmungen.

Die Venus
Die Venus steht als Symbol für Liebe, Gefühlskraft, Sinnenlust, Leidenschaft, Kunstsinn und Glück. Ihre Wirkeigenschaften betonen das Verbindende und Ausgleichende.
 Durch Venus werden wir vom Eros angerührt, sehnen uns nach Harmonie und Schönheit, oder leben passiv und bequem nach dem Lustprinzip.

Der Mars
Der Mars steht für Trieb- und Tatkraft, Mut und Sexualität. Seine Wirkeigenschaften sind Unternehmungs- und Kampfgeist und Initiative.
 Durch Mars erleben wir uns als Wollende, konstruktiv oder destruktiv. Er ist das aktiv vorwärtstreibende Prinzip, das aus der Lust in die Tat treibt und die Welt verändern will.

Der Jupiter
Der Jupiter steht für Entfaltung, Entwicklung, Vorausschau, Optimismus, Stolz. Seine Wirkeigenschaften sind Wachstum und Aufbau.

Jupiter symbolisiert das Sinngebende in uns, sei es in religiös-weltanschaulicher oder sozialer Form. In seiner Zerrform macht er uns zum Blender oder Heuchler, der zu scheinen versucht, was er gern sein möchte.

Der Saturn
Der Saturn steht für Erfahrung, Tradition und Durchsetzungsvermögen. Seine Wirkeigenschaften betonen die Konzentrationskraft und die Verteidigung des Bestehenden.

In Saturn begegnen wir dem grenzsetzenden Realitätsprinzip, außen als Notwendigkeit, innen als Gewissensfunktion erlebt. Seine Auswirkung kann zwischen reifer Selbstbeschränkung, zwanghafter Einengung oder zu schwachem „Über-Ich" liegen.

Der Uranus
Der Uranus steht für Humanität, Wille und Intuition, auch für Erneuerung. Seine Wirkeigenschaften sind Impulsivität, Reformwille, aber auch Unberechenbarkeit und Exzentrizität.

Der Neptun
Der Neptun symbolisiert den animalischen Urinstinkt, die Inspiration und die Phantasiekraft. Er vermittelt das Erleben grenzüberschreitender Transzendenz, Einfühlung bis zur Mystik, aber auch illusionäre Selbsttäuschungen, Wahn oder chaotische Auflösung des Ichs in Rausch und Sucht.

Der Pluto
Der Pluto symbolisiert Zerstörungskraft. Seine Wirkungsweise ist zerstörend, vernichtend, trennend, explosiv. Er steht für Masse, Massenvernichtung, Massenrevolution, Macht in jeder Form.

Im Pluto begegnen wir archaischen Seelenkräften, die – wie die atomaren Energien – zum Heil oder Unheil eingesetzt werden können.

Die Bedeutung der Planetenpositionen in den zwölf Zeichen und Häusern

Die Sonne

im Zeichen Widder:
Offen, energisch, häufig impulsiv. Gibt mehr auf Tatsachen als auf Wunschvorstellungen. Braucht Erfolgserlebnisse. Neigt auch zu Unbedachtsamkeit.

im Zeichen Stier:
Zuverlässig, tüchtig, stabile Zukunftsperspektiven. Möchte beruflich und privat auf sicherem Boden stehen. Kann in mittleren Jahren übertrieben konservativ werden.

im Zeichen Zwillinge:
Wendig, anpassungsfähig, manchmal sprunghaft. Nicht unbedingt zuverlässig. Braucht immer neue Anregungen, wird sonst leicht gelangweilt, ungeduldig und gereizt.

im Zeichen Krebs:
Gefühlsbestimmt, reiche Phantasie, zuverlässig. Manchmal überempfindlich. Häuslich. Möchte das Gefühl haben, gebraucht zu werden.

im Zeichen Löwe:
Selbstsicher, will im Vordergrund stehen. Meistens aufrichtig und zuverlässig. Manchmal eitel und durch Schmeicheleien stark beeinflußbar.

im Zeichen Jungfrau:
Kühl, kritisch. Haßt Verstellung und Heuchelei. Hält sich gern im Hintergrund.

im Zeichen Waage:
Freundlich, geschmackvoll, nicht kämpferisch, entschlußschwach. Sucht gern Anschluß oder die Ratschläge einer stärkeren Persönlichkeit.

im Zeichen Skorpion:
Eigenwillig, oft launisch, aber auch selbstkritisch. Heftig in Liebe und Haß. Kann sich für Menschen oder Ideen voll einsetzen.

im Zeichen Schütze:
Freiheitsliebend, reise- und abenteuerlustig. Wendig und neugierig, aber auch sorglos bis tollkühn. Fair und offen.

im Zeichen Steinbock:
Ordentlich, ernst, ehrgeizig. Realist, neigt unter Belastung zu Depressionen. Hohe Ideale, möchte anerkannt und geschätzt werden.

im Zeichen Wassermann:
Selbständig, etwas kühl, vernunftorientiert. Geht gern seine eigenen Wege. Hilfsbereit. Kann außergewöhnlich oder auffallend sein.

im Zeichen Fische:
Empfindsam, sehr anpassungsfähig. Leicht verletzbar. Braucht Liebe, wird durch Hindernisse rasch entmutigt.

im 1. Haus:
Meistens warmherzig, liebenswürdig, aber auch eitel.

im 2. Haus:
Oft nüchtern, materiell interessiert, teilt nicht gern.

im 3. Haus:
Mitteilsam, gut im mündlichen und schriftlichen Ausdruck, braucht Geselligkeit.

im 4. Haus:
Das Zuhause spielt eine große Rolle. Traditionsverbunden.

im 5. Haus:
Interessiert an Sport, Theater und viel Unterhaltung.

im 6. Haus:
Organisations- und arbeitsfreudig. Anpassungsfähig, kompromißbereit.

im 7. Haus:
Freundlich, umgänglich. Guter Partner in Führungsrolle, bei notwendiger Unterordnung oft frustriert.

im 8. Haus:
Ernst. An materiellen Dingen, aber auch an den Geheimnissen von Tod und Leben interessiert.

im 9. Haus:
Möchte Neues kennenlernen. Tolerant gegenüber Außenseitern.

im 10. Haus:
Karrierebewußt, gewissenhaft. Als Freund oder Partner oft schwierig.

im 11. Haus:
Freundlich, anteilnehmend, treuer Freund.

im 12. Haus:
Verträumt, feinfühlig, verwundbar. Hilfsbereit, aber wenig ausdauernd.

Der Mond

im Zeichen Widder:
Eigenwillig, ruhelos. Will seinen Willen durchsetzen.

im Zeichen Stier:
Ruhig, ausdauernd, ausgesprochener Schönheitssinn.

im Zeichen Zwillinge:
Wendig, aber unkonzentriert. Nervös, neigt zu Stimmungswechsel.

im Zeichen Krebs:
Sehr sensibel und empfindsam, fürsorglich, häuslich.

im Zeichen Löwe:
Stolz, empfindlich, auf Anerkennung bedacht.

im Zeichen Jungfrau:
Zurückhaltend, auf sich selbst konzentriert, neigt zur Kritik.

im Zeichen Waage:
Gewandt, auf äußere Erscheinung bedacht. Sucht Harmonie.

im Zeichen Skorpion:
Energisch, Fähigkeit zur Selbstüberwindung. Leidenschaftlich und eifersüchtig.

im Zeichen Schütze:
Beweglich, impulsiv, Offenheit bis zur Selbstschädigung.

im Zeichen Steinbock:
Seelischer Tiefgang. Neigt zu Depressionen und zum Grübeln. Ehrgeizig und aufstrebend.

im Zeichen Wassermann:
Freundlich, kontaktfreudig, geistig aufgeschlossen. Manchmal idealistische Tendenzen, die aber schlecht belohnt werden.

im Zeichen Fische:
Träumerisch. Mitleidig, hat tiefes Verständnis für andere Menschen.

im 1. Haus:
Neigt zu wechselnden Gemütsstimmungen. Schicksal wechselvoll mit manchem Auf und Ab.

im 2. Haus:
Wenig stabile Vermögensverhältnisse. Öffentliches Wirken, Publikumskontakte.

im 3. Haus:
Viele kleinere Reisen, oft berufsbedingt. Oft öffentliches Wirken.

im 4. Haus:
Unruhige Häuslichkeit, eventuell häufiger Ortswechsel.

5. Haus:
im weiblichen Horoskop: sehr starke Beziehung zum Kind. Im männlichen Horoskop: manchmal pädagogische Interessen.

im 6. Haus:
Gesundheitszustand labil. Nervensystem anfällig.

im 7. Haus:
Unschlüssigkeit bei der Partnerwahl. Vielseitige gesellschaftliche Beziehungen, die nicht immer Bestand haben.

im 8. Haus:
Schicksalhafte Trennungen, manchmal Erbschaftsschwierigkeiten. Anfällig für Depressionen.

im 9. Haus:
Reisen sind schicksalswichtig. Streben nach Wechsel und Veränderung.

im 10. Haus:
Oft beruflich viel auf Reisen. Manchmal nur „Brotberuf", während die wirklichen Interessen ganz anderer Art sind.

im 11. Haus:
Vielseitige Kontakte zur Umwelt, die oft vorteilhaft und nützlich sind.

im 12. Haus:
Neigung zu Depressionen und Neurosen. Persönlichkeitsentfaltung oft schon in früher Jugend gehemmt.

Der Merkur

im Zeichen Widder:
Scharfer Intellekt, erfinderisch, ehrgeizig. Geistig etwas ruhelos, voller Ideen und Pläne.

im Zeichen Stier:
Gründlich, manchmal starrsinnig. Lernt nicht gern und nicht leicht. Ausdauernd und geduldig.

im Zeichen Zwillinge:
Gewandter Intellekt, vielseitig, nicht sehr konzentriert. Oft gute Fremdsprachenbegabung. Braucht Anregungen.

im Zeichen Krebs:
Sehr gutes Gedächtnis, ausgeprägte Phantasie. Neigt aber zu Stimmungsschwankungen und Launen.

im Zeichen Löwe:
Offenherzig, sympathisch. Verlangen nach geistiger Führung.

im Zeichen Jungfrau:
Gutes Sprachgefühl, Genauigkeit, Begabung für Mathematik.

im Zeichen Waage:
Rasch erfassend, beobachtend, vergleichend. Ausgesprochener Gerechtigkeitssinn. Liebe zu den Künsten.

im Zeichen Skorpion:
Scharfer Intellekt. Fast immer Interessen für Okkultismus und philosophische Lebensfragen.

im Zeichen Schütze:
Reich an Ideen und Einfällen, sehr freimütig. Etwas unstet in der gesamten Haltung.

im Zeichen Steinbock:
Logisch, objcktiv. Wenig Phantasie, gründlicher, klarer Verstand. Neigt zum Grübeln und zu Depressionen.

im Zeichen Wassermann:
Intuition, beweglicher Intellekt, psychologische Begabung. Verlangt nach Gerechtigkeit und geistiger Unabhängigkeit.

im Zeichen Fische:
Gefühlsbetont, phantasiegesteuert, intuitiv. Läßt sich leicht täuschen oder täuscht sich selbst. Gutherzig.

im 1. Haus:
Lebhaft und wendig. Gefahr der Sprunghaftigkeit.

im 2. Haus:
Geschäftstüchtig, aber Gefahr der Karrieresucht.

im 3. Haus:
Kontaktfreudig, beredt, auf Weiterbildung bedacht.

im 4. Haus:
Stark dem Zuhause und der Vergangenheit verhaftet.

im 5. Haus:
Interessiert an Sport und Spielen. Guter Kontakt zu jungen Leuten.

im 6. Haus:
Besorgt um Gesundheit, auf Sauberkeit und Perfektion bedacht. Manchmal kritischer Esser.

im 7. Haus:
Nachgiebig, möchte angenehm wirken. Bevorzugt geistig anregende Partner.

im 8. Haus:
Oft Beschäftigung mit dem Okkulten, mit Grundfragen von Leben und Tod.

im 9. Haus:
Auf Horizonterweiterung bedacht, oft sprachbegabt. Gelegentlich Übertreibungen. Will andere überreden, „bekehren".

im 10. Haus:
Beruflich ehrgeizig, wechselt notfalls wiederholt die Stellung. Gefahr innerer Unrast und äußerer Gehetztheit.

im 11. Haus:
Guter Gesellschafter, viele Bekannte, aber eher „Kumpels" als Freunde.

im 12. Haus:
Intuitiv, neigt zur Abkapselung. Oft entschlußschwach.

Die Venus

im Zeichen Widder:
Impulsiv und leidenschaftlich, „Liebe auf den ersten Blick". Wenig echte Stabilität in Ehe und Liebe.

im Zeichen Stier:
Hingabefähig, treu und anhänglich. Viel Schönheitssinn, Liebe zur Musik.

im Zeichen Zwillinge:
Vielseitige Bindungen und schnelle Bekanntschaften, oft durch Korrespondenz. Frühzeitiger Eheschluß. Manchmal Parallelbindungen.

im Zeichen Krebs:
Strebt nach Harmonie. Ist beim richtigen Partner sehr anhänglich und fürsorglich. Viel Phantasie. Oft auch mediale Veranlagung.

im Zeichen Löwe:
Impulsiv und leidenschaftlich. Großmütig und idealistisch auch in der Liebe. Erfolg durch gesellschaftliche Talente, manchmal auch durch Spekulationen.

im Zeichen Jungfrau:
Oft gehemmt oder spröde, manchmal auch berechnend. Erscheint nach außen kühl, hat aber viel Mitgefühl.

im Zeichen Waage:
Kunstsinn oder künstlerische Begabung. Beliebt und populär, aber nicht selten etwas eitel.

im Zeichen Skorpion:
Leidenschaftliche Sinnlichkeit. Eifersüchtig, aber auch fähig zu starker Selbstbeherrschung.

im Zeichen Schütze:
Zersplitterung der Gefühle und Vielseitigkeit der Beziehungen. Oft mehrere Eheschlüsse. Liebe zu den Künsten.

im Zeichen Steinbock:
Ernste, tiefgehende Bindungen. Treu und zuverlässig. Der Partner ist oft älter und reifer. Oft Tendenz zu Eifersucht.

im Zeichen Wassermann:
Ungebundene Auffassung über Liebe und Erotik. Freiheitsdrang auch auf dem Gefühlssektor. Verzögerter Eheschluß.

im Zeichen Fische:
Gefühlvoll, hilfsbereit und opferfähig. In Liebesangelegenheiten häufige Enttäuschungen und viel Unruhe.

im 1. Haus:
Meistens charmant und gut aussehend. Gefahr der Eitelkeit. Interesse an Kunst und Mode.

im 2. Haus:
Auf Erwerb und Besitz bedacht. Guter Gastgeber, geschmackvoll und schöpferisch.

im 3. Haus:
Gesellig, umgänglich. Guter Kontakt zu Geschwistern und gleichaltrigen anderen Verwandten.

im 4. Haus:
Schätzt ein kultiviertes Zuhause (oft viele Pflanzen), guter Geschmack.

im 5. Haus:
Kreativ und kunstliebend. Kinderlieb; hat oft ein außergewöhnliches Kind.

im 6. Haus:
Starkes Interesse an Gesundheitsfragen, kann zum Fitneß-Fanatiker oder Hypochonder werden.

im 7. Haus:
Liebt frohe, entspannte Atmosphäre! Macht gerne andere glücklich. Kann nach Enttäuschungen tiefen Groll hegen.

im 8. Haus:
Stark erotisch, aber meistens auf einen Partner konzentriert. Oft besitzergreifend, kann unverhofft zu Geld kommen.

im 9. Haus:
Aufrichtig, fair, manchmal zu leichtgläubig. Bindungen ans Ausland, an Ausländer möglich.

im 10. Haus:
Gute Beziehungen zu anderen Menschen, auch zu den Eltern. Wenig karrierebewußt, aber Erfolg in Berufen, die anderen Freude bringen.

im 11. Haus:
Verständnisvoll, verschwiegen, diplomatisch. Aktiv und erfolgreich im Klub- und Vereinsleben.

im 12. Haus:
Bevorzugt reges Leben und Zurückgezogenheit. Starke Phantasie. Kann heimliche Bindungen haben.

Der Mars

im Zeichen Widder:
Durchsetzungswille, Tatkraft, Ungeduld, Reizbarkeit. Sportinteressen. Aufbrausendes Temperament.

im Zeichen Stier:
Entschieden und beharrlich. Die Energie wächst mit den Schwierigkeiten. Verlangen nach materieller Absicherung.

im Zeichen Zwillinge:
Oft unruhiges Berufsschicksal mit vielfachem Stellenwechsel. Gewandt in Debatten, zuweilen etwas scharf im Ausdruck, zum Sarkasmus neigend.

im Zeichen Krebs:
Schwankende Willenskurven. Mehr aktive Phantasie als echte Tat. Ehrgeiz, viel Stellungswechsel.

im Zeichen Löwe:
Heftiger Energieeinsatz, Tatbegeisterung. Innerlich unbeugsam – besonders bei Widerspruch. Ehrlich, freimütig.

im Zeichen Jungfrau:
Überlegt und vorsichtig, aber leicht reizbar und kritisch. Auseinandersetzungen mit der Umwelt.

im Zeichen Waage:
Ehrgeizig, Verlangen, „an die Spitze zu kommen". Impulsive Heiraten.

im Zeichen Skorpion:
Autoritär, manchmal übereilt. Schwierigkeiten steigern den Energieeinsatz. Tiefgründige Leidenschaften.

im Zeichen Schütze:
Begeisterungsfähigkeit, Gerechtigkeitsgefühl. Offenherzig bis zur Selbstschädigung. Impulsiv, unüberlegte Handlungen.

im Zeichen Steinbock:
Geduld, Zähigkeit, Ausdauer. Ehrgeizig und nach Aufstieg strebend. Verantwortungsbereitschaft, manchmal Neigung zur Selbstüberschätzung.

im Zeichen Wassermann:
Kampf für Humanität und Gerechtigkeit. Weltverbesserungsideen. Originelle Mentalität. Ansichten kollidieren oft mit denen der Umwelt.

im Zeichen Fische:
Empfindlich und verletzlich. Vielseitige heimliche Liebesbeziehungen. Manchmal träge, labil.

im 1. Haus:
Schwungvoll, meistens sportlich. Impulsiv, ungeduldig. Unfallgefahr!

im 2. Haus:
Ehrgeizig, erstrebt (und erreicht oft) materiellen Erfolg. Oft laute Stimme.

im 3. Haus:
Wissensdurstig, wagemutig, kann viel Unruhe stiften und aggressiv sein.

im 4. Haus:
Angehörigen gegenüber herzlich und hilfsbereit. Energiegeladen, braucht ein entsprechendes Hobby.

im 5. Haus:
Sportlich, wagemutig, oft Spielernatur. Verliebt sich rasch, doch meistens nur oberflächlich.

im 6. Haus:
Ausdauernd, tatkräftig. Gesundheit meistens stabil.

im 7. Haus:
Umgänglich, warmherzig, kontaktfreudig. Tendenz zu früher Heirat.

im 8. Haus:
Triebstark, neigt zur Eifersucht. Oft Interesse für Geheimnisvolles, Rätselhaftes.

im 9. Haus:
Sportlich, reisefreudig. Bei Ungerechtigkeit leicht aggressiv.

im 10. Haus:
Karrierebewußt, strebt an die Spitze. Starre Berufshierarchien frustrieren ihn.

im 11. Haus:
Unternehmungslustig, tatkräftig. Großzügiger Einsatz für Freunde, doch können Freundschaften an vielfältigen Reibereien zerbrechen.

im 12. Haus:
Zurückhaltend, aufopfernd. Lebt oft in einer Welt der Selbsttäuschung.

Der Jupiter

im Zeichen Widder:
Energie, Gerechtigkeitssinn. Impulsiv und ungeduldig.

im Zeichen Stier:
Dieser Einfluß wirkt sich mäßigend auf alle übrigen Horoskopkonstellationen aus, soweit sie übertreibend oder sonstwie negativ sind.

im Zeichen Zwillinge:
Optimismus und geistiger Lebensmut. Reiseliebe, Interesse für Geisteswissenschaften und religiös-philosophische Fragen.

im Zeichen Krebs:
Einlenkend und vermittelnd, höflich und verständnisbereit. Vorsichtige Lebensplanung.

im Zeichen Löwe:
Strebt nach Aufstieg und gesellschaftlicher Beachtung. Manchmal Neigung zur Unmäßigkeit und Vergnügungssucht.

im Zeichen Jungfrau:
Oft pädagogische Fähigkeiten.

im Zeichen Waage:
Ausgleichend, gerechtigkeitsliebend. Etwas zu selbstbewußt.

im Zeichen Skorpion:
Sehr selbstbewußt, zur Arroganz neigend. Intensive Leidenschaften.

im Zeichen Schütze:
Verlangen nach Freiheit, Ungebundenheit. Häufiger Stellenwechsel. Starke philosophische Interessen. Reiselust.

im Zeichen Steinbock:
Muß viele Bewährungsproben bestehen. Ehrgeizig und sparsam.

im Zeichen Wassermann:
Begünstigung über Freunde, Verbindungen und Protektionen. Sehr oft öffentliche Positionen.

im Zeichen Fische:
Seelisch verfeinerte Menschen. Großes soziales Verständnis, Liebe zum Okkulten. Mediale Veranlagung.

im 1. Haus:
Selbstsicher, gelassen. Bei guter Aspektierung: Glücksfälle. Bei Aspektverletzung: unbedacht, Gewichtsprobleme.

im 2. Haus:
Kann materiell viel Glück haben, durch Auslandskontakte zu Geld kommen.

im 3. Haus:
Meistens guter Schüler. Gute Beziehungen zu Geschwistern, durch sie Glücksfälle möglich. Chancen auf Reisen.

im 4. Haus:
Meistens schöne Kindheit, gutes Verhältnis zu den Eltern. Längerer Aufenthalt in der Fremde möglich.

im 5. Haus:
Freude an Liebe, Freizeitvergnügen und Sport. Manchmal Spielernatur.

im 6. Haus:
Oft Beruf, der sehr lohnend ist. Meistens stabile Gesundheit.

im 7. Haus:
Glück in geschäftlichen oder privaten Partnerschaften möglich. Oft späte Heirat oder mehrere Ehen.

im 8. Haus:
Erbschaften oder Vermehrung von fremdem Geld durch glückliche Investitionen. Einsatz für ein hohes Ideal möglich.

im 9. Haus:
Gutmütig, aufrichtig. Häufig sprachbegabt. Auslandskontakte. Materielle Förderung durch ausgedehnte Reisen möglich.

im 10. Haus:
Chancen in Beruf und Politik. Oft schauspielerisch begabt. Gefahr der Unbedachtsamkeit.

im 11. Haus:
Beliebt, findet rasch Kontakt. Kann durch gesellschaftliche Verbindungen Förderungen erfahren.

im 12. Haus:
Zurückhaltend, vielleicht sehr religiös. Materiell oft wenig Erfolg, ist jedoch zufrieden.

Der Saturn

im Zeichen Widder:
Egozentrisch und widerspenstig. Der Wille, andere zu führen, bringt oft einen Mangel an Verträglichkeit und Geduld mit sich.

im Zeichen Stier:
Praktiker, Realist. Zäher Wille, Verlangen nach Solidität. Oft langsam und umständlich.

im Zeichen Zwillinge:
Mitunter depressiv, Neigung zu Sorgen und Ängstlichkeit.

im Zeichen Krebs:
Seelische Tiefe, Sparsamkeit. Verlangen nach Ruhe und Sicherheit. Oft liegen die Ziele höher als die eigene Befähigung.

im Zeichen Löwe:
Oft hohe Ideale, aber quälende Pflichten. Manchmal Neigung zur Selbstüberschätzung. Nicht sehr verträglich.

im Zeichen Jungfrau:
Starke geistige Kraft, die in die Tiefe geht. Neigung zu Pedanterie und Nörgelsucht.

im Zeichen Waage:
Zuverlässig, pflichtbewußt, mit seelischem und geistigem Tiefgang. Oft künstlerisch begabt.

im Zeichen Skorpion:
Zäh und willensstark. Entschlossenheit und Ausdauer garantieren den Aufstieg.

im Zeichen Schütze:
Philosophische Interessen. Häufig öffentliche Positionen mit Einfluß auf andere Menschen.

im Zeichen Steinbock:
Oft harter Durchsetzungskampf in der ersten Lebenshälfte. Geduldig im Ertragen von Schwierigkeiten.

im Zeichen Wassermann:
Interesse an Geheimwissenschaften und Okkultismus. Befähigung zu intuitiver Menschenkenntnis.

im Zeichen Fische:
Grüblerisch, nach Erkenntnis suchend. Sensibel, sucht Ruhe und Frieden. Häufig ein Mensch, der irgendwie gezwungen ist, „im Hintergrund" zu bleiben.

im 1. Haus:
In jungen Jahren manchmal gehemmt und unsicher.

im 2. Haus:
Auf materielle Sicherheit bedacht, sparsam. Berufliches Fortkommen nur durch angestrengten Einsatz.

im 3. Haus:
Lernt gewissenhaft, aber schwer. Oft Sorgen mit unmittelbarer Umgebung (Geschwistern).

im 4. Haus:
Manchmal wenig erfreuliche Kindheit. Schließt sich gern zu Hause ab.

im 5. Haus:
Manchmal strenger Vater. Sorgen mit Kindern (Krankheiten, Körperschäden) möglich.

im 6. Haus:
Um Gesundheit und Beruf besorgt. Führt Begonnenes stets zu Ende.

im 7. Haus:
Späte Heirat oder Ehe mit älterem Partner möglich.

im 8. Haus:
Vorsichtig in Beruf und Gelddingen. Interesse für religiöse Fragen möglich. In Liebesdingen manchmal gehemmt.

im 9. Haus:
Konzentriertes Denken, sehr ernst. Verluste und Enttäuschungen durch Reisen möglich.

im 10. Haus:
Auf Aufstieg und Anerkennung bedacht, kann aus Ehrgeiz rücksichtslos werden.

im 11. Haus:
Oft eingleisig im Denken und Wollen (Karriere-Ehrgeiz). Förderung durch ältere Freunde möglich.

im 12. Haus:
Schließt sich oft nach außen hin ab. Kann durch unbekannte Menschen Schwierigkeiten bekommen.

Der Uranus

im Zeichen Widder:
Strebt nach führender Position. Hindernisse können zu Gefühlsexplosionen führen. Wagemutig, manchmal sprunghaft.

im Zeichen Stier:
Entschlossen, eigenwillig. Kann Ziele hartnäckig verfolgen. Oft bemerkenswerte Stimme.

im Zeichen Zwillinge:
Ideenreich, flüssig im Ausdruck. Vielleicht wissenschaftlich begabt.

im Zeichen Krebs:
Eher passiv als aktiv eingestellt. Oft an schönem Zuhause und gutem Essen interessiert.

im Zeichen Löwe:
Oft hervorragende Führungsqualitäten, die aber nicht immer richtig eingesetzt werden. Kann sehr eigenwillig sein.

im Zeichen Jungfrau:
Sich selbst und anderen gegenüber oft überkritisch. Mitunter Neigung zu ausgefallenen Ansichten über Gesundheit und Ernährung.

im Zeichen Waage:
Gerechtigkeitsliebend. Starker Wunsch nach Partnerschaft mit innerer Bindung.

im Zeichen Skorpion:
Kann sich für eine Sache oder Idee einsetzen. Oft gefühlsstark, manchmal mit magnetischer Anziehungskraft.

im Zeichen Schütze:
Beweglich und umgänglich. Oft origineller Denker. Zielbewußtes, planvolles Handeln. Fähigkeit zu kultiviertem Genuß.

im Zeichen Steinbock:
Starke Willenskraft, Kämpfernatur, oft starke Persönlichkeit. Bei Aspektverletzung oft machthungrig, rücksichtslos, auch Neigung zu Alkohol oder Alkoholikern.

im Zeichen Wassermann:
Originell, ideenreich, oft wissenschaftlich interessiert. Kann häufig weitgesteckte Ziele nicht befriedigend verwirklichen.

im Zeichen Fische:
Einfühlsam, verständnisvoll. Auf das Wohlergehen seiner Mitmenschen bedacht.

im 1. Haus:
Individualist mit eigenwilligem Lebensstil. Möglicherweise ungewöhnliches oder auffallendes Äußeres.

im 2. Haus:
Legt keinen großen Wert auf persönlichen Besitz. Kann den Lebensunterhalt auf außergewöhnliche Weise verdienen.

im 3. Haus:
Abwechslungsreiche, anregende Schulzeit. Vielleicht originelle pädagogische Ideen.

im 4. Haus:
Möglicherweise unruhige Kindheit oder ein exzentrisches Elternteil. Später Umzüge oder Auslandsaufenthalte.

im 5. Haus:
Häufige Veränderungen im Liebesleben möglich.

im 6. Haus:
Leidet möglicherweise an einer seltenen Krankheit. Oft unberechenbar, wählerisch beim Essen.

im 7. Haus:
Stellt sich rasch auf Umweltveränderungen ein. In Liebe und Ehe ungewöhnliche Partner.

im 8. Haus:
Kann auf ungewöhnlichen Wegen zu Geld kommen, aber auch viel Geld verlieren. Oft Interesse für Okkultes.

im 9. Haus:
Reisen mit ungewöhnlichen Erlebnissen. Unfälle!

im 10. Haus:
Meistens anpassungsfähig, weitblickender Planer.

im 11. Haus:
Oft unkonventionelle Freunde. Schätzt geistige Beziehungen, wünscht nur wenige Gefühlsbindungen.

im 12. Haus:
Tendenz zur Abkapselung. Vom Außergewöhnlichen angezogen. Gefahr eines exzentrischen Verhaltens.

Der Neptun

im Zeichen Zwillinge:
Phantasievoll, manchmal phantastisch. Häufig unpraktisch. Interesse an Okkultismus und fremden Religionen.

im Zeichen Krebs:
Neigt zur Flucht vor der Wirklichkeit. Liebt den Luxus und die Annehmlichkeiten des Lebens.

im Zeichen Löwe:
Wagemutig, stolz und freiheitsliebend. Bei Aspektverletzung Tendenz zu Schwäche und Feigheit oder zu Egoismus und Brutalität.

im Zeichen Jungfrau:
Manchmal prophetische Vorausschau. Steht meistens orthodoxen Religionen und überkommenen Ansichten sehr skeptisch gegenüber.

im Zeichen Waage:
Idealistisch, etwas wirklichkeitsfremd. Manchmal Flucht vor der Realität (Gefahr der Drogenabhängigkeit). Oft nicht sonderlich stark ausgeprägtes Pflichtbewußtsein.

im Zeichen Skorpion:
Sinn für soziale Gerechtigkeit. Bei Aspektverletzung Tendenz zu Hinterhältigkeit und Grausamkeit.

im Zeichen Schütze:
Wacher Intellekt, fühlt sich aber auch häufig von utopischen Vorstellungen angezogen.

im Zeichen Steinbock:
Fähigkeit zur Verwirklichung intuitiver Erkenntnisse und idealistischer Ziele.

im 1. Haus:
Wenig entschlußfreudig, nicht sehr praktisch veranlagt. Oft hohe Ideale, die jedoch verschüttet sein können. Kunstinteresse.

im 2. Haus:
Meistens Idealist, macht sich nur wenig aus Geld.

im 3. Haus:
Reiche Phantasie, kann sich aber in Wunschvorstellungen verlieren.

im 4. Haus:
Nicht sonderlich ordnungsliebend. Kann einem Elternteil innerlich eng verbunden sein. Braucht viel Zärtlichkeit und Rücksichtnahme.

im 5. Haus:
Etwas wirklichkeitsfremd, verliert sich gern in Phantasiewelten außerhalb der eigenen Phantasie (Romane, Film).

im 6. Haus:
Beruflich nicht sehr ehrgeizig. Neigung zur Bequemlichkeit. Vorsicht vor Medikamentenmißbrauch.

im 7. Haus:
Braucht zärtlichen und einfühlsamen Partner. Bei unvorhergesehenen Schwierigkeiten Trennungstendenz.

im 8. Haus:
In finanziellen Angelegenheiten häufig unbedacht. Häufig ausgeprägte Einbildungskraft und Fähigkeit zu intuitiven Erkenntnissen.

im 9. Haus:
Träumt gerne von Reisen, vor allem Seereisen. Hat viele gute Absichten, die jedoch häufig nicht verwirklicht werden.

im 10. Haus:
Möglichkeit wiederholter Berufs- oder Stellenwechsel. Tendenz zu plötzlichen tiefgreifenden Veränderungen in der Lebensweise.

im 11. Haus:
Im kleinen Kreis freundlich und umgänglich, kommt aber oft mit größeren Menschengruppen nicht zurecht. Kann bei Aspektverletzung von Freunden und Bekannten jäh im Stich gelassen werden.

im 12. Haus:
Menschen und Tieren gegenüber warmherzig, sucht und findet Kontakt.

Der Pluto

im Zeichen Zwillinge:
Selbstsicher, einfallsreich, wagemutig. Bei Aspektverletzung Möglichkeit wiederholter Wechsel im Berufsleben, auch Tendenz zu Partnerwechsel.

im Zeichen Krebs:
Reiches Innenleben, oft lebhafte Träume und Phantasien. Kann entschieden für neue Ideen eintreten.

im Zeichen Löwe:
Oft ausgeprägter Wunsch nach Beeinflussung oder Beherrschung anderer Menschen. Bei Aspektverletzung nicht selten rücksichtslos, empfindlich und insgesamt unreif.

im Zeichen Jungfrau:
An Gesundheit und Medizin interessiert. Bei guter Aspektierung Aussicht auf materiellen Erfolg.

im Zeichen Waage:
Vernunftorientiert, auf vernünftige Problemlösung bedacht.

im 1. Haus:
Will gebraucht werden oder im Leben eine „Mission" erfüllen können. Bei Aspektverletzung Belastung durch seelische Probleme und innere Kämpfe.

im 2. Haus:
Persönlich und materiell auf Absicherung bedacht. Kann bei guter Aspektierung in geschäftlichen Angelegenheiten eine glückliche Hand haben.

im 3. Haus:
Möglicherweise Probleme in Schule und Ausbildung.

im 4. Haus:
Möglicherweise Probleme innerhalb der Familie, kann launenhaft und aufbrausend sein.

im 5. Haus:
Interessiert an Sport und Spiel. Möglicherweise zahlreiche Liebesaffären.

im 6. Haus:
Außergewöhnlich arbeitsam und tüchtig. Interessiert an Gesundheitsproblemen. Bei Aspektverletzung: Eine schwere oder langwierige Erkrankung kann einen Einschnitt im Leben bewirken.

im 7. Haus:
Kann ein anstrengender Partner sein! Knüpft vielleicht Beziehungen an, die nichts einbringen.

im 8. Haus:
Manchmal Fähigkeit zu analytischem, streng logischem Denken, aber auch Möglichkeit intuitiver Einsichten mit Interesse am Übernatürlichen.

im 9. Haus:
Kann sich stark zum Ausland hingezogen fühlen, aber auch durch einen Ausländer Probleme bekommen. Interesse an pädagogischen Problemen.

im 10. Haus:
Guter Geschäftssinn, aber Unentschlossenheit hinsichtlich der Berufswahl.

im 11. Haus:
Ein guter Kamerad und Freund, der für andere auch Belastungen auf sich nimmt.

im 12. Haus:
Zieht sich gern in eine Traumwelt zurück, kann anfällig für Rauschgifte oder Alkohol sein.

Erstellung und Deutung eines Horoskops

In diesem Kapitel werden schrittweise die Erstellung und Deutung eines Horoskops erläutert und anhand eines Beispiels illustriert.

Erster Schritt:
Notieren Sie Datum, Uhrzeit und Ort der Geburt.

Beispiel:
Brigitte S., geboren am 5. 7. 1958 um 11.40 Uhr in Bremen.

Zweiter Schritt:
Ermitteln Sie die Ortszeit.

Die Geburtszeit wird bei uns in MEZ (Mitteleuropäische Zeit) angegeben. Die MEZ wird zunächst in Weltzeit (WZ) umgerechnet: Dazu wird von der MEZ einfach eine Stunde abgezogen. Dabei müssen Sie beachten, daß in bestimmten Jahren in Deutschland Sommerzeit herrschte. Wer innerhalb dieser Sommerzeit geboren ist, muß nochmals eine Stunde, bei doppelter Sommerzeit sogar zwei Stunden abziehen.

Eine Tabelle mit Angaben über die Sommerzeit finden Sie auf S. 35.

Zur Ermittlung der Ortszeit müssen Sie die geographische Länge (Entfernung vom Nullmeridian) des Geburtsortes kennen und dann pro Grad vier Minuten zur WZ hinzuzählen. Die Länge (und Breite) des Geburtsortes finden Sie im Atlas.

Beispiel:
MEZ: 11.40
WZ = MEZ – 1 Stunde = 10.40
(1958 herrschte keine Sommerzeit)
geographische Länge von Bremen: 8°48′ = ca. 9 Grad 9 × 4 = 36
WZ + 36 Minuten = 11.16
Ortszeit = 11.16

Dritter Schritt:
Ermitteln Sie die genaue Sternzeit. Sie erhalten sie, wenn Sie zur Ortszeit die Sternzeit des Geburtstages hinzuzählen. Beträgt die errechnete Zeit mehr als 24 Stunden, ziehen Sie 24 Stunden von der Gesamtsumme ab, um die richtige Sternzeit zu erhalten.
Sternzeit-Tabellen finden Sie auf den folgenden Seiten. Exakt sind die Tabellen für die Jahre 1903, 1907, 1911, 1915, 1919, 1923, 1927, 1931, 1935, 1939, 1943, 1947, 1951, 1955, 1959, 1963, 1967, 1971, 1975, 1979, 1983, 1987, 1991, 1995. Für die Zwischenjahre gilt die Faustregel:
1 Jahr früher = +1 Minute
2 Jahre früher = +2 Minuten
1 Jahr später = –1 Minute.

Sternzeittabelle

	Januar		Februar		März	
Tag	SZ		Tag	SZ	Tag	SZ
	h m			h m		h m
1.	6 41		1.	8 43	1.	10 33
2.	6 45		2.	8 47	2.	10 37
3.	6 49		3.	8 51	3.	10 41
4.	6 53		4.	8 55	4.	10 45
5.	6 56		5.	8 59	5.	10 49
6.	7 00		6.	9 03	6.	10 53
7.	7 04		7.	9 07	7.	10 57
8.	7 08		8.	9 10	8.	11 01
9.	7 12		9.	9 14	9.	11 05
10.	7 16		10.	9 18	10.	11 09
11.	7 20		11.	9 22	11.	11 13
12.	7 24		12.	9 26	12.	11 17
13.	7 28		13.	9 30	13.	11 21
14.	7 32		14.	9 34	14.	11 25
15.	7 36		15.	9 38	15.	11 28
16.	7 40		16.	9 42	16.	11 32
17.	7 44		17.	9 46	17.	11 36
18.	7 48		18.	9 50	18.	11 40
19.	7 52		19.	9 54	19.	11 44
20.	7 56		20.	9 58	20.	11 48
21.	8 00		21.	10 02	21.	11 52
22.	8 03		22.	10 06	22.	11 56
23.	8 07		23.	10 10	23.	12 00
24.	8 11		24.	10 14	24.	12 04
25.	8 15		25.	10 18	25.	12 08
26.	8 19		26.	10 21	26.	12 12
27.	8 23		27.	10 25	27.	12 16
28.	8 27		28.	10 29	28.	12 20
29.	8 31				29.	12 24
30.	8 35				30.	12 28
31.	8 39				31.	12 32

Sternzeittabelle

April		Mai		Juni	
Tag	SZ	Tag	SZ	Tag	SZ
	h m		h m		h m
1.	12 36	1.	14 34	1.	16 36
2.	12 39	2.	14 38	2.	16 40
3.	12 43	3.	14 42	3.	16 44
4.	12 47	4.	14 46	4.	16 48
5.	12 51	5.	14 50	5.	16 52
6.	12 55	6.	14 53	6.	16 56
7.	12 59	7.	14 57	7.	17 00
8.	13 03	8.	15 01	8.	17 04
9.	13 07	9.	15 05	9.	17 08
10.	13 11	10.	15 09	10.	17 11
11.	13 15	11.	15 13	11.	17 15
12.	13 19	12.	15 17	12.	17 19
13.	13 23	13.	15 21	13.	17 23
14.	13 27	14.	15 25	14.	17 27
15.	13 31	15.	15 29	15.	17 31
16.	13 35	16.	15 33	16.	17 35
17.	13 39	17.	15 37	17.	17 39
18.	13 43	18.	15 41	18.	17 43
19.	13 46	19.	15 45	19.	17 47
20.	13 50	20.	15 49	20.	17 51
21.	13 54	21.	15 53	21.	17 55
22.	13 58	22.	15 57	22.	17 59
23.	14 02	23.	16 01	23.	18 03
24.	14 06	24.	16 04	24.	18 07
25.	14 10	25.	16 08	25.	18 11
26.	14 14	26.	16 12	26.	18 15
27.	14 18	27.	16 16	27.	18 19
28.	14 22	28.	16 20	28.	18 22
29.	14 26	29.	16 24	29.	18 26
30.	14 30	30.	16 28	30.	18 30
		31.	16 32		

Sternzeittabelle

Juli		August		September	
Tag	SZ	Tag	SZ	Tag	SZ
	h m		h m		h m
1.	18 34	1.	20 37	1.	22 39
2.	18 38	2.	20 40	2.	22 43
3.	18 42	3.	20 44	3.	22 47
4.	18 46	4.	20 48	4.	22 51
5.	18 50	5.	20 52	5.	22 54
6.	18 54	6.	20 56	6.	22 58
7.	18 58	7.	21 00	7.	23 02
8.	19 02	8.	21 04	8.	23 06
9.	19 06	9.	21 08	9.	23 10
10.	19 10	10.	21 12	10.	23 14
11.	19 14	11.	21 16	11.	23 18
12.	19 18	12.	21 20	12.	23 22
13.	19 22	13.	21 24	13.	23 26
14.	19 26	14.	21 28	14.	23 30
15.	19 29	15.	21 32	15.	23 34
16.	19 33	16.	21 36	16.	23 38
17.	19 37	17.	21 40	17.	23 42
18.	19 41	18.	21 44	18.	23 46
19.	19 45	19.	21 47	19.	23 50
20.	19 49	20.	21 51	20.	23 54
21.	19 53	21.	21 55	21.	23 58
22.	19 57	22.	21 59	22.	0 02
23.	20 01	23.	23 03	23.	0 05
24.	20 05	24.	22 07	24.	0 09
25.	20 09	25.	22 11	25.	0 13
26.	20 13	26.	22 15	26.	0 17
27.	20 17	27.	22 19	27.	0 21
28.	20 21	28.	22 23	28.	0 25
29.	20 25	29.	22 27	29.	0 29
30.	20 29	30.	22 31	30.	0 33
31.	20 33	31.	22 35		

Sternzeittabelle

Oktober		November		Dezember	
Tag	SZ	Tag	SZ	Tag	SZ
	h m		h m		h m
1.	0 37	1.	2 39	1.	4 37
2.	0 41	2.	2 43	2.	4 41
3.	0 45	3.	2 47	3.	4 45
4.	0 49	4.	2 51	4.	4 49
5.	0 53	5.	2 55	5.	4 53
6.	0 57	6.	2 59	6.	4 57
7.	1 01	7.	3 03	7.	5 01
8.	1 05	8.	3 07	8.	5 05
9.	1 09	9.	3 11	9.	5 09
10.	1 12	10.	3 15	10.	5 13
11.	1 16	11.	3 19	11.	5 17
12.	1 20	12.	3 23	12.	5 21
13.	1 24	13.	3 27	13.	5 25
14.	1 28	14.	3 30	14.	5 29
15.	1 32	15.	3 34	15.	5 33
16.	1 36	16.	3 38	16.	5 37
17.	1 40	17.	3 42	17.	5 41
18.	1 44	18.	3 46	18.	5 45
19.	1 48	19.	3 50	19.	5 48
20.	1 52	20.	3 54	20.	5 52
21.	1 56	21.	3 58	21.	5 56
22.	2 00	22.	4 02	22.	6 00
23.	2 04	23.	4 06	23.	6 04
24.	2 08	24.	4 10	24.	6 08
25.	2 12	25.	4 14	25.	6 12
26.	2 16	26.	4 18	26.	6 16
27.	2 20	27.	4 22	27.	6 20
28.	2 23	28.	4 26	28.	6 24
29.	2 27	29.	4 30	29.	6 28
30.	2 31	30.	4 34	30.	6 32
31.	2 35			31.	6 36

Beispiel:
OZ 11.16 + 18.51 = 30.07
− 24.00

SZ = 6.07

Vierter Schritt:
Fertigen Sie sich eine Kopie des unten abgebildeten Horoskopschemas an. Wer öfter Horoskope stellen will, sollte sich gleich mehrere Kopien machen lassen!

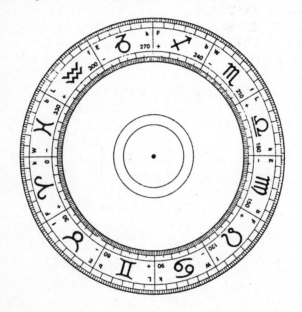

Fünfter Schritt:
Ermitteln Sie nun die Häuserspitzen! Dafür benötigen Sie sogenannte Häusertabellen, in denen für die jeweilige Sternzeit alle Häuserspitzen für unsere Breitengrade angegeben sind. Solche Tabellen gibt es im Buchhandel, man kann sie aber auch in öffentlichen Bibliotheken einsehen.

Die Häuserspitzen tragen Sie – wie im Beispielhoroskop dargestellt – in das Horoskopschema ein.

Beispiel:
Häuserspitzen
 1. Haus
(Aszendent): 1° Waage
 2. Haus: 25° Waage
 3. Haus: 25° Skorpion
 4. Haus: 2° Steinbock
 5. Haus: 9° Wassermann:
 6. Haus: 8° Fische
 7. Haus: 1° Widder
 8. Haus: 25° Widder
 9. Haus: 25° Stier
10. Haus: 2° Krebs
(Himmelsmitte)
11. Haus: 9° Löwe
12. Haus: 8° Jungfrau

Beispiel-Horoskop mit eingetragenen Häuserspitzen

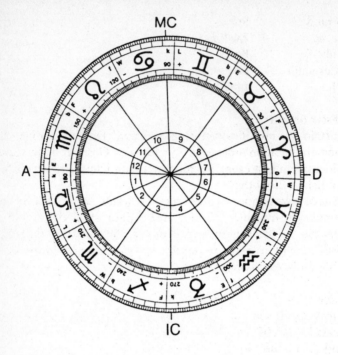

Oft werden in den Häusertabellen nur sechs Häuserspitzen angegeben. Die übrigen sechs liegen diesen jedoch genau gegenüber, so daß man sie leicht selbst ergänzen kann. Folgende Zeichen liegen einander gegenüber:

Zeichen   *gegenüberliegendes Zeichen*

Widder   Waage
Stier   Skorpion
Zwillinge   Schütze
Krebs   Steinbock
Löwe   Wassermann
Jungfrau   Fische
Waage   Widder

Zeichen	gegenüberliegendes Zeichen
Skorpion	Stier
Schütze	Zwillinge
Steinbock	Krebs
Wassermann	Löwe
Fische	Jungfrau

Sechster Schritt:
Ermitteln Sie nun die Planetenpositionen! Dafür benötigen Sie Ephemeridentafeln – das sind Tabellen der Gestirnstände. Ephemeridentafeln gibt es im Buchhandel; man kann sie aber auch in öffentlichen Bibliotheken einsehen.

Die Gestirnstände werden nun ebenfalls in das Horoskopschema eingetragen – wie im Beispielhoroskop dargestellt –, indem die Stände am Innenrand des in 360° unterteilten Innenkreises durch kurze Striche markiert werden, zu denen man das jeweilige Planetensymbol setzt.

Beispiel:
Planetenpositionen
Sonne: 13° Krebs
Mond: 3° Fische
Merkur: 28° Krebs
Venus: 10° Zwillinge
Mars: 20° Widder
Jupiter: 22° Waage
Saturn: 23° Schütze
Uranus: 10° Löwe
Neptun: 2° Jungfrau
Pluto: 0° Jungfrau

Beispielhoroskop mit eingetragenen Häuserspitzen und Planetenpositionen.

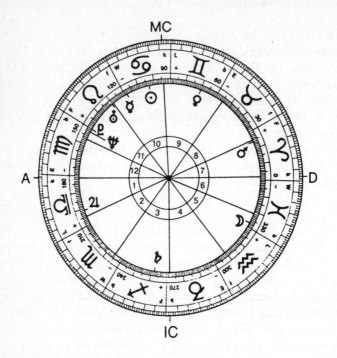

Siebter Schritt:
Die Aspekte ermitteln Sie, indem Sie die Planetenörter zeichnerisch mit dem Mittelpunkt des Horoskoprings verbinden und mit dem Winkelmesser die Winkel zwischen den dadurch ermittelten Geraden bestimmen. Nähere Angaben zu den Aspekten finden Sie im Lexikonteil unter dem Stichwort „Aspekte".

Beispiel:
Folgende Aspekte gibt es in diesem Horoskop:
In Opposition stehen Venus und Saturn
                      Mars und Jupiter
                      Mond und Neptun

Sextile bilden Venus und Uranus
   Jupiter und Saturn
   Pluto und Himmelsmitte

Die Schritte eins bis sieben stellen den rechnerischen Teil der Horoskoperstellung dar. Sie können die dafür benötigten Daten selbst ermitteln. Dafür benötigen Sie Ephemeridentafeln und Häusertabellen. Diese sind im Buchhandel erhältlich, aber nicht ganz billig. Die Anschaffung ist aber nicht unbedingt erforderlich, da diese Bücher auch in öffentlichen Bibliotheken eingesehen werden können.

Eine andere Möglichkeit besteht darin, sich diese Daten durch einen Astrologen erstellen oder durch ein preiswertes Computerhoroskop ermitteln zu lassen.

Die folgenden Schritte befassen sich mit der Deutung des Horoskops. Dabei sollte man beherzigen, daß sich die Vielschichtigkeit eines Menschen nicht durch das Horoskop allein erfassen und aufschlüsseln läßt. Aussagen, die lediglich aufgrund eines Horoskops ohne Kenntnis des Geschlechts, des sozialen Umfelds und des Horoskopträgers selbst gemacht werden, bezeichnet man als „Blinddeutungen". Diese ermöglichen lediglich unspezifische Allgemeinaussagen, die freilich dem tatsächlichen Wesen des Horoskopträgers ziemlich nahekommen können und auch einiges über die wahrscheinlichen Auswirkungen der Gegebenheiten des Geburtshoroskops verraten.

Achter Schritt:
Charakterisieren Sie nun den Horoskopeigner nach dem Sonnenzeichen, das Sie zum Aszendenten in Beziehung setzen! Dabei symbolisiert das Sonnenzeichen die Anlagen eines Menschen, der Aszendent sein Erscheinungsbild und sein Auftreten der Umwelt gegenüber.

Beispiel:
Brigitte S. ist unter dem Sonnenzeichen Krebs geboren. Ihr Aszendent ist die Waage.

Das Äußere entspricht dem Aszendenten: kurvenreiche Figur, zarte Haut, freundliches Gesicht.

Sie ist gefühlsbestimmt, sensibel und veränderlich wie der Mond. Häuslichkeit und ein ausgeprägter Beschützerinstinkt sind typische Krebs-Merkmale.

Für ihren kleinen Sohn ist sie zu jedem Opfer bereit. Bevor er geboren wurde, umhegte sie lange Jahre drei anspruchsvolle Katzen.

Ihre Wechselhaftigkeit wird immer wieder ausgeglichen durch die von der Waage bestimmte Neigung zum Ausgleichen.

Im Beruf geht es ihr vor allem um die finanzielle Sicherheit. Würde sich diese mit ihren Neigungen verbinden lassen, würde Brigitte S. mit Sicherheit einen Beruf ergreifen, der mit Wassersport zu tun hat – sie ist begeisterte Schwimmerin und Taucherin.

Neunter Schritt:
Charakterisieren Sie den Horoskopeigner nun nach den Planetenpositionen in den einzelnen Sternzeichen und Häusern! Die Bedeutung dieser Positionen finden Sie ab Seite 49.

Beispiel:
Das *Sonnenzeichen* von Brigitte S. ist der *Krebs*. Das deutet darauf hin, daß sie mehr gefühls- als verstandesbestimmt ist und über eine reiche Phantasie verfügt. Sie ist häuslich und möchte das Gefühl haben, von anderen gebraucht zu werden. Die *Sonne im 10. Haus* läßt allerdings vermuten, daß sie dem beruflichen oder sozialen Aufstieg unter Umständen ihr Privatleben opfern würde.

Der *Mond im Zeichen Fische* zeigt an, daß die Horoskopträgerin Mitleid und tiefes Verständnis für andere Menschen empfindet. Auch das träumerische Element ihres Wesens geht daraus hervor. Der *Mond im 4. Haus* läßt auf eine tiefe Beziehung zum Kind schließen – in der Tat liebt Brigitte S. ihren kleinen Sohn über alles.

Der *Merkur im Krebs* unterstreicht ihre verträumte, gefühlsorientierte Wesensart. Daß er sich im *10. Haus* befindet, betont wiederum den beruflichen Ehrgeiz, der notfalls zu wiederholtem Stellenwechsel führt. *Venus* gibt Auskunft über das Liebesleben im weitesten Sinne. Hier zeigt die *Venus im Zeichen Zwillinge* eine Neigung zu Flirt und raschen Kontakten an. Auch frühe Heirat und eine nicht unbedingt stabile Ehe werden angedeutet. Tatsächlich hat Brigitte S. mit etwa 20 Jahren zum erstenmal geheiratet, nach drei Jahren ging die Ehe bereits wieder auseinander. *Venus im 9. Haus* läßt auf eine Bindung an einen Ausländer schließen: Der zweite Mann von Brigitte S. war Türke.

Mars im Widder ist ein Symbol für die Tatkraft und Unternehmungslust der Horoskopträgerin. Aber sie ist auch ungeduldig, aggressiv und unvorsichtig, was zu erhöhter Verletzungsgefahr führt. *Mars im 7. Haus* unterstreicht noch einmal die Tendenz zu früher Heirat.

Jupiter in der Waage weist darauf hin, daß die Horoskopträgerin gesellig und allseits beliebt ist. *Jupiter im 1. Haus* zeigt ihre Gelassenheit und ihren Optimismus an, aber auch ihre Probleme mit dem Übergewicht! *Der Saturn im Schützen* läßt auf eine tiefe Gedankenwelt schließen. Sorgen mit den Geschwistern werden durch *Saturn im 3. Haus* angedeutet: In der Tat gibt es vielfach Probleme mit dem jüngeren Bruder.

Uranus im Löwen zeigt, daß die Horoskopträgerin sehr eigenwillig sein kann und manchmal durch ausgefallenes Benehmen beeindrucken möchte. Dies war allerdings in jüngeren Jahren mehr der Fall als jetzt!

Neptun in der Jungfrau deutet an, daß die Horoskopträgerin überkommenen Ansichten sehr skeptisch gegenübersteht. *Neptun im 11. Haus* läßt darauf schließen, daß sie im kleinen Kreis umgänglich und freundlich ist, während sie mit größeren Menschengruppen nicht so gut zurechtkommt.

Uranus im 11. Haus deutet auf ihre vielseitigen Interessen und ihre mitunter recht unkonventionellen Freunde (z.B. Ausländer) hin.

Pluto in der Jungfrau charakterisiert die selbstkritische Einstellung, sein Stand *im 11. Haus* unterstreicht die Loyalität Freunden gegenüber.

Zehnter Schritt
Runden Sie die Charakteranalyse nun anhand der Aspekte ab!

Beispiel:
Konjunktionen sind nicht vorhanden. Oppositionen entstehen bei *Venus und Saturn*, bei *Mars und Jupiter* und bei *Mond und Neptun*. Oppositionen sind Spannungsaspekte! Hier haben wir ein teilweise recht unausgeglichenes Gefühlsleben, eine Neigung zu Illusionen, aber auch ein übertriebenes Pflichtgefühl, das zumal in der ersten Ehe zu übergroßen Opfern führte.

Sextile wirken nicht gerade ausgesprochen glücksbringend, aber doch ausgleichend und glättend. Ihr mehrfaches Auftreten deutet auf die ausgleichenden Tendenzen, die ja auch durch den Aszendenten gegeben sind.

Kleines Lexikon der Astrologie

Äquator
Der Himmelsäquator ist die Projektion des Erdäquators auf das scheinbare Himmelsgewölbe. Er schneidet die Ekliptik in einem Winkel von ca. 23 1/2 Grad.

Äquinoktialpunkte
Das sind die beiden Punkte des Himmelsäquators, in denen er am Frühlings- und Herbstbeginn von der Sonnenbahn geschnitten wird. An diesen beiden Tagen sind überall auf der Erde Tag und Nacht gleich lang. Man bezeichnet die Punkte auch als Frühlings- (Widder-) und Herbst-(Waage-) Punkt.

Aspekte
Unter Aspekten versteht man die gegenseitigen Anblickungen (= Aspektierungen) der Gestirne. Diese Winkel haben bald eine stärkere, bald eine schwächere Wirkung.
　Der engste Winkel, den zwei oder mehr Gestirne bilden können, ist die „Zusammenkunft" oder *Konjunktion* (0–10 Grad Entfernung). Zwei in Konjunktion befindliche Planeten vereinigen sozusagen ihre Strahlung miteinander. Handelt es sich um harmonische Planeten, wird der Zusammenklang harmonisch sein, während er disharmonisch sein muß, wenn zwei antagonistische Planeten ihre Strahlen vereinigen.
Befinden sich zwei oder mehr Planeten in einer Entfernung von 180 Grad, so spricht man von einer *Opposition*. Diesen überaus wichtigen Aspekt nennt man auch „Spannungsaspekt". Seine Wirkung ist stets beunruhigend und disharmonisch. Selbst zwei so harmonisch wirkende Planeten wie Jupiter und Venus können,

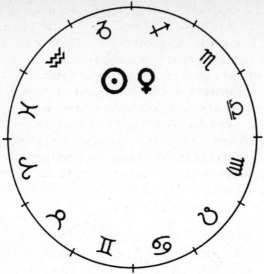

Beispiel für einen Konjunktions-Aspekt: Sonne und Venus befinden sich in Konjunktion

Beispiel für einen Oppossitions-Aspekt: Sonne und Saturn stehen in Opposition zueinander

wenn sie sich gegenseitig in Opposition aspektieren, Charakterschwächen (z.B. Eitelkeit, Anmaßung, Verschwendungssucht) andeuten. Bei einer Mars-Saturn-Opposition kann es unter Umständen zu großen Schicksalskrisen kommen.

Haben zwei oder mehr Gestirne 90 Grad Entfernung voneinander, so nennt man dies einen Quadrataspekt oder eine *Quadratur*. Dieser Winkel wirkt sehr disharmonisch – man nannte ihn früher bezeichnenderweise den Winkel des Verdrusses. Er macht sich als Hemmung, Widerstand oder Durchkreuzung von Plänen bemerkbar. Wer viele Quadrataspekte in seinem Horoskop hat, muß sich im Leben behaupten und mit allerlei Widerständen rechnen.

Beispiel für eine Quadratur

Von einem *Trigonalaspekt* spricht man, wenn sich zwei oder mehr Gestirne 120 Grad voneinander entfernt befinden. Der Trigonalaspekt wirkt harmonisch und begünstigend.

Befinden sich zwei oder mehr Gestirne in einem Abstand von jeweils 60 Grad voneinander, so befinden sie sich miteinander in einem *Sextilaspekt*. Das Sextil wirkt nicht so stark glücksbringend wie das Trigonal, aber es kann z.B. aufbessernd wirken, falls andere schlechte Aspekte vorhanden sind.

Neben diesen Hauptaspekten gibt es noch zahlreiche Nebenaspekte (Halbsextile, Halbquadrate usw.), die jedoch den Rahmen einer einfachen Horoskopberechnung sprengen würden und nur von Fachastrologen sinnvoll ausgewertet werden können.

Astrometeorologie
Darunter versteht man die Wettervorhersage auf der Grundlage von Gestirnständen. Früher glaubte man, daß der Jahresregent, also der das jeweilige Jahr bestimmende Planet, das Wetter beeinflußte. Heute ist die Astrometeorologie ein kompliziertes Spezialgebiet, das neben soliden astrologischen Kenntnissen auch ein umfangreiches meteorologisches Wissen erfordert.

Aszendent
So heißt der Schnittpunkt von Ekliptik und Osthorizont des Geburtsortes im Augenblick der Geburt. Er bildet die Spitze des 1. Hauses im Horoskop. Das Tierkreiszeichen, in das der Aszendent fällt, wird aufsteigendes Zeichen genannt und ist neben dem Sonnenzeichen das wichtigste Element des Horoskops.

Deszendent
So nennt man den Schnittpunkt von Ekliptik und Westhorizont des Geburtsortes im Augenblick der Geburt. Er bildet die Spitze des 7. Hauses.

Edelsteine und Metalle und ihre astrologische Zuordnung
Zwischen den Rhythmen und Wirkkräften bestimmter Planeten und Tierkreiszeichen einerseits und den Schwingungen und Strahlkräften bestimmter Metalle und Steine andererseits besteht eine enge Beziehung. Wenn beide sich im Einklang befinden, so kann die Wirkungskraft eines Planeten oder Zeichens durch ein aus entsprechendem Material gefertigtes Schmuckstück (oder „Amulett") verstärkt werden.

Dieses Wissen alter Kulturen (z.B. Ägypten) hat sich in mehr oder weniger abgewandelter Form bei vielen Naturvölkern, aber auch in Indien und China bis in die Gegenwart erhalten. Auch bei uns interessiert man sich zunehmend für solche Zusammenhänge.

Tierkreis-zeichen	Planet	zugeordnete Edelsteine	Metall
Widder	Mars	Diamant, Amethyst, Rubin, Jaspis, Granat	Eisen
Stier	Venus	Achat, Smaragd, Saphir, Karneol, Lapislazuli	Kupfer
Zwillinge	Merkur	Topas, Bergkristall, Aquamarin	Quecksilber
Krebs	Mond	Smaragd, Opal, Mondstein, Perlen	Silber
Löwe	Sonne	Rubin, Diamant, Tigerauge	Gold
Jungfrau	Merkur	Turmalin, Topas	Quecksilber
Waage	Venus	Diamant, Beryll, Lapislazuli, Koralle	Kupfer
Skorpion	Mars	Topas, Malachit, Jaspis, Turmalin	Eisen
Schütze	Jupiter	Granat, Türkis, Amethyst	Zinn
Steinbock	Saturn	Onyx, Chalzedon, Chrysopras	Blei
Wassermann	Uranus (Saturn)	Saphir, Bernstein, Aquamarin, Chalzedon	Blei
Fische	Neptun (Jupiter)	Saphir, Perlmutt, Mondstein, Topas	Zinn

Ekliptik
So nennt man die Ebene der Erdbahn um die Sonne, die sich am Himmel als scheinbar jährliche Bahn der Sonne unter den Sternen abzeichnet. Sie ist gegen die Ebene des Erdäquators um 23°27′ geneigt und schneidet ihn im Frühlings- und Herbstpunkt. Die jährliche Bahn der Sonne unter den Sternen führt durch die zwölf Sternbilder des Tierkreises.

Ephemeriden
So heißen die in Astronomie und Astrologie benutzten Gestirnstandstabellen mit exakt berechneten Zeiten und Örtern von Himmelskörpern, besonders von Sonne, Mond und Planeten. Ephemeridentafeln kann man im Fachhandel beziehen. Man kann sie aber auch in öffentlichen Bibliotheken einsehen.

Farben und ihre astrologische Zuordnung
Die astrologische Zuordnung von Farben zu Tierkreiszeichen und Planeten bedeutet, daß ein Mensch – je nach dem in seinem Geburtshoroskop dominierenden Tierkreiszeichen oder Planeten – bestimmte Farben bevorzugt, sich von ihnen besonders stark angesprochen fühlt und sich gern mit ihnen umgibt. Diese uralten Erkenntnisse der Astrologie sind inzwischen auch von der Wissenschaft aufgegriffen worden: Die Farbenpsychologie hat sich die Aufgabe gestellt, die Wirkungen von Farben auf den Menschen methodisch zu ergründen und daraus Schlüsse u. a. für die Gestaltung der Wohn- und Arbeitswelt zu ziehen.

Tierkreiszeichen	Planet	zugeordnete Farben
Widder	Mars	Rot, Kadmiumgelb
Stier	Venus	Gelb, Pastellblau, Hellgrün
Zwillinge	Merkur	Violett, Safrangelb
Krebs	Mond	Grün, Silber, Weiß
Löwe	Sonne	Orange, Gold, Gelb
Jungfrau	Merkur	Violett, Hellblau, Weiß
Waage	Venus	Gelb, Rosa, Pastelltöne
Skorpion	Mars	Rot, Braun, Schwarz
Schütze	Jupiter	Blau, Braun
Steinbock	Saturn	Indigo, Dunkelgrün, Braun, Schwarz
Wassermann	Uranus (Saturn)	Indigo, irisierende Farben
Fische	Neptun (Jupiter)	Blau, Violett, Weiß

Fixsterne
So heißen im Gegensatz zu den Wandelsternen (Planeten) alle Sterne, die außer ihrer gemeinsamen (scheinbaren) täglichen Bewegungen am Himmel angeheftet scheinen. Es bedurfte einer langen Entwicklung und genauer Instrumente, um nachzuweisen, daß auch die Fixsterne Eigenbewegungen besitzen.

Geographische Entsprechungen der Tierkreiszeichen
Auch Länder und Städte haben ihre Tierkreiszeichen, die sich meistens auf das Datum ihrer Gründung beziehen und nach denen sich ebenfalls Horoskope stellen lassen.

Tierkreiszeichen einiger Länder:
Widder: Deutschland (teilweise auch Skorpion), England, Dänemark, Palästina.
Stier: Zypern, Irland, Persien, Rhodos, östliche Schweiz, Schweden, Weißrußland.
Zwillinge: Armenien, Belgien, Kanada, Sardinien, Vereinigte Staaten, Wales.
Krebs: Holland, Mauritius, Paraguay, Schottland.
Löwe: Alpenregion, Frankreich, Italien, Rumänien, Kalifornien.
Jungfrau: südliches Griechenland, Kreta, Kroatien, Kurdistan, Mesopotamien, Schlesien.
Waage: Ober-Ägypten, Argentinien, Nord-China, Indochina, Japan, Livland, Libyen, Österreich (teilweise Löwe).
Skorpion: Algerien, Bayern, Jütland, Lappland, Marokko, westliches Schweden, Syrien, Transvaal, Norwegen.
Schütze: Australien, Dalmatien, Unter-Italien, Madagaskar, Spanien, Neufundland, Sachsen, Ungarn.
Steinbock: Nord-Griechenland, Hessen, Indien, Island, Steiermark, Thüringen, Mexiko.
Wassermann: die Wüste Arabiens, Finnland, Westfalen.
Fische: Brasilien, Normandie.
Tierkreiszeichen einiger Städte:
Widder: Bergamo, Berlin, Birmingham, Braunschweig, Florenz, Marseille, Neapel, Saragossa, Verona, Utrecht.
Stier: Dublin, Leipzig, Luzern, Nantes, Parma, Zürich.

Zwillinge: London, Metz, San Franzisko, Versailles, Nürnberg, Mainz.
Krebs: Amsterdam, Bern, Istanbul, Mailand, New York, Tunis, Genua.
Löwe: Bombay, Bristol, Chikago, Damaskus, Philadelphia, Portsmouth, Prag, Rom.
Jungfrau: Basel, Boston, Breslau, Jerusalem, Los Angeles, Lyon, Nizza, Paris, Straßburg.
Waage: Antwerpen, Frankfurt, Freiburg, Wien, Wiesbaden.
Skorpion: Liverpool, Messina, Pompeji, Tokio, Algier, Washington.
Schütze: Avignon, Kalkutta, Köln, Narbonne, Nottingham, Peking, Stuttgart, Sheffield.
Steinbock: Augsburg, Brüssel, Konstanz, Oxford, Port Said, Moskau.
Wassermann: Bremen, Brighton, Triest, Salzburg, Sydney.
Fische: Alexandria, Lancaster, Sevilla, Rouen, Istanbul, Regensburg.

Himmelsmitte
Der Kulminationspunkt der Gestirne für einen bestimmten Ort, der Punkt also, in dem sie auf ihrer scheinbaren täglichen Bahn sich am höchsten über den Horizont erheben, heißt Himmelsmitte. Dieser Punkt wird im Horoskop durch die Abkürzung MC (--57--Ü Medium Coeli) bezeichnet.

Himmelstiefe
Der Himmelsmitte genau gegenüber liegt die Himmelstiefe, auch Mitternachtspunkt genannt. Es ist der Punkt, in dem die Gestirne, bezogen auf einen bestimmten Ort, ihren tiefsten Stand unter dem Horizont erreichen. Im Horoskop bezeichnet man die Himmelstiefe durch die Abkürzung IC (= Immun Coeli).

Konjunktion
siehe: Aspekte

Meridian
Himmelsmeridian ist der Mittagskreis, der durch die beiden Himmelspole und Zenit und Nadir eines Ortes verläuft. In ihm erreichen alle Gestirne, von diesem Ort aus gesehen, ihre höchste und niedrigste Stellung. Dem Himmelsmeridian entsprechen auf der Erdoberfläche die Längenkreise. Der Nullmeridian geht durch Greenwich (Großbritannien): Von ihm aus werden die geographischen Längen auf der Erde bestimmt (bis 180° östlicher bzw. westlicher Länge).

Metalle und ihre astrologische Zuordnung
siehe: Edelsteine und Metalle und ihre astrologische Zuordnung

Opposition
siehe: Aspekte

Planeten
Planeten (oder Wandelsterne) heißen die nicht selbstleuchtenden Himmelskörper, die sich um die Sonne drehen und von dieser beleuchtet werden. Man erkennt sie an ihrem verhältnismäßig „ruhigen" Licht und daran, daß sie ihre Position gegenüber dem Fixsternhimmel merklich verändern. Zu den seit alters bekannten Planeten Merkur, Venus, Mars, Jupiter und Saturn traten in neuer Zeit die Planeten Uranus, Neptun und Pluto. Auch unsere Erde ist ein Planet. Die Astrologie bezeichnet auch Sonne und Mond als Planeten, weil sie von der Erde aus gesehen wie die Wandelsterne durch den Tierkreis zu wandern scheinen.

Planetenherrscher
Ein Planet „herrscht" in dem Zeichen oder Haus, dessen Charakteristiken mit seinem Prinzip am vollkommensten übereinstimmen. Das bedeutet, daß sich ein Wirkprinzip am stärksten äußert, wenn er im entsprechenden Zeichen oder Haus steht. Es herrschen:
Sonne in Löwe und 5. Haus
Mond in Krebs und 4. Haus
Merkur in Jungfrau und Zwillingen und 6. bzw. 3. Haus

Venus in Waage und Stier und 7. bzw. 2. Haus
Mars in Skorpion und Widder und 8. bzw. 1. Haus
Jupiter in Schütze und Fische und 9. bzw. 12. Haus
Saturn in Steinbock und Wassermann und 10. bzw. 11. Haus.
(Neuerdings ordnet man auch Wassermann bzw. 11. Haus dem Uranus, Fische bzw. 12. Haus dem Neptun und Skorpion bzw. 8. Haus dem Pluto zu.)

Polarität
Sie gibt die Wirkrichtung der Zeichen und Planeten an und wird durch ein Plus- oder Minuszeichen bezeichnet. Positive (aktive, männliche) Horoskopelemente wirken von innen nach außen, negative (passive, weibliche) Elemente von außen nach innen.

Präzession
Unter Präzession wird die Drehbewegung der Erde verstanden, die ein langsames Vorrücken der Äquinoktialpunkte zur Folge hat. In etwa 26000 Jahren, dem sogenannten Platonischen Jahr, haben die Äquinoktialpunkte wieder ihre Ausgangsposition erreicht. Das war bereits in der Antike bekannt. Die Präzession berührt die Tierkreiszeichen der Astrologie in keiner Weise, weil sie außer der Namensgebung mit den Sternbildern am Himmel nichts Gemeinsames haben.

Qualitäten
Die Qualitäten bezeichnen die Wirkintensität der Tierkreiszeichen. Kardinale Zeichen (mit großer Intensität) sind Widder, Krebs, Waage und Steinbock. Fixe Zeichen (mit mittlerer Intensität) sind Stier, Löwe, Skorpion und Wassermann. Veränderliche Zeichen (mit schwacher Intensität) sind Zwillinge, Jungfrau, Schütze und Fische.

Quadratur
siehe: Aspekte

Sextil
siehe: Aspekte

Sonnenzeichen
So heißt das Tierkreiszeichen, in dem im Geburtshoroskop eines Menschen die Sonne steht. Es ist ein wichtiger Faktor der Horoskopdeutung.

Sternbilder
Schon im Altertum benannte man Fixsterne in Gruppen mit Namen. Am bekanntesten sind die Sternbilder des Tierkreises, die jedoch mit den für die Astrologie allein wichtigen Tierkreiszeichen nicht verwechselt werden dürfen.

Sternzeit
Zwischen zwei Kulminationen eines Fixsterns liegen weniger als 24 Stunden – der Sterntag ist um 3 Minuten 56,6 Sekunden kürzer als der mittlere Sonnentag. Markiert wird der Beginn des Sterntags durch den Durchgang des Frühlingspunktes durch den Meridian.

Tierkreiszeichen
Der Tierkreis (griechisch: Zodiak) ist ein gedachter Gürtel beiderseits der Ekliptik, in dem sich Sonne, Mond und Planeten über das Himmelsgewölbe zu bewegen scheinen. Er wird durch die Tierkreiszeichen in zwölf gleich große, je 30 Grad umfassende Abschnitte geteilt. Die Tierkreiszeichen sind also gleichsam eine Meßskala, die sich infolge der Präzession der Erdachse heute nicht mehr mit den gleichnamigen Sternbildern deckt. Der „siderische" Tierkreis wird von den Sternbildern gebildet, während der durch die Zeichen gegliederte „tropische" Tierkreis nichts anderes darstellt als eine gleichmäßige, erdbezogene Gliederung des Jahreslaufes und daher auch seine Bedeutung für die Astrologie bezieht.

2. Teil:
Die Tierkreiszeichen

WIDDER

(21. März bis 20. April)

Die starken und schwachen Seiten des Widder-Menschen

Das Zeichen Widder – oft auch Frühlingszeichen genannt – ist ein Feuerzeichen und wird von Mars regiert. Es gibt kaum einen Widder-Menschen, der diesen streitbaren Regenten verleugnen könnte! Bei den Märzgeborenen, also in der ersten Dekade, ist der Marseinfluß am deutlichsten zu erkennen. Die zweite Dekade, bis zum 9. April, hat als Unterregenten die Sonne. In der dritten Dekade, vom 10. bis 20. April, ist Jupiter Unterregent.

Alle Feuerzeichen prägen starke, leidenschaftliche, aber auch radikale Charaktere. Der Widder ist in diesem Kreis wohl der radikalste. Er ist noch heftiger als der feurige Löwe, noch stolzer als der liebenswürdige Schütze.

Dieser Typ hat ein unbändiges Verlangen nach dem Großen, Nichtalltäglichen. Er verabscheut Halbheiten, Kompromisse, Lauheit. Für ihn gibt es nur die Wahl zwischen heiß und kalt. Über dem Leben der meisten Widder-Menschen steht das Motto „Alles oder nichts".

Der echte Widder beiderlei Geschlechts verfügt über große Vitalität. Seine Energien scheinen unerschöpflich. Natürlich gibt es Grenzen, aber sie sind sehr weit gesteckt. Der Widder selbst will sie oft nicht zur Kenntnis nehmen. Gerade weil ihm so viel möglich ist, weil er mehr leisten, mehr ertragen kann als andere, mutet er sich immer noch mehr zu und will nicht einsehen, daß es auch bei ihm einmal zum Überspannen des Bogens kommen kann.

Widder sind geborene Dickköpfe. Sie wollen immer wieder mit dem Kopf durch die Wand. Ausweichmanöver und Umwege sind für sie suspekt. Starrsinn und Sturheit ist zwar nicht für alle, aber für viele Widder-Geborene typisch.

Die allgemeine Lebenseinstellung ist meistens realistisch. Der Widder hält sich an Tatsachen, prüft sie kurz und kritisch und sucht eine praktische Lösung. Allem Phantastischen und Doppelsinnigen stehen die meisten Widder abwehrend und skeptisch gegenüber.

Die enorme Willensstärke der Widder-Menschen steht an der Wiege aller ihrer Erfolge. Wenn ein Widder sich etwas ernstlich vorgenommen hat, dann führt er es auch durch – allen Widerständen und Schwierigkeiten zum Trotz. Seine Leistungskraft ist ebenso imponierend wie sein rücksichtsloser Einsatz, bei dem die eigene Person ebensowenig geschont wird wie die Umgebung, und das schließt Liebespartner genauso ein wie Arbeitskollegen.

Triebkraft bei diesem Einsatz ist der Ehrgeiz der Widder-Menschen, der ebenfalls überdurchschnittlich ist. Ein gewisser Hang zum Überdimensionalen ist bei den Widdern üblich. Berufliche Erfolge in einer Größenordnung, mit der andere Menschen völlig zufrieden wären, akzeptiert der ehrgeizige Widder noch nicht als ausreichend. Auch ein durchschnittliches Liebesglück genügt ihm nicht.

Der Stolz der Widder-Geborenen ist ein Kapitel für sich. Er macht sie unbeugsam und, sobald dieser Stolz gekränkt wurde, auch unversöhnlich bis rachsüchtig. Ein Widder von echtem Schrot und Korn kann nur schwer vergessen und vergeben.

Das Streben der Widder-Menschen wird stets darauf gerichtet sein, eine führende Rolle zu spielen, im Beruf genauso wie im Privatleben.

Sie sind in untergeordneten Positionen stets unzufrieden und ungeduldig und revoltieren gegen jede Bevormundung, denn der Wunsch nach Selbständigkeit ist sehr stark entwickelt.

Ein Widder ist erst dann in seinem Element, wenn er Entscheidungsfreiheit hat, organisieren und Anweisungen erteilen kann. Das Machtstreben ist unverkennbar, tritt jedoch in verschiedenen Schattierungen auf: als berechtigter Führungsanspruch bei den echt Tüchtigen und hervorragend Befähigten – als Despotismus bei Widdern mit geringeren geistigen Fähigkeiten.

Die individuelle Mischung der typischen Widder-Eigenschaften, das Überwiegen entweder der positiven oder der negativen Seiten, prägt die verschiedenen Erscheinungsformen vom mit Recht bewunderten Vorkämpfer für Fortschritt und Allgemeinwohl bis zum kalt berechnenden, skrupellosen Machthaber, vom vorbildlichen, hilfsbereiten Kameraden bis zum unleidlichen Tyrannen, der mit „eiserner Faust" regiert.

Die positiven Seiten des Widder-Menschen sind geprägt von Optimismus, Mut und Dynamik. Darin liegt ihre Kraft. Jeder Tag ist für sie angefüllt mit guten und ernsthaften Plänen, und er erscheint ihnen mit ausgezeichneten Versprechungen.

Die positiven Widder-Menschen sind von Natur aus gesellig und möchten, daß alle Menschen in ihrer Umgebung glücklich sind. Deshalb sind sie auch bemüht, sich für das Wohlergehen ihrer Mitmenschen einzusetzen, wenn das nötig erscheint. Freundschaft und Hilfe, die sie bieten, sind unbegrenzt.

Eine weitere positive Seite ihres Charakters liegt darin, daß sie Freude empfinden, wenn sie sich anstrengen und abmühen müssen. Sie beklagen sich auch niemals, wenn sie sich voller Willenskraft für ein Ziel einsetzen, das ihnen jeder Anstrengung wert erscheint. Durch Wärme und Begeisterung verstehen sie es, andere Menschen mitzureißen. Das Beispiel ihres kühnen Mutes und ihres starken Glaubens an die Erreichung eines bestimmten Zieles erfüllt andere mit dem gleichen Optimismus.

Die mitreißende Dynamik der Widder-Typen befähigt sie im kleinen wie im großen zu vielfältigen Führungsaufgaben. Diese Eigenschaften können sie auf allen Gebieten einsetzen, sei es im Beruf, im Klub, im Freundeskreis, in der Familie oder auch in der Politik. Sie können aber auch auf schriftstellerischem oder künstlerischem Gebiet Erfolg haben. Auch im Berufsleben sind sie ohne weiteres in der Lage, eine führende Position zu bekleiden.

Die negativen Seiten des Widder-Menschen sind geprägt von Aggressivität, Ungeduld und Arroganz. Es kommt vor, daß sie ohne Bedenken die Rechte und die Empfindungen ihrer Mitmenschen mißachten. Sie sind in der Lage, mit gesenktem Kopf zum

Angriff überzugehen, voller Ungeduld, ihr Ziel zu erreichen, und oft extrem selbstsicher. Sie ziehen Methoden vor, die zwar unerprobt, dafür aber schneller sind, und das selbst dann, wenn klügere oder erfahrenere Freunde sich bemühen, sie davon zu überzeugen, daß ihre Handlungsweise nicht durchführbar ist. Im übrigen hören sie nur selten auf ihnen gegebene gute Ratschläge. In einer gewissen Intoleranz besitzen sie die starke Neigung, nur das zu übernehmen, was ihren eigenen Vorstellungen entspricht.

Schließlich fehlt es ihnen noch an Ausdauer. Wenn sie nicht sofort das erreichen, was ihnen vorschwebt, geben sie meist den Kampf auf, allerdings nur, um erneut und mit den gleichen Mitteln an die Erorberung eines anderen Zieles zu gehen. Bei einem derartigen Spiel besteht die Gefahr, daß sie viel verlieren. Mit mehr Ausdauer würden sie wahrscheinlich die Vorteile erringen, deren sie sich oftmals durch blinden Eifer selbst berauben. Aber auch die gemachten schlechten Erfahrungen lassen sie sich nicht als Lehren für die Zukunft dienen. So kommt es, daß sie immer wieder in die Fehler der Vergangenheit verfallen. Sie versuchen also nicht, mit etwas mehr Überlegung vorzugehen, um eine Wiederholung alter Irrtümer zu vermeiden. Sie bemühen sich zuwenig, ihre Impulsivität und Angriffslust zu zügeln.

Alles in allem ist der Widder in der Mehrzahl der Fälle ein verläßlicher, ausdauernder Mensch. Kommt er einer Unaufrichtigkeit auf die Spur, fühlt er sich getäuscht oder ausgenutzt, dann freilich zieht er einen radikalen Schlußstrich und ist kaum noch umzustimmen.

Die Hilfsbereitschaft der Widder-Geborenen bewährt sich vor allem in akuten Notsituationen. Da ist sie kaum zu übertreffen. In chronischen Fällen hingegen kann sich zeigen, daß die Widder-Menschen mit der Geduld auf Kriegsfuß stehen. Mißmutig werden sie vor allem dann, wenn die Person, der sie helfen, selbst keinerlei Anstrengungen unternimmt, wieder auf festen Grund zu gelangen. Da reißt dem Widder bald die Geduld. Erstens, weil er bei allen Aktionen, die er startet, konkrete Ergebnisse sehen möchte, und zweitens, weil er für Schwäche und Energielosigkeit kein Verständnis aufbringt.

Das Streben nach Besitz geht beim Widder-Menschen Hand in

Hand mit dem Hang zum Wertbeständigen. Er interessiert sich nur für das Echte, nicht für Nachgemachtes. Sein Urteil ist streng, oft auch eigenwillig. Deshalb sind Widder-Menschen auch weitgehend unzugänglich für Werbeschlagzeilen und Modediktat. Darüber setzen sie sich leicht hinweg.

Bei aller Härte in den Charakterzügen verfügt der Widder aber auch über große Herzlichkeit, Wärme und das Verlangen nach Weggefährten, die ihn verstehen und für die er sorgen kann. Diese scheinbare Widersprüchlichkeit im Charakter macht die Widder-Geborenen so reizvoll.

Erziehung der Widder-Kinder

Eines der dringlichsten Probleme unserer Gegenwart ist die Erziehung der Kinder. Es ist wichtig, mit Hilfe moderner Erziehungsmethoden intellektuelle Vorbereitungen auf das Jahr 2000 zu treffen. Der Alltag von morgen wird höhere Anforderungen stellen. Die Kindererziehung nach astrologischen Gesichtspunkten kann hierbei wegweisend wirken. Entsprechend seinem Tierkreiszeichen verlangt jedes Kind eine spezielle Führung, und das gilt ganz besonders für das selbstbewußte, zur eigenen Überschätzung neigende Widder-Kind.

Die im Zeichen Widder geborenen Kinder machen sich ihren Eltern schon früh durch unbändigen Tatendrang bemerkbar, der sie in allem, was sie anfangen, beseelt. Es gehört zu ihren wesentlichen Eigenschaften, sich das Leben und leider bisweilen auch das Elternhaus so früh und so gründlich wie nur möglich untertan zu machen.

Dazu kommt als einer der wesentlichen Charakterzüge noch ein unbändiger Freiheitswille, der sich von vornherein gegen jedes deutlich empfundene „Du mußt" auflehnt.

Direkte Befehle sind dem kleinen Widder daher instinktiv verhaßt, und nichts betrachtet er mit so viel Mißtrauen wie ein gegen ihn ergangenes Verbot, das in ihm vielfach eine ausgeprägte Trotzhaltung hervorrufen wird. Diplomatie ist daher eine der wichtigsten Vorbedingungen für die erfolgreiche Erziehung des kleinen Widders, muß ihm doch das „Du mußt", ohne das auch die liebevollste Erziehung nicht auskommen kann, so schmackhaft wie möglich gemacht werden.

Am meisten fühlen sich Widder-Kinder angesprochen, wenn man an ihre Vernunft appelliert und sie soweit wie möglich wie Erwachsene betrachtet und behandelt. Den Wunsch, für voll genommen zu werden, kann man übrigens schon bei den vier- bis sechsjährigen Jungen und Mädchen dieses Tierkreiszeichens deutlich beobachten. Sie zeichnen sich im Kindergarten und während der ersten Schuljahre dadurch aus, daß sie sich einer Gemeinschaft bedingungslos anpassen und mitunter sogar unterzuordnen scheinen, wenn ihnen innerhalb dieser Gruppe eine Führerrolle zugestanden wurde.

Der Vater, der seinem widerspenstigen Widder-Jungen die Gründe für diese oder jene Entscheidung auseinandersetzt, wird bei ihm bedeutend mehr erreichen als jener, der alle Entscheidungen allein durch seine väterliche Autorität begründet sehen möchte. Blinden Gehorsam, und das sollten sich alle Eltern klarmachen, kann man von Widder-Kindern nie und nimmer erwarten! Sie müssen die Logik ihres eigenen Tuns beziehungsweise die eines Verbotes einsehen können, ehe sie bereit sind, sich derselben zu beugen.

Auch der Appell an die Ritterlichkeit und Fairneß vermag in dieser Hinsicht – vor allem bei den schon etwas älteren Widder-Jungen – so etwas wie ein Wunder zu vollbringen und aus dem ruppigen Kerlchen einen kleinen Kavalier zu machen. Bei den Mädchen ist es ratsam, ihren Wunsch nach Vollkommenheit anzusprechen, wenn man Großes von ihnen verlangen möchte.

Die kluge Mutter wird mit diplomatischem Sinn dafür sorgen, daß die jungen Bäume nicht allzu hoch in den Himmel wachsen. Gelegentlich wird sie den schwächeren Spielgefährten ihres Kindes, wenn sie wieder einmal kommen, um sich über den bösen Tyrannen zu beklagen, klarmachen, daß sie sich keineswegs alles gefallen lassen müssen. Wenn der erste Bann der Überlegenheit gebrochen ist, sorgen die Kinder meistens selbst dafür, daß das richtige Kräftegleichgewicht allmählich wiederhergestellt wird. Der kleine Widder ist in so einem Falle zumeist gar nicht einmal böse darüber, seinen Herrschaftsanspruch mit einigen gleich Starken zu teilen, und wird im Umgang mit jenen, die er schätzengelernt hat, eine gute Kameradschaft beweisen.

Unvermeidbar ist gelegentliches Eingreifen, wenn es in einer Familie außer einem Widder-Jungen oder -Mädchen noch Kinder eines anderen Sternzeichens gibt. Ohne sich dessen voll bewußt zu sein, wird der kleine Widder nämlich ständig versuchen, seine Geschwister an die Wand zu spielen. Dabei ist es gleichgültig, ob diese jünger oder älter sind als er selbst. Vor allem die zum friedlichen Ausgleich neigenden Waage-Kinder und die wenig selbstbewußten Jungfrau-Kinder lassen es sich oft gefallen, daß der Widder sämtliche Zügel in die Hand nimmt und schon im Kinderzimmer den Ton angibt. Das ist aber weder für den kleinen Widder selbst noch für die anderen Geschwister richtig und von Vorteil.

Widder-Kinder müssen es lernen, sich selbst nicht zu wichtig zu nehmen und andere zu akzeptieren, auch wenn sie sich selbst für viel klüger und stärker halten. Die Geschwister eines Widder-Kindes dagegen können sich schon während der Kindheit ernsthafte Komplexe und ein angeknackstes Selbstbewußtsein einhandeln, wenn sie immer im Schatten eines draufgängerischen, selbstbewußten, starken Widders gestanden haben.

Vater und Mutter müssen in einem solchen Fall gezielt die Fähigkeiten der Nicht-Widder-Kinder fördern und immer wieder herausstreichen. Sie dürfen auch nicht davor zurückschrecken, dem übermächtigen Widder-Schützling einen heilsamen Dämpfer zu verpassen. Aber Vorsicht! Zerbrechen darf man den Widder nicht! Hier ein Tip: Den Widder-Jungen und -Mädchen kann man schon sehr früh klarmachen, warum dieser Dämpfer notwendig war. Man darf ihnen dabei getrost die hundertprozentig richtigen Gründe verraten. Sie werden sie überraschend schnell begreifen, auch wenn sie im Bereich der Psychologie angesiedelt sind, und werden sie akzeptieren.

Problematisch wird für den kleinen Widder – und bisweilen noch mehr für seine Eltern – bisweilen die Schulzeit werden. Denn so gern sich der Widder mit allem beschäftigt, was seinem ständig regen Tatendrang entgegenkommt, so wenig weiß er es zu schätzen, seine Zeit hinter den Büchern zu verbringen, es sei denn, es handelt sich gerade um ein Fachgebiet, das ihn ganz besonders interessiert. Er ist im allgemeinen kein Gelehrtentyp, schon weil er gar nicht so lange stillsitzen kann. Seine Eltern werden es daher nicht immer leicht haben, ihn sicher um alle Klippen seines schulischen Mißerfolges herumzulotsen.

In diesem Fall hilft nur eine eiserne Disziplin im Verein mit dem ständigen Appell an den Ehrgeiz. Es ist schon eine merkwürdige Sache mit dem jungen Widder: Mag ihm eine Sache an sich auch noch so verhaßt und lästig erscheinen – ist sein Ehrgeiz einmal richtig geweckt, kann er es sogar fertigbringen, darin eine wahre Meisterschaft zu entwickeln. Vater und Mutter dürfen sich aber nicht ins Bockshorn jagen lassen, wenn es vor dem Erreichen dieser Meisterschaft ernsthafte Machtkämpfe, Tränen und Wutanfälle gibt. Diese sind nur der letzte Versuch des jungen Widders, sich doch noch gegen die eiserne Disziplin aufzulehnen und durchzusetzen.

Aber auch wenn Disziplin wichtig und ratsam erscheint und dem Wohl der Widder-Kinder dient, muß bedacht werden, daß sich diese Feuerteufel, vor allem als Schüler, nur in einer Atmosphäre völliger intellektueller Freiheit voll entfalten können. Es ist dennoch nötig, ihnen die guten Formen der Zusammenarbeit mit Lehrer, Erzieher und Klassenkameraden beizubringen und sie Gehorsam zu lehren, damit sie später einmal zum Chef aufsteigen und selbst gerechte Befehle geben können.

Der Widder-Schüler braucht die Gelegenheit, selbst Pläne machen zu können. Dabei sollte der Lehrer ihn ermutigen, diese Pläne auch bis zur Vollendung durchzuführen. Das Kind des Widder-Zeichens liebt es, wenn die Dinge und Ereignisse in ständiger Bewegung sind. Es braucht sowohl die Ermutigung als auch den Wettbewerb mit anderen Schülern, um seine besten Leistungen zeigen zu können. Wenn der Lehrer oder der Rahmen der Schule diesen Anforderungen nicht entsprechen, fühlt sich das Kind gelangweilt. Aus der Langeweile entspringt dann leicht ein angriffslustiges Verhalten.

Zur Lebensaufgabe des Widder-Typs gehört die Umweltgestaltung, und bereits das Schulkind sollte auf diese Aufgabe seinen Anlagen entsprechend vorbereitet werden. Der Widder-Schüler ist darauf aus, schon frühzeitig eigene Erfahrungen zu machen. So wie das Widder-Kind nicht gern am Rockzipfel der Mutter hängt, möchte es auch nicht völlig vom Lehrer abhängig werden. Der Lehrer wird rasch merken, daß sich das Kind nur schwer anpaßt, wenn es unterschätzt wird. Mehr als andere Typen folgt es gern seinem eigenen Kopf und versucht stets, sich gegen jeden Widerstand durchzusetzen. Dann kann man bei ihm nur noch mit Kameradschaft und Logik etwas erreichen. Es ist dann ratsam, daß der Pädagoge dem Schüler klarmacht, daß er das in der Schule erworbene Wissen in seinem eigenen Interesse für sein späteres Leben braucht. Ein Zuspruch in diesem Sinne leuchtet dem Widder-Schüler ein, denn er hat sich meist schon frühzeitig vorgenommen, sich als Erwachsener ganz auf sich selbst zu verlassen.

Erzieher und Eltern dürfen nie vergessen, daß der junge Widder-Mensch früh reif und von großer sexueller Neugier geplagt wird. Eine gründliche und ehrliche, aber auch frühe Aufklärung ist daher unerläßlich.

Der Widder-Mensch als Freund

Auch in bezug auf die Freundschaft gilt für den Widder-Menschen die Devise: „Alles oder nichts!" Hat er den Wert eines Freundes erkannt, dann geht er für diesen durchs Feuer und achtet peinlich darauf, daß seine eigene Wertschätzung auch von den anderen geteilt wird.

Es gibt zwei völlig unterschiedliche Arten der Freundschaft, die für den Widder-Menschen typisch sind. Die erste Art ist das freundschaftliche Verhältnis zu einem Menschen, den er hundertprozentig dominieren und leiten kann. Der Widder hat dann die Zügel in der Hand, trifft die gemeinsamen Entscheidungen und mischt sich fröhlich in die Belange des anderen ein, aber nicht, um zu bevormunden, sondern, um zu helfen. Die so Auserwählten wissen, daß sie sich in jeder Krisensituation auf den Widder-Freund verlassen können. Er wird immer für sie dasein, wird immer bestrebt sein, ihnen aus einer augenblicklichen Klemme schnell wieder herauszuhelfen, auch wenn diese Liebesdienste mit einer Reihe von Pflichten verbunden sind. Der Widder-Mensch wird seine Hilfsbereitschaft und sein Entgegenkommen stets damit verbinden, dem Freund Vorwürfe zu machen, daß er sich überhaupt in eine Krisensituation begeben konnte. Er wird immer bestrebt sein, als Lehrer und Lebensmeister zu fungieren, wird seinen Mitmenschen seine eigene Stärke als leuchtendes Beispiel vor Augen halten – in der Hoffnung, auch aus den Vertretern der anderen Tierkreiszeichen so etwas wie gedrillte Widder-Typen zu machen.

Die zweite Art der Freundschaft richtet sich an jene Menschen, die der Widder als gleichwertige Partner akzeptiert und von denen er mitunter sogar einen guten Ratschlag annimmt. Hier wird das Verhältnis, so innig es auch sein mag, von einem sportlichen Ehrgeiz geprägt, besser zu sein als der andere. Diese Rivalität nimmt aber nie häßliche Formen an. Sie bleibt ein gegenseitiger Ansporn, ein faires Messen der gleich großen Kräfte. Es ist daher auch nicht verwunderlich, daß sich Freundschaften dieser Art vor allem von Widder- zu Widder-Menschen finden.

Obgleich sich der Widder in seinem sonstigen Leben nicht gerade durch Beständigkeit auszeichnet, sondern zu einem sprunghaften, leicht begeisterungsfähigen Wesen neigt, ist er in der Freundschaft solide und dauerhaft. Hat er sich erst einmal für einen anderen Menschen entschieden, dann geht er mit diesem durch dick und dünn, egal, was passiert, und egal, wie Außenstehende über den Freund seiner Wahl urteilen. Voraussetzung für ungetrübte Freundlichkeiten ist jedoch auch hier, daß niemand es wagt, den Widder in seinem Stolz zu verletzen oder gar in seinen Plänen zu stören.

Mit einer Schwierigkeit, die tief in seinem Wesen verankert ist, hat der Widder immer zu kämpfen: So selbstverständlich ihm seine eigene Hilfsbereitschaft ist, so schwer fällt es ihm, sich von anderen helfen zu lassen. Dann bäumt sich sein Stolz in ihm auf, dann möchte er die gutgemeinte Hilfe von sich weisen, weil er die Selbstbestätigung braucht, sich selbst aus jeder erdenklichen Krise wieder herausmanövrieren zu können. Ließ sich die Unterstützung durch andere jedoch ganz und gar nicht vermeiden, dann ist er in seiner Dankbarkeit rührend und überzeugend. Ein winziger Stachel ob der erlebten Schlappheit bleibt jedoch in ihm zurück.

Nachtragend sind Widder-Freunde nie! Sie lassen es zwar gern auf ein gewaltiges Donnerwetter ankommen, doch danach ist die Luft wieder rein, und die Fronten sind geklärt. Menschen, die sich ihre Freundschaft erhalten wollen, müssen das wissen und dürfen dem Temperament nicht mehr Bedeutung zumessen als angebracht.

Es paßt zum Wesen des Widder-Menschen und zu seinem eigenen weitgesteckten Rahmen, daß er in seiner Freundschaft großzügig, wenngleich nicht immer tolerant ist. Er ist freizügig mit Geschenken und so voller Vertrauen in den anderen, daß er auch bereit ist, in Krisenzeiten mit einer größeren Summe auszuhelfen. Er ist sicher, sein Geld schon irgendwie zurückzukriegen, und fast immer hat er in dieser Beziehung recht.

Berufe, die sich für Widder-Menschen eignen

Wie kaum ein anderer weiß schon der ganz junge Widder-Mensch genau, was er will. Dies gilt vor allem für die Berufwahl. Er läßt sich da weder etwas anderes ein- noch seinen Entschluß ausreden. Er traut sich alles zu und schafft es auch fast immer! Unabhängigkeit und größte Freiheit braucht er im beruflichen Bereich wie die Luft zum Atmen. Er ist völlig ungeeignet für die Rolle des verläßlichen, aber unbeachteten Rädchens im großen Uhrwerk der Wirtschaft. Er will und kann planen und entwickeln, führen und leiten.

Je vielfältiger und problematischer die Anforderungen an ihn, desto besser! Er stürzt sich mit Vehemenz am liebsten auf jene Probleme, die als unlösbar angesehen werden. Seine beruflichen Erfolge sind eine Kette von Pionierleistungen und „Erstbesteigungen" auf allen wirtschaftlichen Gebieten.

Eigenwillige Politiker, Philosophen und Dichter gingen und gehen aus der Schar der Widder-Geborenen ebenso hervor wie Wissenschaftler, Techniker und Wirtschaftskapitäne. Sein Drang nach Erforschung unbekannten Neulandes und sein Pioniergeist finden aber auch in vielen anderen Berufen Befriedigung.

Der Aggressivität und Kampflust des Widders entsprechen auch die sogenannten sadistischen Berufe. Dabei spielen Arbeitswerkzeuge eine wichtige Rolle. Die Skala reicht vom Bohrer des Zahnarztes über das Chirurgenmesser und das Schießgewehr bis zum Schlächterbeil!

Als Polizist schwingt er den Gummiknüppel, aber auch als Bildhauer den Meißel und den Hammer. Ein Spiel mit Zinnsoldaten kann ihn nicht reizen. Befehlen im Kasernenhof mit wirklichen Soldaten ist schon eher sein Geschmack. Er bedarf der ständigen Auseinandersetzung mit Menschen und Problemen.

In Staatsgeschäften tritt der Widder gar nicht so selten auf. Was ihm an Diplomatie fehlt, ersetzt er durch Überzeugungskraft. Unerschütterlich strebt er seinem Ziel zu und ändert seine Meinung nie durch fremden Einfluß, sondern immer nur aus eigener Überzeugung.

Seinem Hang zum Extremismus entspricht seine Partei. Das wird nie eine gemäßigte, sondern die mit den strengsten Maximen sein. Kommt dazu noch die Disziplinlosigkeit, dann gibt es zuerst Demonstrationen und schließlich Revolutionen – immer unter seiner Leitung!

Die Laufbahn des Rechtsanwalts – besonders Strafverteidiger – wird dem geistig höherstehenden Widder-Mann zur idealen Arena seiner Durchschlagskraft. Er kämpft um die Freiheit anderer wie um sein eigenes Leben. Er verbeißt sich in juristische Probleme und deren Lösung. Jeder gewonnene Prozeß ist ja tatsächlich ein Sieg. Und Kämpfen und Siegen ist der Lebensinhalt des Widder-Mannes.

In diesem Beruf greifen auch Widder-Mann und Widder-Frau wieder ineinander. Sie stellt die streitbare Amazone im Kampf der Paragraphen. Ihre Plädoyers zeichnen sich neben weiblichem Mitgefühl durch unwiderlegbare Argumente und scharfe Logik aus.

Es gibt auch „schwache" Widder. Vor allem, wenn der Aszendent im Zeichen Fische liegt. Aber auch der schwächste Widder hat immer noch Kraft für drei! Seine Kühnheit und Energie kommen weniger im manuellen als im geistigen Bereich zum Ausdruck. Als Wissenschaftler, Forscher oder Philosoph erschließt er auf seine Weise der Welt neue Aspekte. Bei Widder-Frauen des schwächeren Typs finden wir häufig den Beruf der Lehrerin oder Kindergärtnerin. Sie führt, lehrt und leitet, aber es fehlt der Drang zum Herrschen und zum Siegen.

Der Widder als Arbeitgeber

Für einen bequemen, überschaubaren Schreibtischjob sind die meisten Widder nicht geeignet. Ihr unruhiger, lebhafter, ausgeprägter Geist sehnt sich nach mehr Abwechslung, mehr Abenteuer. Unter den Vertretern dieses Sternzeichens gibt es viele Ingenieure, Politiker, Erfinder, Abenteurer, Geschäftsleute oder professionelle Sportler. Kurz, all jene Gebiete, in denen sie Eigeninitiative und Risikobereitschaft einsetzen können, sind für die Widder attraktiv.

Sehr viele Vertreter des März-Zeichens machen sich auch selbständig. Die meisten von ihnen bleiben dabei, selbst dann, wenn sie einige Male finanziell auf die Nase gefallen sind. Sie werden es immer wieder versuchen, bis sie Erfolg haben und eine Position erreichen, die es ihnen erlaubt, Mitarbeiter einzustellen. Als Arbeitgeber sind die Widder-Vertreter nicht ohne.

Ein Widder-Boß in der Firma bedeutet fast immer einen häufigen Wechsel der Angestellten. Das liegt daran, daß dieser Chef dafür sorgt, daß man ihn entweder hundertprozentig ablehnt oder aber für ihn durchs Feuer geht. Die Angestellten eines Widders können damit rechnen, immer gut zu verdienen. Dieser Mann treibt seine Leute wie Sklaven an, aber sie bleiben ihm treu, weil es ein Erfolg in sich ist, hat man es geschafft, sich unter einem Widder über einen längeren Zeitraum hinweg zu behaupten.

Die meisten Angestellten eines Widder-Chefs setzt es immer wieder in großes Erstaunen, daß dieser Mann es überhaupt schafft, Abschlüsse zu tätigen und Arbeiten zu beenden. Auf den ersten Blick nämlich scheint es so, daß er ständig hundert Eisen gleichzeitig im Feuer hat und daß er sich eigentlich verzetteln müßte und der Überblick fehlt. Falsch! – Sein Arbeitsplatz scheint zwar chaotisch, aber der Widder-Chef hat den Überblick als einziger.

Er hat einen ausgeprägten Sinn dafür, wo die Prioritäten auf geschäftlichem Gebiet liegen und was mit gutem Gewissen vernachlässigt werden kann. Außerdem verfügt er über eine enorme Menschenkenntnis, die es ihm erlaubt, sehr schnell Schwächen anderer zu erkennen und zu seinen Gunsten auszunutzen.

Der Widder als Angestellter

Der Widder-Angestellte ist eine wertvolle Bereicherung eines jeden Arbeitsteams, der Begeisterungsfähigkeit und einen ganzen Kopf voller neuer Ideen anzubieten hat. Ideal für ihn und sein Können ist eine vorwärtsstrebende Firma, in der er möglichst eine Position bekleiden sollte, die ihm ein Maximum an Bewegungsfreiheit gewährt. Höchstwahrscheinlich wird es der typische Widder zu vermeiden suchen, in einer Organisation angestellt zu werden, in der ihm zu viele Vorschriften gemacht werden.

Ein alteingesessenes Unternehmen, in dem Verwaltung und Papierkrieg einen erheblichen Platz einnehmen, ist somit für ihn nicht geeignet.

In der richtigen Position kann der Widder einen kometenhaften Aufstieg erleben und von seinen Kollegen um sein Vorwärtskommen beneidet werden. Daß er bei seinen Mitarbeiterinnen und Mitarbeitern sehr beliebt ist, läßt sich in den meisten Fällen nicht sagen. Vielmehr neigt der echte Widder-Angestellte dazu, sein eigenes berufliches Fortkommen mitunter auch auf Kosten anderer zu versuchen. Er kennt wenig Skrupel, wenn es darum geht, seine eigene Position zu verbessern. Kein Wunder also, daß er von seinen Kollegen nicht selten als arrogant eingestuft und von einigen sogar gemieden wird.

Eine gradlinige Karriere ist dennoch etwas, wovon die meisten Widder-Angestellten nur träumen, und das hat einen ganz besonderen Grund: Die Vielseitigkeit dieser Sternzeichen-Geborenen führt dazu, daß man sich leicht verzettelt und daß man gleichzeitig zu viele Eisen im Feuer hat. Das gilt auch auf beruflichem

Gebiet. Nur wenige Widder-Leute können sich intensiv auf ein ganz bestimmtes Arbeitsgebiet und eine ganz bestimmte Arbeit konzentrieren.

Da sie sich auch für all jene Kleinigkeiten interessieren, die rechts und links von der ihnen gestellten Aufgabe liegen, passiert es ihnen immer wieder, daß sie den Faden verlieren und einen Teil ihrer ungewöhnlich großen Energie an Kleinigkeiten verpulvern.

Freiberuflich ist der typische Widder-Geborene schon sehr viel eher in seinem Element. Hier sagt er sich, daß sein berufliches Fortkommen einzig und allein von dem abhängt, was er selbst leistet, und diese Einstellung sorgt dafür, daß der ohnehin vorhandene Ehrgeiz noch zusätzlich angestachelt wird. Aber auch hier sind Enttäuschungen nicht ausgeschlossen. Beschließt ein Widder-Geborener im reiferen Alter, sich doch noch selbständig zu machen oder aber freiberuflich tätig zu werden, mag er zu seiner eigenen Überraschung und Enttäuschung feststellen, daß er zwar von vielen Dingen etwas Ahnung hat, sich aber doch in all den vorausgegangenen Jahren auf keine bestimmte Linie spezialisierte, so daß es ihm jetzt schwerfällt, sich endgültig für ein ganz bestimmtes Ressort zu entscheiden.

Jede Frau, die davon träumt, ein Leben lang an der Seite eines Widder-Mannes glücklich zu werden, sollte sich folgendes vor Augen halten: Der typische Vertreter dieses Sternzeichens ist kein bequemer Mann, dessen berufliche Karriere vorgezeichnet ist. Vielmehr wird es immer wieder Überraschungen geben, auch Enttäuschungen, genauso aber auch unerwartete Beförderungen und Erfolge. Der Widder ist kein Mann, der sich auf seinen Lorbeeren ausruht. Er ist andererseits auch kein Typ, der verbissen und gradlinig seine beruflichen Ziele in Angriff nimmt. Eine zuverlässige Lebenslinie, die überschaubar ist und mit der man planen kann, bietet dieser Typ Mann im allgemeinen nicht. Berufliche Gründe und seine Abenteuerlust können immer wieder dazu führen, daß er sich gerade dann in eine andere Stadt oder eine andere Firma versetzen läßt, wenn seine Partnerin glaubt, nun so etwas wie eine gesicherte Zukunft ohne Überraschungen vor sich zu haben.

Zugunsten des Widder-Geborenen muß gesagt werden: Ein Mensch, der vor seinem Chef buckelt, ist er ganz bestimmt nicht.

Vielmehr neigt er dazu, stets seine eigene Meinung zu sagen, und zwar auch dann, wenn er ganz genau weiß, daß er sich damit gegen die Ansicht seines Chefs stellt und auch bei seinen Mitarbeitern wenig Anklang findet.

Zielstrebig, ehrgeizig und damit im allgemeinen auch außerordentlich erfolgreich ist der Widder-Geborene dann, wenn ihm eine Aufgabe gestellt worden ist, die ihn ganz persönlich reizt. Dann verbeißt er sich regelrecht in dieses Thema, hält sich an keine vorgegebenen Arbeitszeiten, merkt nicht einmal, wenn er Überstunden macht, und bringt nicht selten damit Kolleginnen und Kollegen zur Verzweiflung, weil diese der Meinung sind, er verdürbe durch seinen Eifer die Preise.

Alles in allem ist der Widder außerordentlich abhängig von dem Klima, in dem er arbeitet, von der Toleranz seiner Vorgesetzten und von dem Reiz, den die an ihn gestellten Anforderungen auf ihn persönlich ausüben. Ein Drückeberger ist er bestimmt nicht. Genauso wenig wie er ein Arbeitnehmer ist, der als bequem eingestuft werden kann. Am erfolgreichsten ist er im allgemeinen, wenn er das Glück hat, unter einem Löwe-Chef, einem Schützen- oder einem Fische-Boß zu arbeiten. Ungeduldig und unterdrückt kommt er sich im allgemeinen dagegen vor, wenn er mit einem Krebs-, einem Steinbock- oder einem Stier-Chef über die Runden kommen soll.

Diese Gesundheitsregeln sollten Widder-Menschen beachten

Eigentlich kann man sich die kraft- und stärkestrotzenden Widder-Menschen gar nicht anders vorstellen als kerngesund und bis ins hohe Greisenalter unverwüstlich. Wie durch einen unsichtbaren Harnisch scheinen sie durch ihre Lebenskraft vor allen Leiden und Krankheiten des Körpers geschützt. Der meist kräftige Körperbau läßt auf stabile Gesundheit schließen. Die frische Gesichtsfarbe und die strahlenden Augen lassen den Gedanken an Siechtum und verborgene Leiden nicht aufkommen.

In seinem Kopf entwickelt er die kühnsten Projekte, errechnet neue Weltordnungen und bringt physikalische Gesetze zu Fall. Und gerade dieser Kopf ist es, der den Widder-Menschen Schmerzen und Leiden bringt. Ein ganzes Leben lang läuft im Gehirn alles auf Hochtouren und in äußerster Spannung. Da liegt es doch nahe, daß es auch nachts nicht stillstehen will: Schlaflosigkeit, Übermüdung, Neuralgien – darüber klagen fast alle Widder-Geborenen.

Besonders die „geistigen Arbeiter" unter den Widder-Typen beherrschen nicht die Kunst des rechtzeitigen „Abschaltens". Ihr Gehirn ist sozusagen ständig „im Dienst". Vom Widder-Menschen kann man fast sagen, daß er selbst im Schlaf noch weiterplant und weiterforscht.

Die Kunst des Entspannens will gelernt sein! Das fällt dem Widder sehr schwer, er ist zu unruhig, zu ungeduldig. Was nützen die guten Ratschläge des Arztes, wenn sie nicht folgsam und konsequent beachtet werden? Dem Widder-Menschen ist jede Form der körperlichen Unzulänglichkeit unerträglich. Sein rasantes Lebenstempo ist mit stündlichen Kompressen und wochenlangen Liegekuren einfach unvereinbar. Nun ist es schon ein großer Schritt, wenn sich der Widder-Mensch überhaupt einmal entschließt, zum Arzt zu gehen. Lächerlich erscheinen ihm die eigenen Wehwehchen, die oft alarmierende Symptome für ernste Erkrankungen sind.

Wie kann man dem geborenen Manager, dem Widder, klarmachen, daß auch seine Gesundheit zerstörbar ist? Auch der scheinbar harmlosesten Störung – besonders im Bereich des Kopfes – sollte der Widder-Typ nachgehen. Alle in dieses empfindliche Gebiet reichenden Leiden sind ja durchweg neuralgischer Natur und daher besonders im fortgeschrittenen Stadium mit langwierigen und komplizierten Heilungsprozessen verbunden. Am häufigsten haben die Widder-Geborenen unter den bereits erwähnten Migränen zu leiden. Aber auch Seh- und Sprachstörungen sowie Schwerhörigkeit sind bei diesem Zeichen häufig anzutreffen. Dazu kommen auch immer hohes Fieber und ungewöhnliche physiologische Reaktionen.

Es liegt ferner in der Natur des Widder-Typs, daß er aus dem vollen lebt und oft mit seinen Kräften Raubbau treibt. Er nimmt auch wenig Rücksicht auf seinen Körper und dessen Bedürfnisse.

Nun sind Widder-Typen ganz besonders in bezug auf die Nieren und deren Funktionen anfällig. Anstatt Beschwerden mit Tabletten vertreiben zu wollen, sollte man lieber vom Arzt eine Testuntersuchung vornehmen lassen.

Kopfschmerzen sind oft ein Vergiftungssymptom bei chronischer Nierenentzündung. Auch Luftdrucksteigerungen können hiermit zusamenhängen.

Kommen aber noch ein fast unstillbares Durstgefühl und ungewohnt starke Müdigkeit hinzu, darf der Gang zum Arzt nicht mehr aufgeschoben werden. Dann kann ein Diabetes vorliegen, der eine Umstellung der Lebens- und Ernährungsweise erforderlich macht.

Dies wird manchen nicht ganz leichtfallen, aber sie werden sich fügen müssen, wenn sie leistungsfähig bleiben wollen.

Darüber hinaus besteht für die Widder-Geborenen außerdem eine größere Anfälligkeit für Erkrankungen an Galle und Leber. Leberleidende müssen besonders vorsichtig leben und sich an die Anweisungen des Arztes halten.

Widder neigen zu fiebrigen Erkältungen; Neuralgien am Kopf oder Zahnkrankheiten können sie häufig plagen.

Mit Verdauungsstörungen oder Magenbeschwerden ist auch nicht zu spaßen. Man sollte nicht anfangen, sich selbst zu kurieren, sondern ärztliche Anweisungen befolgen, damit sich nicht Steine oder Geschwüre bilden.

Außerdem sind neben eventuellen Nierenaffektionen mehr nervöse Beschwerden und Störungen möglich, die Widdern den Alltag nicht immer zur Freude machen. Gerade weil ihre starke Natur und ihr eiserner Wille von „nervösen Wehwehchen" nichts wissen möchten, neigen sie dazu, diese Beschwerden auf die leichte Schulter zu nehmen. Sie bedenken dabei jedoch nicht, daß sich nervlich bedingte Gesundheitsstörungen schnell zu ernsthaften Krankheiten entwickeln können.

Der Widder-Mann und die moderne Partnerschaft

Der Widder-Mann ist ein kämpferischer Typ. Man merkt es nicht immer sofort, denn Herr Widder kann auch ungemein charmant und verbindlich sein. Vor allem, wenn man ihm in einer guten Phase begegnet, also dann, wenn er mit sich, seinem Leben und seinen Erfolgen zufrieden ist, sprüht so ein Widder vor Liebenswürdigkeit, Herzlichkeit und Optimismus, und man würde ihm dann gar nicht zutrauen, daß er hart bis rücksichtslos vorzugehen vermag. Daß Mars der Regent des Widder-Zeichens ist, verrät der Widder-Mann jedoch sofort, wenn sich ihm etwas in den Weg stellt, wenn er sich in seinem Verlangen nach Freiheit und Selbständigkeit eingeengt fühlt oder wenn er auf Ungerechtigkeit stößt. Da wird so ein Widder richtig massiv und unangenehm. Fühlt er sich persönlich verletzt, kann er auch rachsüchtig werden. Als Partner bewährt er sich hilfsbereit und verläßlich gerade in kritischen Situationen – aber einfach ist es sicher nicht mit ihm.

In der Brust so manchen Widder-Mannes wohnen die sprichwörtlichen „zwei Seelen". Er weist eine Reihe einander widersprechender Eigenschaften auf. Deren individuelle Mischung prägt nicht nur verschiedene Erscheinungsformen des Widder-Typs, es kann auch bald das Positive, bald das Negative stärker überwiegen, und so kommt es bisweilen zu völlig unerwarteten Reaktionen des Widders.

Nicht selten werden Widder-Männer beispielsweise zu Vorkämpfern für den Fortschritt und das Allgemeinwohl. Sie setzen sich vehement für Ziele ein, von deren Richtigkeit sie überzeugt sind. Wenn man etwa mit einem Widder-Mann über den Fragenkomplex der Gleichberechtigung spricht, wird man ihn meist aufgeschlossen finden. Ja, sicher, wird er sagen, man kann von den Frauen heute nicht mehr verlangen, daß sie nach den Normen leben, die die Gesellschaft des vorigen Jahrhunderts geprägt hat. Es hat sich viel geändert, und dem muß Rechnung getragen werden. Herr Widder findet, daß jeder Tüchtige seine Chance bekommen soll, natürlich auch eine tüchtige Frau. Er ist durchaus dafür, daß Frauen berufstätig sind. Ganz besonders dann, wenn es sich eben um Frauen im allgemeinen handelt. Theoretisch sozusagen. In der rein persönlichen Praxis freilich kann Herr Widder aber auch eine andere Einstellung haben.

Ein richtiger Widder gibt gerne den Ton an, auch in der Partnerschaft. Wie sich dieser Führungsanspruch äußert, ist verschieden. Es kann charmant und elegant geschehen, aber auch rücksichtslos. In den ungünstigsten Fällen entpuppt sich der Widder eines Tages als unleidlicher Tyrann, der jeden Versuch eines Widerspruchs im Keim erstickt. Zum Glück ist das nicht die Regel. Aber auch dann, wenn die Züge herzlicher Kameradschaft überwiegen und der Widder-Mann nicht einfach diktiert, sondern für Gedankenaustausch aufgeschlossen ist, wenn er also mit sich reden läßt, sind seinem Entgegenkommen auf Grund seines Wesens Grenzen gesetzt. Letzten Endes wird er das tun, was er selbst für richtig hält.

Es hängt vom Geschick der Partnerin ab, wieweit sie sich durchzusetzen vermag, indem sie ihn mit weiblicher Diplomatie dahin bringt, daß er sich, ohne es zu merken, ihren Standpunkt zu eigen macht. Dann wird er seine Entscheidungen treffen, und sie werden sich mit dem decken, was sie wollte.

Das gelingt freilich nicht immer, und es gelingt auch nicht allen Frauen. Jene, die es fertigbringen, ihre Persönlichkeit an der Seite eines Widder-Mannes zu behaupten und ihm zugleich die Überzeugung zu lassen, daß er die Nummer eins in der Verbindung ist, können mit ihm sehr glücklich werden.

Wie aus alldem hervorgeht, kommt es darauf an, die Forderungen nach Gleichberechtigung dem Widder-Mann in „kleinen Dosen" zu verabreichen. Er darf sich nicht überspielt vorkommen. Gewisse Selbständigkeit wird er der Frau an seiner Seite um so eher zubilligen, wenn er sich selbst in der Rolle des großzügig Gewährenden sieht.

Seine Einstellung zur Berufstätigkeit seiner Frau ist zwiespältig. Er muß dabei gegen den eigenen Stolz ankämpfen. Der pocht nämlich energisch darauf, daß ein Widder durchaus in der Lage ist, allein für sich und die Seinen zu sorgen. Wenn die Frau ebenfalls verdient, hat das für den Widder den fatalen Beigeschmack des Zweifels an seiner eigenen Fähigkeit, den Lebensunterhalt zu bestreiten. Auch wenn er sich dazu durchgerungen hat, seiner Frau die Berufstätigkeit „zu erlauben", bleibt ein Rest Widerwille in ihm. Der wird sich immer wieder in gelegentlichen spitzen Bemerkungen Luft machen, kann auch dazu führen, daß Herr Widder entweder über die Aktivitäten seiner Frau ein bißchen mitleidig spöttelt oder sie gar herabsetzt. In „hellen Momenten" mag er sich durchaus klar darüber sein, daß er im Unrecht ist, aber er kann eben nicht aus seiner Haut. Zwischen dem, was sein Verstand und seine Objektivität bejahen, und dem, was seinem subjektiven Empfinden nach „in Ordnung" ist, klafft ein Spalt.

In jedem Widder-Wesen schlummert verborgen das Verlangen, gebraucht zu werden. Der Widder-Mann sieht die Menschen in seinem engen privaten Umkreis eigentlich recht gerne in einem gewissen Abhängigkeitsverhältnis. Er gefällt sich in der Rolle des Beschützers, Helfers, Förderers.

Widder-Männer schätzen es meist, wenn sie auf ihre Frauen stolz sein können. Das ist wiederum ein anderer Aspekt. Stolz kann es einen Widder-Mann durchaus machen, wenn seine Frau zum Beispiel als Künstlerin oder in einem anderen, besonders „angesehenen" Beruf hervortritt – obwohl dann auch die Gefahr des Rivalisierens zunimmt. Aber es ist ihm doch im Grunde genommen lieber, wenn er aus anderen Gründen stolz auf sie sein kann – weil sie über eine glänzende Erscheinung verfügt und man ihn um sie beneidet, oder weil sie als charmante Gastgeberin brilliert.

Und dann gibt es – auch das soll nicht verschwiegen werden – noch eine kleinere Gruppe von Widder-Männern, die es rundweg ablehnen, modernere Formen der Partnerschaft zu akzeptieren. Für diese Widder ist und bleibt der Platz, der einer Frau zukommt, der am eigenen Herd. Sie wollen nichts anderes als eine Gefährtin, die zu ihnen dankbar und bewundernd aufblickt, sich fügsam lenken läßt und keinerlei Ambitionen zeigt, die über das Sorgen für das Wohl von Mann und Kindern und den Haushalt hinausgehen. Auf diese Widder wirkt das Wort Emanzipation wie ein rotes Tuch.

Sie lehnen es dann auch strikt ab, mit einer Partnerin „nur so", also ohne Trauschein, zusammenzuleben. Sie brauchen Besitzerstolz, und dazu gehört eine Frau, die sie vorzeigen können. So manche Partnerin, die selbst großzügigere Ansichten über die modernen Formen des Zusammenlebens hat, mußte einsehen, daß man einen Widder in dieser Beziehung nicht umstimmen kann. Eine Weile mag es ihn zwar reizen, eine ständige Freundin für zärtliche Stunden immer „griffbereit" zu haben, aber daraus eine mehrmonatige oder gar mehrjährige Angelegenheit zu machen, das geht ihm gegen die Natur.

Die Widder-Frau und die moderne Partnerschaft

Widder-Frauen sind klar ausgeprägte starke Persönlichkeiten mit unverkennbarer Eigenwilligkeit und einem gewissen Hang zum Radikalen. Eine echte Widder-Geborene tut nichts halb. Sie sagt entweder ja oder nein. Dazwischen gibt es für sie nichts. Kompromisse sind ihr verdächtig. Zwang ist ihr ebenso verhaßt wie Unklarheit und Unaufrichtigkeit. Wurde eine Widder-Frau einmal hintergangen oder belogen, so vergißt sie das nie mehr. Ihr Stolz ist überdurchschnittlich groß, und dementsprechend stark leidet die Widder-Frau, wenn sie sich in ihrem Stolz verletzt, wenn sie ihr Vertrauen mißbraucht fühlt.

Obwohl die Widder-Geborene über kein geringes Selbstbewußtsein verfügt, hat sie doch starkes Verlangen danach, es bestätigt zu finden. So will sie in der Partnerschaft von dem Mann nicht nur geliebt, sondern auch geachtet und bewundert werden. Sie hält viel von Gleichberechtigung und Kameradschaft, doch in der Praxis ergeben sich häufig Probleme.

Es ist noch gar nicht so lange her, da erhob sich kaum ein Widerspruch gegen die Einteilung in sogenannte weibliche und männliche Eigenschaften. Als typisch weiblich galten zum Beispiel eine gewisse Schutzbedürftigkeit, Weichheit, Zärtlichkeit, Unentschlossenheit und etliches mehr auf dieser Skala. Männlich hingegen wurden Energie und Durchsetzungsvermögen, Willenskraft und jene Härte genannt, die für das Bestehen im Lebenskampf erforderlich ist.

So besehen konnte bei manchen der Eindruck entstehen, daß

die Widder-Geborene „keine richtige Frau" sei, bewies sie doch immer wieder, daß sie ein klares Lebenskonzept besaß und folgerichtig danach zu handeln bereit war, daß sie sehr wohl, wenn es sein mußte, an Verantwortungsbereitschaft und Einsatzwillen manchen Mann in den Schatten stellte.

Inzwischen hat sich die Ansicht durchgesetzt, daß die allzu vereinfachende Aufteilung der Eigenschaften in typisch weiblich und typisch männlich den Tatsachen nicht entspricht, wohl nie völlig entsprach, es heute aber weniger denn je tut.

Die selbstbewußte, tüchtige Widder-Frau müßte diesen Wandel in der Anschauung begrüßen – als Bestätigung dessen, was sie anstrebt: nämlich gleichberechtigte Partnerin des Mannes zu sein.

Zum willenlosen Werkzeug des Partners, quasi zur „Befehlsempfängerin", war die Widder-Geborene nie geeignet. Partner, die sie zu unterdrücken und an der Entfaltung der eigenen Persönlichkeit zu hindern suchten, kamen für sie nicht in Frage. Sie beanspruchte einen gewissen Freiraum für ihre eigenen Entscheidungen, um den sie kämpfte.

„Alles oder nichts" lautet wieder einmal das Motto, das über dem Leben der Widder-Geborenen steht. Auf ihre Einstellung zu Partnerschaft und Ehe übertragen, bedeutet das: Wenn die Widderin den Mann nicht findet, der ihren Anforderungen entspricht, bleibt sie lieber allein. Sie ist nicht der Typ, der um jeden Preis in einer Ehe Unterschlupf finden will. Sie heiratet nicht, um eben verheiratet zu sein, sondern weil sie das Leben eines ganz bestimmten Mannes teilen will. Es geht ihr also nicht um den Partner an sich, sondern um den einen, ganz besonderen, den sie ausgewählt hat. Für sie ist dieser Unterschied ausschlaggebend.

Ist die stolze Widder-Geborene also genau der Typ der emanzipierten Frau? Sie ist eher eine spezielle Spielart davon.

Merkwürdigerweise stehen nicht wenige Widder-Frauen der modernen Emanzipationsbewegung reserviert bis kritisch gegenüber. Möglicherweise stört es einige, daß ihre persönlichen Ziele, Freiheiten, die sie für sich in Anspruch nahmen, nun verallgemeinert Bestandteil einer Bewegung geworden sind. Die Widder-Frau läuft nicht gerne mit der Herde. Sie kokettiert lieber mit der eigenen Ausnahmestellung. Und sie ist oft überzeugt, daß ein

Großteil ihrer Geschlechtsgenossinnen für die Praxis der Gleichberechtigung überhaupt nicht geeignet ist, während ein anderer Teil weit über das Ziel schießt und damit das Frau-Sein verleugnet.

Es entbehrt nicht einer gewissen Pikanterie, daß gerade die manchmal als wenig weiblich klassifizierte Widder-Geborene so vehement für die Bewahrung des „Ewig-Weiblichen" eintritt. Sie empfindet sich selbst mit all ihrer Eigenwilligkeit als hundertprozentige Frau – und hat damit gar nicht unrecht.

Wer im Zeichen des Widders geboren wurde, ist stärkster Gefühle fähig. Die Widder-Frau liebt leidenschaftlich und ausschließlich. Sie ist für ihre Liebe zu den größten Opfern bereit, spielt stets mit dem höchsten Einsatz. Und es verträgt sich durchaus mit ihrem Wunsch, mit dem geliebten Mann auf gleicher Ebene zu stehen, daß sie das Verlangen hat, ihn bewundern zu können. Der Mann, den sie liebt, muß ihr auch imponieren können. Sie sagt ganz einfach nur dann ihr leidenschaftliches Ja, wenn er für sie der „Herrlichste von allen" ist. Dieser Typ hat ein unbändiges Verlangen nach dem Großen, Nichtalltäglichen, dem Überdimensionalen. Widder-Frauen neigen zum restlosen Sichverschenken in der Liebe. Und sie sind noch stolz darauf, daß sie so viel geben können. Dieser Stolz auf das Schenken und Dienen ist vielleicht bei keinem anderen Typ so ausgeprägt wie bei der Widder-Frau.

Entscheidend dafür, daß sie dabei glücklich ist, bleibt aber das Gefühl der Freiwilligkeit. Nur freiwillig entfaltet sich die fast grenzenlose Liebeskraft der Widder-Frau. Sie ist belastbar wie kaum eine andere – solange sie sich selbst für das Übernehmen einer Last entscheiden kann. Dazu zwingen läßt sie sich nicht. Sich voll einzusetzen, mehr zu tun als allgemein üblich, lehnt sie als Pflicht ebenso heftig ab, wie sie es als ihr ureigenstes Recht in Anspruch nimmt.

Was wiederum die größere sexuelle Freizügigkeit anbelangt, steht ihrem Bejahen von seiten der Widderin deren leidenschaftliche, besitzergreifende Liebe und hohe Eifersucht im Wege. Alles in ihr sträubt sich dagegen, den Menschen, den sie liebt, mit einem dritten, und sei es auch nur vorübergehend, teilen zu müssen.

Konsequenz muß man der Widder-Dame in diesem Zusammenhang durchaus bescheinigen: Sie will nicht nur ihren Partner ganz für sich allein haben, sondern weiß auch instinktiv, daß derselbe ähnliche Ausschließlichkeitsansprüche an sie stellt. Und diese erfüllt sie freiwillig und gern, immer vorausgesetzt, sie hat tatsächlich diesen ungewöhnlichen, herrlichen, ersehnten Mann gefunden, der als einziger für sie in Frage kommt. Hat die Beziehung dagegen im Laufe der Jahre an Reiz verloren, dann kann die Widder-Dame ihre Prinzipien auch überraschend umstellen und sich selbst jede sexuelle Freizügigkeit genehmigen, weil sie sich dann gönnt, worauf sie glaubt, einen berechtigten Anspruch zu haben.

Wer paßt am besten zum Widder-Mann?

Die Stier-Frau (21. April bis 20. Mai)
Die Partnerschaft Widder-Mann – Stier-Frau ist etwas positiver zu beurteilen als eine Bindung von Stier-Mann und Widder-Frau. Aber positiver – das heißt noch nicht wirklich positiv. Die Stier-Frau ist zwar in der Regel treu, so wie der Widder das wünscht, sie fordert aber auch ihrerseits Treue, und erfährt sie von einem Seitensprung des Gefährten, macht sie ihm die Hölle heiß. Und es ist nun einmal so, daß es nur ganz wenige Widder-Männer gibt, die es aushalten, jahrelang ausschließlich monogam zu bleiben. Für diese Einstellung aber hat die Stier-Frau wenig Verständnis.

Die Zwillinge-Frau (21. Mai bis 21. Juni)
Anregend ist die Zwillinge-Frau auf jeden Fall, an Schwung steht sie dem Widder-Mann um nichts nach, und im Bereich des Sexuallebens „stimmt" es auch weitgehend. Zu diesen Pluspunkten kommt noch hinzu, daß die Zwillinge-Frau viel für herzliche Kameradschaft übrig hat und auch einmal ein Auge zuzudrücken versteht, wenn sie im allgemeinen mit dem Mann ihrer Wahl glücklich ist. Positiv bestrahlte Zwillinge-Damen haben durchaus Chancen beim Widder-Mann.

Die Krebs-Frau (22. Juni bis 22. Juli)
Weibliche Krebse finden im Widder-Partner zwar den starken Beschützer, doch nur äußerst selten zugleich den Mann, der ihre sensible Seele richtig behandelt. Dazu ist er wohl zu robust. In den Grundfragen der Lebensgestaltung wird es nur ausnahmsweise Übereinstimmung geben. Alles in allem bietet sich nur wenig an, was für eine befriedigende Partnerschaft spräche.

Die Löwe-Frau (23. Juli bis 23. August)
In dieser prächtigen Partnerschaft kann es zwar Stürme geben, doch gehören sie meist in die Kategorie der „reinigenden Gewitter", und der nachfolgende Sonnenschein wird dann von beiden doppelt genossen. Genießen wird überhaupt groß geschrieben, wenn Löwe-Frau und Widder-Mann zusammenfinden. Beide sind aufgeschlossen für alle Freuden des Lebens und verstehen es, die Erfolge zu feiern, die sie in emsiger Arbeit errungen haben. Kleinlichkeit ist ihnen fremd. Gelegentliches Rivalisieren steigert den Einsatz, entfremdet nicht. Auch auf sexuellem Gebiet ist nahezu hundertprozentige Übereinstimmung möglich, folglich ist auch die Gefahr von Seitensprüngen, zu denen sowohl Löwe wie Widder neigen, geringer als in andern Partnerschaften.

Die Jungfrau-Frau (24. August bis 23. September)
Obwohl Liebesbeziehungen nicht rundweg als hoffnungslos eingestuft werden dürfen, ist das Risiko, das dabei eingegangen wird, doch relativ hoch. Die Verläßlichkeit und der Gerechtigkeitssinn der Jungfrau-Geborenen, die stets anerkennen wird, was der Widder-Mann leistet, und ihn auch nach Kräften unterstützt, stehen zwar auf der Plusseite. Doch wenn ihr etwas nicht gefällt, nimmt sie ebenfalls kein Blatt vor den Mund, und Kritik verdaut der richtige Widder meistens schlecht.

Die Waage-Frau (24. September bis 23. Oktober)
Diese beiden Typen passen nicht sonderlich gut zusammen, da die Waage dem Widder in der Regel zu schwankend, zu unausgeglichen, zuwenig zielstrebig ist und auch in der Einstellung zu den meisten Liebesfragen zuwenig Konsequenz aufweist. Ein klein

wenig günstiger als beim Paar Widder-Frau – Waage-Mann sind die Voraussetzungen zwar, wenn Widder-Mann und Waage-Frau ihr Glück in der Liebe vereint suchen, doch eine richtig verschworene Gemeinschaft werden sie kaum bilden.

Die Skorpion-Frau (24. Oktober bis 22. November)
Begegnet der Widder-Mann einer Skorpion-Frau, so kann die Leidenschaft wohl schnell entbrennen, doch die Aussichten auf Dauer sind skeptisch zu beurteilen. Differenzen ergeben sich nahezu zwangsläufig, und bald steigern sich beide Partner in eine unversöhnliche Haltung hinein. Beide Typen sind stark erfolgsorientiert, und das Rivalisieren führt bei ihnen nicht zu einem fröhlichen Wettstreit, sondern nimmt leicht böse, zerstörende Formen an. Die Wahrscheinlichkeit, daß aus dem Miteinander der Tage junger Liebe bald ein erbittertes Gegeneinander wird, ist groß.

Die Schütze-Frau (23. November bis 21. Dezember)
Schütze-Frau und Widder-Mann – das bedeutet die Begegnung zweier Menschen, die einander „würdig" sind, im wahrsten Sinn des Wortes. Zwei rege Geister und leidenschaftliche Seelen treffen aufeinander. Beiden ist das Bedürfnis, einander zu respektieren und vom anderen respektiert zu werden, gleichermaßen eigen. Krisen können in dieser Partnerschaft meist leichter gemeistert werden als in vielen anderen Fällen. Und jede dieser überwundenen Krisen bindet die Partner, die einander auch sexuell blendend verstehen, fester aneinander.

Die Steinbock-Frau (22. Dezember bis 20. Januar)
Zwei starke Charaktere, zwei dominierende Persönlichkeiten wie Steinbock-Frau und Widder-Mann – kann das gutgehen? Es kann. Der Machtkampf freilich wird erbittert sein. Und sein Ausgang ist nicht mit Sicherheit vorauszusagen. Es könnte sich leicht ein Zustand gegenseitigen Belauerns herausbilden, der zermürbend ist. Eifersuchtsszenen sind an der Tagesordnung.

Die Wassermann-Frau (21. Januar bis 19. Februar)
Daß viele Berührungspunkte vorhanden sind, ist nicht zu leugnen. Die Tatkraft eines Widder-Mannes und der Einfallsreichtum

und unbekümmerte Elan einer Wassermann-Geborenen – daraus ließe sich schon etwas machen. Die Wassermann-Frauen sind stark beeinflußbar. Das gibt dem Widder-Mann die Chance, aus diesem „Material" eine Gefährtin nach seinem Geschmack zu formen. Der Ausgang ist aber immer chronisch offen.

Die Fische-Frau (20. Februar bis 20. März)
Die Gefahr, daß der robuste Widder-Mann die zartfühlende Fische-Frau, die ja oft eine richtige „Mimose" ist, verletzt oder verkennt oder ihr sonstwie unrecht tut, ist latent vorhanden. Verbindungen zwischen diesen beiden Zeichen nehmen nur selten ein glückliches Ende. Die Fische-Frau mag den starken Widder noch so anbeten und sich bemühen, alle seine Wünsche zu erfüllen – es wird ihr doch nur begrenzt gelingen, ihn dauernd zu fesseln und glücklich zu machen. Sehr wahrscheinlich sind auch Differenzen auf dem Gebiet der Sexualität. Die starke Sinnlichkeit des Widders und sein stürmisches Verlangen wirken oft wie ein Schock auf Fische-Frauen, vor allem auf solche, die noch wenig Erfahrungen haben.

Die Widder-Frau (21. März bis 20. April)
Die oder keine! denkt der Widder-Mann entzückt, wenn er einer Widder-Frau begegnet, die seine Sinne reizt. Er setzt zum Sturmangriff an, und hat er gesiegt, kann es eine Weile ganz herrlich sein. Für beide Partner. Wird ruhig überlegt, weiß jeder Widder genau, wie der andere Widder zu behandeln ist. Leider nützt dieses Wissen keinem, wenn der erste echte Zusammenstoß erfolgt. Dann tut nämlich jeder genau das Falsche. Theorie und Praxis sind eben oft sehr verschieden! Ein Charakteristikum von Widder-Verbindungen ist, daß die beiden Partner auch nach einer Trennung oft nicht völlig voneinander loskommen.

Wer paßt am besten zur Widder-Frau?

Der Stier-Mann (21. April bis 20. Mai)
Die Widder-Frau wird sich nie damit abfinden, daß der Stier eine Partnerin, die er einmal erobert hat, nunmehr als sicheren Besitz betrachtet, den zu erhalten er kaum noch große Mühe aufwendet. Außerdem kritisiert der Stier zwar gerne alles, was ihm an seiner Frau nicht paßt, verschweigt hingegen, was ihm gefällt. So fühlt sich die Widder-Frau an der Seite eines Stiers prompt eines Tages gering geachtet, zum „Gebrauchsgegenstand erniedrigt" – und sie zieht die Konsequenzen. So weh es auch tut.

Der Zwillinge-Mann (21. Mai bis 21. Juni)
Beim Zwillinge-Mann könnte der Widder-Frau zunächst der Schwung imponieren, und sie wird ihn vielleicht auch um seine Wendigkeit beneiden. Alles Weitere hängt dann davon ab, ob der betreffende Zwillinge-Mann über einen tadellosen Charakter verfügt und der Widderin keinen Grund zu Mißtrauen und Eifersucht liefert. Trifft das zu, dann könnte die Beziehung glücklich und dauerhaft sein, denn auf erotischem Gebiet besteht weitgehende Übereinstimmung.

Der Krebs-Mann (22. Juni bis 22. Juli)
Die gemeinsame Basis ist für diese beiden Typen nicht allzu breit. Am ehesten gedeiht darauf eine herrliche Kameradschaft oder Freundschaft. In der Regel sind die phantasievollen Krebs-Männer, die mit harten Realitäten auf Kriegsfuß stehen, den Widder-Frauen zu weich, zuwenig zupackend. Verfügen beide Partner über künstlerische Interessen, oder haben sie sonst ein gemeinsames Hobby, vermag dieses zwar eine Brücke über die Kluft zu schlagen, die sich aus der Wesensverschiedenheit ergibt, aber diese Brücke vermag die gesunde Basis für echte Lebensgemeinschaft natürlich nicht zu ersetzen.

Der Löwe-Mann (23. Juli bis 23. August)
Ja, ja und nochmals ja! Wenn überhaupt von Idealpaaren gesprochen werden kann, dann bei der Verbindung einer Frau aus dem

Widder-Zeichen mit einem Mann, der im Zeichen Löwe geboren wurde. Die Widder-Frau spürt sogleich das verwandte Naturell des Löwen, der aber bei vieler Ähnlichkeit doch „anders" genug ist, um ausgleichend wirken zu können. Dieses Paar, das nicht zuletzt auch sexuell prächtig übereinstimmt, befindet sich sozusagen chronisch in einem anregenden, positiven Spannungsfeld.

Der Jungfrau-Mann (24. August bis 23. September)
Nehmen wir den besten aller möglichen Fälle an: Dann wird der Jungfrau-Mann die Widder-Frau klug zügeln, die Frau wiederum dem Mann etwas von ihrem Schwung übertragen können. Das wäre aber nicht von einem Tag zum anderen, sondern nur im Verlauf eines ziemlich langen Angleichungsprozesses möglich. Das andere Extrem wäre, daß die beiden einander von Anfang an ablehnend und verständnislos gegenüberstehen. Der Ausgang ist in beiden Fällen als fraglich zu bezeichnen.

Der Waage-Mann (24. September bis 23. Oktober)
Waage-Männer spielen nicht gerne mit höchstem Einsatz. Das ist ihnen zu riskant. Sie beharren lieber in der Sphäre herzlicher Unverbindlichkeit, und das läßt sie in den Augen der völlig anders gearteten Widder-Frau verdächtig erscheinen. Es bringt die Widderin in Harnisch, wenn sie merkt, daß ein Partner nur problemlose Liebesfreuden bejaht. Die guten Seiten des Waage-Typs werden von einer Widder-Frau oft überhaupt nicht wahrgenommen. Sich ihm auf Dauer zu verbinden, wird sie meist vermeiden.

Der Skorpion-Mann (24. Oktober bis 22. November)
Eine Widder-Frau läßt sich niemals zwingen. Dieses Recht räumt sie auch dem geliebtesten Mann nicht ein. Ihr Stolz verbietet das. Ihr Selbstbewußtsein bäumt sich auf. Daraus geht eindeutig hervor, daß eine Liebe zwischen Widder-Frau und Skorpion-Mann kaum von langer Dauer sein kann. Die Leidenschaft mag schnell entbrennen, doch wird sie den Belastungen, die sich aus dem Zusammenleben mit einem Skorpion-Mann ergeben, nicht standhalten.

Der Schütze-Mann (23. November bis 21. Dezember)
Widder-Frau und Schütze-Mann sind ein Paar, dem man überdurchschnittliche Chancen einräumen kann. Beide lieben die Freiheit über alles. Der Schütze-Mann ist leidenschaftlich genug, um einen idealen Partner für die Widder-Frau abzugeben. Er nimmt die Liebe ernst genug, um vor den Maßstäben der Widderin zu bestehen, ist aber zugleich etwas heiterer als sie, was der Beziehung recht gut bekommt.

Der Steinbock-Mann (22. Dezember bis 20. Januar)
Widder und Steinbock wollen beide das Feld beherrschen, und das läßt sie eher zu Gegnern als zu Partnern werden. Wenn sie es trotzdem miteinander versuchen, ist der Ausgang ungewiß. Es mag sein, daß sie rechtzeitig erkennen, viel erreichen zu können, wenn sie miteinander, statt gegeneinander arbeiten. Natürlich kann das nur auf der Basis eines Kompromisses geschehen. Trotzdem wird es fast ununterbrochen einen mehr oder weniger deutlichen Kampf geben, der eine Weile recht anregend sein mag, die Partnerschaft jedoch allmählich zermürben wird.

Der Wassermann-Mann (21. Januar bis 19. Februar)
Das Wassermann-Zeichen wird durch recht unterschiedliche Vertreter repräsentiert, und entsprechend unterschiedlich sind auch die Chancen für das Partnerschaftsglück. Wenn es sich bei dem betreffenden Wassermann-Geborenen um einen relativ gefestigten Mann handelt, dann sind die Voraussetzungen natürlich bedeutend besser als bei einem haltlos umherschweifenden Wassermann. Ein Risiko birgt die Widder-Wassermann-Verbindung stets, und Freundschaft hat meist größere Chancen als ein Liebesbund.

Der Fische-Mann (20. Februar bis 20. März)
Es ist selten, daß sich die Widder-Frau in einen Fische-Mann verliebt. Sie fühlt sich durch ihn nicht angesprochen. Ergeben sich Kontakte zu ihm – etwa bei gemeinsamer beruflicher Arbeit –, mag allenfalls der Wunsch in ihr wach werden, ihn zu bemuttern und ihm zu helfen. Ganz instinktiv spürt sie, daß sich dieser Mann in einem völlig fremden Element bewegt. Je näher sie ihm

kommt, desto deutlicher tritt dieses innere Fremdsein in Erscheinung. Überraschend ist allerdings, daß die sexuellen Beziehungen in dieser Verbindung, wenn sie den Anfangsschwierigkeiten getrotzt hat, auf lange Sicht für beide Partner erfüllend bleiben und somit eine Chance darstellen, daß aus einer zunächst nur relativ flüchtigen Beziehung doch noch eine dauerhafte Ehe wird.

Der Widder-Mann (21. März bis 20. April)
Das könnte ja ein tolles Feuer geben! Einen Riesenbrand! Und Widder-Frau wie Widder-Mann, die einander in eben entflammter Leidenschaft begegnen, fühlen sich im wahrsten Sinn des Wortes „in ihrem Element". Schnell stellt sich Vertrautheit ein, und das heftige sexuelle Verlangen beider Partner heizt die Beziehung mächtig an. Aber das allein genügt eben doch nicht – zumindest nicht der Widder-Frau. So wird in vielen Fällen aus dem herrlichen Brand nach einiger Zeit ein richtiges Schadenfeuer.

Glückstage der Widder-Menschen

Vor einem schwarzen Freitag haben Sie sich noch nie gefürchtet, denn an diesem Wochentag, das dürfte Ihnen inzwischen schon aufgefallen sein, geht bei Ihnen fast nie etwas schief. Vor allem in beruflichen Dingen haben Sie eine glückliche Hand, und Ihr diplomatisches Geschick, normalerweise nicht besonders ausgeprägt, kommt am Freitag noch am ehesten zum Vorschein.

Auch der Mittwoch ist günstig für Unternehmungen jeder Art. Mitten in der Woche, wenn andere Menschen den täglichen Streß spüren und bereits voller Sehnsucht an das noch ferne Wochenende denken, laufen Sie auf Hochtouren, planen, unternehmen, konzipieren Sie erfolgreich.

Das Wochenende ist für Sie, so dringend Sie auch jede Form der Entspannung brauchen, häufig ein Problem, weil es Ihnen nicht so recht gelingen will, völlig abzuschalten. Konzentrieren Sie sich daher vor allem auf den dritten Sonnabend eines jeden Monats. Sie werden merken, daß es plötzlich klappt. Sie schlafen länger, beginnen den Tag langsam und mit Muße, sind bester

Laune und haben an allem, was Sie unternehmen, viel Spaß. Trotzdem übernehmen Sie sich dabei ausnahmsweise nicht, sondern entspannen und erholen sich.

Über das Jahr verteilt, sind Ihre auffallendsten Glückstage: 3., 17. und 25. Januar; 2., 15., 16. und 19. Februar; 1., 5. und 16. März; 9., 10. und 12. April; 4., 7., 13. und 22. Mai; 7., 10. und 28. Juni; 2. und 11. Juli; 5., 7. und 31. August; 1., 16., 17. und 26. September; 7., 13. und 24. Oktober; 2., 13., 21. und 23. November; 6., 13., 15. und 25. Dezember.

Glückszahlen der Widder-Menschen

Kaum je kommt es vor, daß ein Widder-Geborener sagt: „Jetzt schlägt es dreizehn!" Auch wird er sich nicht weigern, ein Hotelzimmer zu beziehen, das die Nummer 13 hat. Kein Wunder, denn diese Zahl, von anderen als „gefährlich" eingestuft, bringt ihm im allgemeinen Glück, und das bezieht sich sowohl auf Lottozahlen oder andere Wettspiele als auch auf den 13. eines jeweiligen Monats. Ferner sind die Zahlen 7, 9, 14 und 25 positiv.

Auch den berühmten Ultimo, den Letzten eines jeden Monats, fürchten die Widder-Menschen nicht. Wie auch die Vertreter anderer Tierkreiszeichen, haben sie dann zwar meistens nicht mehr viel Geld in der Tasche, aber ansonsten sind die Aussichten an diesem Tag für Unternehmungen, für Gespräche mit Vorgesetzten und Kollegen und für Debatten im Familienkreis günstig.

Vielleicht ist es Ihnen schon aufgefallen?: Was auch immer Sie am zweiten Sonntag eines jeden Monats unternehmen, gelingt auf Anhieb. Dagegen sollten Sie nicht unbedingt an dem Montag danach Großes planen, sondern lieber danach trachten, diesen Tag ohne großes Aufheben hinter sich zu bringen.

Als Kombination eignen sich für Sie die Zahlen: 3 – 16 – 20. Bei Wetten oder Ratespielen sollten Sie aber nicht in folgender Rehenfolge setzen: 4 – 6 –34. Das zahlt sich meistens nicht aus.

Noch ein Tip: Sind Sie mit einer Jungfrau-Geborenen verheiratet oder befreundet, ist die 18 Ihre gemeinsame Glückszahl. Bei Waage und Skorpion ist es die 8, bei Wassermann die 11, bei

Fische und Krebs die 19, bei Zwillinge-Partnern die 23. Günstig für den Beginn einer Reise ist jeweils der erste Freitag eines Monats.

Glückssteine und Glücksfarben der Widder-Menschen

Jeder Mensch hat seine Lieblingsfarbe. Jeder Mensch weiß ganz genau, was ihm besonders gut steht. Einstrahlungen aus dem Kosmos, die uns alle angehen, weil sie uns durchströmen und sich mit der Ausstrahlung eines jeden Sternzeichens verbinden, prägen die astrologische Farblehre.

Der Widder-Geborene mag die rote Farbe. Rot ist dynamisch. Rot ist Mut und Verwegenheit. Rot paßt zum Feuerzeichen. Aber Vorsicht: Zuviel Rot kann zu einer Katastrophe, zu einer Explosion führen – vor allem, wenn der Widder-Typ sich in einem Augenblick der Reizung oder der Nervosität befindet. Besser sind dann gemilderte Schattierungen wie Orange oder ein warmes Gelb.

Unpassend für die Widder-Geborenen sind kalte Farben wie Stahlblau, Schwarz, Grau und grelles Grün. Besser: Rosa, ein mattes Olivgrün und ein weiches Weiß.

Wen überrascht es bei der Vorliebe für Rot, daß der Rubin zu den absoluten Glückssteinen der Widder gehört? Feurig muß der Rubin sein, edel geschliffen und einmalig schön, dann können sich sowohl die Widder-Dame als auch der Widder-Herr dafür begeistern.

Überhaupt kommen für Widder-Geborene nur echte Steine in Betracht. Imitationen, selbst die besten, lehnen sie konsequent ab. Eine typische Widder-Dame wird mit Leichtigkeit auf eine ganze Schatulle voller Schmuck verzichten, wenn sie sich dafür einen einzigen, aber wunderschönen und kostbaren Diamanten leisten kann.

STIER

(21. April bis 20. Mai)

Die starken und schwachen Seiten des Stier-Menschen

Das Zeichen Stier wird von der Venus regiert. In der ersten Dekade (21.–30. April) ist die Herrscherrolle der Venus am deutlichsten zu erkennen. Die zweite Dekade (1.–10. Mai) hat Merkur als Unterregenten. In der dritten Dekade (11.–20. Mai) übt Saturn als Unterregent seinen nicht immer günstigen Einfluß aus. Wie sind sie, die Stier-Geborenen?

Der Stier-Mensch ist lebenstüchtig und praktisch veranlagt. Er ist Realist. Für Träume, die keine Aussicht auf Erfüllung haben, für Ideale, die nichts „bringen", hat er nichts übrig. Und auf andere Menchen, die solchen Träumen und Idealen nachhängen, blickt er mit einer gewissen selbstgefälligen Überlegenheit und Verachtung herab.

Kennzeichnend für den Stier-Geborenen sind seine Tatkraft und seine Zähigkeit. Er ist ein zupackender Typ und ein Kämpfer. Zwar fordert er Kämpfe nicht mutwillig heraus – das verhindert schon die in diesem Zeichen ebenfalls stark ausgeprägte Bequemlichkeit –, doch er stellt sich, wann immer es nötig ist.

Seine Kampftaktik ist meist massiv und kaum elegant zu nennen. Er ist also nicht der Typ des wendigen Florettfechters, sondern bevorzugt schwere Waffen, und es darf nicht verschwiegen werden, daß er, sobald er auf Widerstand stößt oder sich sonst behindert fühlt, auch rücksichtslos vorgeht.

Der typische Stier wird stets nach dem Grundsatz handeln, daß ihm „das Hemd näher ist als die Jacke". Und wenn es um den eigenen Vorteil geht, dann haben die weicheren Regungen nichts zu vermelden. Die meisten Menschen dieses Zeichens sind stark ichbezogen und leben ihren Egoismus in einer Weise aus, die für die Menschen in ihrer Umgebung nicht immer angenehm ist.

Was die bereits genannte Zähigkeit dieses Zeichens betrifft, so wird der Stier darin wohl von keinem anderen Typ übertroffen. Er gibt ganz einfach nicht auf. Wenn ihm etwas überhaupt nicht liegt, dann ist es Resignation.

Die große Energie, über die sowohl der weibliche wie der männliche Stier-Typ verfügt, wird stets mit ebenso großer Zielstrebigkeit eingesetzt. Stier-Menschen gehen stets nach einem genau erwogenen Plan vor, verlieren ihr Ziel nie aus den Augen und lassen sich auch durch äußere Ungunst, durch Rückschläge oder lange Durststrecken nicht davon ablenken.

Der Stier-Typ ist strebsam und fleißig, verliert niemals den Boden unter den Füßen (das Zeichen Stier wird den sogenannten Erdzeichen zugezählt), verfolgt unbeirrt seinen Weg und ist verantwortungsfreudig. Soweit eine erste Auswahl aus den Vorzügen, die man den Menschen des Zeichens Stier gutschreiben muß.

Freilich – wenn ein Stier sich verbissen an ein Ziel herankämpft, dann läßt er es oft an Rücksichtnahme auf andere Menschen fehlen. Nicht einmal um die Wünsche der ihm Zunächststehenden kümmert er sich. Rücksichtnahme ist überhaupt von Stier-Geborenen nur ausnahmsweise zu erwarten. Die männlichen Vertreter dieses Zeichens sind noch um einige Grade egoistischer als die Stier-Frauen. Ein Vorzug zeigt seine unerfreuliche Kehrseite.

Einfache Charaktere haben die Stier-Geborenen gewiß nicht. Der Grad ihrer Eigenwilligkeit und Starrköpfigkeit hängt von der individuellen Bestrahlung des einzelnen ab. Zwischen den extremen und den gemäßigten Vertretern dieses Zeichens kann somit ein ziemlicher Unterschied bestehen. Die hier getroffenen Feststellungen müssen sich im wesentlichen an Mittelwerte halten, das heißt, sie beziehen sich auf den durchschnittlichen Stier-Geborenen, der weder im positiven noch im negativen Sinne besonders deutlich „aus der Reihe tanzt".

Allen Stier-Geborenen gemeinsam ist der Wunsch nach einer

angesehenen Stellung im Leben, nach materieller Sicherheit und einer Beschäftigung, die sie ausfüllt.

Stier-Menschen sind nicht gerne untätig. Zumindest nicht auf Dauer. Sie lieben aber auch die Pausen im Schaffen, denn sie möchten das Leben voll ausschöpfen, und zum vollen Leben gehört auch der Genuß! Stiere sind ausgeprägte Genießertypen. Je nachdem, ob man es mit einem primitiveren oder einem mehr vergeistigten Vertreter des Zeichens zu tun hat, variiert auch die Art der bevorzugten Genüsse. Der eine schwelgt in Tafelfreuden, der andere neigt zu verfeinerten, ästhetischen Genüssen. Bei etwa neunzig Prozent der Stier-Geborenen ist die Sinnlichkeit überdurchschnittlich und nimmt auch mit dem Fortschreiten der Jahre nur unbedeutend ab. Ausschweifungen sind zwar nicht die Regel, aber auch nicht gerade selten.

Der Genußfreude als etwas zwiespältiger Komponente des Stier-Wesens steht die Tätigkeitsfreude gegenüber. Stiere, die absolut arbeitsunlustig sind, gibt es kaum. Stier-Geborene packen kräftig zu, sie gehen mit vollem Einsatz daran, sich den Platz an der Sonne zu erkämpfen, den sie ins Auge gefaßt haben. Dabei kommt ihre realistische Lebenseinstellung meist schon frühzeitig zum Ausdruck. Stier-Geborene sind niemals lebensfremde Schwärmer, geben sich auch nie mit ausschließlich ideellem Gewinn zufrieden. Bei ihnen muß stets auch die Kasse stimmen. Sie schätzen die eigenen Leistungen viel zu hoch ein, um irgend etwas umsonst zu tun.

Zielstrebigkeit, Beharrlichkeit und praktische Einstellung zählen zu den Vorzügen. Wie kommt es dann, daß Stier-Menschen, die doch über diese Vorzüge in reichem Maße verfügen, so oft in Schwierigkeiten geraten? Nun – das haben sie sich meist selbst zuzuschreiben. Sie treten ganz einfach oft zu autoritär auf und machen sich dadurch unbeliebt. Sie sind auch öfters nicht allein beharrlich, sondern regelrecht starrköpfig, was ihnen früher oder später ebenfalls Schaden zufügen kann. Alles in allem gehören die Stier-Geborenen zu jenen Menschen, die es relativ schlecht verstehen, sich Freunde zu machen. In ihrer Art ist häufig etwas, das nach Überheblichkeit und Selbstgerechtigkeit schmeckt – auch dann, wenn der betreffende Stier-Typ gar nicht so ist, zumindest nicht in jener krassen Form, wie es scheint.

Der Stier-Mensch ist durchaus auch weicherer Regungen fähig; er ist bei der Verteilung der Gemütswerte nicht völlig übersehen worden – doch er zeigt diese Seiten seines Wesens nur selten. Die meiste Zeit hindurch trägt er eine Maske, gibt sich zynischer, als er ist, und wundert sich dann, wenn er merkt, daß anderen Menschen die Sympathien reichlicher zufliegen als ihm.

Vor allem beim männlichen Stier-Geborenen hat man es mit einem Typ zu tun, der durch starke Akzente gekennzeichnet ist und der nichts halb tut. Er ist robust, und er strebt nach Macht. Zum Beispiel herrscht er gerne im Kreis seiner Familie. Er ist sehr bedacht darauf, daß ihm und seiner Stellung als „Herr im Haus" niemand zu nahetritt. Sein Wort hat Gebot zu sein. Auf Widerspruch reagiert er äußerst empfindlich. Dabei ist er sehr familien- und kinderliebend – nur verbirgt er auch diese Regungen (die ihm möglicherweise selbst als Schwäche erscheinen) hinter betont strengem und kargem Wesen. Etwas muß man ihm zugute halten: Er ist stets bestrebt, für das Wohl der Menschen zu sorgen, die ihm „anvertraut" sind. Er wird trachten, ihnen möglichst viel zu bieten, zum Beispiel in materieller Hinsicht.

Die ziemlich starke Eifersucht des Stier-Geborenen entspringt öfters nicht so sehr der Leidenschaft und der Angst, das einzig geliebte Wesen zu verlieren oder teilen zu müssen, als vielmehr der verletzten Eigenliebe. Flirtet der Partner mit anderen, ist das in den Augen der Stier-Geborenen eine Art „Majestätsbeleidigung".

Auch die Stier-Frau ist überaus energisch, tätig und optimistisch. Resignation ist für diesen Frauentyp ein unbekannter Begriff. Immer wieder läßt sich beobachten, wie Stier-Frauen auch nach argen Rückschlägen und Verlusten nicht verzweifeln, sondern sogleich wieder darangehen, eine neue Basis zu schaffen.

Die Stier-Frau versteht es zu sparen wie kaum eine zweite. Sie kann hart gegen sich selbst sein, und erst wenn sie aus dem Ärgsten heraus ist, wieder Reserven hat und sich einigermaßen abgesichert fühlt – dann gibt sie den Wünschen nach einem gewissen Luxus nach, die in ihr schlummern; denn Stier-Frauen lieben es, sich elegant zu kleiden, ihr Heim kostbar und behaglich auszugestalten und in Gesellschaft eine Rolle zu spielen.

Die Beherrschtheit, die für die männlichen und weiblichen Vertreter des Stier-Zeichens gleicherweise kennzeichnend ist und die nur gelegentlich durch Zornesausbrüche unterbrochen wird, kann den Vorzügen zugezählt werden – mit einem „Aber" im Nachsatz. Aus dieser Beherrschtheit läßt sich gewiß bisweilen Nutzen ziehen, sie verhindert so manche Torheit und hält vor unbedachten Schritten zurück, aber sie tritt eben auch als Schranke in Erscheinung, führt zu Mißverständnissen, unterkühlt überflüssigerweise die menschlichen Beziehungen nicht allein auf dem Herzenssektor.

Erziehung der Stier-Kinder

Stier-Kinder erweisen sich während ihrer ersten Lebensjahre häufig als Musterkinder. Sie sind zurückhaltend, bescheiden und liebenswürdig. Als Kleinkinder lieben sie langanhaltende Spiele allein oder zu zweit. Ja, bisweilen bringen sie es fertig, gedankenvoll in einem Winkel zu sitzen und stundenlang in die Wolken zu gucken, so sehr sind sie mit ihrer Welt beschäftigt. Allerdings lieben sie es nicht, darin gestört zu werden, und können eine solche Störung durch einen gelegentlichen Zornausbruch quittieren.

Im allgemeinen tun sie willig, was ihnen aufgetragen wird, aber wenn sie einmal etwas beschäftigt, wollen sie auch bei der Sache bleiben. Es ist für die Eltern von Stier-Kindern bisweilen schwierig, einen Lebensrhythmus, dem sie sich einmal angepaßt haben, so zu verändern, daß der kleine Stier nicht darunter leidet. Naturverbunden wie sie sind, lieben Stier-Kinder von klein auf den Aufenthalt in der freien Natur. Dort, wo sie auf den Trubel der Masse stoßen, fühlen sie sich leicht angewidert und ziehen sich instinktiv zurück. Sie gehen ihre eigenen Wege, und das Beispiel der anderen ist ihnen in keinem Fall maßgeblich. Doch sollte eine vernünftige Erziehung dafür sorgen, daß aus diesem Individualismus keine allzu deutlich empfundene Eigenbrötelei wird, die es den kleinen Stieren schwermachen würde, sich den Gegebenheiten des Lebens anzupassen.

Bei all ihrer sonstigen Liebenswürdigkeit kann es bisweilen geschehen, daß Stier-Kinder in Wut geraten und dann richtig mit dem Kopf durch die Wand wollen. In diesem Fall ist es am besten, ihre Ausbrüche einfach zu ignorieren, ohne sich davon beeindrukken zu lassen. Im allgemeinen sind Stier-Kinder nämlich vernünftig genug, wenn sie sich ausgetobt haben, ihr Unrecht einzusehen und nach Kräften wiedergutzumachen.

Kleine Stier-Mädchen sind häufig von einer besonderen Anmut und einem einschmeichelnden Wesen, das sie die Herzen aller im Flug gewinnen läßt. Leider aber sind sie mindestens ebenso eitel und wissen die Bewunderung, die ihnen unvernünftige Omas und Tanten entgegenbringen, weidlich auszunutzen. Sie wickeln vor allem die männlichen Familienmitglieder mit Charme und so gekonnt um den Finger, daß es den diesem Zaubermittel gegenüber unbefangener wirkenden Müttern bisweilen nur mit Mühe gelingt, durch ihre konsequente Erziehungsarbeit das gutzumachen, was jene durch ihre Verhätschelei verderben.

Liebevolle Unnachgiebigkeit ist hier das einzig richtige Mittel, um die weiblichen Verführungskünste des kleinen Stier-Mädchens in die richtigen Schranken zu weisen. Wenn es merkt, daß es mit Schmollmündchen und Schmeichelei nicht gerade alles erreichen kann, was es will, wird das natürliche Gefühl für Autorität sich rasch in die veränderte Sachlage fügen. Seine große Vorliebe für häusliche Dinge macht das kleine Stier-Mädchen im allgemeinen schon früh zu einer wertvollen Stütze der Mutter. Die Mithilfe im Haushalt macht ihm ebensoviel Spaß wie das Hantieren in Puppenküche und Spielzeugladen.

Der früh ausgeprägte mütterliche Instinkt der Stier-Mädchen macht sie der Mutter vor allem dann unentbehrlich, wenn jüngere Geschwister vorhanden sind, die sie nach Herzenslust verwöhnen und liebhaben können. Sie sind zumeist unglaublich geschickt im Erlernen aller möglichen Handgriffe, und nichts macht sie stolzer, als wenn man ihnen die Verantwortung für die kleineren Geschwister überträgt.

Dort, wo sich das Stier-Kind von seinen Gefährten allzu deutlich absondert, was naturgemäß verhältnismäßig häufig der Fall sein wird, ist es die Aufgabe der Eltern, es unauffällig in die

Gemeinschaft zurückzuführen. Hier hilft freilich kein Zwang, sondern vielmehr die allmähliche Gewöhnung. Weil es seiner ganzen Anlage nach nicht befähigt ist, sich schnell und leicht anzuschließen, wird es zweckmäßig sein, möglichst wenig Änderungen in seinem Leben herbeizuführen.

Kindergarten und Schule sollten so wenig wie möglich gewechselt werden, um dem Kind die Möglichkeit zu geben, die Beziehungen, die es verhältnismäßig spät anknüpft, so lange und ausgiebig wie nur möglich zu pflegen. Nichts stimmt das Stier-Kind so ratlos wie eine jähe und vor allem unvorhergesehene Veränderung. Wo eine solche notwendig ist, gewöhne man es daher langsam und allmählich daran und mache ihm die Sache so schmackhaft wie nur möglich.

Spielt das Stier-Kind den Trotzkopf, versuche man die Zusammenhänge so ruhig wie möglich zu erklären. Für gutes Zureden erweist es sich viel zugänglicher als für ein unbegründetes „Du mußt".

Während der Schulzeit ist es nicht immer leicht, Stier-Kinder über alle Hürden hinwegzubringen. Sie sind, auch wenn begabt, zuweilen von einer nicht allzu schnellen Auffassungsgabe. Doch wird dieser Mangel durch Geduld und eine eiserne Lerndisziplin zuweilen auszugleichen sein. Es dauert oft ziemlich lange, bis sie etwas in sich aufgenommen haben, doch ist dies einmal geschehen, sitzt es eisern im Gedächtnis. Wesentlich ist in diesem Zusammenhang nur, daß das Stier-Kind von vornherein an eine ganz bestimmte Lernordnung gewöhnt wird, die es für gewöhnlich dann von selbst beibehält.

Der Schüler des Stier-Zeichens zeigt sich im allgemeinen in der Schule spontan zur Zusammenarbeit mit dem Lehrer bereit. Diese Neigung erhöht sich noch, sobald der Schüler feststellt, daß man es gut mit ihm meint. Sobald das Stier-Kind aber den Eindruck gewinnt, daß es irregeführt oder daß ihm nicht genug Aufmerksamkeit geschenkt wird, kann es sich sehr widerspenstig zeigen oder zornig werden.

Das Stier-Kind braucht auch in der Schule von seiten des Lehrers Sympathie und liebevolle Führung. Nur so kann sich ein harmonisches Verhältnis zwischen ihm und dem Lehrer herausbilden.

Das im Stier-Zeichen geborene Kind hängt an seinem Zuhause, und gute Familienbeziehungen sind für dieses Kind außerordentlich wichtig. Es ist für alles sehr empfänglich, was mit seiner Familie zu tun hat. Der Lehrer darf keine verletzenden Bemerkungen über seine Eltern machen, indem er z.B. erwähnt, daß die Eltern sich in dieser oder jener Hinsicht geirrt hätten.

Wenn es dem Lehrer gelungen ist, das Herz eines Stier-Kindes zu erobern, hat er in ihm einen anhänglichen, treuen Verbündeten in der Schulklasse gewonnen. Das Stier-Kind hat alle Voraussetzungen, wenn es seiner Eigenart entsprechend behandelt wird, ein Musterschüler zu werden, der ein ruhiges, bescheidenes, zugängliches Wesen zeigt und seinen Erziehern im allgemeinen wenig Sorgen bereitet.

Allerdings ist der Lerneifer in der Schule oft nicht besonders groß. Bereits in den ersten Schuljahren kann in dieser Hinsicht ein Eigensinn auftreten, der am besten dadurch überwunden wird, daß man ihn nicht beachtet. Der Lehrer sollte im übrigen darauf sehen, daß der Stier-Schüler sich nicht zu sehr von seinen Klassenkameraden absondert, sondern sich in die Schulgemeinschaft einfügt.

Gegenüber einem trotzköpfigen Verhalten sollte der Lehrer auf ruhige, sachliche Weise seinen Standpunkt wahren. Das Stier-Kind gelangt durch vernünftigen Zuspruch und Zureden am besten zur Einsicht. Die Eltern sollten seine Hausaufgaben überwachen und engen Kontakt mit den Lehrern halten.

Am schwierigsten ist die Erziehung während der Pubertät, weil die meisten Stier-Geborenen zu einer äußerst stark entwickelten Sinnlichkeit neigen, mit der vor allem der heranwachsende Mensch nicht fertig wird. In dieser Zeit sollten die Eltern vor allem gegen eine zu starke Absonderung der jungen Stiere in ihre Innenwelt zu Felde ziehen, die eine allgemeine Isolierung und Kontaktschwäche zur Folge haben könnte. Was die oft sehr heftige Sexualbegierde in diesen Jahren betrifft, sollte man den Jugendlichen nicht durch Verbote belasten, sondern ihm vielmehr durch eine geeignete Aufklärung den richtigen Weg weisen.

Allgemein zeichnet sich das Stier-Kind durch Ausdauer und Beharrlichkeit aus. Es ist jedoch sowohl dem Materiellen als auch dem Sinnenhaften stark verwachsen. Im Denken und Handeln ist es meist sehr konservativ.

Es besitzt Wirklichkeitssinn, Selbstbewußtsein und verfügt sehr oft über künstlerische Begabungen. Sachlichkeit, Ordnungssinn und Pflichtgefühl sind ihm ebenso eigen wie Treue und Geduld. Es ist strebsam und fleißig, oft auch etwas eigenwillig und mitunter jähzornig. Diesen Charaktereigenschaften muß in der Erziehung Rechnung getragen werden.

Der Stier-Mensch als Freund

Im Leben der Stier-Menschen spielen Freundschaften nur selten eine entscheidende Rolle. Die „Stiere" treten zwar immer wieder in engere Beziehungen zu diesem oder jenem Menschen ihrer Umgebung, doch sind äußere Umstände dafür entscheidender als der Wunsch, einen Freund zu gewinnen. Ändern sich die Umstände, so erkalten meist auch die genannten Beziehungen.

Um dies an Beispielen zu erklären: Der junge Stier-Mensch hat etwa einen Schulfreund oder einen Studienkollegen, an den er sich enger anschließt, mit dem er gemeinsam lernt, von dem er vielleicht eine Zeitlang unzertrennlich ist. Ist dieser Lebensabschnitt abgeschlossen, bringt es die anschließende Berufsausübung mit sich, daß die bisher parallel verlaufenden Wege in verschiedene Richtung führen, trifft man einander in immer größer werdenden Abständen und schließlich nur noch, wenn es der Zufall fügt.

Gewiß nehmen auch die Jugendfreundschaften von Vertretern anderer Sternzeichen öfter diesen Verlauf – für die Stier-Geborenen aber ist so eine Entwicklung als typisch zu bezeichnen. Sie verrät nämlich, daß der sonst so zielbewußte und willensstarke Stier-Mensch sich in seinen Freundschaften eher treiben läßt, nimmt, was ihm die Verhältnisse bieten, sich daran erfreut, doch keine Anstrengungen macht, die Freundschaft fortzusetzen, sobald dies durch veränderte Verhältnisse schwieriger geworden ist.

Oder ein Beispiel aus dem späteren Leben: Der Stier-Mensch findet sich bereit, die beruflichen Kontakte zu einem ihm sympathischen Kollegen auf die private Sphäre auszudehnen. Es kommt zu geselligen Zusammenkünften, zu gemeinsamen Freizeitunternehmungen, zur Vertrautheit der beiderseitigen Familien – kurz, es entwickelt sich eine Freundschaft. Sie verläuft eine Weile zur vollen Zufriedenheit. Dann geschieht es, daß entweder der „Stier" oder sein Freund den Wohnsitz wechselt, aus irgendwelchen Gründen in eine andere Stadt oder gar in ein anderes Land zieht.

Man kann es als Probe für Tiefe und Echtheit einer Freundschaft im wahrsten Sinne des Wortes bezeichnen, ob sie eine räumliche Trennung übersteht. Der zur Freundschaft befähigte und ehrlich daran interessierte Mensch wird sich im geschilderten Fall bemühen, wenigstens intensiven brieflichen Kontakt aufrechtzuerhalten; er wird darüber hinaus jede Gelegenheit ergreifen, mit den alten Freunden doch wieder zusammenzukommen, wird selbst diese Gelegenheit schaffen, indem er etwa gemeinsamen Urlaub vorschlägt, eine Besuchsfahrt zu den Freunden unternimmt oder diese zu sich einlädt.

Der Stier-Geborene kommt kaum auf solche Ideen. Wenn der Kontakt erhalten bleibt, könnte man wetten, daß dies nicht auf sein Betreiben geschieht, sondern die Anregung entweder von den Freuden oder von Familienangehörigen ausgeht. Dann freut sich auch der „Stier" über das Wiedersehen; doch er würde es wahrscheinlich nicht allzusehr vermissen, wenn es ausbliebe.

Diese Einstellung zur Freundschaft, die in einem gewissen Widerspruch zur sonstigen Beharrlichkeit der Stier-Menschen steht, ist bei Männern noch stärker ausgeprägt als bei den Frauen aus dem Zeichen Stier.

Erklärungen bieten sich in verschiedener Hinsicht an. Da ist einmal der ziemlich ausgeprägte Egoismus der „Stiere". Hinzu kommt eine gewisse Scheu vor innigeren Bindungen überhaupt, da der „Stier" fürchtet, sie könnten ihn belasten und in seinen freien Entscheidungen hemmen. Er fürchtet ja auch, von Liebesgefühlen überwältigt zu werden, und gibt nur ungern zu, wenn es doch geschah. Es hat fast den Anschein, als sei das Maß an

Bereitschaft, Gefühlen Raum zu geben, durch die Liebe zum Ehepartner und zu den Kindern bereits erschöpft und folglich für zusätzliche Gefühlsbindungen in Form von Freundschaften kein Platz mehr.

Schließlich darf man nicht übersehen, daß die meisten Stier-Geborenen überdurchschnittlich fleißig sind und mit vollem Einsatz ihrer Kräfte ihr Lebensziel verfolgen: Ansehen und auch materiellen Erfolg zu erringen. Der Stier-Mann strebt eine führende berufliche Position an, die Stier-Frau geht, sofern sie nicht ebenfalls beruflich tätig ist, ganz in ihren Pflichten als Frau und Mutter und in der Sorge für ihre Lieben auf.

Berufe, die sich für Stier-Menschen eignen

Stier-Menschen bejahen das Tätigsein. Ihre Einstellung zur beruflichen Tätigkeit ist also fast immer positiv. Die Berufsausübung wird nicht als lästig empfunden, sondern als selbstverständliche Komponente der Lebensgestaltung, als sehr wichtige sogar und nicht zuletzt als Mittel zum Zweck. Der Stier-Geborene will im Leben etwas erreichen, will es zu Ansehen, einer gewissen Machtstellung und zu materiellem Gewinn bringen. Er ist überzeugt davon, daß seine Tüchtigkeit und sein kräftiger Einsatz der beste Weg sind, dieses Ziel zu erreichen.

Welche Berufe eignen sich nun im besonderen für Stier-Menschen? Es können lediglich Hinweise gegeben werden, da ja in jedem einzelnen Fall nicht nur die persönliche Neigung, sondern auch die Begabung entscheidet. Doch gibt es tatsächlich Berufe, die von Menschen eines bestimmten Sternzeichens relativ häufig gewählt werden und bei denen auch die Erfolgsaussichten als günstig bezeichnet werden können.

Zu nennen sind da etwa alle Berufe, die irgendwie mit Erde und Gestein zu tun haben. Der Bogen ist weit gespannt. Der Geologe und der Mineraloge gehören ebenso dazu wie der Landwirt, der Sprengmeister im Steinbruch ebenso wie der Bergwerks-Ingenieur oder der Agrarpolitiker. Und der Archäologe? Durchforscht er nicht auch die Schichten der Erde nach den Zeugnissen vergangener Epochen?

Den bildenden Künstler aus dem Zeichen Stier zieht es vor allem zur Bildhauerei, zum Formen und Gestalten von Marmor, Granit oder Ton.

Die angeborene Zähigkeit kommt dem Stier-Geborenen bei allen Forschungen zugute, seien sie auf medizinischem, chemischem oder einem anderen Gebiet. Da beweist der Stier-Typ große Geduld und Gründlichkeit. Er gibt nicht auf. Wenn andere längst verzagen oder eine Versuchsreihe als aussichtslos abbrechen wollen, gibt er noch lange nicht auf, beginnt von neuem, probiert eine andere Variante.

Da viele Stier-Geborene über viel praktischen Verstand und manuelle Geschicklichkeit verfügen, steht ihnen auch der weite Bereich der Handwerksberufe offen.

Sehr oft ist zu beobachten, daß Stier-Männer, die einen geistigen Beruf ausüben, manuelle Hobbys haben. In ihrer Freizeit tischlern oder streichen sie, arbeiten im Garten oder reparieren im Haus dies und jenes.

Praktische Begabung ist auch bei den weiblichen Stier-Geborenen unleugbar in überdurchschnittlichem Maß vorhanden. Meist sind sie gute Hausfrauen, die vorzüglich kochen und auch sehr geschickt mit der Nadel umzugehen wissen. Wenn eine Stier-Frau etwas näht, strickt oder häkelt, dann kann sich das Ergebnis auch sehen lassen. Hinzu kommen in vielen Fällen guter Geschmack und ein besonderer Sinn für Formen und Farben.

Diese Gaben lassen sich natürlich auch im Beruf verwerten, sei es in der Schneiderei, in einem Konfektionsbetrieb oder in einem anderen Zweig der Modebranche.

Man trifft Stier-Frauen als Lehrerinnen in Hauswirtschaftsschulen und in Fachschulen der Textilbranche. Da dieser Typ in der Regel sehr kinderlieb ist, eröffnen sich auch Aussichten in anderen Lehrberufen und im Erziehungsfach.

Jedenfalls ist der überwiegenden Mehrzahl der Stier-Geborenen starker Leistungswille und Verantwortungsgefühl gemeinsam. Ihr beruflicher Weg ist oft reich an Schwierigkeiten, doch wird das Ziel – von wenigen Ausnahmen abgesehen – schließlich erreicht.

Der Stier als Arbeitgeber

In den meisten Fällen fühlt sich der Stier von solchen Jobs angezogen, die ihm ein hohes Maß an Sicherheit und später eine geregelte Pension bieten. Wenn dieses Streben nach Sicherheit bei ihm besonders ausgeprägt ist, könnte er im öffentlichen Dienst arbeiten, Finanzberater, Buchhalter, Bankier oder Makler werden. Ist jedoch auch die künstlerische Seite bei ihm sehr betont, dann neigt er zu solchen Berufen wie denen eines Juweliers, eines Architekten oder Kunsthändlers. Dominiert das Artistische in ihm, wird er alles daransetzen, eine handfeste Karriere als Sänger oder Schauspieler zu machen.

Ganz egal, welche berufliche Richtung er eingeschlagen hat – der Stier-Geborene wird seine ganze Kraft seiner Karriere widmen. Er gehört nicht zu jenen Menschen, die sich leicht verzetteln. Langsam und zäh konzentriert er sich auf ein Ziel, das Umwege vermeidet. Kein Wunder also, daß er dieses Ziel im allgemeinen erreicht, denn er steuert es in jenem Bereich an, auf dem für ihn die besten Erfolgsaussichten liegen.

Schwerer haben es nur solche Stier-Geborenen, die zu konservativ, zu behäbig und besonders ausgeprägt von Sicherheitsdenken beeinflußt sind, um einige Risiken einzugehen. Sie machen im allgemeinen keine großen beruflichen Karrieren, da ihre Sturheit sie daran hindert, Fehler zu erkennen.

Als Arbeitgeber wird der Stier entweder geliebt und bewundert oder aber völlig abgelehnt. Jene Angestellten, die es unter seiner Fuchtel mehr als sechs Monate ausgehalten haben, bleiben im allgemeinen auch sehr lange bei ihm. Da er sich nicht gern umstellt und bei einem neuen Gegenüber abwartend reagiert, hält er an jenen Arbeitnehmern fest, die sich schon bewährt haben. Flattert ihm eine Kündigung auf den Tisch, dann tut er alles, was in seiner Macht steht, um diesen Schritt doch noch zu verhindern.

Der Stier als Angestellter

Die Mitwelt nimmt es mit Erstaunen zur Kenntnis, daß sich der Stier schon in recht jungem Alter für die endgültige berufliche Richtung entscheidet, die er einmal einschlagen möchte. Er ist kein Typ, der über längere Zeit nur jobbt. Freiberufliche Tätigkeiten reizen ihn nicht besonders. Aber auch für das echte Teamwork ist er nicht sonderlich geschaffen. Dazu fehlt ihm nämlich die erforderliche Bereitschaft, in aller Harmonie neben und mit anderen zu arbeiten.

Ein Stier-Geborener, der beruflich falsch plaziert wurde oder auch sich selbst falsch plaziert hat, ist eine tragische Figur. Er findet auf der einen Seite zwar nicht den Dreh, um sich neu zu bewerben, macht aber auf der anderen Seite auch kein Geheimnis aus seiner Frustration. Seine Arbeit leidet unter seinen Gefühlen, und all jene Fehler, die er normalerweise gut kaschieren kann, kommen jetzt voll zum Ausdruck. Man wird ihm den Mangel an Interesse anmerken, und seine Trägheit, gepaart mit einer gewissen Sturheit, macht ihn wenig beliebt. Nichtsdestotrotz hält er verbissen an der Position fest. Die auch für seinen Chef nicht leichte Situation ist erst dadurch zu ändern, daß ihm gekündigt wird. Tiefinnerlich ist der Stier-Geborene dankbar dafür.

Eine halbwegs funktionierende Ehe ist für den Vertreter dieses Tierkreiszeichens ein Garant für berufliches Fortkommen. Da dem Stier seine Familie sehr wichtig ist, arbeitet er um so intensiver, je größer die Verantwortung ist, die er sich aufgeladen hat. Seine Angst vor Schulden sorgt dafür, daß er fleißiger und strebsamer ist, als es seinem eigentlichen Naturell entspricht. Der feste Wille, es zu etwas zu bringen, verschafft ihm den Respekt seiner Mitarbeiter und öffnet ihm beruflich eine Reihe von Türen.

Eines sollte man sich merken: Liebäugelt ein Stier-Geborener mit der Position des Chefs, dann sollte sich der Chef in acht nehmen. An seinem Stuhlbein wird nämlich bereits gesägt.

Der Stier-Angestellte ist schon ein schwieriger Vertreter. Wenn er mit seiner Arbeit zufrieden ist und sich sicher fühlt, dann ist er für jede Firma eine wertvolle, unersetzliche Kraft, die die Arbeit von zwei Menschen bewältigt. Ist er dagegen an der falschen

Stelle eingesetzt und kommt er mit seinen Aufgaben nicht zurecht, dann sorgt der Stier-Angestellte durch seine bloße Anwesenheit für ständige Unruhe und für eine schlechte Arbeitsmoral.

Prokura und weitgehende Unabhängigkeit im Umgang mit größeren Summen sind Dinge, die man dem Stier-Vertreter ohne weiteres anvertrauen kann. Genaugenommen ist es nämlich so: Je größer die Verantwortung ist, die man ihm zumutet, desto größer ist auch seine Bereitwilligkeit, sie zur Zufriedenheit aller zu tragen.

Der arbeitende Stier braucht eine verständnisvolle Ehe- oder Lebenspartnerin, die ihn ermutigt, aber nicht treibt. Mit Gewalt kann man diesen Mann nicht dazu bringen, eine Position einzunehmen, die ihm nicht liegt. Auch sollte man bedenken, daß er zwar sehr häufig die Meinung anderer einholt, aber gar keinen Wert darauf legt. Er sucht eine Bestätigung dessen, was er bereits gesagt oder sich gedanklich zurechtgelegt hat.

Am besten arbeitet der Stier erfahrungsgemäß, wenn er entweder eine Jungfrau, einen Krebs oder einen Steinbock zum Chef hat. Frustriert und in seiner Bewegungsfreiheit beschnitten fühlt er sich dagegen unter einem Löwen, einem Skorpion oder einem Wassermann.

Diese Gesundheitsregeln sollten Stier-Menschen beachten

Die Freude am Genießen darf zu den hervorstechenden Charaktermerkmalen der Stier-Menschen gezählt werden. Kein Stier ist völlig frei davon, wenn die Genußsucht auch nicht bei allen gleich stark in Erscheinung tritt und die Reihenfolge der bevorzugten Genüsse verschieden sein kann.

Der eine schwelgt am intensivsten in den Freuden der Liebe, ein anderer schätzt einen guten Tropfen am höchsten, bei einem dritten haben vielleicht geistig-künstlerische Genüsse Vorrang, und ein vierter sieht nichts lieber als einen reich garnierten, saftigen Braten.

Nun ist es ja eine alte Weisheit, daß nicht der Genuß an sich, sondern erst seine Übertreibung schadet. Gegen Genießen in vernünftigen Grenzen läßt sich kaum etwas einwenden. Leider neigen gar nicht wenige Stier-Menschen dazu, diese Grenzen zu überschreiten.

Ebenso wie sie sich zuweilen zuviel Arbeit aufbürden und ihre Leistungskraft überschätzen, wie sie sich nicht mit durchschnittlichen Reserven zufriedengeben, sondern ein dickes Bankkonto ihr eigen nennen wollen, ebenso betrachten sie einen nur halb gefüllten Teller mit mißmutigen Blicken und trinken statt eines Glases Bier gleich drei, vier oder mehr.

Solche Übertreibungen bleiben selbstverständlich auf die Dauer nicht ohne Folgen. Zwar zählt der Stier-Typ zu den zähesten, und – abgesehen von einer leicht erhöhten Anfälligkeit für Infektionen und einer gewissen Neigung zu Entzündungen im Bereich von Hals, Nase und Ohren – die allgemeinen Gesundheitsprognosen für die Menschen dieses Zeichens sind durchaus erfreulich; doch wer leichtsinnig an seinem Körper sündigt, der kann es durchaus zuwege bringen, auch eine von Natur aus robuste Verfassung im Laufe der Zeit zu schädigen.

Es gilt vor allem zu bedenken, daß Übergewicht stets eine Mehrbelastung für das Herz darstellt, und in diesem Punkt ist nicht zu spaßen. Es gibt zwar den hageren Stier-Typ, der niemals überflüssiges Fett ansetzt, doch ist er eher in der Minderzahl. Weit zahlreicher sind jene Stier-Geborenen, die zum Fettansatz neigen und – je weiter die Jahre fortschreiten – immer beleibter werden. Die Körperfülle macht sie dann noch bequemer und unlustiger für Sport und Bewegung. Der Mangel an Bewegung läßt sie noch gewichtiger werden – und so dreht sich die Spirale verhängnisvoll weiter.

Hoher Blutdruck, der manchem älteren Stier zu schaffen macht, ist ebenfalls oft auf übergroße Genußfreudigkeit zurückzuführen, wobei die Liebe zum Alkohol eine nicht unbedeutende Rolle spielt.

Was ist also zu tun? Welche Gesundheitsregeln sind den Stier-Geborenen zu empfehlen?

Eine der wichtigsten Regeln fordert körperliche Betätigung,

vor allem dann, wenn ein sitzender Beruf ausgeübt wird. Der Rat, gelegentlich Urlaub vom Auto zu nehmen und an den Wochenenden ausgiebig zu wandern, muß für Stier-Geborene zweimal dick unterstrichen werden. Je regelmäßiger die Spaziergänge in den Wochenplan eingebaut werden, desto besser. Vielleicht läßt sich täglich eine halbe Stunde dazu erübrigen.

Doch nun zum Kapitel Essen: Eine der wichtigsten Regeln lautet von alters her: Man soll Messer und Gabel dann weglegen, wenn es gerade am besten schmeckt. Das mag in den Ohren der Stier-Menschen hart klingen, doch spätestes ab dem vierzigsten Lebensjahr rächt es sich, wenn sie so lange weiteressen, bis sie „keinen Bissen mehr hinunterbringen". Und muß es denn unbedingt immer ein Braten mit dicker, fetter Soße sein? Auch gekochtes oder gegrilltes Fleisch ist keineswegs zu verachten!

Was die Beilagen betrifft, so werden Teigwaren und Kartoffeln ganz gestrichen oder zumindest auf ein Minimum beschränkt. Statt dessen gibt es viele Salate (natürlich ohne Mayonnaise und möglichst auch ohne Öl) und viel Gemüse, besonders grüne Bohnen, Rosenkohl, Sellerie, Spinat – englisch zubereitet.

Mit Salz und scharfem Gewürz sollte im allgemeinen sparsam umgegangen werden. Bekanntlich bindet Salz reichlich Wasser in den Geweben.

Obst wird groß geschrieben. Ein Apfel ersetzt vormittags, wenn sich Hunger einzustellen beginnt, einen kräftigeren Imbiß. Obst oder Obstsalat ersetzt mittags den süßen Nachtisch, die Sahnekuchen und Cremeschnitten.

Der Stier-Mann und die moderne Partnerschaft

Robustheit und Durchsetzungsvermögen kennzeichnen die Stier-Männer, die als typische Geborene eines Erdzeichens niemals den Boden der Realität unter den Füßen verlieren. So ein Stier geht unbeirrt seinen Weg, setzt alle seine Energien ein und ist sehr geschickt, wenn es gilt, einen Vorteil aufzuspüren.

Bei all seinem Bedürfnis, tätig zu sein und Werte zu schaffen, wird er sich nicht übereilen, sondern bedächtig vorgehen und manchmal sogar den Eindruck der Trägheit erwecken. Richtig ist aber nur, daß der Stier gerne sein Tempo selbst bestimmt und sich ungern hetzen läßt. Dafür hat aber alles, was er tut, Hand und Fuß.

Gerade die Hingabe an die Arbeit ist es, die manchmal zu Differenzen in der Partnerschaft führt. Ein weiterer kritischer Punkt ist die Schweigsamkeit der Stier-Männer, die zwar tiefer Gefühle fähig sind, aber ungern darüber sprechen.

Ein einfacher Charakter ist der Stier-Mann ganz gewiß nicht. Der Grad seiner Eigenwilligkeit und Starrköpfigkeit hängt von der individuellen Bestrahlung ab. Auch bei den gemäßigten Vertretern dieses Zeichens ist eine angeborene Skepsis gegenüber allem Neuen vorhanden. Sie tritt selbstverständlich auch in Erscheinung, wenn es zum Beispiel um neue Formen des Zusammenlebens geht.

Um es gleich klipp und klar zu sagen: Der typische Stier-Mann hält nicht viel von moderner Partnerschaft! Er ist nun einmal ein autoritärer Typ. Unterschiede bestehen nur darin, wie sich sein Führungsanspruch in der Lebensgemeinschaft äußert. Das kann massiv geschehen und in extremen Fällen unangenehme Formen annehmen, es kann aber auch auf elegantere Weise erfolgen: durch geschicktes Ausspielen tatsächlicher geistiger Überlegenheit, charmant und liebenswürdig verhüllt.

Auch die Erwartungen, die ein Stier-Mann beim Eingehen einer Partnerschaft hat, können unterschiedlich sein. Der eine tendiert eindeutig zur schwächeren Partnerin, die sich von ihm beherrschen läßt und keine Schwierigkeiten macht, ein anderer wird zwar eine Frau bevorzugen, die selbst eine starke Persönlichkeit ist, aber klappen wird es nur dann, wenn diese Frau zugleich klug genug ist, das Kräftemessen mit ihm nicht auf die Spitze zu treiben.

Gerechtigkeitssinn ist den Stier-Männern nicht völlig abzusprechen. Zumindest die Hälfte von ihnen ist durchaus bereit, Leistungen anzuerkennen, die eine Frau etwa in ihrem Beruf erbringt. Die Berufstätigkeit der Ehefrau wird vom Stier-Mann aber fast immer nur so lange akzeptiert, als er selbst darunter nicht zu leiden hat, das heißt, wenn der Haushalt in Ordnung ist, das Essen rechtzeitig auf den Tisch kommt und die Freizeit des Stier-Mannes, in der er seine Frau gerne zu seiner Verfügung hat, nicht durch deren berufliche Verpflichtungen gestört wird.

Nun wird heute immer wieder eine Lanze dafür gebrochen, daß in modernen Ehen, in denen beide Partner berufstätig sind, dann eben auch die Arbeiten im Haushalt auf beide aufgeteilt werden sollten. Was sagt der Stier-Mann zu diesem Vorschlag?

Hilfsbereitschaft ist den Stier-Männern zwar keineswegs abzusprechen, aber in den meisten Fällen wird der Stier sie doch nur dann praktizieren, wenn sie in den Rahmen seines eigenen Lebenskonzepts paßt und ihn nicht bei seinen eigenen Unternehmungen behindert.

Man wird von Stier-Männern also häufig folgende Argumentation hören: „Ich arbeite den ganzen Tag hart und angestrengt und brauche, wenn ich müde heimkomme, meine Ruhe und die Möglichkeit zum Ausspannen. Ich sehe ein, daß du dasselbe fordern kannst. Da der Haushalt aber nun einmal in Ordnung gehalten werden muß, gibt es nur zwei Möglichkeiten: Entweder wir bezahlen jemanden dafür, daß er diese Arbeit tut – oder du gibst deinen Beruf auf."

Hinzu kommt, daß der Stier-Mann sich selbst und seine Fähigkeit, eine Frau glücklich zu machen, hoch genug einschätzt, um nie auf den Gedanken zu verfallen, daß die Frau sich „mehr" wünschen könnte, als für ihn zu leben.

In den meisten Erwägungen, die ein Stier-Mann anstellt, ist ziemlich viel Egoismus enthalten, ohne daß ihm das bewußt wird. Er legt auch öfter ziemliche Rücksichtslosigkeit an den Tag, ohne es zu merken.

Mitunter resultiert die Rücksichtslosigkeit aus seiner Arbeitsbesessenheit, die ihn weitgehend blind für alles andere macht, auch für die Wünsche der Partnerin. Wird er darauf hingewiesen oder wird er sich doch einmal selbst darüber klar, ändert sich sein Verhalten trotzdem nicht. Er verlangt ganz einfach, daß man ja zu ihm sagt, so wie er nun einmal ist, und reagiert erstaunt-verständnislos, wenn man ihm vorhält, daß das gar nicht immer so leicht ist.

Ziemlich viele Stier-Männer messen mit zweierlei Maß. Sie verlangen zum Beispiel von ihren Frauen unbedingte Treue, nehmen es aber selbst damit nicht immer so genau. Wenn dieser stark sinnliche Typ seine Lust zu sexuellen Seitensprüngen zügelt, geschieht es fast immer nur, weil er Unannehmlichkeiten und Komplikationen fürchtet, die sich daraus ergeben könnten. Aber das eine oder andere Mal geschieht es eben doch, daß er ein Abenteuer nicht wegschiebt.

Typisch für die Mehrzahl der Stier-Männer ist, daß sich an ihrer Verbundenheit mit der Ehefrau nichts ändert, wenn sie auch vorübergehend von einer anderen Frau gefesselt werden. Der Stier-Mann wird zu jeder Zeit bestmöglich für seine Familie sorgen, die Rolle des vorbildlichen Gatten und Vaters spielen – und als Gegenleistung verlangen, daß man ihn als Herrn im Haus anerkennt.

Moderne Schlagworte wie Gleichberechtigung oder Selbstverwirklichung bezeichnen viele Stier-Männer schlicht und einfach als Quatsch. Ihrer Meinung nach wird darüber viel zuviel theoretisiert, und wenn es nach den Stieren ginge, brauchten die Bücher über Psychologie in der Ehe überhaupt nicht geschrieben zu werden. Sie finden es kaum der Mühe wert, darüber zu debattieren, denn sie sind Männer der Praxis und überzeugt davon, daß zwei Menschen, die sich ein gemeinsames Leben aufbauen, eben ihr persönliches Rezept finden müssen – und zwar ganz allein.

Am ehesten wird es der Frau eines Stier-Mannes gelingen, sich Spielraum für die Entfaltung ihrer eigenen Persönlichkeit zu verschaffen, wenn sie sein volles Vertrauen genießt und ihn davon überzeugt hat, daß er das Wichtigste in ihrem Leben ist. Dann – und eigentlich nur dann – wird er sich entgegenkommend zeigen und ihr in manchen Punkten freie Hand lassen, sofern er ein positiv bestrahlter Stier ist.

Der Stier-Mann ist im allgemeinen das, was man einen guten „Hausvater" nennt. Er hängt sehr am angestammten oder erworbenen Besitz, er ist kaum für das „in die Ferne schweifen", natürlich eine nette Ferienreise ausgenommen. Allein schon sein Beruf bringt in der Regel die Seßhaftigkeit mit sich. Denn gewöhnlich ist der Stier-Typ phlegmatisch, ruhig, gleichmütig, freundlich den Mitmenschen gegenüber und zärtlich-liebevoll zu den Seinen.

Die Stier-Frau und die moderne Partnerschaft

Wenn man die Lebenswege von Stier-Frauen verfolgt, läßt sich immer wieder beobachten, wie umsichtig und zäh die gesteckten Ziele im Auge behalten werden und wie es diesem Frauentyp gelingt, doch in relativ kurzer Zeit erneut eine Basis zu schaffen, auf der weitergebaut werden kann.

Man hat es also mit einem sehr praktisch veranlagten, charakterlich starken und ausdauernden Typ zu tun, der eigentlich immer genau weiß, was er will, und das auch zu verwirklichen versteht – zumindest dann, wenn diese Verwirklichung von der eigenen Kraft abhängt.

Stier-Frauen geben in der Regel prächtige Lebenskameradinnen ab, die fest zuzupacken verstehen und auf die sich ein Mann verlassen kann. Sie sind tüchtig, energisch und doch keineswegs „unweiblich". Gehören sie zum Typ der emanzipierten Frau? Das soll hier untersucht werden.

Als Tochter eines Zeichens, das von Venus regiert wird, ist die Stier-Geborene sehr positiv zur Liebe eingestellt. Und zwar – das soll gleich unmißverständlich hinzugefügt werden – zur Liebe im „alten Sinn", wenn man das so nennen darf.

Wofür die Stier-Geborene wenig Sinn hat, das sind oberflächliche Liebeleien, die einander womöglich rasch ablösen; das sind schon gar nicht Sex-Beziehungen moderner Art, bei denen der Sex, isoliert von den anderen Komponenten der Verbundenheit, das allein Ausschlaggebende ist, Selbstzweck, unbelastet von seelischen und geistigen, herzlichen, gemütsbetonten Kontakten.

Wenn die Stier-Frau sich zur Liebe bekennt, dann meint sie zwar auch den Sex, der ihr keineswegs gleichgültig ist, aber eben nicht ihn allein, sondern als Bestandteil einer tiefen Neigung, zu der noch sehr viel mehr gehört.

Nimmt man also das vom Geist der jeweiligen Zeit geprägte, geforderte oder zumindest tolerierte Verhalten zur Richtschnur, so ist die Stier-Frau mit ihren Anschauungen in der heutigen Zeit eher „unmodern".

In diesen Rahmen fällt auch, daß sie der freien Liebe wenig

abgewinnen kann und die Ehe anstrebt. Sie tut dies nicht, weil sie sich vielleicht zu schwach fühlen würde, um allein durch das Leben zu gehen, weil sie einen Unterschlupf sucht und sich von einem anderen Menschen versorgen lassen möchte und darin eine bequeme Lösung sieht, sondern weil sie davon überzeugt ist, daß auch das Zusammenleben „seine Ordnung" haben müsse.

Überlieferung, Tradition sind in den Augen der meisten Stier-Frauen nichts, wogegen man unbedingt Sturm laufen muß, um „in" zu sein, Revolution ist ihr so lange verdächtig, als nicht wirklich eindeutig erwiesen ist, daß an die Stelle dessen, was gestürzt werden soll, etwas Besseres tritt. Im Fall Ehe vermag die Stier-Frau nicht einzusehen, was Besseres an ihre Stelle treten könnte.

Stier-Geborene nehmen die Ehe durchaus ernst. Sie sehen darin einen Bund zweier Menschen, die einander nicht nur mit Herz und Sinnen zugetan sind, sondern auch dieselben Ziele haben und sich gemeinsam anstrengen, diese Ziele zu erreichen, wobei jedem sein persönlicher Teil an Pflichten zufällt.

„Modern" könnte man die Stier-Frau allenfalls in der Weise einstufen, als sie sich nicht dem Mann „untergeordnet" fühlt, sondern ihre Rolle in dieser Partnerschaft keineswegs geringer als die seine auffaßt, also ihre persönliche Ansicht von der Gleichberechtigung durchaus zu verteidigen versteht.

Aber das ist keine neue Einstellung, zu der man die Stier-Geborene erst durch Schlagworte moderner Frauenbewegungen hinzuführen brauchte. Sie verfügte eigentlich immer schon über genügend Selbstbewußtstein. Da sie ihre Stärke niemals gering einschätzte und meist auch über das richtige Maß weiblicher Diplomatie verfügte, war es Stier-Frauen auch in früheren Zeiten oft möglich, bestimmenden Einfluß auf Entscheidungen in der Ehe zu nehmen.

Wenn sich eine Stier-Frau zur Ehe entschließt, spielt das „Wir" künftig in ihren Gedanken eine vorrangige Rolle, obwohl sie ihr Ich niemals verleugnet. Sie fühlt sich mitverantwortlich und möchte gar nicht, daß man sie von ihrer selbstgewählten Verantwortung entlastet. Sie pocht darauf wie auf ein Recht, das ihr zusteht. Es ist ihr ein angeborenes Bedürfnis, ihren Teil dazu beizutragen, daß das gemeinsame Leben so schön und erfolgreich wie möglich verläuft. Welcher Art dieser Beitrag ist, das kann natürlich verschieden sein.

Ist die finanzielle Grundlage der Ehe durch das Einkommen des Mannes allein nicht ausreichend, wie es zum Beispiel der Fall sein kann, wenn der Mann erst am Beginn seiner Laufbahn steht, wird es für die meisten Stier-Frauen selbstverständlich sein, ebenfalls einen Beruf auszuüben, zumindest als Übergangslösung.

Es kann sein, daß die Berufsarbeit ihr so große Befriedigung bereitet, daß sie auch nicht darauf verzichten möchte, wenn das Geld, das sie damit verdient, nicht mehr Voraussetzung für ein ausgewogenes Familienbudget ist. Aber es wird nicht immer so sein. Dann entscheidet sich die Stier-Frau für die Rolle der Hausfrau. Ihr Selbstbewußtsein ist nämlich stark genug, daß sie nicht unbedingt nach Bestätigung ihres Wertes durch berufliche Erfolge verlangt. Sie fühlt sich auch als Hausfrau keineswegs als Geschöpf zweiter Ordnung. Für solche Vorurteile moderner Prägung hat sie höchstens ein mitleidiges Lächeln übrig. Sie weiß es besser.

Daheim nach dem Rechten zu sehen, Alltagsbelastungen vom Mann fernzuhalten, ihm ein behagliches Heim zu bereiten, Anteil an seiner Arbeit zu nehmen, die Kinder gut zu erziehen – das ist in ihren Augen eine nicht minder wichtige Aufgabe, als beruflichen Wettkampf zu bestreiten. Entscheidend ist stets einzig und allein, was man aus einer Aufgabe macht und daß man sie bestmöglich löst.

Wenn sie eine Aufgabe übernimmt, dann verlangt sie allerdings auch danach, daß man ihr freie Hand läßt. Es wird deshalb in einer Ehe nur dann klappen, wenn der Ehemann einer Stier-Frau ihr die Freiheit läßt, eigenverantwortlich zu schalten und walten. Er kann es beruhigt tun, da es kaum gewissenhaftere Frauen gibt als die Stier-Geborenen. Ein Befehle erteilender Pascha kommt als Partner für Stier-Frauen nicht in Frage. Bleibt also nur zu hoffen, daß sie einen Mann mit solchen Neigungen rechtzeitig – also noch vor der Hochzeit – erkennt und die Finger von ihm läßt.

Allgemein ist die Frau des Stier-Zeichens in ausgesprochenem Maße mit sehr wünschenswerten weiblichen Eigenschaften ausgestattet. Sie ist „zur Liebe geboren". Frühzeitig schon macht sich der Drang zur Bindung an den männlichen Partner und zur Mutterschaft bemerkbar. Stier-Frauen lieben über alles ihre Häuslichkeit; je gepflegter und komfortabler sie sein kann, desto besser. Denn genauso wie beim Stier-Mann überwiegt auch auf der weiblichen Seite die Einstellung zur Lebenssicherung.

Wer paßt am besten zum Stier-Mann?

Die Zwillinge-Frau (21. Mai bis 21. Juni)
Zwillinge-Frauen, die sich gerne unterhalten, Geselligkeit lieben, Abwechslung und Anregung suchen und eine gewisse Bewegungsfreiheit für sich in Anspruch nehmen, werden allein aus diesen Gründen bereits Differenzen mit Stier-Partnern bekommen, die quasi ins Leere stoßen, wenn sie den „Herrn" spielen. Ausnahmen: von der Liebe bereits schwer enttäuschte Zwillinge-Frauen, die beim verläßlichen Stier Zuflucht suchen.

Die Krebs-Frau (22. Juni bis 22. Juli)
Weiblicher Krebs und männlicher Stier? Da begegnen einander zwei beharrende Naturen, die gerne an dem festhalten, was sie errungen haben, Behaglichkeit und die eigenen vier Wände lieben. So weit – so gut. Doch die Krebs-Frauen sind gemütsbetont, empfindsam und von Launen heimgesucht. Der hart zupackende und im eigenen Genußstreben oft rücksichtslose Mann kann alles verderben.

Die Löwe-Frau (23. Juli bis 23. August)
Bei der Verbindung mit einer Löwe-Geborenen könnte es dazu kommen, daß einmal der Stier den kürzeren zieht. Der selbstbewußten und energischen Löwin gegenüber hat der Stier nicht allzuviel zu vermelden. Das paßt ihm natürlich nicht. Auch wenn es auf der Sexebene klappen sollte, läuft letzten Endes alles auf einen Machtkampf mit ungewissem Ausgang hinaus.

Die Jungfrau-Frau (24. August bis 23. September)
Zur Partnerschaft mit einer Jungfrau-Geborenen darf geraten werden. Jungfrauen können Stier-Männer weitgehend verstehen.

Sie sind in der Regel treu, tun ihr möglichstes, den Partner bei seinem Streben „nach oben" kräftig zu unterstützen, und vermeiden es klug, ihn seelisch zu „überfordern". Da beide recht zufrieden sind, zeigen sie sich von ihrer besten Seite.

Die Waage-Frau (24. September bis 23. Oktober)
Waage-Frauen lassen sich ungern „an die Kette legen". Der vitale, zielbewußte Stier wird ihnen vielleicht imponieren und sie auch reizen, ihre weiblichen Waffen an ihm zu erproben, doch wenn er ihnen kritisch und belehrend kommt, erkalten die Waage-Gefühle rasch. Dann wird dem Stier jeder andere Partner vorgezogen, der liebenswürdiger und heiterer ist.

Die Skorpion-Frau (24. Oktober bis 22. November)
Gering sind die Chancen für Partnerschaften mit Skorpion-Frauen. Diese wollen nämlich die erste Geige spielen und reagieren vehement, wenn sie verletzt werden. Angegriffene Skorpione „stechen". Aus ihren Worten träufelt Gift. Da trollt sich der Stier lieber.

Die Schütze-Frau (23. November bis 21. Dezember)
Richtig angefaßt sind Schütze-Geborene – von Natur aus umgänglich, tolerant und unnötigen Konflikten abgeneigt – zwar durchaus lenkbar, doch bedarf es dazu einer geschickten und geschmeidigen Hand. Die besitzen höchstens zwei oder drei von hundert Stier-Männern. In den meisten Fällen wird der Trotz der Schütze-Frau herausgefordert. Die Revolution ist der Anfang vom Ende.

Die Steinbock-Frau (22. Dezember bis 20. Januar)
Weibliche Steinböcke gehören zu den Idealpartnerinnen für Stier-Männer. Steinbock-Frauen verstehen die Stiere sogar dann, wenn diese schweigen. Sexuell steht alles zum besten. Die Voraussetzung für eine beide Teile befriedigende Dauerbindung ist gegeben.

Die Wassermann-Frau (21. Januar bis 19. Februar)
Wassermann-Frauen, die einen Stier-Mann bewundern, lassen sich von ihm relativ leicht formen. Das hängt auch mit der in diesem Zeichen ziemlich großen Beeinflußbarkeit zusammen. Einige Frauen aus diesem Zeichen denken schließlich nur noch die Gedanken des Geliebten und sind ihm regelrecht hörig geworden. Allerdings lassen sich nicht alle in gleicher Weise manipulieren. Manche erwachen eines Tages, erkennen entsetzt, daß sie ihr Selbst verloren haben, und trachten nach „Rettung".

Die Fische-Frau (20. Februar bis 20. März)
Für nicht allzu lebenstüchtige Fische-Frauen stellt der Stier-Mann in mancher Hinsicht die ideale Ergänzung dar. Doch so verlokkend dieses Rechenexempel scheinen mag – es enthält eine unbekannte Größe: Wird der Stier großzügig auf die Sensibilität der Fische-Geborenen Rücksicht nehmen? Oder wird er sich dazu hinreißen lassen, ihr weiches Gemüt zu verspotten?

Die Widder-Frau (21. März bis 20. April)
Zwischen Stier und Widder liegt beinahe eine Art Urfeindschaft vor. Das hindert nicht, daß zunächst die Liebe heiß entflammt. Doch die Widder-Geborene ist stolz und selbstbewußt. Ehe sie zur Sklavin des Geliebten wird, reißt sie sich los – auch wenn sie fast verblutet.

Die Stier-Frau (21. April bis 20. Mai)
Zwei Stier-Geborene, die sich ineinander verlieben, halten meist an dieser Verbindung fest.

Wer paßt am besten zur Stier-Frau?

Der Zwillinge-Mann (22. Mai bis 20. Juni)
Zwillinge-Männer sind in den Augen der Stier-Damen zwar amüsant und anregend, doch fehlt es ihnen an der Verläßlichkeit, die vordringlich gewünscht wird. Bei so einem Partner ist die Stier-

Frau nie ganz sicher, ob er nicht irgend etwas Leichtsinniges unternimmt – notabene, ohne sie vorher zu fragen! Sie wird ihm also eher mit Zurückhaltung begegnen.

Der Krebs-Mann (22. Juni bis 22. Juli)
Der Krebs-Mann steht ihr etwas näher, und viel hängt davon ab, in welchem Maß er unter ihrem Einfluß ausdauernder und realistischer wird, als er von Natur aus ist. Was soll eine Stier-Geborene mit einem phantasiebegabten Genie anfangen – es sei denn, sie sieht eine Chance, diesen Phantasiestrom gewinnbringend zu managen. Ihre Mütterlichkeit könnte sich angesprochen fühlen. Die Chancen?: Etwa fünfzig zu fünfzig.

Der Löwe-Mann (23. Juli bis 23. August)
Der Löwe-Mann ist der Stier-Geborenen meist überlegen, da er bei gleichem Kräfteverhältnis noch ein Plus an Schwung und angeborenem Wirkungsvermögen mitbringt. Sie wird also ein wenig zurückstecken müssen, und es fragt sich, wie weit ihr das möglich ist.

Der Jungfrau-Mann (24. August bis 23. September)
Sehr herzliches Einvernehmen könnte sich zwischen Stier-Frau und Jungfrau-Mann einstellen. Diese beiden haben so ziemlich dieselben Ziele, Ansichten und Vorstellungen vom Erstrebenswerten im Leben. Sie werden einander helfen, wo immer sie können, werden sich verstanden fühlen und ihre Liebe kaum leichtsinnig aufs Spiel setzen.

Der Waage-Mann (24. September bis 23. Oktober)
Waage-Männer machen Stier-Frauen leicht nervös. Das Schwanken dieses Zeichens, die unkontrolliert aufflammende Begeisterung, die heute dies bejubelt und morgen schon dem Gegenteil interessante Seiten abzugewinnen vermag – das bewegt Stier-Frauen meist schnell, auf Distanz zu schalten.

Der Skorpion-Mann (24. Oktober bis 22. November)
Mit einem Skorpion-Partner könnte es höchstens klappen, wenn dieser zu den sehr positiven und „hellen" Vertretern seines Zei-

chens zählt. Sonst lassen schwere Zerwürfnisse in der Regel nicht lange auf sich warten, und es hilft dann nur herzlich wenig, daß man sich einander in puncto Sex eigentlich recht gut versteht.

Der Schütze-Mann (23. November bis 21. Dezember)
Echtes Verstehen zwischen Stier-Frau und Schütze-Mann ist selten. Was diese beiden zusammenführt, ist erotische Anziehung. Doch sobald es um die weitere Gestaltung der Liebesbeziehung geht, treten die Gegensätze vehement hervor.

Der Steinbock-Mann (22. Dezember bis 20. Januar)
Und wie wäre es mit einem Steinbock-Mann? Da herrscht meist Einklang – im Alltag und in den Feierstunden. Die Ziele liegen in derselben Richtung. Man baut gerne auf und genießt dann auch die Früchte des Erreichten. Wenn es zu Differenzen kommt, sind sie fast immer zu klären. Das Verbindende erweist sich als beträchtlich stärker.

Der Wassermann-Mann (21. Januar bis 19. Februar)
Da es sehr unterschiedliche Entwicklungen des Wassermann-Charakters gibt, müssen auch bei der Beurteilung der Chancen, die Stier-Frauen mit Partnern aus diesem Zeichen haben, Unterschiede gemacht werden. Mit einem ernsten, gütigen, gereiften Wassermann-Geborenen könnte es mitunter gutgehen. Niemals aber werden Kontakte zu leichtlebigen Wassermännern andauern.

Der Fische-Mann (20. Februar bis 20. März)
Nur sehr gering sind die Hoffnungen, die sich an eine Beziehung zwischen Stier-Frau und Fische-Mann knüpfen lassen. Da stimmt nur das wenigste. Die Schwerpunkte liegen so ungünstig, daß die gemeinsame Basis bald kippen dürfte.

Der Widder-Mann (21. März bis 20. April)
Das Paar Stier-Frau und Widder-Mann hat zwar ein wenig bessere Aussichten, als sich das vom Paar Stier-Mann und Widder-Frau sagen läßt – aber „besser" bedeutet noch lange nicht „gut". Etwa

zehn bis fünfzehn Prozent dieser Paare werden sich allenfalls zusammenraufen, doch ehe es soweit ist – falls es überhaupt dazu kommt –, werden die Kämpfe erbittert sein.

Der Stier-Mann (21. April bis 20. Mai)
Bliebe zuletzt noch die Verbindung zwischen Stier und Stier. Sie wird vor allem durch gegenseitige Achtung und tatkräftige Unterstützung gekennzeichnet sein. Die beiden werden einander sicherlich verstehen. Es könnte allerdings auch eine Multiplikation des beiderseitigen Starrsinns erfolgen. Meist entscheiden Details letzten Endes über Erfolg oder Mißerfolg.

Glückstage der Stier-Menschen

Gerade Stier-Menschen neigen dazu, Tatsachen, die sie nicht selbst errechnen oder begreifen können, voller Skepsis gegenüberzustehen. Sie finden sich daher nur selten dazu bereit, zuzugeben, einen ausgesprochenen Glückstag zu haben. Und am liebsten schreiben sie dieses Glück dann den eigenen Fähigkeiten, dem eigenen Können, der eigenen Schläue zu.

Gewiß, Intelligenz und Scharfsinn können so manche Situation zum Guten wenden, aber es gibt auch Dinge, die darüber stehen, die nicht kontrolliert werden können vom Verstand oder gar vom eigenen Wünschen und Wollen.

So können mitunter Jahre vergehen, ehe ein typischer Stier-Mensch anzuerkennen beginnt, daß der Dienstag im allgemeinen zu seinen Glückstagen zählt, daß ihm dann fast alles gelingt, daß er mehr erreicht als sonst. Auch Unternehmungen, die für einen Freitag geplant werden, lohnen sich im allgemeinen. Besprechungen haben einen guten Ausgang; Ausflüge machen Spaß; neue Begegnungen erweisen sich als Freundschaften, die oft ein Leben lang halten.

Während die Stier-Menschen der ersten Dekade noch den Elften eines jeweiligen Monats als Glückstag für sich verbuchen können, sind es für die Vertreter der zweiten Dekade jeweils der

Vierte und Neunte eines Monats, für die der dritten meistens der 22. und der 27. eines jeden Monats.

Ausgesprochene Glückstage für alle Stier-Geborene: Der 4. Januar, der 15. Februar, der 6. März, der 18. April, der 28. Mai, der 13. und 14. Juni, der 30. Juli, der 7. August, der 19. September, der 22. Oktober, der 1. November und der 27. Dezember.

Glückszahlen der Stier-Menschen

Haben Sie schon einmal an dem 8. eines Monats gewettet und diese Wette gewonnen? Oder haben Sie bei einem Spiel schon einmal auf die Acht gesetzt und ebenfalls den Sieg nach Hause getragen? Wissen Sie immer noch nicht, daß die Acht Ihre Glückszahl ist? Und zwar auch in Kombination mit anderen Zahlen.

Glückszahlen sind kein Zufall. Sie ergeben sich aus der Konstellation der Sterne, aus Ihrem Geburtsdatum sowie aus Ihrer Geburtsminute.

Die Stier-Menschen der ersten Dekade haben außer der Acht als Einzelziffer die Neun und die Fünfzehn zur Glückszahl. Bei Kombinationen erweisen sich 3-30-45 als günstig, ferner 5-10-21. Die Stier-Menschen der zweiten Dekade sollten auf die Einzelziffern 19 und 24 setzen und als Kombinationen vor allem 20-56-77 wählen. Die Stier-Menschen der dritten Dekade fahren gut mit den Einzelziffern 11 und 33 und haben mit den Kombinationen 17-18-31 sowie 48-64-99 viel Erfolg.

Übrigens gibt es auch Glückszahlen, die Sie mit den Vertretern anderer Tierkreiszeichen gemeinsam haben und die daher beachtet werden sollten, falls Sie mit einem entsprechenden Partner liiert oder verheiratet sind. Die Glückszahl ist für Stier und Widder 5; für Stier und Stier 8; für Stier und Zwilling 1; für Stier und Krebs 14; für Stier und Löwe 21; für Stier und Jungfrau 55; für Stier und Waage 6; für Stier und Skorpion 9; für Stier und Schütze 77; für Stier und Steinbock 2; für Stier und Wassermann 26 und für Stier und Fische 52.

Glückssteine und Glücksfarben der Stier-Menschen

Die grüne Farbe liegt dem Stier-Geborenen. Dieses Grün kann jedoch schaden, wenn man es zu stark bevorzugt und in den ganz dunklen Tönen wählt. Grün ist in den hellen Schattierungen eine heitere Farbe. Darüber hinaus wirkt Grün beruhigend, so daß impulsive Taten dann ausbleiben, solange der Stier-Typ mäßig bleibt. Grün ist die Farbe der Sicherheit. Aber man soll diese Sicherheit nicht übertreiben. Grün kann beruhigen und einschläfern, kann aber auch wie eine liebliche Musik und wie ein wunderschönes leichtes Parfüm wirken. Und das gilt vor allem für die zarten Schattierungen, für oliv- und lindgrüne Töne.

Allgemein lieben die Stier-Geborenen starke, ungebrochene Farben: Außer Grün noch Rot, Blau und Gelb. In der heutigen hektischen Zeit brauchen aber auch sie beruhigende Farbwirkungen. Wählen Sie also nach Möglichkeit gebrochene Tönungen und Pastellfarben. Wohltuend für Ihre Seelenverfassung und damit auch für Ihre Gesundheit dürften sein: reines Weiß, Rosé, Bleu, Elfenbein, Lindgrün und wasserhelles Blau.

Ihre Edelsteine und Glückssteine sind: orangefarbener Karneol und Rosenquarz. Auch die Koralle und der Bernstein werden von manchen Stier-Typen geliebt. Gold- und Platinfassungen sind wirkungsvoll. Imitationen, selbst die besten, passen nicht zu Ihrem natürlichen Typ.

Trotzdem dürfen blutjunge Stier-Geborene durchaus frechen Modeschmuck tragen. Sie müssen nur darauf achten, daß dabei nicht übertrieben wird und daß die Farbabstimmungen harmonisieren. Auch hier gilt: Grüner Modeschmuck ist besonders wirkungsvoll.

ZWILLINGE

(21. Mai bis 21. Juni)

Die starken und schwachen Seiten des Zwillinge-Menschen

Die Zwillinge-Geborenen gehören zu den liebenswürdigsten Menschen, das steht fest. Sieht man von den ziemlich seltenen Fällen ab, in denen das Wurzelhoroskop besonders ungünstige Einflüsse aufweist, überwiegen im Wesen der Zwillinge-Menschen die sympathischen Züge.

Den vorwiegend fröhlichen und optimistischen Vertretern des Luftzeichens Zwillinge ist große geistige Regsamkeit gemeinsam, das Streben, ihren Horizont zu erweitern und ständig neue Kenntnisse zu sammeln. Dabei kommt ihnen ihre leichte Auffassungsgabe zustatten, ihr gutes Gedächtnis und ihre Anpassungsfähigkeit. Auch der Sinn für das Praktische ist meist stark entwickelt, und so fällt es Zwillinge-Geborenen in der Regel nicht schwer, sich im Leben zurechtzufinden. Ihnen gelingt fast alles, was sie anpacken.

Freilich – diese an sich so begrüßenswerten Eigenschaften sind auch mit einer gewissen Gefahr verbunden, die nicht verschwiegen werden darf: Die Gefahr liegt darin, daß Zwillinge, eben ihrer Vielseitigkeit wegen, ihre Kräfte verzetteln, heute dies und morgen das versuchen, sich zersplittern, statt ausdauernd und zielbewußt in eine einzige Richtung zu streben.

Schnell begeistert, wie so ein Zwillinge-Typ nun einmal ist, greift er jede neue Anregung auf – und vergißt darüber hinaus, was ihn zuvor interessierte. Er ist rasch „Feuer und Flamme" und auch rasch wieder abgekühlt.

Man kann so ein Verhalten natürlich Wankelmütigkeit nennen. Strenge Kritiker tun das immer wieder und bezeichnen Zwillinge-Menschen als oberflächlich und unverläßlich. Auf einige trifft das zu – doch beileibe nicht auf alle. Es gibt nämlich auch sehr zuverlässige, ernste und strebsame Zwillinge-Menschen – diejenigen, die rechtzeitig die Gefahren erkennen, die in ihrem Wesen liegen, und erfolgreich dagegen ankämpfen. Sie bleiben natürlich geistig rege, vielseitig und können die Ruhelosigkeit ihres Zeichens nicht verleugnen, doch sie kontrollieren ihr Verhalten, lassen ihrer Freude an der Abwechslung dort die Zügel schießen, wo sie es für ungefährlich halten, und versuchen im übrigen, einen zumindest einigermaßen klaren Kurs zu steuern.

Die erwähnte Ruhelosigkeit ist bei den Geborenen des Zwillinge-Zeichens ausnahmslos festzustellen. Stimmungsschwankungen und nervöse Reizbarkeit können sich störend bemerkbar machen. Falsch behandelt, zeigt sich der Zwilling rasch aufgebracht und verstimmt, ist aber im Durchschnitt nicht nachtragend, sondern findet ebenso schnell wieder in sein Gleichgewicht zurück.

Ausgesprochen „böse" oder charakterlich defekt sind Zwillinge-Menschen fast nie. Es kann sein, daß sie mehr versprechen, als sie halten, doch als „mildernden Umstand" muß man ihnen zubilligen, daß sie nicht auf Täuschung oder das Erschleichen von Vorteilen zielen. Sie sind lediglich zu impulsiv, zu unüberlegt. Und sie sind vergeßlich. Die Vergeßlichkeit gehört zu den vielen kleinen Schwächen dieser Typen.

Auf der Plusseite muß die Wendigkeit der Zwillinge-Geborenen vermerkt werden. Wenn ein Zwilling etwas nicht ist, dann starrrköpfig. Und das gereicht ihm zweifellos oft zum Vorteil. Wenn er sieht, daß eine Taktik nicht zum Ziel führt, dann ändert er sie. Wenn sich herausstellt, daß ein Projekt sich nicht erfolgversprechend entwickelt, dann zieht er sich davon zurück und versucht etwas anderes. Es mag sein, daß er – ungeduldig wie er ist – hin und wieder einmal zu früh aufgibt. Doch meist verhält es sich so, daß er, weil er eben viel probiert, doch früher oder später auf die richtige Spur kommt und Erfolg hat.

Typisch für den Zwillinge-Typ ist, daß er trachtet, einen Platz auf der Sonnenseite des Lebens zu erobern. Um das zu erreichen, hilft er nach, indem er sich bemüht, Schwierigkeiten, die vermeidbar sind, aus dem Wege zu gehen. Es gibt genug Probleme, mit denen man sich gezwungenermaßen auseinandersetzen muß, so meint er; folglich wäre es höchst unvernünftig, sich selbst noch zusätzlich welche zu verschaffen, ohne daß man dazu gezwungen ist.

Zwillinge-Menschen lieben harmonische Verhältnisse, Fröhlichkeit, Unbeschwertheit, alles, was schön ist, den Alltag erhellt und die Pulse schneller schlagen läßt. Es liegt ihnen völlig fern, sich selbst „einen Mühlstein um den Hals zu hängen" – also zum Beispiel, sich in eine hoffnungslose Liebe hineinzusteigern, sich an einen Menschen zu binden, der ihnen Schmerz und Sorge bereitet.

Im Leben der Zwillinge-Menschen herrscht meist viel Bewegung. Typisch sind häufige Änderungen des Wohnsitzes, auch Ortsveränderungen über große Distanz, die keineswegs als störend, sondern eher als willkommene Abwechslung empfunden werden. Das Sprachentalent dieser Menschen hilft ihnen, sich auch in fernen Ländern meist rasch einzugewöhnen, einen neuen Freundeskreis zu finden und gewissermaßen in der ganzen Welt daheim zu sein.

Wie steht es mit dem Egoismus, der den Zwillingen immer wieder vorgeworfen wird? Er äußert sich meist in der Weise, daß die eigene Bequemlichkeit, das eigene Wohlbefinden und Vergnügen Vorrang genießen. Wie die meisten Schwächen und Fehler der Zwillinge-Menschen, so ist auch ihr Egoismus meist liebenswürdig „verpackt" und im Grunde genommen verzeihlich, vor allem, wenn er nicht in allzu krasser Form auftritt. Schließlich gibt es auch im Kreis der übrigen Sternzeichen Egoisten in beträchtlicher Zahl und sogar noch weit unangenehmere.

Sie sind geborene Lebenskünstler, diese Zwillinge! Irgendwie schaffen sie es auch unter widrigen Umständen, sich das Leben so einzurichten, daß sie nicht zu kurz kommen.

Die Kontaktbereitschaft ist in diesem Zeichen überdurchschnittlich groß. Echte Zwillinge halten es nicht lange aus, allein zu sein. Sie brauchen Geselligkeit, das Gespräch, den Gedankenaustausch. Was immer sie gerade beschäftigt oder bewegt – sie wollen sofort darüber sprechen.

Sie sind aber auch gute Zuhörer. Das hängt wohl mit ihrer Aufgeschlossenheit und Interessiertheit zusammen. Sie lassen sich gerne die Schicksale und Erfahrungen anderer Menschen mitteilen – sind teilnehmend, meist auch bereit, Rat und Hilfe zu spenden; letzteres vor allem dann, wenn es sich leicht machen läßt und ihnen keine Unannehmlichkeiten bereitet. Niemals sind sie kalt und gleichgültig. Niemals freilich lassen sie sich zu etwas zwingen, das ihnen im Innersten widerstrebt. Man kann sie nicht ändern. Man muß sie nehmen wie sie sind – und im Grunde genommen sind sie recht liebenswert. Sofern man bereit ist, Nachsicht mit ihnen zu üben.

Der Zwillinge-Mensch hat manches mit dem Wassermann-Typ gemeinsam, und das ist kein Wunder, werden doch beide Zeichen zu den sogenannten Luftzeichen gezählt. Merkur ist der Regent des Zwillinge-Zeichens, und sein zumeist positiver Einfluß tritt in der ersten Dekade (also bei den Maigeborenen) am stärksten in Erscheinung. Die Geborenen der zweiten Dekade gelten als besonders liebenswürdig, was wiederum der Venus zugeschrieben wird, die in diesem Abschnitt Unterregent ist. In der dritten Dekade hingegen (11. bis 21. Juni) ist Uranus der Unterregent.

Zwillinge-Menschen haben oft ein ziemlich unruhiges Leben, und das hängt mit ihrem unruhigen Naturell zusammen. Der echte Zwilling ist nämlich in hohem Grad unternehmungslustig, lebhaft, vielseitig interessiert, kontaktfreudig, aufgeschlossen und eindeutig positiv orientiert.

Lebensfreude und Lebenslust werden in diesem Zeichen groß geschrieben, Betrübliches und schlechte Erfahrungen werden gerne verdrängt.

Dieser Typ läßt sich nur ungern Lasten aufbürden, erledigt seine Pflichten meist flink und bisweilen auch oberflächlich, um möglichst viel Zeit für jene Dinge zu erübrigen, die Freude machen.

Zwillinge-Menschen können zwar fleißig sein, sie werden Spitzenleistungen aber meist nur kurzfristig erbringen. Typisch für sie ist, daß sie unangenehme Arbeiten so lange aufschieben, wie es nur irgendwie möglich ist. Dann stürzen sie im letzten Augenblick darauf, arbeiten eine Zeitlang wie wild und schaffen es gerade noch, einen vereinbarten Termin zu halten.

Man kann sie nicht unbedingt als unverläßlich bezeichnen, doch Musterbeispiele für Zähigkeit und Ausdauer sind sie keinesfalls.

Je abwechslungsreicher eine Tätigkeit ist, desto mehr wird sie vom Zwillinge-Typ geschätzt, denn ihm ist nichts so verhaßt wie Eintönigkeit und Langeweile. Gerät er in einen Beruf, der seiner Veranlagung nicht entspricht, dann wird er einen Wechsel anstreben oder aber nur bescheidene Leistungen erbringen. Der Wille zum Durchhalten und Durchbeißen ist nicht allzu stark.

Erziehung der Zwillinge-Kinder

Zwillinge-Kinder – von Natur aus lebhaft, unternehmungslustig, ein wenig leichtsinnig, mitunter unkonzentriert und zappelig – brauchen im Elternhaus einen besonders starken Halt, um sich nicht schon als Winzlinge hoffnungslos zu verzetteln. Ihnen muß früh beigebracht werden – und das bedeutet in diesem Falle: bereits im Kindergartenalter –, daß eine Sache abgeschlossen sein muß, ehe eine neue begonnen wird. Dabei darf der Zwillinge-Junge oder das Zwillinge-Mädchen aber nicht kritisiert oder gar ausgelacht werden, wenn er/es sich innerhalb weniger Minuten für so viele verschiedene Dinge interessiert. Das Kind braucht konsequente, aber liebevolle Führung, denn Vater und Mutter dürfen bei ihrer Erziehung nicht vergessen, daß sie genaugenommen versuchen, es gegen seine ureigenste Natur handeln zu lassen.

Kleine Zwillinge sind nicht nur gute Beobachter, sondern auch clevere Zuhörer. Das heißt, wenn man sie ganz woanders vermutet, sitzen sie vielleicht unter dem Tisch und lauschen angespannt jedem Wort der Erwachsenen, vor allem natürlich, wenn von ihnen selbst die Rede ist. Tatsächlich schnappt das Kind dann hier und da einen Brocken auf und schafft sich daraus seine eigene skurrile Vorstellung, ohne daß die Erwachsenen davon eine Ahnung haben.

Eine erstaunliche Frühreife, und zwar sowohl auf sexuellem als auch auf intellektuellem Gebiet, ist ein wesentliches Kennzeichen der Kinder dieses Tierkreiszeichens, vor allem, wenn sie zu lange und zu ausschließlich im Kreise von Erwachsenen gelebt haben.

Der Umgang mit gleichaltrigen Gefährten ist deshalb schon im Vorschulalter für Zwillinge-Kinder von entscheidender Bedeutung und der Kindergarten ein geradezu ideales Betätigungsfeld für die kleinen Zwillinge-Jungen und -Mädchen.

Besonderer Führung bedarf das Zwillinge-Kind, das keine Geschwister hat. Es wird leicht zum kleinen Erwachsenen, wenn Vater und Mutter nicht ständig darauf achten, daß es auch Umgang mit Kindern hat. Dabei ist es ratsam, die Spielgefährten in die Wohnung des Zwillinge-Kindes einzuladen, damit dieses lernt, in der Domäne, in der es sonst immer die Hauptrolle spielt, auch mitunter zu teilen oder sogar einmal im Hintergrund zu stehen.

Kommt das Kind in die Schule, muß man feststellen, daß es zwar schnell und gut lernt, aber infolge seiner mangelnden Konzentrationsfähigkeit nicht gerade eine Freude für alle Lehrer ist. Hier hilft nur eine wirklich eiserne Disziplin, um das Kind gleich von Anfang an daran zu gewöhnen, seine Aufmerksamkeit dem gerade behandelten Gegenstand und nicht allen möglichen reizvollen Zufälligkeiten zuzuwenden.

Im allgemeinen kommen Lehrer und Zwillinge-Schüler gut miteinander aus, wenn der Pädagoge es schafft, das so rasch erlahmende Interesse der kleinen Zwillinge immer wieder aufs neue zu entfachen, und wenn er statt zu groben Tadeln lieber zum Lob greift, um sie bei der Stange zu halten. Zwillinge sonnen sich gern in ihrem eigenen Erfolg; wenn man sie preist, können sie mitunter über sich selbst hinauswachsen – nur, um ein weiteres Lob einzuheimsen.

Umsichtige Eltern werden immer darauf achten, daß ihre Zwillinge-Kinder ausgleichenden Sport betreiben, in erster Linie radfahren und regelmäßig zum Schwimmen gehen. Dadurch läßt sich gleichzeitig vermeiden, daß die Zwillinge zu Stubenhockern und Leseratten werden, denn dazu neigen sie von Natur aus.

In diesem Zusammenhang muß auch erwähnt werden, daß die Lektüre der Zwillinge von Zeit zu Zeit kontrolliert werden muß. Sie darf nicht ausschließlich aus Abenteuerromanen bestehen, denn über genügend Phantasie verfügen die Zwillinge von selbst.

Weitere Führung braucht der Zwilling, wenn es darum geht, daß er zu einer vernünftigen Zeit ins Bett geht. Läßt man ihn selbst entscheiden, dann dürfte es so manchen Tag Mitternacht werden, ehe die kleinen Zwillinge ins Bett finden. Es stört sie dabei nicht im geringsten, daß sie aus schulischen Gründen am nächsten Morgen schon früh aufstehen müssen. Sie argumentieren dann höchstens: Müde bin ich so oder so. Also kommt es doch gar nicht darauf an, wann ich mich zurückziehe.

Auf Zwang und ein allzu hartes „Du mußt" reagieren Zwillinge-Kinder im allgemeinen recht ungünstig, ja, sie verstehen es, unangenehmen Aufgaben mit viel Geschick und List aus dem Wege zu gehen. Doch lassen sie sich verhältnismäßig leicht überreden und erweisen sich im allgemeinen als außerordentlich hilfsbereit, wenn sie dafür gebührend gelobt werden.

Über die Reifezeit und die damit verbundenen Probleme werden Zwillinge-Kinder verhältnismäßig leicht hinwegkommen, vorausgesetzt, daß man sie über die geschlechtlichen Zusammenhänge nicht zu lange im unklaren läßt. Sonst könnte nämlich geschehen, daß sie sich von ihrer Neugier in Abenteuer hineinlokken lassen, denen sie weder physisch noch psychisch gewachsen sind. Die Fälle, in denen ein halbwüchsiger Jüngling von einer älteren Frau verführt wurde, sind gerade bei Angehörigen dieses Tierkreiszeichens gar nicht so selten, wie man annehmen möchte, um so mehr, als dem Zwilling nichts so sehr imponiert wie überlegene Erfahrung.

Da Zwillinge-Kinder im allgemeinen den Gefahren der Verführung leichter erliegen als in anderen Tierkreiszeichen geborene Kinder, wird es zweckmäßig sein, wenn die Eltern ihren Umgang unauffällig im Auge behalten, um auf diese Weise zu kontrollieren, welchen Einflüssen die jungen Leute im wesentlichen ausgesetzt sind, und nötigenfalls sogar ein Machtwort zu sprechen. Die Neugier und Beeinflußbarkeit der jungen Zwillinge könnte sie sonst in Situationen geraten lassen, denen sie keineswegs gewachsen sind.

Ein Zwillinge-Kind braucht zweierlei notwendig: eine möglichst ruhige, gut geordnete Familienatmosphäre. „Schlüsselkinder" dieses Typs sind besonders den Gefahren der Straße ausgesetzt und davon gefährdet. Ein Zwillinge-Kind braucht Eltern, die nicht nur für sein leibliches Wohl sorgen, sondern die ihm auch seelische und geistige Anregung und feinsinnige Lenkung geben. Der Wissensdurst ist sehr groß.

Hier sind die „Bücherratten" zu Hause, und hier ist Lenkung wichtig.

Das Zwillinge-Mädchen sollte sich in der Regel nicht zu früh für die Ehe binden, denn erfahrungsgemäß ist es sehr „neugierig auf das Leben". Es muß erst gewisse Erfahrungen machen, Vergleiche ziehen können, genug Menschen kennengelernt haben, um sich dann mit den Aufgaben im kleinen Intimkreis zufriedenzugeben.

Trotzdem wird eine echte Zwillinge-Frau bis ins hohe Alter hinein sich den regen jugendlichen Geist und ihre temperamentvolle Unternehmungslust bewahren. Gefahren sind in einer gewissen Neigung zur Zersplitterung der Kräfte, im unentschiedenen, etwas unzuverlässigen Verhalten und der durch viel Unruhe bedingten Nervosität zu sehen. Damit kann sie – wenn sie nicht klug und rechtzeitig vernunftgemäß von Vater und Mutter gesteuert wurde – oftmals die Harmonie in der Ehe und Familie gefährden.

Das Zwillinge-Mädchen braucht einen verständnisvollen, angenehm-ruhigen, recht vielseitig interessierten Partner, der gewillt ist, ihre kleinen „Unebenheiten", die meistens auf überreizten Nerven basieren, auszugleichen.

Junge Zwillinge-Paare sollten ein Hobby pflegen: Reisen mit Fotoapparat und Campingzelt etwa macht gewöhnlich allen Zwillingen viel Spaß. Auch gemeinsame Ausübung eines leichten Sports (Leichtathletik, Tennis, Skifahren) fördert die gegenseitige Anhänglichkeit.

Für die berufliche Fortbildung sollte die meist gute Sprachenbegabung genützt werden. Der Beruf ist für die ganz junge Zwillinge-Frau fast noch die bessere Chance als die Ehe. Sie braucht viel Beweglichkeit und Anregung. Sitzende, einseitige Tätigkeit verträgt sie nicht so gut. Ihre Möglichkeiten reichen von der gewandten Sekretärin und Verkäuferin bis zur Fotografin und der Reporterin, von der Vertreterin, die viel unterwegs ist, bis zur Empfangsdame. In akademischen Berufen wird häufig Medizin studiert.

Vieles, was für das Zwillinge-Mädchen gilt, kann ohne weiteres auf den Zwillinge-Junge übertragen werden – sei das in bezug auf

Wesen und Charakter oder auf Fähigkeiten, Talente und Berufsbegabungen. Denn ausgesprochene „männlich harte Ecken und Kanten" zeigt der junge Zwillinge-Mann nicht. Er ist in hervorragendem Maße anpassungsfähig, wendig, vielseitig.

Der Zwillinge-Mensch als Freund

Der Zwillinge-Mensch ist außerordentlich kontaktfreudig, ja man könnte sogar sagen, kontaktbedürftig, ohne sich allerdings zu fest zu verstricken. Er hat keinerlei Scheu, immer wieder neue und möglichst zahlreiche Bindungen verschiedenster Art einzugehen, und er beginnt jede mit der optimistischen Überzeugung, daß sie sich erfreulich gestalten lassen müsse. Ebenso steht für ihn von Anfang an fest, daß er sich auch von der erfreulichsten nicht völlig in Anspruch nehmen lassen wird. Ähnlich wie in der Liebe bejaht er auch in der Freundschaft vor allem jene Bindungen, die ihn nicht daran hindern, sein Leben ganz nach eigenem Geschmack zu führen.

Meist verhält es sich so, daß Sternzeichen, in denen sich mit erhöhter Wahrscheinlichkeit die passenden Liebespartner finden lassen, auch die meisten Freunde „liefern". Hinzu kommen jene Zeichen, deren Vertreter nur mit Einschränkungen als Liebespartner zu bejahen sind, also die Mittelgruppe. Übrig bleiben dann jene mit überwiegend negativen Vergleichswerten. In ihnen ist die Auswahl von Partnern sowohl für die Liebe als auch für die Freundschaft minimal.

Freundschaft wird also mit großer Sicherheit dort entstehen können, wo auch – bei vermehrten Glücksvorzeichen – Liebe zu gedeihen vermag, weiter dort, wo Liebesglück nur um weniges verfehlt wird, an gegenseitigen Sympathien aber nicht gezweifelt werden kann. Auszuklammern sind lediglich jene sogenannten Liebesbeziehungen, in denen es nicht eigentlich um Liebe, sondern eindeutig um Sex und sonst nichts geht. Diese reinen Sexbindungen können nämlich auch Menschen vorübergehend aneinander fesseln, die keinerlei freundschaftliche Empfindungen füreinander hegen.

Zwillinge-Freundschaften mit Waage- und Wassermann-Geborenen sind eindeutig positiv aspektiert. In den zweiten, den erweiterten Kreis fallen Krebs-, Löwe-, Schütze-, Steinbock-, Widder- und Stier-Geborene – und die relativ geringsten Aussichten bestehen für Freundschaften mit Jungfrau-, Skorpion- und Fische-Geborenen. Nachzutragen wäre noch die Freundschaft zwischen Zwilling und Zwilling, die ebenfalls günstig beurteilt werden kann, jedenfalls weit günstiger als Liebe zwischen zwei anderen Vertretern desselben Zeichens.

Bei einem echten Zwilling kann es freilich immer Überraschungen geben, und somit ist in diesem Zeichen die Möglichkeit größer als in anderen, daß sich so ein eigenwilliger Zwilling über alle Regeln hinwegsetzt und die Ausnahmen zur Regel macht, daß er sich also mit Sternzeichen-Vertretern anfreundet, die ihm eigentlich zutiefst fremd sein müßten.

Die Abneigung der Zwillinge gegenüber allem von vornherein Festgelegten findet auch in den Freundschaftsbeziehungen ihren Niederschlag, und zwar auf verschiedene Weise.

Der Zwillinge-Mensch ist beispielsweise nicht dafür zu haben, bestimmte Tage für das Treffen mit Freunden festzulegen. Er wird zeitweise sehr oft von sich hören lassen und dann wieder gar nichts. Wer dies als Gradmesser für Zunahme oder Abnahme von Freundschaftsgefühlen heranzieht, begeht oft einen Trugschluß. Vielleicht darf man gerade in der Unbekümmertheit, die der Zwillinge-Typ im Umgang mit Freunden an den Tag legt und die leicht mißdeutet werden kann, einen Beweis dafür sehen, wie groß sein Vertrauen zur Dauerhaftigkeit und Bruchsicherheit echter Freundschaft ist.

Wenn der Zwillinge-Typ die Ansicht vertritt, Verbundenheit brauche sich nicht in ständigem „Aneinanderkleben" zu äußern, ist dem schwer zu widersprechen. Freundschaft soll, so meint der Zwilling, das Leben bereichern und den Horizont erweitern. In diesem Sinn sei es vorteilhaft, immer wieder auszuschwärmen, getrennt voneinander Erlebnisse zu sammeln und die dann auszutauschen. Das bringe beiden Seiten Gewinn.

Obwohl diese Argumente nicht von der Hand zu weisen sind, wird den Zwillingen immer wieder vorgeworfen, sie haben eine zu bequeme, lockere und oberflächliche Einstellung zur Freundschaft. In manchen Fällen mag das stimmen, doch es gibt zahllose Beispiele für Zwillinge-Freundschaften, die ein Leben lang dauern und tatsächlich beide Partner bereichern.

Berufe, die sich für Zwillinge-Menschen eignen

Zwillinge-Menschen verkörpern den sogenannten mitdenkenden Arbeitstyp, der oft mit neuen Ideen und Verbesserungsvorschlägen aufwartet. Sie sind nicht die geduldigen, braven Arbeitsmaschinen, die ihr Pensum erledigen, ohne innerlich beteiligt zu sein. Tag für Tag wie ein Automat stets Gleichbleibendes zu produzieren ist ihnen verhaßt, unvorstellbar.

Entscheidungen fällt der Zwillinge-Mensch in der Regel impulsiv, bereut sie mitunter, findet schließlich aber doch immer wieder einen Ausweg – auch aus Situationen, die Außenstehende als gründlich verfahren betrachten.

Da bei aller Vielseitigkeit der Interessen, die für die Vertreter dieses Zeichens typisch ist, doch eine Art Schwerpunktbildung eintritt, ergeben sich naturgemäß Unterschiede, nicht zuletzt dadurch, daß bei einem Teil das manuelle Geschick, bei einem anderen die geistigen Kräfte überwiegen. Künstlerisches Empfinden ist häufig anzutreffen, und auch „Mischtypen" sind gerade in diesem Zeichen häufig.

Eines kann man der überwiegenden Mehrzahl der Zwillinge-Geborenen bescheinigen: daß sie „helle Köpfe" haben, flink im Kombinieren sind und oft auch eine Portion Schlauheit mit auf den Weg bekommen haben.

Welches sind nun Berufe, in denen ein Zwilling die ihm verliehenen Gaben am besten nützen kann? Welche Berufe kommen seinen Wünschen nach Abwechslung entgegen?

Zwillinge-Menschen sind sehr kontaktfreudig, anpassungsfähig und liebenswürdig im Umgang. Sie sind demnach dort am Platz, wo es gilt, Kontakte herzustellen und zu pflegen. Solche Kontaktpersonen werden in vielen Branchen gebraucht. Im Wirtschaftsleben bedienen sich Firmen und Organisationen ihrer, um Verhandlungen zu führen, neue Märkte zu sondieren und zu erschließen, Auslandsverbindungen zu pflegen usw.

Zwillinge-Männer geben tüchtige Vertreter ab, höchst agile Manager, geschickte Werbefachleute. Sie haben es sozusagen im kleinen Finger, wie man ein Produkt verpacken muß, um es gut zu verkaufen – wobei „verpacken" sowohl gegenständlich als auch im übertragenen Sinn zu verstehen ist. Der Zwilling verkörpert zum Beispiel auch jenen Verkäufertyp, der Kunden gern in nette Gespräche verwickelt und mit allen möglichen psychologischen Tricks arbeitet. Er versteht es, den Eindruck zu erwecken, als sei er persönlich in höchstem Maß an der Zufriedenheit der Kunden interessiert. Er berät, plaudert, macht Komplimente, redet und ... überredet auf charmante Weise. Dies trifft übrigens auch auf weibliche Zwillinge-Geborene zu, die etwa in der Modebranche, in einem Kosmetik- oder Frisiersalon oder in einem Parfümeriegeschäft arbeiten. Auch diese Mädchen beweisen in der Regel viel Geschick und Fingerspitzengefühl im Umgang mit den Kunden, finden schnell deren schwache Seiten heraus und verstehen, jeden einzelnen individuell zu behandeln.

Richtig am Platz sind Zwillinge-Geborene fast immer in Fremdenverkehrsbetrieben. Die überdurchschnittliche Sprachbegabung des Zwillinge-Typs fällt gerade in dieser Branche sehr ins Gewicht. Ob in einem Hotel (als Empfangschef, Sekretärin zum Beispiel), in einem Reisebüro, am Schalter einer internationalen Fluglinie, als Ground-Hostess, Stewardeß, als Reiseleiter oder Fremdenführer – in diesem Rahmen gibt es zahllose Möglichkeiten für Zwillinge-Geborene, ihre Begabungen zu nützen und außerdem selbst „auf ihre Rechnung zu kommen", denn da haben sie Abwechslung in Hülle und Fülle, Kontakt mit der weiten, bunten Welt.

Der Zwilling als Arbeitgeber

Der Durchschnitts-Zwilling verfügt über das Talent, sich oberflächlich auf allen möglichen Gebieten ein gewisses Standardwissen anzueignen, ohne sich dabei zu spezialisieren. Das erschwert naturgemäß eine erwünschte Karriere. Hinzu kommt, daß es ihm schwerfällt, sich über einen längeren Zeitraum auf ein bestimmtes Gebiet oder eine bestimmte Arbeit zu konzentrieren. Alle Beschäftigungen, die nach Routine riechen, sind ihm von vornherein verhaßt.

Andererseits gibt es eine ganze Reihe von Berufen, in denen die Wendigkeit und Geschicklichkeit des Zwillings angebracht sind. Dazu gehören zum Beispiel der Journalismus, die Literatur, die Sprachforschung sowie die Reiseleitung. Überhaupt sind Arbeiten, die mit Reisen verbunden sind, den Zwillingen auf den Leib geschrieben. Deswegen machen sie auch eine außerordentlich gute Figur, wenn sie als Handelsreisende oder Vertreter unterwegs sind. Auf Kongressen brillieren sie, als Redner sind sie schier unschlagbar. Auch als Politiker können sie sich im allgemeinen hervorragend behaupten. Schreibtischaufgaben sind dagegen nichts für sie, jedenfalls dann nicht, wenn sie nicht jeden Tag mit einem neuen Problem konfrontiert werden.

Hat der Zwilling aber Erfolg gehabt und konnte er sich zum Arbeitgeber emporarbeiten, dann kommen eine ganze Reihe von guten Eigenschaften zum Vorschein. Er ist mit seinen Untergebenen freundlich, zeigt Humor und Verständnis und interessiert sich auch für die privaten Belange seiner Angestellten. Ganz bewußt wird er es vermeiden, den Boß hervorzukehren.

Trotzdem kann man sich in dem so scheinbar freundlichen Zwillinge-Boß täuschen. Ist man nämlich dazu verdonnert, unter seiner unmittelbaren Fuchtel zu arbeiten, dann wird man entsetzt erkennen, daß dieser Mann tausend Kleinigkeiten auf seinem Schreibtisch herumliegen hat – alles unerledigte Kleinigkeiten. Seine Lösung: Er delegiert sie. Und wenn man ihm gegenübersitzt, ist man der Leidtragende: Man kriegt lauter Details auf den Schreibtisch, die der Chef hätte längst erledigen können, wenn er in der Lage gewesen wäre, sich lange genug auf diese Dinge zu konzentrieren.

Und noch etwas ist schwierig: Der Zwilling geht davon aus, daß er mindestens an zwei Stellen gleichzeitig sein kann. Natürlich kann er das nicht. Überall in seinem Büro liegen Vorgänge, um die eigentlich nur er sich richtig kümmern kann. Mit anderen

Worten: Es fehlt ihm schnell der Überblick, wenn nicht seine Angestellten dafür sorgen, daß er angefangene Arbeiten auch zu Ende führt. Tun sie es nicht, fällt es auf sie zurück. Sie müssen dann nämlich Dinge beenden, zu denen sie eigentlich gar nicht fähig sind.

Aber man muß den Zwillinge-Boß auch loben. Nicht nur, daß er für ein hervorragendes Betriebsklima sorgt. Nein, er kann auch so manches Mal einen regelrechten Arbeitsrappel kriegen. Und dann kümmert er sich um alles, was liegengeblieben ist, tatsächlich selbst. Leider kommt ein solcher Anfall nicht besonders häufig. Ist er aber erst einmal eingetreten, dann kann dieser Arbeitgeber in der kürzesten Zeit tatsächlich wieder so etwas wie eine überschaubare Ordnung herstellen.

An solchen Tagen – und dafür muß man eben Verständnis haben – konzentriert er sich wirklich. Er weigert sich, das Telefon abzunehmen, und ist kurz und bündig in seinen Antworten, wenn man ihn jetzt anspricht. Ein guter Tip: Wenn die Arbeitswut einen Zwilling packt, sollte man ihn möglichst in Ruhe lassen. Der Zwillinge-Arbeitgeber braucht eine gute Sekretärin. Sie muß dafür sorgen, daß er seine Termine einhält, und ihn immer wieder daran erinnern. Manchmal, wenn er zum Wirbelwind wird, muß sie ihn wieder beruhigen. Und sie muß die vielen kleinen Fehlerchen, zu denen er neigt – meistens Flüchtigkeitsfehler –, unaufgefordert wieder in Ordnung bringen.

Der Zwilling als Angestellter

Über den Zwillinge-Angestellten amüsieren sich die meisten anderen, die ihn beobachten. Er bietet ein ganz charakteristisches Bild. Mit der größten Geschwindigkeit saust er durch das Büro, hat beide Hände voll zu tun, hat immer gleichzeitig zwei Dinge, die er erledigen muß, und tut ständig so, als sei dies der letzte Arbeitstag überhaupt. Man sollte jedoch nicht lachen. Der am richtigen Platz eingesetzte Zwillinge-Angestellte schafft tatsächlich an einem Tag mehr als so mancher andere in einer Woche.

Nur der weniger intelligente Zwilling oder jener, der eine Position bekleidet, die ihm ganz und gar nicht liegt, läuft wie ein Wirbelwind herum, ohne wirklich etwas zu erledigen. Er braucht Mitarbeiter, die all jene Dinge, die er angefangen und nicht zu Ende geführt hat, in die Hand nehmen.

Von Natur aus ist der Zwillinge-Angestellte voller Enthusiasmus, Energie und Zielstrebigkeit. Das Paradoxe ist jedoch: In dem Moment, da sich zeitlicher Druck hinzugesellt, schlagen diese drei Eigenschaften oft ins Gegenteil um. Jetzt ist der Zwillinge-Angestellte eher lethargisch, unentschlossen und träge. Ratsam ist daher: Man läßt ihn weitgehend allein und in Ruhe. Dann findet er die für ihn adäquate Geschwindigkeit und ist gleichzeitig gezwungen, ein gewisses System in seine Arbeit zu bringen.

Der Zwilling braucht eine ständige geistige Stimulation und immer neue Anregungen, um sein gesamtes Arbeitspotential ausschöpfen zu können. Nur selten wird man ihn in einem Job finden, in dem ein Tag wie der andere aussieht. Routine langweilt ihn und führt dazu, daß er sich nicht voll einsetzt. Da er normalerweise glaubt, etwas Besonderes zu sein, wagt er sich an manuelle Jobs, an Handwerkerberufe, häufig auch nicht so gern heran. Zu Verwirrungen kommt es in seiner Umgebung häufig. Das liegt in erster Linie daran, daß er einfach nicht anders kann, als mit allen weiblichen Angestellten einen Flirt anzufangen. Das wiederum behindert ihn dann in seiner Arbeit. Andererseits kann es aber auch belebend wirken, und zwar nicht nur für ihn selbst, sondern auch für seine Mitarbeiterinnen. In einem Team macht sich ein Zwilling immer gut. Sein wacher Verstand erlaubt es ihm, ein Problem von allen Seiten zu beleuchten und ohne Vorurteile die richtige Lösung zu finden. In Diskussionen ist er hervorragend, weil er alle Aspekte zur Debatte stellt. Gerade dann kann er sich den Respekt seiner Kollegen am besten erarbeiten.

Der echte Zwilling hat einen unstillbaren Hunger nach Wissen, der ihn zu Forschungsarbeiten prädestiniert.

Als Angestellter gerät der Zwilling mit seinem Vorgesetzten nicht selten in Konflikt. Er ist ungeduldig und mitunter auch voller Eifer und kann mit einem langsamen Chef nichts anfangen. In seiner Schnelligkeit will er Antworten vorwegnehmen und immer selbst Pläne schmieden. Er kann nicht abwarten, bis er von oben Anweisungen erhält. Diese Voreiligkeit wird ihm häufig zum Vorwurf gemacht.

Die Partnerin des Zwillinge-Angestellten ist für seine berufliche Situation wichtig. Sie sollte dafür sorgen, daß dieser Sternzeichen-Vertreter ein einigermaßen geordnetes, geregeltes Privatleben hat und daß er sich in seiner Freizeit nicht zu sehr verausgabt. Auch sollte sie ihn hin und wieder daran erinnern, daß er in seiner Arbeit nicht nur einen vorübergehenden Job, sondern eine Aufgabe sehen muß.

Über sich selbst hinauswachsen kann ein Zwillinge-Angestellter vor allen Dingen dann, wenn er einen Waage-Chef, einen Wassermann-Chef oder einen Löwe-Chef hat. Mißverstanden und nicht genug gewürdigt fühlt er sich dagegen unter einem Skorpion, Krebs oder Steinbock.

Diese Gesundheitsregeln sollten Zwillinge-Menschen beachten

Zwillinge-Geborene, die bereit sind, tatkräftig dazu beizutragen, daß die Gesundheit ihnen erhalten bleibt – und wer hätte schließlich diesen Wunsch nicht? –, sollten sich die folgenden Regeln zu Herzen nehmen.

Da der Brustkorb und die Schulterpartie die sogenannte kritische Zone des Körpers der Zwillinge-Menschen bilden (was besagt, daß Krankheiten in diesem Bereich relativ häufig auftreten), sollte immer dort spürbar werdenden Schmerzen erhöhte Beachtung geschenkt werden. Rheumatische Erkrankungen melden sich beim Zwillinge-Typ beispielsweise häufig im Bereich der oberen Brustwirbel der Schulter und Oberarme an. Je früher dann die Behandlung einsetzt, desto aussichtsreicher ist sie – und darin liegt ja der Sinn dieser Hinweise. Ein Verdacht auf Lungen- oder Rippenfellentzündung sollte ebenfalls nicht bagatellisiert werden. Vorsicht kann nie schaden.

Vorsicht ist bei den Augen am Platz. Es besteht eine leicht erhöhte Bereitschaft zu Verletzungen (durch spitze Gegenstände, umherfliegende Späne etc.), und nicht zuletzt ist darauf zu achten, daß die Augen nicht überanstrengt werden. Zwillinge neigen zum Leichtsinn und schaden sich bisweilen selbst. Also: Auf gutes Licht am Arbeitsplatz achten – die Augen nicht durch stundenlanges Lesen im Bett, womöglich bei einer schwachen Leselampe, über Gebühr belasten –, andererseits die Augen vor zu grellem Licht (Schneelandschaft bei Sonnenschein, Scheinwerfer im Filmatelier oder dergleichen) schützen.

Wichtig ist für Zwillinge-Geborene ferner, nach einer geregelten Lebensweise zu trachten, für ausreichenden Schlaf zu sorgen und die Kost leicht und vitaminreich zusammenzustellen.

Viele der unternehmungslustigen, geselligen und geistig regen Zwillinge-Geborenen wollen absolut nicht einsehen, weshalb der Schlaf vor Mitternacht als besonders gesund gepriesen wird. Sie erreichen den Höhepunkt ihrer Lebhaftigkeit meist erst in den späten Abendstunden, schieben das Zubettgehen deshalb immer wieder hinaus und finden dann am nächsten Morgen prompt nicht aus den Federn.

Als Entschuldigung für ihr spätes Zubettgehen führen Zwillinge-Menschen gerne an, daß sie im anderen Fall doch nicht einschlafen können oder nur unruhig schlafen und von Alpträumen gequält werden. Die Erklärung dafür ist meist ein überfüllter Magen. Und was kann man dagegen tun? Ganz einfach: Erstens die letzte Mahlzeit vorverlegen und zweitens Schwerverdauliches abends meiden. Als besonders günstig hat es sich zum Beispiel erwiesen, wenn abends ein Teller mit Suppe gegessen wird. Es geht davon eine beruhigende Wirkung auf die Magennerven aus, das rasche Einschlafen wird gefördert, und dementsprechend kann der nächste Tag ausgeruht begonnen werden.

Wer im Zeichen Zwillinge geboren wurde, hat für Regelmäßigkeit nicht allzuviel übrig, nennt Ordnung gerne Kleinlichkeit und Pedanterie, und so ist es gar nicht verwunderlich, wenn diese Menschen – zum eigenen Schaden – von regelmäßigen Mahlzeiten nicht viel halten. Sie weisen entschuldigend darauf hin, daß ihnen ihr Beruf nicht erlaubt, täglich zur selben Zeit Essenspause zu machen. Das kann in vielen Fällen sogar zutreffen. Zwillinge wählen nämlich ihre Tätigkeit gerne von dem

Gesichtspunkt aus, ob ihnen genügend Abwechslung und Bewegung geboten wird.

Es läßt sich jedoch mit einigem guten Willen so einrichten, daß die drei Mahlzeiten morgens, mittags und abends irgendwie im Programm untergebracht werden. Kleinere Verschiebungen spielen keine Rolle. Ebenso läßt es sich vermeiden, nach einer Zeitspanne, in der man den Magen an kleine Mahlzeiten gewöhnte, plötzlich in das Gegenteil zu verfallen und Riesenportionen zu vertilgen, bloß weil man eben zufällig entsprechend bei Appetit ist. Zwillinge-Geborene lassen sich leider gerne von plötzlichen Eingebungen, Launen – oder wie sonst man es nennen will – leiten und sind dann höchst verwundert, wenn der Organismus nicht im selben Tempo umzuschalten vermag.

Der Zwillinge-Mann und die moderne Partnerschaft

Herr Zwilling ist ähnlich geraten wie die Zwillinge-Frau. Auch er ist überaus charmant, agil, in vielen Sätteln gerecht und bestrebt, sich das Leben so angenehm wie möglich zu machen.

Der Zwillinge-Mann kann ungemein herzlich, kameradschaftlich, hilfsbereit und, summa summarum, „ein feiner Kerl" sein – aber auch launisch und sprunghaft. Diese verschiedenen Eigenschaften treten nicht nur bei den einzelnen Zwillingen in unterschiedlicher Mischung auf, sie können auch bei ein und derselben Person bald stärker, bald schwächer festgestellt werden. Was gerade überwiegt – die freundlichen Seiten des Zwillinge-Wesens oder dessen Schwächen –, das hängt zum Teil von den gerade herrschenden Lebensumständen ab, denn bei „Schönwetter" ist ein Zwilling weitaus umgänglicher und liebenswürdiger als in Sturmzeiten.

Engere Beziehungen zu Zwillinge-Männern, vor allem solche privater Natur, können sich zwar reibungslos gestalten, müssen es aber nicht. Ob und wieweit so ein enger Kontakt – eine Ehe oder ein länger dauerndes Liebesverhältnis – zum Glück oder zur Enttäuschung führt, hängt davon ab, welche Forderungen die Partnerin erhebt, was sie erhofft, nachzusehen bereit ist oder eben nicht „verdauen" kann.

Von einem Zwillinge-Mann darf man zum Beispiel nicht erwarten, daß er sich „an die Kette legen" läßt. Er braucht, auch wenn er sich gebunden hat und wenn ihm diese Bindung durchaus zusagt, das Gefühl, kommen und gehen zu können, wie es ihm beliebt. Natürlich bleibt er desto lieber, je angenehmer ihm dieses Bleiben gemacht wird. Und von gelegentlichen „Ausflügen" kehrt er um so lieber heim, je weniger er zu befürchten hat, daß ihn eine mürrische, gekränkte Frau erwartet.

So eigenwillig mancher Zwillinge-Geborene sich das Leben zu zweit auch einrichtet – man kann diesen Männern nicht rundweg abstreiten, daß sie auch Gerechtigkeitssinn haben. Der Zwillinge-Mann wird also vielleicht ein wenig murren, wenn seine Frau ihrerseits auf eigene Faust etwas unternimmt – mit Freundinnen, Bekannten, Verwandten –, aber schließlich räumt er doch in den meisten Fällen ein, daß er ihr nicht gut verbieten kann, was er für sich gleicherweise in Anspruch nimmt.

Was das Zusammenleben mit Zwillingen unter anderem angenehm macht, ist, daß man bei ihnen ziemlich genau weiß, „was es geschlagen hat". Sie sprechen aus, was sie denken. Ein Zwilling hält nichts von heimlichem Groll oder verdorbener Freude. Mag sein, daß er einfach zu bequem zum Verstellen ist, aber was der Grund auch immer sein mag – es vereinfacht vieles.

Von seiner Partnerin erwartet der Zwillinge-Mann, daß sie ihm ebenso unkompliziert begegnet. Für „undurchsichtige" Frauen, die dem Mann ständig Rätsel aufgeben, hat Herr Zwilling wenig übrig. Sie sind ihm ganz einfach zu anstrengend. Allenfalls flirtet er gelegentlich mit so einem Typ – aus Neugierde oder weil er vorübergehend dem Reiz des Geheimnisvollen erliegt –, doch auf die Dauer würde er sich kaum an so eine Frau binden.

Seiner Anschauung nach soll Liebe etwas Fröhliches, Offenes, Unkompliziertes sein. Kameradschaft und Sex, wenn man es auf diese vereinfachte Formel bringen darf.

Moderne Formen der Partnerschaft enthalten viel von dem, was einem Zwillinge-Mann durchaus entspricht. Er war eigentlich nie sonderlich bestrebt, die Frau, die sein Leben teilt, zu beherrschen. Gegen ihre Selbständigkeit hat er zumindest so lange nichts einzuwenden, als er dadurch nicht in krasser Weise zu kurz kommt. Natürlich will er nicht eine nebensächliche Rolle in ihrem Leben spielen, das würde ihm auch wiederum nicht behagen, aber er gehört zum Beispiel kaum zu jenen Männern, die eifersüchtig auf den Beruf ihrer Frauen sind.

Ja, es gibt gar nicht wenige Zwillinge-Männer, die es ausdrücklich begrüßen, wenn ihre Frauen selbst berufstätig sind. Aus mehreren Gründen. Einer dieser Gründe ist im Finanziellen zu suchen. Zwillinge gönnen sich gerne etwas im Leben. Sie sind Lebensgenießer. Wie angenehm, wenn auch die Frau des Zwillings etwas zum gemeinsamen Leben beisteuert und man sich folglich mehr leisten kann – eine tolle Urlaubsreise, öfteres Ausgehen am Abend, wenn man überhaupt nicht jedes Geldstück erst umdrehen muß, bevor man es ausgibt.

Außerdem ist der Zwilling für Anregungen aller Art aufgeschlossen. Eine Frau, die einen eigenen Beruf hat, kann mehr erzählen, als eine, die nur daheim sitzt; sie weiß mancherlei zu berichten, vielleicht aus Sparten, von denen man sonst nichts erfahren würde. Und ein Zwillinge-Mann ist vielseitig interessiert. Er ist in seinen Interessen nicht wählerisch, sondern allumfassend – wenn auch ein wenig oberflächlich.

Da den meisten Zwillinge-Männern gutmütige, hilfsbereite Züge anhaften, wird so ein Mann einer berufstätigen Frau auch eher als manche anderen Typen bereit sein, im Haushalt Hand anzulegen oder sich um die Kinder zu kümmern. Voraussetzung: Er wird auf nette Weise darum ersucht. Gegen Befehle oder Zwang sind Zwillinge allergisch – doch ein Appell an ihre Einsicht ist keineswegs hoffnungslos. Argumente wie „Wenn du mir heute bei der Wäsche hilfst, dann können wir am Wochenende gleich morgens wegfahren" oder Ähnliches fallen bei ihm meist auf fruchtbaren Boden.

So ein Zwillinge-Mann wird sich wohl auch überzeugen lassen, daß es nicht das Schlechteste ist, wenn sich seine Frau um Weiterbildung bemüht, beispielsweise Kurse oder Vorträge besucht. Wieder sieht er es als positiv an, daß eine Erweiterung ihres Horizonts auf Umwegen auch ihm selbst zugute kommt. Eine strebsame Frau hat also in der Regel nicht zu befürchten, daß von seiten des Mannes Querschüsse erfolgen. Sie darf ihr Verselbständigungsstreben freilich nicht übertreiben oder trachten, überhaupt die Führungsrolle zu übernehmen, ohne sich um die Wünsche des Zwillings zu kümmern. Da gelangt das Verständnis des großzügigen Zwillinge-Mannes an den Endpunkt. Aber genaugenommen hat so eine Haltung der Frau mit der modernen Gleichberechtigung und Ausgewogenheit in der Partnerschaft ja nichts mehr zu tun. Das ginge über das Ziel hinaus und wäre ganz einfach Herrschsucht, und die ist ja gar kein moderner Zug, sondern es hat sie immer schon gegeben. Herrschsüchtige Frauen aber machen bei Zwillinge-Männern keinen Stich.

Der Zwillinge-Mann kann sich durchaus dazu aufraffen, seine Partnerin einmal allein in Urlaub fahren zu lassen. Er verlangt dann allerdings ähnliche Privilegien für sich selbst und achtet peinlich genau darauf, daß ihm nach den Ferien keine unnützen Fragen gestellt werden, auf die er ganz einfach keine Antwort geben möchte.

Die Zwillinge-Frau und die moderne Partnerschaft

Die Zwillinge-Geborene ist ein ungemein lebhaftes und kontaktfreudiges Geschöpf voll Unternehmungslust und Lebensbejahung. Wenn ihr einmal etwas begegnet, das sie betrübt, wird sie zwar den einen oder anderen dunklen Tag haben, aber man kann wetten, daß sie das Bedrückende relativ bald wieder abstreift. Sie ist sozusagen dazu geboren, aus jeder Situation schließlich doch noch irgend etwas Positives herauszufiltern.

Diese fröhlichen Lebenskünstlerinnen hassen vor allem Eintönigkeit und Langeweile. Folglich unternehmen sie etwas dagegen und erweisen sich dabei als höchst erfindungsreich. Sie haben in der Regel viele Freunde und Bekannte, leben überhaupt vornehmlich „in die Breite" und weniger in die Tiefe. Man kann sie nicht summa summarum als oberflächlich einstufen, doch stimmt es, daß die meisten Zwillinge-Frauen – oft unbewußt – gegen jene

Belastungen revoltieren, die ihre Wurzel in tiefen Gefühlen und deren Aussichtslosigkeit haben.

Noch etwas ist kennzeichnend für die Mehrzahl der Zwillinge-Frauen: ihr lebhaftes Interesse für alles Neue. Es gibt kaum eine Mode, die Zwillinge-Evas nicht mitzumachen versuchen. Sie fragen nicht danach, ob das Neue besser oder schöner ist als das Vorangegangene, es genügt ihnen meist, daß es eben „anders" ist. Gleich müssen sie es ausprobieren.

Kein Wunder also, daß Zwillinge auch den neuen Formen in der Partnerschaft höchst aufgeschlossen gegenüberstehen. Viel davon kommt ihrem Wesen überdies stark entgegen. Sie sind immer schon teils vehement, teils leise und listenreich für ihren persönlichen Freiraum in den Beziehungen zum Partner eingetreten. Sich einem „Herrn" unterzuordnen, war nie nach dem Geschmack der Zwillinge-Frauen. Ihre Partnerschaften standen und stehen vorwiegend im Zeichen herzlicher Kameradschaft, die ja der Gleichberechtigung nahekommt.

Oft handeln Zwillinge-Geborene nach dem Motto: „Wie du mir, so ich dir." Wenn zum Beispiel der Ehemann öfter einmal etwas allein unternimmt, einen „Herrenabend" besucht, sich mit Sportkameraden trifft oder ähnliches mehr, wird das für eine Zwillinge-Frau kein Grund sein, Alarm zu schlagen oder die Gekränkte zu spielen. Sie „revanchiert" sich ganz einfach, indem sie selbst einmal ohne ihn ausgeht. Immer schon vertrat sie die Ansicht, daß eine gut funktionierende Beziehung nicht davon abhängt, daß die Partner soviel wie möglich beisammen sind und alles gemeinsam unternehmen. Im Gegenteil, sie ist der Meinung, daß es für eine Ehe oder eine eheähnliche Beziehung nur von Vorteil sein könne, wenn beide Teile Anregungen auch außerhalb dieser Gemeinschaft sammeln, weil dadurch auch immer wieder Neues in die Partnerschaft hereingeholt wird und die Gefahr der Langeweile gebannt werden könne.

Wer im Leben ausschließlich auf einen einzigen Partner fixiert ist, der läuft Gefahr, zu erstarren und eine Einseitigkeit zu züchten, die einer gewissen Scheuklappenmentalität gleichkommt und gewiß nicht erstrebenswert ist, meint die Zwillinge-Frau.

Sie beweist sogar noch mehr Lockerheit und Großzügigkeit in

ihren Ansichten. Zwar werden sich nicht alle Zwillinge-Frauen damit abfinden können, eine Dauerrivalin (sprich Freundin des Mannes) zu akzeptieren, doch wenn der Partner einmal einen Seitensprung macht, ist die Zwillinge-Frau zumindest um etliche Grade eher geneigt, das zu tolerieren, als so manche andere Frau.

Sie fordert dann allerdings oft das gleiche Recht für sich selbst. Wenn der Partner vorübergehend einer sexuellen Versuchung in anderer Gestalt erliegt – weshalb sollte sie das nicht auch dürfen?

Auf dieser Basis der Duldsamkeit – die herzliches Einvernehmen nicht stört – funktionieren so manche Beziehungen von Zwillinge-Frauen, vorausgesetzt, daß sie den für sie eben „richtigen" Partner gewählt haben, mit dem sie eine breite gemeinsame Basis haben, die durch vorübergehende Abenteuer nicht verletzt wird.

Es sind in den Anschauungen der Zwillinge-Frauen also immer schon Elemente der Gleichberechtigung enthalten gewesen. Daß sie sich jetzt freier dazu bekennen kann als früher, weil die Umgebung doch schon vielfach toleranter geworden ist, als es die Gesellschaft in früherer Zeit war, wird die Zwillinge-Geborene begrüßen.

Die Frauen dieses Zeichens haben eine hohe Liebesfähigkeit und verfügen über große Reserven an Herzlichkeit, Verständnisbereitschaft und heiterer Gelassenheit. Nur ist das alles eben nicht ausschließlich auf einen ganz bestimmten Menschen orientiert, sondern sehr allgemeiner Natur, was nicht ausschließt, daß ein Partner die „Hauptrolle" spielt und die anderen weniger wichtig sind.

Zur Kameradschaftlichkeit der Zwillinge-Frauen gehört ein Großteil impulsiver Hilfsbereitschaft. Wenn eine Geborene dieses Zeichens jemanden „mag", dann wird sie sich, ohne lange zu fragen, für ihn einsetzen. Sie kann der gute Geist ihrer Familie sein, wird ihre Freunde nicht im Stich lassen und selbstverständlich nicht zuletzt für den Mann ihrer Wahl „dasein" – vor allem, wenn es sich um wieder vorübergehende Krisen handelt. Dauerbelastungen, schwere Notsituationen hingegen drohen Zwillinge-Frauen zu überfordern. Da neigen sie unter Umständen zu Fluchtreaktionen. Doch im Alltag sind sie rasch zugreifend, und ihre optimistische Ausstrahlung ist für Verzagte ein richtiges Labsal. So manche Zwillinge-Frau bewährt sich als „Sonnenschein".

Eigene Berufstätigkeit ist vielen Zwillinge-Frauen schon deshalb Bedürfnis, weil sie in den eigenen vier Wänden „zuwenig erleben" und sich gerne Anregungen auf einem anderen Gebiet holen. Vor allem Berufe, in denen sie viel Kontakt mit Menschen haben, kommen dem Wunsch der Zwillinge-Frau entgegen. Sie kehrt dann munter und zufrieden nach Hause zurück und ist in dieser Zufriedenheit für den Mann eine erfreulichere Partnerin, als sie es wäre, wenn sie das Gefühl hätte, im Leben „etwas zu versäumen".

Natürlich tritt auch das Zwillinge-Wesen in verschiedenen Schattierungen auf, doch wie auch immer diese sein mögen – das Ja zur modernen Partnerschaft darf als gegeben vorausgesetzt werden.

Von Natur aus ist die echte Zwillinge-Dame dabei kein Wesen, das danach trachtet, nun entschieden die Hosen anzuhaben. Es genügt ihr, anerkannt, beachtet, gleichberechtigt und als Freund und Kamerad akzeptiert zu werden. Zur „Emanze" im heutigen Sinne mausert sich die Zwillinge-Dame dabei meistens nicht. Vielmehr genießt sie es durchaus, einen Mann als Partner zu haben, der ihr zumindest körperlich überlegen ist. Das erkennt sie an und sonnt sich mitunter gern in der eigenen weiblichen Schwachheit – aber nur im richtigen Moment!

Wer paßt am besten zum Zwillinge-Mann?

Die Krebs-Frau (22. Juni bis 22. Juli)
Im Zeichen Krebs wird der Zwillinge-Mann zwar kaum seine Idealpartnerin finden, doch wäre ein allmähliches Aneinanderangleichen immerhin möglich – allerdings meist nur bei Menschen in etwas vorgerückten Jahren. Je jünger die Partner, desto stärker macht sich die Verschiedenartigkeit störend bemerkbar.

Die Löwe-Frau (23. Juli bis 23. August)
Die Persönlichkeit einer „Löwin" wird vom Zwillinge-Mann oft als „erdrückend" empfunden. Auf erotischem Gebiet ist zwar

gute bis glänzende Übereinstimmung zu erwarten, doch genügt das höchstens zu Beginn. Sollte der Zwilling zu bluffen versuchen, durchschaut das die Löwin schnell – und sagt es auch!

Die Jungfrau-Frau (24. August bis 23. September)
Bringt man die hervorstechenden Zwillinge-Eigenschaften in Relation zu den typischen Wesenszügen der Jungfrau-Geborenen, ergibt sich schnell: Hier stimmt es fast auf keinem Gebiet. Distanz halten wäre das beste. Es fällt ohnehin kaum schwer!

Die Waage-Frau (24. September bis 23. Oktober)
Zu einer Waage-Partnerin kann man dem Zwillinge-Mann gratulieren. Stoff für Konflikte müßte „an den Haaren herbeigezogen" werden. Gezankt wird ziemlich oft, doch in harmloser Weise. Die Fröhlichkeit dominiert. Auch in der Erotik. Kurz und gut: Dieses Paar hat echte, beträchtlich über dem Durchschnitt liegende Chancen für lange dauerndes Liebesglück. Und sollte es zur Trennung kommen, erfolgt sie „in freundschaftlicher Weise", wie es so schön heißt.

Die Skorpion-Frau (24. Oktober bis 22. November)
Bei einer Verbindung zwischen Skorpion-Frau und Zwillinge-Mann liegen hingegen von Anfang an Krisen in der Luft. Die meisten Skorpion-Geborenen sind ziemlich starr in ihren Ansichten, herrschlustig und eifersüchtig, und sie kritisieren außerdem gerne. Diese Summierung ist dem Zwilling zuviel!

Die Schütze-Frau (23. November bis 21. Dezember)
Etwa fünfzig zu fünfzig stehen die Chancen für Paare Zwillinge-Schütze. Es sind zwar viele gemeinsame Interessen vorhanden, doch diese können schließlich auch auf der Basis einer Freundschaft gepflegt werden! In der Liebe schafft es nur etwa jedes zweite Paar.

Die Steinbock-Frau (22. Dezember bis 20. Januar)
Zwillinge-Mann und Steinbock-Frau haben höchstens dann Chancen, wenn sie gar nicht erst versuchen, einander zu ergän-

zen. Dann wären nämlich beträchtliche Ergänzungsmöglichkeiten vorhanden. Aber es werden meist arge Fehler in den Behandlungsmethoden auf beiden Seiten gemacht. Also geht es oft schief.

Die Wassermann-Frau (21. Januar bis 19. Februar)
In Verbindungen zwischen weiblichen Wassermann-Geborenen und männlichen Zwillingen wird Toleranz groß geschrieben. Jeder läßt dem anderen sein Restchen Eigenleben, keiner tritt als wilder Diktator auf. Man könnte von innerer Verwandtschaft sprechen, von seelischer Gleichgestimmtheit, die zwar Krisen nicht ausschließt, aber überbrückbar macht. Gute Chancen.

Die Fische-Frau (20. Februar bis 20. März)
Ist die Liebe zwischen Zwillinge-Mann und Fische-Frau noch jung, dann lacht der Zwilling höchstens, wenn sein Fischlein ängstlich reagiert, sobald er wieder einmal ganz plötzlich eine Kursänderung vornimmt – später antwortet er gereizt und nervös. Damit ist der Anfang vom Ende gekommen. Nur relativ mutige und robuste Fische-Frauen haben Chancen.

Die Widder-Frau (21. März bis 20. April)
Widder-Frauen verkörpern oft genau den Typ, der Zwillinge-Männer auf Touren bringt. Sie setzen zum Sturm an, und ihrem Charme kann die Widderin kaum widerstehen. Und dann? Die Antwort läßt sich nicht allgemein formulieren. Dieses Paar hat gewissermaßen einen Blankoscheck auf Glück. Ihn zu nützen, gelingt aber nicht immer.

Die Stier-Frau (21. April bis 20. Mai)
Stier-Frauen streben nach Sicherheit und Beständigkeit und werden für diesen Hauptwunsch beim Zwillinge-Mann nur selten volles Verständnis finden.

Die Zwillinge-Frau (21. Mai bis 21. Juni)
Zwillinge und Zwillinge – bedeutet das verdoppelte Lebensfreude? Im allgemeinen ja, denn mit ihrer Fröhlichkeit und verspielten Art stecken sich die Zwillinge dann gegenseitig an. Langweilig kann ihr gemeinsames Leben jedenfalls nicht werden.

Wer paßt am besten zur Zwillinge-Frau?

Der Krebs-Mann (22. Juni bis 22. Juli)
Mit einem Partner aus dem Zeichen Krebs ist eine Verständigung wohl nur auf der Basis von Kompromissen möglich, da die Wünsche und Vorstellungen von der Liebe, dem Leben und seiner Gestaltung bei Zwilling und Krebs recht weit auseinandergehen. Immerhin: Ein gereifter und aufgeschlossener verständnisvoller Krebs-Mann ist als Zwillinge-Partner nicht auszuschließen.

Der Löwe-Mann (23. Juli bis 23. August)
Zwillinge-Frauen haben mit Löwe-Männern in der Regel mehr Glück, als ihren männlichen Sternzeichen-Brüdern mit Löwe-Frauen beschieden ist. Herr Löwe imponiert der Zwillinge-Eva. Sie bewundert ihn, trachtet, mit ihm Schritt zu halten, wird durch ihn angeregt und regt auch ihn an. Die Vorzeichen für so eine Verbindung sind also recht positiv.

Der Jungfrau-Mann (24. August bis 23. September)
Zwillinge-Frauen und Jungfrau-Männer haben eindeutig Vorzüge. Das Pech in diesem Fall ist, daß beide Seiten gerade für die Vorzüge des Partners keinerlei „Verwendung" haben, hingegen die ebenfalls vorhandenen Schwächen just so gelagert sind, daß man einander damit auf die Palme bringt. Wie das endet? Meist nicht gut.

Der Waage-Mann (24. September bis 23. Oktober)
Findet die Zwillinge-Geborene einen Partner aus dem Zeichen Waage, so steht das Programm fest: Diese beiden sind bestrebt, einander das Leben heiter und angenehm zu machen und das Wort Langeweile daraus zu verbannen. Erotische Verständigung – glänzend.

Der Skorpion-Mann (24. Oktober bis 22. November)
Der Skorpion-Mann reizt Zwillinge-Frauen, doch wenn sie ihn näher kennenlernen, kann es leicht sein, daß seine starke Triebhaftigkeit sie erschreckt. Die oft derbe Sinnlichkeit der Skorpion-

Männer ist nicht das, wonach Zwillinge-Frauen verlangen. Fängt der Skorpion dann noch zu kritisieren und zu sticheln an, sind die Weichen endgültig auf Endstation gestellt.

Der Schütze-Mann (23. November bis 21. Dezember)
Verbindungen mit Schütze-Männern beginnen zwar oft wunderschön, doch kommt es relativ häufig vor, daß sie in gar nicht so ferner Zeit schal werden. Was fehlt, was vor allem dem Schütze-Mann fehlt, ist das große tiefere Verstehen.

Der Steinbock-Mann (22. Dezember bis 20. Januar)
Steinbock-Mann und Zwillinge-Frau finden manchmal starken Gefallen aneinander. Jeder von beiden spürt, daß der andere genau das hat, was ihm selbst fehlt: der Steinbock die ausdauernde Kraft, der weibliche Zwilling die schwungvolle Leichtigkeit. Die weitere Entwicklung ist etwas ungewiß, jedoch günstiger zu beurteilen als beim Paar Zwillinge-Mann – Steinbock-Frau.

Der Wassermann-Mann (21. Januar bis 19. Februar)
Die Zeichen Zwillinge und Wassermann haben viel Gemeinsames – das eröffnet ein breites Feld für das Glück. Die Gefahr, die manchmal in „zu viel" seelischem Gleichklang liegt, kann sich in diesem Fall kaum auswirken, da diese beiden genügend originelle Züge haben, um einander nicht langweilig zu werden. Sehr gute Aussichten!

Der Fische-Mann (20. Februar bis 20. März)
Der Fische-Mann trachtet immer wieder, die Zwillinge-Frau zu bremsen, und er meint es gut, besser, am besten, wenn er sie zurückhalten will, etwas zu tun, das seiner Meinung nach allzu leichtsinnig, unüberlegt oder überflüssig ist. Sie aber nimmt dieses Bremsen krumm und fühlt sich überhaupt gerade von diesem Mann nicht recht gewürdigt.

Der Widder-Mann (21. März bis 20. April)
Begreift die Zwillinge-Frau, daß ein Widder-Mann nicht bereit ist, zu teilen oder sich „auf der Nase herumtanzen zu lassen", und

begreift der Widder, daß man einer Zwillinge-Dame nicht einfach Befehle erteilen kann – ja dann, aber auch nur dann, ließe sich vielleicht gemeinsam das Dauerglück auf solide Basis stellen.

Der Stier-Mann (21. April bis 20. Mai)
Der Stier-Mann versucht mit einer Zwillinge-Partnerin mitunter eines seiner beliebten Erziehungs-Experimente. In Ausnahmefällen – wenn er nämlich Meister in der Psychologie ist – könnte es sogar gelingen.

Der Zwillinge-Mann (21. Mai bis 21. Juni)
Verbindungen zwischen Zwillinge-Frauen und Zwillinge-Männern tragen meist den Charakter fröhlicher Freundschaften, bereichert durch das erotische Moment.

Glückstage der Zwillinge-Menschen

Mit der Leichtigkeit, dem Charme und der beschwingten Lebensart der Zwillinge-Menschen würde es sich vertragen, daß ihr Jahr aus 365 Glückstagen bestünde. Doch das ist nur der äußere Anschein, der bekanntlich trügt.

Am hervorstechendsten ist der Dienstag! Vor allem die Zwillinge-Geborenen der ersten Dekade bringen zum Erfolg, was auch immer sie an diesem Tag in die Hand nehmen. Bei den Vertretern der zweiten Dekade ist es darüber hinaus noch der Donnerstag, bei den in der dritten Dekade Geborenen ferner der Sonntag.

Allgemeine Glückstage sind jeweils der Siebte und der Fünfzehnte eines jeden Monats. Für geschäftliche Besprechungen eignet sich der Montag nach dem Ersten eines jeden Monats.

Die Glückstage im einzelnen:
2. und 27. Januar; 4. und 16. Februar; 27. März; 1. und 5. April; 18. und 20. Mai; 11. und 24. Juni; 13. Juli; 4. August; 8. und 28. September; 3. und 30. Oktober; 10. und 12. November; 6. und 19. Dezember.

Gemeinsame Glückstage für verheiratete Zwillinge-Menschen sind: Zwillinge-Zwillinge: 25. Mai; Zwillinge-Widder: 3. Dezember; Zwillinge-Stier: 13. September; Zwillinge-Krebs: 12. Juni; Zwillinge-Löwe: 30. August; Zwillinge-Jungfrau: 1. Oktober; Zwillinge-Waage: 19. Juli; Zwillinge-Skorpion: 24. Februar; Zwillinge-Steinbock: 22. April; Zwillinge-Wassermann: 21. November; Zwillinge-Fische: 15. Juli.

Glückszahlen der Zwillinge-Menschen

Es paßt zum Zwillinge-Menschen, daß seine Glückszahlen, wie auch die beiden Seelen in seiner Brust, aus gleichwertigen Komponenten bestehen. So sind es vor allem die 11, 22, 33, 55, 99. Darüber hinaus geht nur selten, sei es nun bei einem Glücksspiel, bei einer Wette, bei einem Datum etwas schief, wenn die Zahlen Drei und Neun darin vorkommen.

Als Kombination ist für die Zwillinge-Menschen der ersten Dekade vor allem günstig: 9-44-50; für die in der zweiten Dekade Geborenen eignet sich 3-33-71; die Zwillinge aus der dritten Dekade schließlich haben große Chancen mit der Kombination 11-20-77.

Die gemeinsamen Glückszahlen von Zwillinge-Menschen, die mit Vertretern anderer Sternzeichen verheiratet sind, lauten: Zwillinge-Widder: 4, als Kombination 11-16-30; Zwillinge-Stier: 1, als Kombination 22-66-67; Zwillinge-Krebs: 5, als Kombination 4-44-90; Zwillinge-Löwe: 8, als Kombination 8-24-88; Zwillinge-Jungfrau: 9, als Kombination 14-29-55; Zwillinge-Waage: 6, als Kombination 16-56-92; Zwillinge-Skorpion: 2, als Kombination 22-23-40; Zwillinge-Schütze: 2, als Kombination 12-18-43; Zwillinge-Steinbock: 9, als Kombination 19-37-51; Zwillinge-Wassermann: 11, als Kombination 20-50-100; Zwillinge-Fische: 6, als Kombination 13-46-60.

Glückszahlen, die sich notfalls für Ihren Safe oder Ihren Sicherheitskoffer mit dem geheimnisvollen Schloß eignen, sind 33-66-99, weil sie darüber hinaus den Vorteil haben, daß sie leicht einzuprägen und zu behalten sind.

Glückssteine und Glücksfarben der Zwillinge-Menschen

Elfenbeinschmuck in jeder Form und Verarbeitung paßt nicht nur besonders gut zu Ihrem Typ, sondern wird auch schnell so etwas wie ein Talisman, weil Sie bemerken werden, wieviel Ihnen gelingt, wenn Sie diesen Schmuck tragen. Zu den Glückssteinen gehören aber auch der feurige Rubin und der aparte Achat. Gold- und Rauchtopas zieren nicht selten die Hände und den Hals von Zwillinge-Damen. Bei allen Glückssteinen und allem Schmuck sollte jedoch darauf geachtet werden, daß die Fassungen verspielt einfach sind. Wuchtige Verzierungen passen genausowenig zum beschwingten Zwillinge-Typ wie protzige Diamanten, vor allem, wenn gleichzeitig mehrere dieser Pracht- und Zierstücke getragen werden.

Auch sollten Zwillinge-Damen, die ohnehin dazu neigen, sich leicht zu verzetteln, genau darauf achten, daß sie ihren Schmuck nicht wahllos kombinieren, beispielsweise Goldringe mit Silberketten oder Weißgold mit Rotgold. Einfache harmonierende Steine unterstreichen den Zwillinge-Typ äußerst positiv und schmeichelhaft.

Die hervorstechende Glücksfarbe der Zwillinge-Menschen ist das Grün! Grün in allen Schattierungen, vom hellen Lindgrün bis zum tiefen Olivgrün. Diese Farbe wirkt sich positiv aus, wenn sie in der Kleidung wiedergefunden wird; wirkt beruhigend und beschwingend zugleich als Aufmunterung von Tapeten und Gardinen und sollte auch in jeder Zwillinge-Wohnung in Form von Blumen und Pflanzen nicht fehlen.

Die reiferen Zwillinge-Damen sollten aber darauf achten, daß sie keine grellen Grüntöne für ihre Garderobe wählen, denn diese können – völlig zu Unrecht – einen harten, egoistischen Typ unterstreichen, und der Zwilling ist bekanntlich alles andere als das.

KREBS
(22. Juni bis 22. Juli)

*Die starken und schwachen Seiten
des Krebs-Menschen*

Das Wasserzeichen Krebs wird vom Mond regiert, und dieser Einfluß wirkt sich in individueller Stärke nicht immer nur vorteilhaft aus. Den Mondphasen entsprechend ist auch im Wesen der Krebs-Geborenen das Phasenhafte oft deutlich wahrnehmbar. Die Krebs-Menschen sind starkem Stimmungswechsel unterworfen, und wer Geborene dieses Zeichens näher kennt, wird beobachten können, daß bei ihnen die seelischen „Hochs" und „Tiefs" mit einer gewissen Regelmäßigkeit eintreten, wenn es, in einer Art Überlagerung des Grundrhythmus, auch außertourliche plötzliche Umschwünge geben kann. Am deutlichsten ist die Mondbezogenheit wohl bei den Geborenen der ersten Dekade ausgeprägt (den Juni-Krebsen also). Es folgen die Geborenen der dritten Dekade (13. Juli bis 22. Juli), während bei den Krebsen der mittleren Dekade (Geburtstage zwischen 2. und 12. Juli) der Mars als Unterregent den Mondcharakter bisweilen umlenkt. Diese Menschen sind dann, verglichen mit den übrigen Krebsen, entweder energischer und durchschlagskräftiger oder auch nur eigensinniger.

Die überwiegende Mehrzahl der Krebs-Geborenen ist gemütvoll, weich, verträumt und phantasiebegabt. Dieser Weichheit im Wesen entspricht interessanterweise auch sehr oft das Weiche in der äußeren Erscheinung: das gerundete Gesicht mit manchmal etwas verschwommenen Zügen, ein eher zarter Knochenbau, der bei Männern noch mehr auffällt als bei Frauen, verbunden mit der Neigung, im Lauf der Zeit Fettpölsterchen anzusetzen (was freilich auch mit dem Hang zum bequemen Leben zusammenhängt!), relativ kleine Hände und Füße.

Scharfes, Grobes fehlt fast völlig. Es fehlt auch im Wesen der Krebs-Menschen, denen Roheit und kalt berechnende Nüchternheit verhaßt sind. Bewußt und mit Absicht ist ein Krebs-Mensch nie rücksichtslos. Unbewußt hingegen sehr wohl – dann nämlich, wenn er sich seinen Stimmungsschwankungen einfach überläßt, gar nicht erst versucht, gegen Depressionen und Gemütstrübungen anzukämpfen, und somit seiner Umgebung manchen Tag vergällt.

Die intensive und ausdauernde Beschäftigung mit dem eigenen lieben Ich, das Grübeln und Jammern über Geringfügigkeiten gehören zum Krebs-Menschen, der in dieser Hinsicht großen Egoismus beweist, sich in den immer wiederkehrenden Phasen seelischer Verdüsterung und ohne jeden konkreten Anlaß für den Ärmsten der Armen hält und von seiner Umgebung dann Mitgefühl und Rücksichtnahme fordert.

Es ist mit Krebs-Geborenen nicht immer einfach zu leben, so positive Eigenschaften sie auch haben mögen, so warm und herzlich, aufmerkam und zärtlich, rührend besorgt und hilfsbereit sie im Grunde genommen sind.

Gerade aus ihrer impulsiven und manchmal übergroßen Hilfsbereitschaft erwächst den Krebs-Geborenen im Laufe ihres Lebens öfter ein Nachteil, und auch die Quelle so mancher Enttäuschung ist hier zu suchen. Es ist zum Beispiel typisch für den Krebs, daß er einem Freund, der ihn um Geld bittet, diesen Wunsch auch dann nicht abschlagen wird, wenn er selbst gerade knapp bei Kasse ist. Er gehört eben zu jenen Menschen, die buchstäblich das letzt Stück Brot und das letzte Hemd mit einem anderen teilen, wenn es der andere nur recht versteht, an ihr Gemüt zu appellieren und die eigene Not recht anschaulich zu schildern.

Die Hilfsbereitschaft wird gelegentlich weidlich ausgenützt. Nicht selten sieht ein Krebs die Summe, die er einem vermeintlichen Freund für kurze Zeit borgte, niemals wieder.

Daß es im Krebs-Zeichen mit der Menschenkenntnis oft arg hapert, hängt einmal mit Phantasiereichtum zusammen und zum anderen mit einer gewissen Schwäche, die nach Bewunderung verlangt. Wer es versteht, dem Krebs zu schmeicheln, ihm die Dinge zu sagen, die er gerne hört, kann von ihm nahezu alles haben.

Die Phantasie wiederum spielt dem Krebs-Menschen insofern manchen Streich, als er in andere Menschen, die ihm bei der ersten Begegnung irgendwie sympathisch sind, schnell alle jene Eigenschaften „hineinphantasiert", die er von guten Freunden wünscht, und ganz vergißt, auch nachzuprüfen, wie es sich in Wahrheit damit verhält.

Auf diese Weise kommt es immer wieder zu herben Enttäuschungen bei Partnerschaften auf verschiedenen Gebieten – in der Freundschaft, im Berufs- und Geschäftsleben und auch in der Liebe.

Schmerzlich enttäuscht wird der Krebs dann wieder einmal feststellen, daß ihm im Leben aber auch wirklich alles fehlschlägt, wird seinen Kummer hätscheln, aber keine Lehre aus dem Erlebten ziehen, sondern bei nächster Gelegenheit wieder dieselben Fehler machen.

Nicht wenige Krebs-Geborene könnten im Leben mehr erreichen, als ihnen tatsächlich gelingt. Rückschläge und was sie ihr persönliches Pech nennen, wären oft zu vermeiden. Das bedeutet nun freilich nicht, daß die Geborenen dieses Zeichens durchweg glück- und erfolglos bleiben, aber sie gelangen oft relativ spät – etwa im vierten Lebensjahrzehnt oder zu Beginn des fünften – zu einer einigermaßen gesicherten Position und zu einem leidlich ausgeglichenen Privatleben. Der Weg dorthin könnte zweifellos kürzer sein, aber wer vermag schon über seinen Schatten zu springen? – Ein Krebs am allerwenigsten.

Mit dem Rechenstift stehen sie obendrein häufig auf Kriegsfuß. Auch wenn sie schließlich „aus dem Ärgsten heraus" sind und die Einnahmequellen ergiebiger werden, zerrinnt ihnen das Geld unter den Händen. Ein Krebs braucht Geld nicht unbedingt, um glücklich zu sein, doch wenn er es zur Verfügung hat, dann gibt er es aus, ohne lange zu überlegen – für teure Hobbys, für gutes Essen und Trinken, für Geschenke. Er geht nicht nach einem Plan vor, läßt sich von der Eingebung des Augenblicks leiten. Der Augenblick, die „Tagesform", spielen im Krebszeichen eine größere Rolle als bei Menschen, die zielstrebig und unerschütterlich einen festen Kurs steuern.

Die Schwierigkeiten, in die Krebs-Geborene immer wieder geraten, werden dadurch verschärft, daß die meisten von ihnen starken Stimmungsschwankungen unterworfen sind und Launen zeigen, deren Wechsel recht kraß ausfallen kann.

Der Mondeinfluß, der im Zeichen Krebs so stark ist, darf bis zu einem gewissen Grad dafür verantwortlich gemacht werden, trotzdem ist ihm nicht alles anzulasten, und die Krebs-Menschen dürfen keineswegs von der Pflicht zur Selbstzucht völlig entbunden werden. Mit einigem guten Willen ist es nämlich durchaus möglich, dieses seelische Auf und Ab, das ständige Pendel zwischen Hochstimmung und Depression, zumindest in erträglichen Grenzen zu halten – wobei „erträglich" sowohl für den Krebs als auch für seine Umgebung gilt, die oft genug darunter mehr zu leiden hat, als der Krebs einzusehen vermag.

Krebs-Menschen beschäftigen sich gerne und intensiv mit dem lieben eigenen Ich und mit den Problemen, die es hat – den echten ebenso wie den bloß in der Einbildung existierenden. Sie nehmen sich selbst oft übertrieben wichtig.

Das schließt aber wiederum nicht aus, daß Krebs-Geborene sehr wohl eigene Bedürfnisse zurückstellen können, wenn eine Familiensituation Opferbereitschaft von ihnen verlangt. Sie sind meist sofort bereit, sich für Verwandte und Freunde einzusetzen, wenn diese in eine Krise geraten, und nicht selten wird ihre Hilfsbereitschaft ausgenützt.

Krebs-Frauen sorgen rührend für Mann und Kinder. Sie tun in dieser Beziehung eher zuviel als zuwenig, reiben sich bisweilen auf, weil auch relativ geringfügige Dinge, wie etwa ein vorübergehender beruflicher Ärger des Gatten oder eine leichte Erkrankung der Kinder, sie schwer belasten.

Auch Krebs-Männer sind sehr um das Glück ihrer Familie besorgt. Sie sind auch meist ausgezeichnete Väter. Die Kinderliebe ist in diesem Zeichen besonders ausgeprägt.

Fast gleich stark wie das Bestreben, nahestehende liebe Menschen zu verwöhnen, ist aber der Wunsch, selbst verwöhnt zu werden. Undankbarkeit trifft Krebs-Geborene schwer.

Man trifft im Zeichen Krebs viele wertvolle, fleißige, gütige Menschen, die aber Glück und Sonne brauchen, um sich voll entfalten zu können. Sie entwickeln sich eher langsam, und oft findet ein Krebs erst im vierten Lebensjahrzehnt zu seinem ureigenen Selbst.

Dann aber kann er in sich selbst ruhen, zum ruhenden Pol einer Familie werden und gelassen den Beschützer und Ratgeber spielen. In dieser Rolle gefallen sich die Krebse nämlich besonders gut. Sie haben es gerne, wenn nach ihrer Meinung und nach ihrem Urteil gefragt wird, wenn sich möglichst viele Menschen nach dem richten, was sie sagen. Und meistens fahren die anderen dabei nicht schlecht, denn der Krebs kann sich sowohl in jede Lage als auch in andere Personen hineinversetzen.

Erziehung der Krebs-Kinder

Krebs-Kinder sind schon von den ersten Tagen ihres Daseins an mehr als andere von der Liebe und Fürsorge ihrer Eltern abhängig. Sie brauchen richtige „Nestwärme", wenn sie nicht verkümmern sollen, und nichts ist ihrem Gedeihen so abträglich wie eine spannungsgeladene häusliche Atmosphäre, die sie ganz instinktiv sogar dann spüren, wenn sie nicht nach außen zur Entladung gelangt.

Viel Liebe und Fürsorge sind das richtige Element, in dem der kleine Krebs sein an sich liebenswürdiges, doch zurückhaltendes Wesen zu entfalten vermag. Dort, wo er sich geliebt und anerkannt weiß, geht der sonst recht Scheue aus sich heraus und beweist oft eine erstaunliche Anpassungsfähigkeit an seine Umwelt, die freilich recht behutsam gepflegt werden muß, denn zuweilen genügt ein einziges rauhes und unbedachtes Wort, um ihn verschreckt seine innere Abwehrstellung beziehen zu lassen, unter der er zwar selbst am meisten leidet, die zu durchbrechen aber außerordentlich schwer erscheint.

Das bisweilen beinahe mimosenhafte Wesen der Krebs-Kinder wird die Eltern vor die schwierige Aufgabe stellen, sie für den unter Umständen recht rauhen Lebenskampf zu ertüchtigen und zu stählen, ohne deshalb ihr diffiziles Innenleben zu verletzen.

Dazu ist viel Taktgefühl notwendig und vor allem das Bewußtsein, daß ein kleiner Mensch genauso als Persönlichkeit gewertet werden möchte wie ein großer.

Selbstverständlich sollten die Eltern die oft erstaunliche Unsicherheit und Unselbständigkeit des kleinen Krebses keinesfalls unterstützen. Im Gegenteil, die „Affenmutterliebe", die den Kleinen am liebsten jeden Stein aus dem Weg räumen möchte, ist hier völlig fehl am Platze. Vielmehr werden die vernünftigen Eltern darauf bedacht sein, daß das Kleine soviel wie möglich von den leichten, einfachen Handgriffen seiner ersten Lebensjahre selbst erledigt, sobald es einmal dazu in der Lage ist, Mag es sich auch bisweilen als ungeschickt erweisen und die Geduld der Erwachsenen in ungeahntem Maße herausfordern, so muß es doch langsam, aber sicher an die Devise „Selbstgetan ist wohlgetan" gewöhnt werden.

Spartanische Erziehungsmaßnahmen allerdings würden hier eher das Gegenteil erreichen und die Ungeschicklichkeit und Unselbständigkeit noch vergrößern, weil der kleine Krebs, wenn er durch rauhe Worte oder gar Schläge verschreckt wird, sich instinktiv in sich selbst zurückzieht und so leicht nicht wieder zum Vorschein kommt.

Im Kreis seiner Spielgefährten wird er naturgemäß dazu neigen, sich in allen unangenehmen Situationen der Hilfe seiner Eltern zu versichern. Da kommt der kleine Bursche dann nicht selten jaulend zur Mutti: „Die bösen Kinder haben mir das und das getan!" Völlig falsch wäre es nun, ihn allzusehr zu bedauern. Vielmehr wird ihm die Mutter klarmachen, daß er sich nichts gefallen lassen soll. In kleinen Dingen sollte ihm die Hilfe grundsätzlich verweigert werden, damit er es lernt, auf eigenen Füßen zu stehen; doch sollte er rechtzeitig erkennen, daß er an seinen Eltern stets einen Rückhalt findet, wenn er dessen wirklich bedarf. Auf diese Weise wird nicht nur sein Selbstvertrauen, sondern auch seine innere Lebenssicherheit erheblich gestärkt.

Vor allem aber lernt er, daß er erst alle seine eigenen Kräfte einsetzen muß, bevor er zu seinen Eltern um Hilfe kommen darf, was für sein ganzes späteres Leben von entscheidender Bedeutung sein wird.

Krebs-Mädchen sind zumeist eine wahre Freude für ihre Mütter, da ihnen nichts so sehr liegt wie die häusliche Sphäre und sie schon in frühen Jahren stolz darauf sind, ihre kleinen Geschwister zu betreuen und bisweilen mit allzuviel Liebe zu verhätscheln und der Mutter alle möglichen kleinen Handgriffe abzunehmen, zu denen sie sogar oft beachtliches Geschick zeigen. Allerdings wird die kluge Mutter die Zärtlichkeit und Anschmiegsamkeit ihrer kleinen Krebs-Tochter gelegentlich etwas eindämmen und ihr beibringen müssen, daß sie nicht wahllos alle Tanten und Onkels mit den Bezeigungen ihrer Zuneigung überschütten darf und daß es nicht alle Leute gut mit ihr meinen. Es könnte sonst geschehen, daß sie sich allzu bedenkenlos aus ihrer inneren Reserve hervorlocken läßt, was sich schon in manchen Fällen als durchaus verhängnisvoll erwiesen hat.

Während der Schulzeit verursachen Krebs-Kinder gelegentlich Lernsorgen, weil sie oft viel zu verträumt sind, um mit den Anforderungen des Lebens fertig zu werden. Was ihnen in dieser Hinsicht besonders not tut, ist eine frühzeitige Gewöhnung an ihre Pflichten und an die Gesetze der Pünktlichkeit. Sonst könnte so ein kleiner Krebs-Abc-Schütze es fertigbringen, daß er den halben Nachmittag auf dem Heimweg von der Schule vertändelt, weil er ganz in seine Träumereien eingesponnen ist, die für ihn zu einem sehr wesentlichen Faktor seines Innenlebens werden.

Kurz vor dem Einsetzen der Geschlechtsreife wird es sich als zweckmäßig erweisen, die jungen „Krebse" über die wesentlichen Fakten des Geschlechtslebens aufzuklären, damit Schwierigkeiten, die sich aus ihrem gerade zu dieser Zeit recht unausgeglichenen, grüblerisch-überschwenglichen Gefühlsleben ergeben könnten, soviel als möglich eingedämmt werden.

Vor allem die Mütter von heranwachsenden Krebs-Mädchen werden gut daran tun, auf die schwärmerischen Teenager ein wachsames Auge zu haben, sonst könnte es leicht geschehen, daß sie einer Verführung erliegen, die ihnen zu guter Letzt nur Tränen und die erste bittere Enttäuschung ihres Lebens einträgt, denn sie sind empfindlich wie Mimosen.

Nicht nur Krebs-Mädchen sind sehr sensibel und in ihrer günstigen Entwicklung stark von äußeren Umständen, besonders von einem guten Familienklima, abhängig; auch bei Krebs-Jungen verhält es sich ganz ähnlich. Diese kleinen Jungen haben mitunter etwas Mädchenhaftes an sich, das manche Väter ärgert.

Doch man wird auch später dem heranwachsenden Krebs-Mann nachsagen, daß er viele weibliche Züge in seinem Wesen hat. Offen bleibt dabei die Frage, ob die Einteilung in typisch männliche und typisch weibliche Eigenschaften, so wie sie gerne vorgenommen wird, überhaupt vertretbar ist, oder ob dabei nicht etliche bereits überholte Rollenklischees mitgeschleppt werden. Warum muß ein kleiner Junge, der bisweilen stiller ist als andere, lieber mit Tieren spielt oder liest, statt als wilder Sheriff mit dem Spielzeugcolt herumzufuchteln, wirklich gleich ein verpatztes Mädchen sein?

In Lauf ihrer Entwicklung machen die Krebs-Jungen mehrmals störrische und schwierige Phasen durch. Mit strengen Strafen wird dann so gut wie gar nichts erreicht. Gerade in diesen Abschnitten braucht das Kind noch mehr Liebe und Verständnis als sonst, freilich auch eine feste Hand. Nur muß diese es gütig lenken.

Im übrigen ist die Neigung zum Träumen recht groß, und der Phantasiereichtum des Kindes läßt sich meist bald erkennen, zum Beispiel auf Grund der Zeichnungen, die es anfertigt.

Beim Träumen kommt es letzten Endes darauf an, in welche Richtung sich diese Wachträume bewegen, welche Vorstellungen dabei überwiegen. Träumen muß im weitesten Sinne aufgefaßt werden. Auch die verschiedenen Rollen, in die sich Kinder hineindenken – der Traum vom Lokomotivführer! –, gehören dazu.

Dabei zeigt sich bereits wieder, daß kleine Krebse von der Mehrzahl anderer Jungen doch etwas verschieden sind. Sie werden kaum davon träumen, ein großer Killer zu sein, der die Gegner reihenweise „umlegt", sondern sich eher als Entdeckungsreisende sehen oder als Tierfänger im Dschungel. Die Fahrt zu fremden Sternen treten sie allerdings in Übereinstimmung mit den anderen Jungen an.

Die typische Hilfsbereitschaft der Krebs-Geborenen ist bereits früh erkennbar. So nehmen sich Krebs-Jungen oft der Schwächsten in ihrer Gruppe oder Schulklasse an. Sie können auch wirklich wild werden und sozusagen über sich selbst hinauswachsen, wenn sie beispielsweise sehen, daß andere Kinder ein Tier quälen.

Überhaupt kann man immer wieder beobachten, daß sie ihre Kräfte verdoppeln, wenn es nicht um sie selbst, sondern um die Verteidigung von Geschwistern und Freunden geht.

Der Schulbeginn wird mit gemischten Gefühlen aufgenommen. Die Trennung vom Elternhaus, insbesondere die Trennung von der Mutter, führt bei dem kleinen „Krebs" zu einer Art seelischer Erschütterung. In schwerwiegenden Fällen kann sogar schon in diesen Schuljahren der Grundstein zu einer seelischen Belastung gelegt werden, die sich im späteren Leben noch oft genug hemmend auszuwirken vermag, wenn nicht sogar körperliche Beschwerden auf diese Ereignisse der Jugend zurückzuführen sind.

Der Krebs-Mensch als Freund

Wenn ein Krebs-Geborener Freundschaft schließt, so ist ehrliche Zuneigung die Voraussetzung dafür. Egoistische Motive können ebenfalls eine gewisse Rolle spielen, doch ist sich der „Krebs" dessen meist gar nicht bewußt. Überdies ist auffallend, daß der Egoismus weniger materielle Vorteile als solche gemütvoller Art anstrebt. Um es noch klarer zu sagen: Der Krebs-Mensch fühlt sich zu Freunden hingezogen, die sein Wesen bejahen, seine Launen nicht krummnehmen, von denen er sich mit Wärme umgeben, verstanden und bestätigt sieht. Diese seelische Geborgenheit ist der Vorteil, den ihm die Freundschaft bringt. Sie wird höher eingeschätzt als berufliche Förderung, Geschenke oder finanzielle Hilfe.

Das Wesen des Krebs-Menschen ist weit davon entfernt, fest und unerschütterlich in sich selbst zu ruhen. Wohl weist es viele beharrende Züge auf, doch seine schwankenden und unausgeglichenen Komponenten sind nicht minder stark. Letztere werden zwar gerne geleugnet und entsprechende Hinweise empört zurückgewiesen, doch im Unterbewußtsein weiß der „Krebs" um diese seine Schwäche, und das läßt ihn einen Boden suchen, in dem er fest wurzeln kann. Diesen Boden findet er manchmal in einer Freundschaft.

Man darf eine Bestätigung für das eben Gesagte darin sehen, daß der „Krebs" Freundschaften am intensivsten pflegt, wenn er keine Eltern mehr hat, aus dem Familienverband herausgerissen und in die Fremde verschlagen wurde, vom Liebespartner getrennt ist oder in der Ehe Schiffbruch erlitt und geschieden wurde. Die Freundschaft ist dann ein Ersatz für die eigene Familie, die vermißt wird.

Man kann wiederholt beobachten, daß Krebs-Freundschaften, die in der Junggesellenzeit oder einem anderen im Zeichen innerlicher Einsamkeit stehenden Zeitabschnitt geschlossen wurden, ziemlich bald versanden, wenn der „Krebs" heiratet. Die innerliche Abwendung von den Freunden und ihr äußerliches Merkbarwerden verlaufen parallel mit der Zuwendung zum neuen Lebenspartner. Diese erfolgt um so schneller, wenn der künftige Partner sich mit den Freunden wenig oder gar nicht versteht.

Ist der „Krebs" also ein treuloser Freund? Das läßt sich schwerlich mit einem klaren Ja oder Nein beantworten. Die Tatsache, daß Freunde mitunter „Lückenbüßer" sind und vernachlässigt werden, sobald der „Krebs" noch „Besseres" gefunden hat, ist an sich kaum positiv zu beurteilen. Andererseits muß, ehe der Stab gebrochen wird, berücksichtigt werden, daß es eben im Wesen des Krebs-Geborenen liegt, das Familienleben im eigenen Heim über alles andere zu stellen.

Es gibt seltsame Glücksfälle, in denen eine Freundschaft reibungslos in das Krebs-Familienleben eingefügt werden kann. Meist jedoch läßt sich aus dem Umstand, daß ein verheirateter Krebs-Mensch eine enge freundschaftliche Bindung pflegt, schließen, daß er in der Ehe nicht fand, was er suchte, daß er sich unverstanden fühlt und deshalb das Verstehen außerhalb sucht.

Man darf weiterhin – allgemein gesprochen mit dem Hinweis, daß jede Regel natürlich Ausnahmen kennt – behaupten, daß Krebs-Geborene ihre Freundestugenden am nachhaltigsten beweisen, wenn sie alleinstehend, verwitwet oder geschieden sind.

Vieles ist zwielspältig, verschwommen und von Widersprüchen überlagert im Charakter des Krebs-Geborenen. Einer dieser Widersprüche gähnt zwischen ihrer eben geschilderten Haltung gegenüber Freunden, sobald sich die äußeren Lebensumstände ändern, und ihrem starken Beharrungsvermögen, das Änderungen abwehrend gegenübersteht. Erinnerungen spielen im Krebsleben eine beachtliche Rolle. Sie können nicht willkürlich abgestreift werden. So ist auch die Erinnerung an gemeinsam verbrachte Zeiten – besonders wenn es Zeiten waren, die Menschen eng zusammenschmieden, wie etwa gemeinsam durchstandene Not – im Krebs-Geborenen niemals auszulöschen. Und so kann es sich nach vielen Jahren, in denen ein freundschaftlicher Kontakt unterbrochen war, überraschend ergeben, daß diese Erinnerungen plötzlich mit nahezu diktatorischer Gewalt wieder hervortreten und den „Krebs" veranlassen, sich an den einstigen Freund zu wenden.

Berufe, die sich für Krebs-Menschen eignen

Krebs-Geborene gehören zu jenen Menschen, die zwar materielle Erfolge durchaus zu schätzen wissen und sich bitter beklagen, wenn ihre Arbeit nicht in einem Ausmaß honoriert wird, das ihrer Meinung nach angemessen wäre, die aber andererseits vom materiellen Erfolg allein nicht befriedigt werden. In der Beziehung des Krebs-Menschen zum Beruf schwingen starke ideale Komponenten mit.

Die Krebs-Geborenen gehören nicht zu jenen Menschen, die vorwiegend „nach außen" leben. Zwar schätzen sie rein äußerliche Erfolge, sehen sich gerne bestätigt, geschätzt und ausgezeichnet, doch wenn bei ihnen alles „stimmen" soll, dann ist die innerliche Befriedigung, das gefühlsmäßige Ja zur Arbeit unabdingbare Voraussetzung. Und das wird niemanden wundern, der die starke Gefühlsbetontheit und das Fehlen nüchterner Kalkulationen bei Krebs-Typen kennt.

Man hat es bei den Krebs-Geborenen mit überdurchschnittlich phantasiebegabten Menschen zu tun. Das kommt ihnen in manchen Berufen sehr zustatten (zum Beispiel jenen des Schriftstellers, Malers, Filmregisseurs, Designers), hemmt sie jedoch bei Tätigkeiten, die im rein Sachlichen angesiedelt sind und Phantasie verbieten. Ja, es macht sie für solche Berufe nachgerade ungeeignet. Wo nur kalte Zahlen sprechen oder der Rahmen einer Norm vorliegt, der kein Ausbrechen gestattet, sind Krebs-Menschen unglücklich und versagen häufig.

Etwas kritisch wird die Lage, wenn phantasievolle Neigungen in Phantasterei ausarten, Träume mit der Wirklichkeit verwechselt werden und so ein Krebs sich in bizarre Gedankenspinnerei verliert. Er wirft sich dann mitunter begeistert auf Projekte, die unrealisierbar sind, und scheitert prompt, wie man es ihm voraussagte, ohne ihn überzeugen oder zurückhalten zu können.

Das alles will nun nicht besagen, daß Krebs-Geborene keinerlei Sinn für das Praktische hätten. Manche Krebs-Männer verfügen zum Beispiel über große praktische, manuelle Geschicklichkeit, die sie nicht nur zu tüchtigen Handwerkern (Tischler, Kunstschmiede, Goldschmiede, Schneider etc.) macht, sondern auch die Wahl ihrer Hobbys bestimmt. Im Zeichen Krebs findet man viele begeisterte Freizeitbastler, die Anhänger der Do-it-yourself-Methode sind und unermüdlich in Haus und Garten werken. Die Liebe zum eigenen Heim und die Freude an Arbeiten, die zu dessen Verschönerung beitragen, spielen in diesem Zusammenhang gewiß auch eine Rolle.

Wieweit sich ein Krebs-Mann als lebenstüchtig, also auch tüchtig im Beruf erweist, hängt nicht zuletzt davon ab, wieweit er seinen Verstand kontrolliert einzusetzen vermag und seine Phantasie in geordnete Bahnen lenkt, ferner aber auch von den Einflüssen, denen er ausgesetzt ist. Die Beeinflußbarkeit der Krebs-Geborenen ist ja ein Kapitel für sich.

Die Berufswahl wird manchmal keineswegs ungünstig durch den Hang zum Zurückschauen und das Interesse für Vergangenes beeinflußt, etwa dann, wenn die Laufbahn eines Historikers, Volkstumsforschers oder Archäologen eingeschlagen wird. Der Krebs-Mensch bringt für diese Berufe die Gründlichkeit und die Einfühlungsgabe mit. An Intuition mangelt es ihm nicht, und auch die Liebe zum Hüten und Bewahren (etwa alter Kunstwerke) ist stark ausgeprägt, so daß ein Krebs-Geborener zum Beispiel in einem Museum, einem Archiv, einer Bibliothek oder Kunstsammlung ein Wirkungsfeld finden kann, das ihm zusagt.

Der Krebs als Arbeitgeber

Von Natur aus ist der Krebs ein hervorragender Geschäftsmann. Sein gutes Gedächtnis hilft ihm, sich die Namen seiner Mitarbeiter und aller Leute, mit denen er beruflich zu tun hat, zu merken. Außerdem liegen ihm Berufe wie Hotelier, Lehrer, Historiker und Architekt.

Am besten ist für ihn eine Position in einer größeren Gesellschaft mit guten Zukunftsaussichten. Krebs-Geborene sind keine Traumtänzer. Sie wissen ganz genau, daß sie nicht von selbst und über Nacht reich werden können. Schon früh ist ihnen klar, daß sie, wenn sie etwas erreichen wollen, hart dafür arbeiten müssen. Das tun sie mit aller Konsequenz. Es ist daher kein Wunder, daß es gerade unter diesen Tierkreiszeichen-Vertretern sehr viele Menschen gibt, die in die Position des Arbeitgebers aufsteigen können.

Wenn der Chef ein Krebs-Geborener ist, sollte man sich als sein Angestellter immer vergegenwärtigen, daß er gesteigerten Wert auf Loyalität legt. Er ist ein instinktiv denkender Mensch, der sich mitunter ganz auf sein Gefühl verläßt – und das gilt auch im Umgang mit seinen Mitarbeitern. Sagt ihm sein Unterbewußtsein, daß ein Angestellter sich nicht der Routine der Firma anpassen wird, daß er das Betriebsklima verschlechtern könnte oder daß er schließlich den an ihn gestellten Anforderungen nicht gerecht werden würde, dann spricht der Krebs-Geborene leichten Herzens die Kündigung aus. Er pflegt nicht lange zu fackeln.

Andererseits verläßt er sich aber auch dann auf seinen Instinkt, wenn er glaubt, einen Menschen vor sich zu haben, der unter ihm Karriere machen kann und der Überdurchschnittliches zu leisten vermag. Einen solchen Angestellten unterstützt er nach besten Kräften und baut ihn systematisch auf. Er hat sehr viel Verständnis für die persönlichen Belange seiner Mitarbeiter und interessiert sich auch für deren Privatleben, allerdings ohne dabei neugierig zu werden. Er wird seine Mitarbeiter immer dadurch überraschen, daß er ganz genau über deren familiäre Situation Bescheid weiß.

Da er selbst von Natur aus sentimental und familienverbunden ist, hat er jederzeit Verständnis dafür, wenn man mit der Bitte zu ihm kommt, wegen eines Kindergeburtstags zwei Stunden früher nach Hause zu wollen. Der Krebs-Arbeitgeber wäre der letzte, der diesem Wunsch nicht stattgeben würde.

Da er selbst außerordentlich zielstrebig ist und in geschäftlichen Dingen einen großen Überblick hat, bevorzugt er Menschen, die sich ebenfalls nicht verzetteln, sondern geradlinig ihre Aufgaben erledigen. Wenig Verständnis hat er für Unpünktlichkeit, Unordentlichkeit und eine zu starre Haltung, wenn es darum geht, durch eine schnelle Entscheidung einen Auftrag ins Haus zu holen.

Der Krebs als Angestellter

Obwohl der Krebs-Geborene eine anpassungsfähige Persönlichkeit ist, fällt es ihm nicht immer leicht, ohne Schwierigkeiten eine neue berufliche Position zu übernehmen. Seine übergroße Empfindlichkeit und seine Vorsicht, nirgends anzuecken, werden nämlich oft falsch interpretiert. Erst wenn eine gewisse Zeit vergangen ist, werden Mitarbeiter und Mitarbeiterinnen erkennen, daß sich hinter der Maske der Schüchternheit und der Langmut Ehrgeiz, Fleiß und Eifer verbergen.

Hat sich der Krebs-Geborene in eine neue berufliche Situation hineingelegt, erfreut er sich im allgemeinen erheblicher Beliebtheit. Die Kollegen werden sein Verständnis und sein angeborenes Mitgefühl zu schätzen wissen. Kein Wunder, daß sie schon bald versuchen werden, all ihre Probleme bei ihm abzuladen.

Trotz dieser Vorzüge sind die Krebs-Arbeitnehmer bei ihren Chefs nicht unbedingt beliebt. Schnell und mitunter auch gar nicht zu Unrecht wird ihnen nachgesagt, daß sie viel zu intensiv und viel zu früh versuchen, die Erfolgsleiter zu erklimmen.

Dieser Angestellte macht sich gut in jeder Position, in der es auf Instinkt und Vorstellungskraft sowie Improvisation ankommt. Seine Schwierigkeit liegt darin, daß er sich an Kleinigkeiten aufreibt und manchmal die große Linie nicht mehr sieht. Auch hat er einen ganz besonderen Hang dazu, alles, was seiner Meinung nach in seinen beruflichen Rahmen fällt, überzubewerten.

Ein Krebs-Angestellter kann sich sogar über einen Bleistiftspitzer oder über ein Päckchen Büroklammern aufregen. Da ist es dann wichtig, daß er einen Vorgesetzten hat, der ihn immer wieder in die richtige Richtung zurückweist.

Der Krebs-Angestellte ist übrigens am erfolgreichsten in seinem Beruf, wenn er bereits verheiratet ist. Immer wieder zeigt sich, daß diese Sternzeichen-Vertreter Verantwortungsgefühl und Pflichtbewußtsein brauchen, um professionell funktionieren zu können. Sind sie noch Junggesellen, dann sehen sie keine große Notwendigkeit, im Beruf Besonderes zu leisten und Karriere zu machen. Tun sie es trotzdem, dann gelingt es ihnen nicht immer, das auf diese Art und Weise verdiente Geld zusammenzuhalten. Sie neigen dazu, sich zu verzetteln, und tragen ihre privaten Schwierigkeiten und ihre unstete Lebensweise auch in den beruflichen Alltag hinein.

Am besten dran sind solche Angestellte, denen von Anfang an eine wichtige Aufgabe übertragen wurde, für die sie dann allein verantwortlich sind. In einem solchen Fall kann sich der Krebsgeborene regelrecht in seine Arbeit verbeißen. Er wird erst zufrieden sein, wenn er sein Ziel erreicht hat. Auch wird er sich in einer solchen Situation durch nichts und niemanden ablenken lassen. Da er seinen eigenen Namen unter das fertige Endprodukt setzen muß, wird er zum Perfektionisten. Er ist hundertprozentig entschlossen, die an ihn gestellte Aufgabe so großartig wie nur irgend möglich zu erledigen. Seine Geschwindigkeit bei der Bewältigung der Arbeit erstaunt jeden Vorgesetzten.

Während einer solchen schaffensfreudigen Phase kann es jedoch leicht zu Auseinandersetzungen mit den anderen Kollegen und Kolleginnen kommen. Man wirft dem Krebs-Angestellten schon mal vor, er verdürbe durch seinen Eifer und seinen Ehrgeiz die Preise. Es kann also durchaus passieren, daß sich dank des hervorragenden Einsatzes des Krebs-Angestellten das gesamte Betriebsklima vorübergehend verschlechtert.

Meistens ist es zum Glück nach kurzer Zeit der Krebs selbst, der wieder dafür sorgt, daß die Beziehung zu den anderen Mitarbeitern stimmt. Seine Herzlichkeit und seine Hilfsbereitschaft machen ihn so sympathisch, daß man bald wieder aufhört, in ihm in erster Linie nur den Ehrgeizigen und den Streber zu sehen. Hinzu kommt das menschliche Element dieses Tierkreiszeichen-Vertreters. Seine Mitarbeiter werden nämlich erkennen, daß der Krebs, wenn er die an ihn gestellte Aufgabe bewältigt hat, auch wieder in aller Ruhe fünf gerade sein lassen kann und sich über einen längeren Zeitraum auf den verdienten Lorbeeren ausruht.

Diese Gesundheitsregeln sollten Krebs-Menschen beachten

Bereits in einer Abhandlung, die im Mittelalter über die zwölf Sternzeichen abgefaßt wurde – und deren Quellen vielleicht noch viel älter sind –, kann man es lesen: Das Zeichen Krebs beherrscht den Magen und die Leber.

Sieht man davon ab, daß Krebs-Geborene eine leicht überdurchschnittliche Neigung zu Blutkrankheiten und zur Wassersucht haben und daß in diesem Zeichen ein wenig häufiger als in anderen Epilepsie auftritt, ist tatsächlich der Magen jenes Organ, das am häufigsten „in den Streik tritt".

Krebs-Geborene sind seelisch und nervlich labile Typen. Im Fall von Belastungen neigen sie zu starken Depressionen, zum Schwarzsehen. Auch echte Hysteriker sind im Kreis der Krebs-Geborenen weiblichen und männlichen Geschlechts relativ häufig anzutreffen.

Was diese Menschen an Unangenehmem trifft, vom kleinen Ärger bis zum Schock, schlägt sich bei vielen sogleich auf den Magen. In harmlosen Fällen reagieren sie mit Appetitlosigkeit, in ernsteren mit Beschwerden, die bis zum nervösen Erbrechen gesteigert sein können.

Es gibt zahlreiche Ratschläge und Regeln für Menschen, die einen nervösen und empfindlichen Magen haben. So ist es beispielsweise sehr zu empfehlen, den Tag nicht mit dem Genuß von starkem Bohnenkaffee oder starkem russischem Tee zu beginnen, sondern zum Frühstück lieber warme Milch zu trinken. Auch Corn-flakes in Milch oder Bircher-Müsli sind für die erste Mahlzeit geeignet. Will der Krebs-Mensch auf Kaffee oder Tee absolut nicht verzichten, sollte er diese Getränke keineswegs zu stark zubereiten und sie außerdem durch Milch „entschärfen".

Als zweckmäßig hat es sich erwiesen, lieber öfters am Tag kleinere Mahlzeiten abzuhalten, als den Magen ein- oder zweimal tüchtig anzufüllen. Am Vormittag kann, sobald sich Hungergefühl einstellt, wiederum ein Glas Milch mit einem Löffel Honig oder Sanddornsaft getrunken werden oder ein Glas Joghurt. Das erfrischt.

Nun muß noch von einem besonderen Kapitel gesprochen werden: Viele Krebs-Geborene leiden stark unter Blähungen und Zwerchfellhochstand. Letzterer ruft nicht selten Beklemmungen und Beschwerden hervor, die sehr beunruhigend sind, da sie recht ähnlich wie Herzbeschwerden empfunden und deshalb auch öfter mit diesen verwechselt werden.

Wer zu den genannten Verdauungsstörungen neigt, wird wohl oder übel einige Einschränkungen des Speisezettels hinnehmen müssen und vernünftigerweise darauf verzichten, zum Beispiel frisch gebackenes Brot, Hefekuchen, Hülsenfrüchte und einige Gemüsesorten zu essen.

Es lassen sich in dieser Hinsicht nur Richtlinien geben, denn die Verträglichkeit ist nicht bei allen Menschen gleich.

So werden manchmal Linsen und Bohnen überhaupt nicht vertragen – in anderen Fällen hingegen recht gut, sofern sie passiert wurden.

Die Verträglichkeit von Kartoffeln kann ebenfalls stark schwanken. Manchmal werden sie bis etwa Dezember recht gut vertragen, rufen hingegen in den darauffolgenden Monaten starke Beschwerden hervor, so daß auf ihren Genuß bis zum Eintreffen der ersten Frühkartoffeln aus der neuen Ernte verzichtet werden muß.

Für die „gefährlichen" Gemüse wie grüne Bohnen, Erbsen, Kohlrüben, Blumenkohl etc. gilt häufig, daß auch sie von einem empfindlichen Magen gut verdaut werden können, solange sie zart und jung sind.

Nun noch ein paar Tips im Zusammenhang mit dem Genuß von Frischobst. Es versteht sich genaugenommen von selbst, doch da immer wieder Verstöße gegen die Regel vorkommen, muß sie wohl wieder einmal angeführt werden – also: Nach dem Genuß von frischem Obst oder unmittelbar vorher niemals Wasser in größeren Mengen trinken. Ein Schluck schadet natürlich nicht, doch darf es eben wirklich nur ein kleiner Schluck sein!

Ein weiterer Tip für Krebs-Menschen: Gute Wirkungen können erzielt werden, wenn vor dem Zubettgehen noch eine Tasse Wermuttee oder Käsepappeltee oder Baldriantee getrunken wird. Der letztgenannte vor allem ist ja wegen seiner nervenberuhigenden Wirkung bekannt.

Der Krebs-Mann und die moderne Partnerschaft

Der männliche Vertreter des Krebs-Zeichens ist labil und immer wieder Stimmungsschwankungen unterworfen. Auch er ist, ganz ähnlich der Krebs-Frau, ein Wesen voller Widersprüche. Da steht bei ihm etwa klar ordnender Verstand neben uferloser Phantasterei, Ichbezogenheit neben Hilfsbereitschaft, die sich ausnützen läßt, Beharrungsvermögen neben Wankelmütigkeit, Leichtsinn neben Sparksamkeit – bald überwiegt dieser Charakterzug, bald wieder jener.

Die Krebs-Männer gehören zwar zu den liebevollen und aufmerksamen Partnern, die ihre Familie und ihr Heim ganz besonders lieben, aber es ist trotzdem nicht immer ganz einfach, mit ihnen das Leben zu teilen.

Immer wieder geraten sie in schwierige seelische Phasen, in denen sie viel Verständnis brauchen. Ob die Verbindung mit einem Krebs-Mann sich glücklich gestaltet, hängt zu einem guten Teil von der Partnerin ab.

Wenn uns der Krebs-Mann auch in verschiedenen Ausprägungen seiner Wesensart begegnet, darf man doch annehmen, daß die überwiegende Mehrzahl dieser Männer mit einer „konservativen" Partnerin glücklicher werden wird als mit einer sehr modernen, emanzipierten Frau.

Das bedeutet nicht, daß der Krebs-Geborene überhaupt gegen alles Neue wäre. Seine vielfältigen Interessen sind mit einer gewissen Neugierde gepaart, und er wird gern einmal dies und jenes ausprobieren, was er noch nicht kennt. Wenn es um seinen ureigensten Bereich geht, dann bleibt er allerdings doch lieber beim Erprobten.

Vielleicht sollte man sich zunächst einmal die Frage stellen, was sich denn ein Krebs-Mann von der Frau erwartet, die er liebt. In erster Linie sicher, daß sie für ihn da ist, und zwar ziemlich ausschließlich.

Die sensiblen Krebs-Männer werden vom beruflichen Alltag recht beansprucht, vor allem dann, wenn nicht alles glattgeht, wenn sie sich an einem Arbeitsplatz nicht wohl fühlen oder den Eindruck haben, benachteiligt zu sein. Schwierigkeiten im Beruf belasten sie stärker als andere, robustere Typen. Dementsprechend größer ist auch ihr Bedürfnis nach einem Ausgleich in der Freizeit. Den finden sie am ehesten in der Gesellschaft von Menschen, denen sie vertrauen, und in der Geborgenheit ihrer vier Wände.

Der Krebs-Mann wünscht sich also eine Frau, die auf ihn wartet und bereit ist, sich auf ihn einzustellen – eine Frau, bei der er seine Kümmernisse abladen kann, um dann entlastet und allmählich entspannt mit ihr noch einen friedlichen Abend zu genießen, womöglich mit kleinen Aufmerksamkeiten verwöhnt zu werden.

Es liegt auf der Hand, daß Frauen, die selbst abgehetzt von der Arbeit heimkommen, weniger in der Lage sind, diese Erwartungen des Krebs-Mannes zu erfüllen. Die berufstätige Partnerin ist erstens öfter noch mit eigenen Problemen aus ihrem Arbeitskreis belastet, sie ist außerdem vielleicht übermüdet und muß zusätzlich in den Abendstunden den Haushalt versorgen – wie soll sie da die Muße finden, die zur behaglichen Zweisamkeit gehört?

Als Mann einer berufstätigen Frau gerät ein Krebs oft in einen Zwiespalt. Er möchte die Frau, die er liebt, glücklich sehen. Wenn also ein Fall vorliegt, in dem die Frau ihm erklärt, daß ein Beruf sie glücklich macht, wird er ihn ihr nicht wegnehmen wollen. Aber gerne sieht er es in der Regel nicht, wenn Menschen, die er für sich beansprucht, noch andere Quellen zum Glücklichsein benötigen. Er möchte derjenige sein, der Glück schenkt.

Vielleicht ist der Krebs-Mann in diesem Punkt besonders von sich eingenommen und auch in seinem Selbstbewußtsein verletzbar: Er ist überzeugt davon, daß seine Liebe und Fürsorge durchaus genügen müßten, um eine Frau glücklich und zufrieden zu machen.

Was kann ihr denn noch fehlen? fragt er sich beunruhigt. Spielt sie denn nicht die Hauptrolle in meinem Leben? Bemühe ich mich denn nicht, ihr im Rahmen meiner Möglichkeiten alle Wünsche zu erfüllen? Was soll denn dieses modische Gerede von der Gleichberechtigung?

Die Schlagworte, die emanzipierte Frauen in die Diskussion werfen, irritieren viele Krebs-Männer. Und auch diejenigen, die bereit sind, sich damit auseinanderzusetzen, stellen dann oft fest, daß ihr Verstehenwollen recht bald an eine Grenze gelangt.

So mancher Krebs-Mann, der erwartet, daß sich in der Familie alles um ihn dreht, wird nicht begreifen können, daß er auf seine sanfte Art durchaus ein Pascha ist. Freilich keiner von den lautstarken Tyrannen. Eben ein zäh fordernder, leicht gekränkter.

Die vielen guten Eigenschaften des Krebs-Mannes erschweren es mitunter sehr, ihm seine egoistischen Wesenszüge begreiflich zu machen. Er ist ja in der Tat ein herzensguter Gefährte, meist treu und anhänglich und voll rührender Hilfsbereitschaft.

Wenn etwa die Frau erkrankt, dann „zerreißt" sich der Krebs-Mann förmlich in seiner Fürsorge. Natürlich erwartet er auch, daß sich im umgekehrten Fall, also wenn er selbst der Kranke ist, alles um ihn dreht.

So mancher Krebs-Geborene ist eine richtige Mimose und leidet sehr, wenn er sich verkannt oder nicht voll verstanden fühlt. Bei einer Partnerin, die vehement für Veränderungen in der Gesellschaftsstruktur und im Zusammenleben von Mann und Frau eintritt, wird das häufig der Fall sein.

Wie steht es denn zum Beispiel mit der Anpassung? Herr Krebs findet, daß gegenseitiges Anpassen zum Gedeihen einer glücklichen Partnerschaft gehört.

Er erwartet, daß die Partnerin seine Interessen und Ansichten teilt, ist wohl auch selbst bereit, sich für ihre Hobbys zu interessieren. Und so kann es wohl nicht gutgehen, wenn er auf eine Emanzipierte trifft, die ihm erklärt, daß Anpassung nur eine Form von Unterwerfung sei, die für sie nicht in Frage kommt.

Mit zunehmenden Jahren verhärtet sich oft der Standpunkt, den ein Krebs-Mann einnimmt. Es liegt also auf der Hand, daß ältere Krebs-Geborene für moderne Partnerschaft noch weniger Eignung mitbringen als junge. Und das nicht allein deshalb, weil die älteren eben noch in Zeiten wurzeln, in denen von Emanzipation nicht oder nur wenig gesprochen wurde.

Passiert es einem älteren „Krebs", daß er erfahren muß, seine Tochter oder gar Enkelin lebe „nur so" mit einem Mann zusammen, ohne verheiratet zu sein, dann sieht er rot. Mit seinen moralischen Vorstellungen läßt sich diese Einstellung nicht vereinbaren, und er sieht auch nicht ein, daß zwei junge Menschen den Wunsch haben können, sich gegenseitig erst gründlich kennenzulernen, ehe sie sich dauerhaft binden. Ernsthafte Auseinandersetzungen und Spannungen innerhalb der Familie sind unvermeidlich, wenn Herr Krebs gezwungen werden soll, diesen, wie er sagt, „modischen Unsinn" zu akzeptieren.

Die Krebs-Frau und die moderne Partnerschaft

Die Krebs-Frau als Geborene eines Wasserzeichens, in dem außerdem ziemlich starke Mondeinflüsse wirksam sind, ist ein besonders gefühlsbetontes Wesen, das voller Widersprüche steckt. Trotz zahlreicher liebenswerter Eigenschaften gehört die Krebs-Geborene keineswegs zu den einfachen Partnerinnen.

Sie ist nämlich ebenso bescheiden wie seelisch höchst anspruchsvoll, weich und zärtlich wie eigensinnig bis „stur", und vor allem ist sie besonders labil und Stimmungsschwankungen unterworfen. Darunter leidet sie nicht nur selbst, auch ihre Umgebung wird in Mitleidenschaft gezogen.

Wie nur wenige andere Frauen braucht die Krebs-Geborene ein gleichmäßiges „Klima"; um sich positiv entfalten zu können, braucht sie Verständnis, ungestörte Sicherheit, Menschen, auf die sie sich verlassen kann und die auf ihre komplizierte Struktur Rücksicht nehmen.

Die Krebs-Frau ist kaum zur Bahnbrecherin und zur Vorkämpferin neuer Ideen geboren. Allenfalls „schwimmt sie mit", wenn irgendeine starke neue Strömung auftritt, doch auch das geschieht nicht immer, da ein Teil der Krebs-Geborenen äußerst vorsichtig bis ängstlich ist.

Die Bereitschaft, Neues zu akzeptieren und zu kopieren, findet man am ehesten in Gebieten, die Äußerliches betreffen, also wenn es sich zum Beispiel um eine neue Mode, ein neues Makeup handelt oder auch etwa um eine literarische Modeströmung. Berühren die Neuerungen jedoch tiefere Schichten, fühlt sich die Krebs-Frau oft in erster Hinsicht einmal bedroht und reagiert dementsprechend erschreckt und abwehrend.

Um diesen Frauentyp zu verstehen, muß man wissen, daß die labile, höchstens äußerlich „forsche", im Innersten jedoch unsichere, zwischen gelegentlichen Aufwallungen von Selbstbewußtsein und dann wieder folgender Niedergeschlagenheit schwankende Krebs-Frau dringend einen festen Boden zum „Wurzeln" braucht, möglichst auch noch beruhigende Wände rund um sich – zwischen sich und der „bösen" Umwelt – und das schützende Dach über dem Gebäude ihres Lebens.

Soll sie da vielleicht begeistert reagieren, wenn neue Strömungen, konkret also etwa gesellschaftliche Umstrukturierungen, an diesem ihrem Lebensgebäude rütteln?

Die Krebs-Geborene, die ihre Familie liebt und im Leben und Sorgen für Mann und Kinder aufgeht, empfindet es wie eine kalte Dusche, wenn sie dem Typ der modernen, besonders emanzipierten Frau begegnet und sich sagen lassen muß, daß sie in ihrem häuslichen Bereich gar nicht glücklich sein „kann", weil für eine Frau der Weg zur Selbstverwirklichung nur über den Beruf führe.

Handelt es sich um eine besonders leicht zu verunsichernde Krebs-Frau, wird sie vielleicht an dem, was sie bisher als ihr Glück empfand, zu zweifeln beginnen, ohne einen Ausweg aus der Ratlosigkeit zu finden, in die sie gestoßen wurde.

Ist sie beharrlicher im Bewahren ihrer persönlichen Eigenart, wird sie neue Schlagworte zwar als auf sie nicht zutreffend zurückweisen, sich aber wahrscheinlich nun als Außenseiterin und mit ihren Anschauungen vereinsamt vorkommen, was sie irgendwie bedrückt.

Natürlich hat es neben den Krebs-Frauen, die dem „alten

Frauenbild" von der sorgenden Hausfrau und liebevollen Mutter entsprechen, in den letzten Jahrzehnten bereits viele berufstätige Krebs-Geborene gegeben. Selten aber findet man in diesem Zeichen den Typ der energischen Karrierefrau, die sich ihrer Ellenbogen bedient, um voranzukommen und sich einen führenden Platz zu erkämpfen, der ihren Ehrgeiz befriedigt.

Berufstätigkeit ist für die meisten Krebs-Frauen nicht viel mehr als eben ein Weg, um das Geld zu verdienen, das man zum Leben braucht (vor allem, wenn man als Frau alleinstehend ist), also eine Art Pflichtübung, der man sich mit mehr oder weniger Fleiß unterzieht.

Krebs-Frauen sind durchaus imstande zu guten beruflichen Leistungen, vor allem dann, wenn sie sich an einem Arbeitsplatz wohl fühlen und Beweise der Anerkennung erhalten. Diese beiden Kriterien, das gute Klima und das Anerkanntwerden, sind für die Krebs-Geborene im Beruf ebenso wichtig wie privat. Wenn sie sich besonders anstrengt, dann meistens nur, um eben Lob und Bestätigung zu erhaschen, nicht, um Karriere zu machen. Ausnahmen von dieser Verhaltensnorm bestätigen nur die Regel.

Die Krebs-Geborene wird also entweder milde lächelnd den Kopf schütteln oder aufbegehrend „nein" sagen, wenn ihr jemand einzureden versucht, daß es für eine moderne Ehe wichtig, weil anregender und außerdem im Sinn der Gleichberechtigung notwendig ist, daß beide Partner einem Beruf nachgehen.

Erweist es sich für eine verheiratete Krebs-Frau aus irgendeinem Grund als erforderlich, daß sie selbst einem Beruf nachgeht, so wird sie mitunter von der Doppelbelastung fast erdrückt. Nur die wenigsten Krebs-Geborenen können sich zu der modernen Anschauung durchringen, daß in solchen Ehen eben auch der Mann einen Teil der Hausarbeit übernehmen sollte. Tief in ihr nistet die Überzeugung, daß das Haushaltsführen Sache der Frau ist, und davon kommt sie um so schwerer los, als ja ihr Wesen viele konservative Züge aufweist.

Etwaige Hilfsangebote eines einsichtigen Ehepartners, der ihre Überbürdung erkennt, wird sie zwar nicht zurückweisen. Sie wird dankbar dafür sein, aber das schließt nicht aus, daß sich in diese

Dankbarkeit immer wieder auch schlechtes Gewissen mischt, mag es noch so unbegründet sein.

Sie kann nicht über ihren Schatten springen. Es ist ihr einfach ein angeborenes Bedürfnis, die Menschen, die sie liebt, zu verwöhnen. Sie fühlt sich erst ganz als sie selbst, wenn sie für jemanden dasein kann. Je umfassender ihr das gelingt, desto glücklicher und zufriedener ist sie.

Freilich: Die echte Krebs-Geborene läßt sich auch selbst gern verwöhnen, aber was sie sich darunter vorstellt, ist nicht Arbeitsteilung im Haushalt, sondern das ist weit mehr ein liebes Wort, eine zärtliche Geste, ein kleines Geschenk.

Sie strebt auch weniger als andere Frauen danach, Gleichberechtigung insofern zu erreichen, als beide Partner einander Unterhaltung auf getrennten Wegen zugestehen. Sich gelegentlich einmal allein mit einer Freundin zu treffen oder Verwandte zu besuchen, das findet sie schon richtig, aber solche Einzelunternehmungen, womöglich gar der getrennt verbrachte Urlaub, das darf in ihren Augen nie die Regel werden, wenn sich eine Ehe so gestaltet, wie sie es sich wünscht.

Am meisten freut sie ja doch das, was sie mit dem Mann ihrer Wahl gemeinsam unternimmt. Wozu hat sie ihn schließlich geheiratet, wenn nicht dieser Gemeinsamkeit wegen? Und wenn das „unmodern" sein sollte, dann ist sie eben unmodern.

Wer paßt am besten zum Krebs-Mann?

Die Löwe-Frau (23. Juli bis 23. August)
Löwe-Frauen gehören einem Nachbarzeichen des Krebses an, und gegen Verbindungen dieser Art werden gewisse Bedenken geltend gemacht. Selbstverständlich gibt es immer Ausnahmen, nur sollten sich die Hoffnungen eben nicht zu weit vorwagen. Löwe-Geborene werden leicht ungeduldig, und ob sie für Krebs-Tugenden überhaupt das richtige Verständnis aufbringen, ist zweifelhaft.

Die Jungfrau-Frau (24. August bis 23. September)
Lernt ein Krebs-Mann eine Jungfrau-Geborene kennen, so liegen Mißverständnisse chronisch in der Luft. Trotzdem sollte diese Verbindung nicht zu früh abgebrochen werden, denn zwischen diesen beiden Zeichen ist Liebe mit Spätzündung durchaus möglich. Was für die Jungfrau spricht: Beständigkeit, Treue, Festigkeit.

Die Waage-Frau (24. September bis 23. Oktober)
Die ständige Flirtbereitschaft der Waage-Frauen dürfte den Krebs sehr beunruhigen und kränken. Geborgen fühlt er sich bei so einer Partnerin gewiß nicht. Außerdem handelt es sich bei beiden um Vertreter von Zeichen, die zu starken Schwankungen neigen. Sie werden wohl „auseinanderschwanken".

Die Skorpion-Frau (24. Oktober bis 22. November)
Krebs-Mann und Skorpion-Frau sind sehr verschieden, doch es könnte sich höchst Überraschendes ereignen – nämlich, daß die Skorpionin völlig vergißt, was sonst ihre Vorliebe ist: zu stechen! Die Chancen sind recht beachtlich, und bei einigermaßen guter Bestrahlung müßte es gelingen, den Gefahrenpunkt auszuschalten, der im sexuellen Bereich liegt, wo Mißverständnisse und Differenzen am ehesten entstehen.

Die Schütze-Frau (23. November bis 21. Dezember)
Schütze-Frauen sind oft recht rebellisch und temperamentvoll-eigensinnig. Sie bringen mehr Unruhe und Funkenflug in die Beziehung, als dem Krebs-Mann lieb ist. Je reifer die Schütze-Geborene ist, desto größer werden die Chancen, doch ist „größer" nur ein relativer Begriff. In Einzelfällen mag es klappen.

Die Steinbock-Frau (22. Dezember bis 20. Januar)
Entscheiden sich Krebs-Mann und Steinbock-Frau dafür, es gemeinsam zu versuchen, so ist am ehrlichen Willen beider kaum zu zweifeln. Das Gelingen steht wiederum auf einem anderen Blatt. Wenn die Beziehung „funktioniert", dann wohl nur mit Einschränkungen und selten wirklich auf Dauer.

Die Wassermann-Frau (21. Januar bis 19. Februar)
Eine Wassermann-Frau gibt dem männlichen Krebs ziemlich viele Nüsse zu knacken. Auf dem erotischen Sektor könnte die Anzie-

hung sehr stark sein, doch wenn sie eines Tages nachläßt, treten die Unvereinbarkeiten in der Einstellung zu vielen Lebensfragen und Faktoren, die die Harmonie stören, desto schmerzlicher hervor.

Die Fische-Frau (20. Februar bis 20. März)
Krebs-Mann und Fische-Frau sind einander fast immer sofort sympathisch. Der erste Eindruck könnte sich auch weiterhin bestärken. Zwei verwandte Seelen sind einander begegnet! Die Voraussetzungen für Dauerglück liegen weit über dem Durchschnitt. Man muß nur hoffen, daß dieses Paar nicht in eine Notsituation gerät, denn dann könnte es gefährlich werden, da beide zu Depressionen und Kurzschlußhandlungen neigen.

Die Widder-Frau (21. März bis 20. April)
Krebs und Widder – das ist die Begegnung von Wasser und Feuer, und Gemeinsamkeiten sucht man meist vergebens. Die Widder-Dame ist zu heftig und zu radikal in ihren Ansichten, jedenfalls wirkt sie auf den Krebs so. Genaugenommen müßte man diesen beiden raten, Distanz zu halten.

Die Stier-Frau (21. April bis 20. Mai)
Die Stier-Geborene bringt zwar den Sinn für Häuslichkeit und Familie, für Treue und noch einige weitere Krebs-Ideale mit, doch es zeigt sich häufig, daß das nicht ausreicht. Für seine Phantasieflüge und seine wechselnden Stimmungen fehlt ihr oft das Verständnis.

Die Zwillinge-Frau (21. Mai bis 21. Juni)
Die Zwillinge-Eva ist ebenfalls Tochter eines Nachbarzeichens der Krebse, allerdings sind die erwähnten Bedenken (siehe Löwe) in diesem Fall etwas geringer. Auf sexuellem Gebiet ist zum Beispiel weitgehende Verständigung möglich.

Die Krebs-Frau (22. Juni bis 22. Juli)
Wählt der Krebs-Mann eine Partnerin aus dem eigenen Zeichen, ist genaugenommen „alles möglich". Es spricht etwa gleich viel für mögliches Gelingen und für Scheitern. Raten läßt sich kaum. Es müßte ganz einfach probiert werden.

Wer paßt am besten zur Krebs-Frau?

Der Löwe-Mann (23. Juli bis 23. August)
Ein Löwe-Mann wäre ein starker Partner, freilich auch ein nicht allzu einfacher. Es könnte sein, daß ihn die bewundernde Liebe einer Krebs-Frau großmütig macht und er sich bemüht, den Thron, der ihm gebaut wird, zu behalten. Aber die Entwicklung könnte auch eine andere sein – er könnte übermütig, gelangweilt, leichtsinnig oder tyrannisch werden.

Der Jungfrau-Mann (24. August bis 23. September)
Für die Verbindung mit einem Jungfrau-Mann spricht relativ viel, vor allem seine Verläßlichkeit, die Ausdauer seiner nicht überhitzten, aber gleichmäßig wohltemperierten Neigung. Voraussetzung für glücklichen Verlauf dieser Zweisamkeit wäre jedoch, daß der Jungfrau-Typ mit seiner Kritiklust zurückhält.

Der Waage-Mann (24. September bis 23. Oktober)
Die Krebs-Geborene, die selbst starken Stimmungsschwankungen unterworfen ist, findet im Waage-Mann ein Pendant. Was ist, wenn sie gerade depressiv ist und er besonders unternehmungslustig, oder am nächsten Tag ihr zum Jubeln zumute ist und er schwarze Stunden hat? Die Schwierigkeiten vervielfachen sich. Außerdem flirtet der Waage-Mann für sein Leben gern, und welche Krebs-Frau erträgt dauerndes Bangen?

Der Skorpion-Mann (24. Oktober bis 22. November)
Einer Krebs-Frau gegenüber könnte der Skorpion-Mann Beschützertalente entfalten, die ihm sonst nicht liegen. Es wäre aber trotz beträchtlicher Unterschiede durchaus möglich, eine Basis für Dauerglück zu finden. Allerdings stellt der Skorpion-Mann in sexueller Hinsicht hohe Anforderungen an die Partnerin, und nicht jede Krebs-Geborene schätzt hitziges Verlangen.

Der Schütze-Mann (23. November bis 21. Dezember)
In den Augen eines Schütze-Mannes könnte die Krebs-Partnerin die geborene Spaßverderberin sein, und das sagt ihm wenig zu. Er braucht Spielraum und möchte seinen Erlebnishunger stillen. Der

Krebs-Geborenen fehlt meist das Verstehen für diesen Feuerkopf, von dem sie sich nicht ausschließlich genug geliebt fühlt.

Der Steinbock-Mann (22. Dezember bis 20. Januar)
Für das Paar Krebs-Frau und Steinbock-Mann sind ein wenig mehr Chancen vorhanden als für Verbindungen zwischen männlichem Krebs und weiblichem Steinbock. Trotzdem funktioniert so eine Beziehung eher theoretisch als in der Praxis.

Der Wassermann-Mann (21. Januar bis 19. Februar)
Jener männliche Wassermann, der einen weiblichen Krebs glücklich machen kann, müßte erstens ein relativ gefestigter Vertreter seines Zeichens sein, und zweitens wäre es von Vorteil, wenn er das Stadium des Herumschwärmens bereits hinter sich gebracht hätte. Nur dann ließe sich eine Partnerschaft in Erwägung ziehen. Auf erotischem Gebiet bestehen gute Kontakte.

Der Fische-Mann (20. Februar bis 20. März)
Fische-Mann und Krebs-Frau sind wie füreinander geschaffen. Die Voraussetzungen sind so harmonisch, wie dies nur selten der Fall ist. Krisen in der Liebe selbst sind sehr gering. Stellt sich hingegen eine andere Krise ein – eine wirtschaftliche oder eine berufliche oder familiäre –, verstehen die beiden Partner einander zwar auch im gemeinsamen Kummer, werden einander aber kaum heraushelfen können.

Der Widder-Mann (21. März bis 20. April)
Es wäre durchaus denkbar, daß ein Widder-Mann die Krebs-Geborene im Sturm erobert. Ob das zu wünschen ist, muß allerdings bezweifelt werden. Beide Typen sind sehr ichbezogen, wenn es sich auch ganz verschieden äußert. Viele Widder-Männer lassen ferner psychologisches Talent und Feingefühl vermissen. Die Krebs-Frau wird in Verteidigungsstellung gedrängt und fühlt sich – diesmal wahrscheinlich mit Recht – unverstanden.

Der Stier-Mann (21. April bis 20. Mai)
Stier-Männer sind in ihren Gefühlen beständig und haben es sehr gerne, wenn die Partnerin nur für sie da ist. Ihre Stärke gibt der Krebs-Frau das Gefühl des Geborgenseins an der Seite eines Stiers. Soweit wäre alles gut. Rücksichtnahme auf die Empfind-

samkeit des Krebswesens fehlt dem Stier. Es gibt also etwa gleich viele Pluspunkte wie Fragezeichen.

Der Zwillinge-Mann (21. Mai bis 21. Juni)
Mit Zwillinge-Partnern läßt sich schnell herzliches Einvernehmen herstellen, und auch in der Erotik klappt es vorzüglich. Die Entscheidung für oder gegen so eine Verbindung kann nicht summarisch getroffen werden. Chancen 50:50.

Der Krebs-Mann (22. Juni bis 22. Juli)
Krebs und Krebs? Das könnte nett werden, freundschaftlich und herzlich. Aber Liebe sollte doch noch aus anderen Quellen schöpfen als aus Gleichartigkeit, sonst versickert, was so nett begann – aber eben nur nett.

Glückstage der Krebs-Menschen

Einen schwarzen Freitag kennen die meisten Krebse zwar nicht, aber erlebt haben sie es bestimmt, daß ihnen am Mittwoch einfach nichts gelingen möchte. Wahrscheinlich haben sie längst festgestellt, daß der Mittwoch ganz offensichtlich nicht zu ihren Glückstagen gehört, während Dinge, die an einem Montag unternommen werden, fast immer einen positiven Ausgang haben. Außer dem Montag zählt noch, wenngleich vermindert, der Sonntag zu den Glückstagen der Krebs-Geborenen.

Die Glückstage nun im einzelnen: 3. Januar; 12. und 14. Februar; 24. März; 1. und 9. April; 5. Mai; 11. und 13. Juni; 26. Juli; 16. und 17. August; 21. September; 7. und 25. Oktober; 10. November; 14. und 28. Dezember.

Bei Verbindungen mit Partnern anderer Tierkreiszeichen gelten folgende Tage als besonders erfolgversprechend: Krebs und Widder: 13. März; Krebs und Stier: 25. August; Krebs und Zwillinge: 16. Oktober; Krebs und Löwe: 2. Februar; Krebs und Jungfrau: 30. August; Krebs und Waage: 10. Juli; Krebs und Skorpion: 18. November; Krebs und Schütze: 19. September; Krebs und Steinbock: 15. Dezember; Krebs und Wassermann: 4. März; Krebs und Fische: 23. Oktober.

Während der Glückstage, und die meisten Krebs-Menschen haben das schon oft feststellen können, gelingen vor allem jene Unternehmungen, die auf den Vormittag gelegt wurden. Erst am späten Abend, nach Dienstschluß also, zeigt sich die Glückssträhne wieder deutlich im privaten Bereich und sollte daher für Rendezvous, für Gespräche im Familienkreis, für gesellschaftliche Anlässe genutzt werden.

Glückszahlen der Krebs-Menschen

Die Zahlen 5, 16 und 21 zählen zu den hervorstechendsten Glückszahlen der Krebs-Geborenen überhaupt. Die Vertreter der ersten Dekade zählen zunächst noch die 3 zu ihren Glückszahlen; bei den in der zweiten Dekade geborenen Krebsen sind es noch die 11 und die 33; bei den Krebs-Menschen der dritten Dekade sind es schließlich noch die 9 und die 14.

Als Kombination sind erfolgversprechend allgemein: 5-17-40; für die erste Dekade: 12-52-77; für die zweite Dekade: 1-11-59; für die dritte Dekade: 10-18-44.

Die Glückszahlen für Krebs-Geborene, die mit Menschen aus anderen Tierkreiszeichen liiert sind, lauten: Krebs und Widder: 2, als Kombination 2-12-70; Krebs und Stier: 6, als Kombination 16-25-88; Krebs und Zwillinge: 8, als Kombination 14-33-94; Krebs und Löwe: 9, als Kombination 1-11-40; Krebs und Jungfrau: 2, als Kombination 21-26-66; Krebs und Waage: 0, als Kombination 10-80-88; Krebs und Skorpion: 3, als Kombination 13-30-61; Krebs und Schütze: 5, als Kombination 55-57-91; Krebs und Steinbock: 11, als Kombination 22-31-47; Krebs und Wassermann: 9, als Kombination 19-50-99; Krebs und Fische: 6, als Kombination 36-46-65.

Die gemeinsamen Glückszahlen sollten vor allem dann bedacht werden, wenn an einem Glücksspiel teilgenommen wird oder wenn Partner gemeinsam einen Toto- oder Lottozettel ausfüllen. Ergibt sich trotz der gewählten Kombination nicht gleich das ganz große Los, dann sollten beim nächsten Versuch dennoch die gleichen Zahlen gewählt werden.

Glückssteine und Glücksfarben der Krebs-Menschen

Die wechselhafte, Stimmungen unterworfene, schillernde Seite der Krebs-Geborenen läßt sich am besten durch einen funkelnden Diamant unterstreichen, der je nach Beleuchtung und Tageszeit sein Gesicht wechseln kann. Aber auch der dunkle Onyx kann zu den Glückssteinen der Vertreter dieses Tierkreiszeichens gerechnet werden.

Allgemein gilt, daß Krebs-Menschen, die oft sehr lange brauchen, bis sie sich selbst gefunden haben, ungewöhlich lange auch einfachen Modeschmuck oder unechte Steine tragen können, ohne daß dies als unpassend empfunden wird. Erst mit Vollendung des zweiten Lebensjahrzehnts, wenn der Reifungsprozeß abgeschlossen ist, sollten vornehmlich echte Diamanten, sollte echter, kostbarer Schmuck getragen werden. Aber Vorsicht vor Überladungen! Zwei, drei schöne Stücke sind das höchste der Gefühle, egal, wie festlich der Anlaß auch ist.

Die Glücks- und damit zugleich die Lieblingsfarbe, die ihm steht und in deren Gegenwart er sich wohl fühlt, ist für den Krebs-Geborenen eindeutig das Weiß. Weiß ist ihm sympathisch, umschmeichelt sein Aussehen und beruhigt ihn. Aber – genau wie die graue Farbe kann das Weiß allzu hart an die Realitäten des Daseins heranreichen. Und dann kann Weiß ernüchternd wirken, genau wie die Stimmung der Krebs-Geborenen von einem Extrem zum anderen umschlagen kann, ohne jeden Übergang.

Nicht von ungefähr bedeutet die weiße Farbe das Symbol des Friedens. Sie ist auch das Zeichen der Ablehnung gegenüber allen Streitigkeiten und häßlichen Auseinandersetzungen.

LÖWE

(23. Juli bis 23. August)

Die starken und schwachen Seiten des Löwe-Menschen

Das Widersprüchliche und Entgegengesetzte im menschlichen Charakter und seinem alltäglichen Verhalten bleibt nicht ohne mehr oder weniger starke Auswirkungen auf Lebensweg und Schicksal. Den positiven, zu Erfolg und Glück führenden Seiten stehen die negativen, zu Enttäuschungen, Unglück und Mißerfolg führenden Charakterzüge gegenüber. Nur die Einsicht in das menschliche Doppelwesen kann die widersprüchlichen Schicksalstendenzen überwinden und verschmelzen und dadurch zu einer harmonischen und positiven Persönlichkeitsentfaltung führen. Astrologisch-kosmische Analysen ermöglichen es den unter den einzelnen Sternzeichen Geborenen, sich selbst zu erkennen und einen Weg einzuschlagen, der zu den lichten Höhen eines erfüllten Lebens führt.

Das Zeichen Löwe wird auch „das königliche" genannt. So mancher Löwe-Mensch ist mächtig stolz darauf. Freilich – die „Königswürde" schützt keineswegs vor kleinen Schwächen.

Viele Züge, die den Charakter des Löwe-Typs prägen, können imponieren. Sie regen zur Bewunderung an – oder erwecken Neid. Objektiv betrachtet zählt das Zeichen Löwe zu den vitalsten und ausgeprägtesten im Reigen der zwölf Sternzeichen. Löwe-Menschen verfügen über große Tüchtigkeit und Kraft (auch seelische Kraft!); sie sind willensstark und einsatzfreudig, energisch und selbstbewußt, stolz und gewandt, oft auch sehr klug.

Alle diese Eigenschaften, die durchaus als Vorzug gewertet werden können, bergen die Gefahr in sich, durch Übersteigerung und Übertreibung eine negative Färbung zu bekommen: Dies gilt zum Beispiel für den Stolz und das Selbstbewußtsein.

Bei der Mehrzahl der Löwe-Geborenen bleiben diese Wesenszüge in jenen Grenzen, die man „normal" nennen kann. Wer viel leistet und tüchtig ist, wer aus eigener Kraft zu imponierenden Erfolgen gelangt – hat der etwa nicht das Recht, auf diese Erfolge und das eigene Können stolz zu sein? Sogar sehr stolz? – Gewiß! Das Selbstbewußtsein, mit dem diese Löwe-Menschen auftreten, ist also durchaus natürlich. Es mag erfolglose Mitmenschen ärgern – aber das ist dann lediglich eine subjektive Reaktion, bei der eindeutig der Neid Pate steht.

Freilich kann es auch geschehen, daß in diesem oder jenem Fall das Selbstbewußtsein zur Überheblichkeit entartet und der Stolz zum Hochmut wird. Das ist dann weit weniger erfreulich.

Auch mit dem oft zitierten „Führungsanspruch" der Löwe-Geborenen verhält es sich ähnlich. Die echten Löwen dominieren gern. Sie weisen darauf hin, daß sie (auf dem Arbeitsplatz, in einem Team, im Familienkreis) die Hauptlast der Arbeit tragen und auch die Verantwortung – was wäre da näherliegend, als auch die fälligen Entscheidungen zu treffen? Ja, sie wollen dominieren, und häufig wird dieser Anspruch durch ihre Leistungen und ihr tatsächliches Organisationstalent solide untermauert.

Aber es gibt da viele Nuancen. Der „ideale" Löwe, der in einer Gemeinschaft die Führungsrolle übernommen hat, wird sich zwar die letzten Entscheidungen vorbehalten, aber stets guten Kontakt zu den anderen Mitgliedern dieser Gruppe haben. Er wird die Ansichten der anderen anhören, wird aufgeschlossen für Anregungen sein und sie aufgreifen, wenn er sie für gut hält und sie sich in sein Konzept fügen. Er wird also nicht Diktator sein, der keine andere Meinung gelten läßt, sondern das „Haupt" einer Gemeinschaft und sich im übrigen durchaus bewußt, daß dieses Haupt zwar den Ton angibt, daß zum Funktionieren der Gemeinschaft aber alle Glieder nötig sind.

Das ist der Idealfall. Er liegt nicht immer vor. Es gibt auch das andere Extrem: den Tyrannen. Und es gibt zwischen den Extremen eine Unzahl von Schattierungen zwischen hell und dunkel. Daß in diesen Mischungen die positiven Komponenten meist überwiegen, ist erwiesen. Die restlos unerfreulichen Vertreter des Löwe-Zeichens bilden eine kleine Minderheit.

Im Privatleben verhält sich der Löwe-Mann als Ehegatte und „Familienchef" durchschnittlich ebenfalls so, daß er zwar die Anerkennung seiner Stellung als Herr des Hauses fordert, jedoch (von den üblen Ausnahmen abgesehen) nicht einfach blinden Gehorsam. Er wird also, bevor er wichtige Entscheidungen trifft, mit der Partnerin darüber sprechen, wird sie, falls sie andere Ansichten hat, zu überzeugen versuchen. In der Regel ist der Löwe-Mann ein fairer Kämpfer, der das offene Visier liebt. Er kann sehr heftig werden und regelrecht explodieren – doch das hängt eben mit seinem hitzigen Temperament zusammen.

Einer seiner größten Vorteile ist, daß er nicht nachtragend ist. Nach einem Krach ist die Sache für ihn erledigt. Er wird nicht ununterbrochen darauf zurückkommen. Und noch etwas muß man ihm zugute halten: Er läßt sich überzeugen, vor allem von klugen Partnern, die seinen Stolz nicht verletzen und ihm mit der richtigen Mischung von Diplomatie, Respekt, Festigkeit und ein wenig Schmeichelei begegnen.

Allgemein gilt die Regel, daß der Löwe-Typ um so entgegenkommender, großzügiger und umgänglicher ist, je erfolgreicher sich sein Leben im ganzen gestaltet und je mehr er sich anerkannt fühlt. Im logischen Zusammenhang damit ergibt sich, daß der Löwe-Haustyrann fast immer identisch mit dem beruflich unzufriedenen Löwen ist. Es besteht dann die Neigung, die Unzufriedenheit abzureagieren, und das geschieht eben oft daheim in den eigenen vier Wänden, wo aufgetrumpft wird.

Zu den kleinen Schwächen dieses Zeichens gehört die bereits erwähnte Geneigtheit, Schmeicheleien ein offenes Ohr zu leihen. Löwe-Geborene bestreiten das energisch. Es ist aber trotzdem so.

Um noch eine weitere Schwäche zu nennen: Der Löwe-Typ liebt Prunk und Luxus. Er liebt das „große Auftreten". Zum Beispiel wird er es vorziehen, acht Tage in einem erstklassigen Hotel abzusteigen, statt drei Wochen in einem billigen zu leben. Löwe-Menschen beiderlei Geschlechts kleiden sich auch gerne mit ausgesuchter Eleganz. Die Löwe-Frau trägt lieber ein kostbares Schmuckstück als mehrere billige Modeketten.

Zu den Vorzügen wiederum zählt die in diesem Zeichen meist deutlich ausgeprägte Hilfsbereitschaft. Löwe-Geborene setzen sich gerne für ihre Freunde ein – sie tun dies um so lieber, wenn mit Dankesbezeigungen nicht gespart wird. Am Rande ist die Hilfsbereitschaft wiederum mit einer kleinen Schwäche verklammert: Die Löwe-Typen sonnen sich so gerne im Ruf von Gönnern! Davon abgesehen macht es ihnen aber auch echte, ehrliche Freude, Menschen, die ihnen nahestehen und sympathisch sind, helfen zu können, ebenso wie sie stets Freude daran haben, schenken zu können.

Wenn ein Löwe-Mensch etwas verspricht, dann kann man sich in der Regel darauf verlassen. Er ist nämlich mit Versprechungen ziemlich vorsichtig, wird also überhaupt nur dann eine Zusage machen, wenn er auch bereit ist, sie einzulösen. Ganz allgemein gehört er zu jenen Typen, die lieber handeln als reden. Das hängt mit seiner großen Aktivität zusammen.

Zweifellos sind sie starke Charaktere, die leidenschaftlichen, kraftvollen und offenen Löwe-Menschen. Wer ihnen begegnet, muß sich über eins im klaren sein: Weder Löwe-Mann noch Löwe-Frau sind jemals „Wachs in den Händen" eines Partners.

Löwe-Menschen sind durchweg Vollblutnaturen, ausgestattet mit großer Energie, lebensbejahend, optimistisch, strebsam, ehrgeizig und alles in allem bestrebt, eine Rolle im Leben zu spielen.

Löwe-Geborene stehen meist fest auf dem Boden der Realität, sind selbstbewußt, ihrer Kräfte und ihrer Begabungen sicher, und es ist nur schwer möglich, sie „kleinzukriegen".

Wer unter dem „königlichen Zeichen" Löwe geboren wurde, der verfügt meist über einen unbeugsamen Charakter. Schicksalsschläge oder Mißerfolge bewirken – so tief sie im einzelnen Fall auch treffen mögen – eigentlich nie eine Veränderung in den charakterlichen Grundzügen.

Der schwer getroffene Löwe-Mensch wankt, zieht sich vielleicht für eine kleine Weile aus der Arena des Lebenskampfes zurück – doch das dauert nicht lange. Bald ist er wieder da, trägt den Kopf jetzt erst recht hoch und verrät mit jedem Wort, jeder

Geste und jeder Aktion, daß man weiterhin mit ihm zu rechnen hat und daß es ein Irrtum war, ihn als „geschlagen" zu betrachten.

Das Selbstbewußtsein des Löwe-Typen ist imponierend – zumindest gilt das für die Mehrzahl jener Löwe-Menschen, die leistungswillig, eifrig und unermüdlich am Werk sind und schließlich mit durchaus berechtigter stolzer Zufriedenheit auf das Geschaffene hinweisen können.

Daß es auch andere Vertreter des Löwe-Zeichens gibt, bei denen die positiven Merkmale ihres selbstbewußten Wesens ins Negative verkehrt werden, soll nicht verschwiegen werden. Allerdings befinden sich diese unberechtigt selbstbewußten Löwe-Geborenen in der Minderheit.

Erziehung der Löwe-Kinder

Löwe-Kinder zeichnen sich schon früh durch ihre große Selbständigkeit aus. Sie sind sehr selbstbewußt und verstehen es von Anfang an, ihren Willen durchzusetzen, wobei sie allerdings nur den als ihren Herrn und Meister anerkennen werden, bei dem ihnen das nicht gelingt.

Die Eltern eines Löwe-Kindes werden deshalb gut daran tun, gleich von Anfang an ihre Autorität durchzusetzen und nicht durch ein dauerndes Nachgeben ihr Prestige zu verlieren. Sonst könnte es nämlich geschehen, daß sie, noch ehe der kleine Knirps richtig laufen kann, schon zu einem willenlosen Sklaven geworden sind, um so mehr, als er das, was er nicht durch Geschrei und gelegentliche Tobsuchtsanfälle durchzusetzen vermag, sich durch seine gewinnende Liebenswürdigkeit zu erschmeicheln versteht.

Löwe-Kinder sind im allgemeinen sogenannte freundliche Babys, die zwar stundenlang schreien, wenn sie etwas nicht erreichen können, aber die ihre Eltern, wenn sie ihren Willen durchgesetzt haben, sofort mit einem strahlenden Lächeln belohnen.

Trotzdem wird es zweckentsprechend sein, wenn sich die junge Mutti auf keinen Fall allzusehr beeinflussen läßt und die große Linie ihrer Erziehungsmaßnahmen unerschütterlich beibehält. Damit wird sie sich – je früher, desto sicherer – nicht nur das

Herz, sondern auch die Anerkennung ihres „Löwenbabys" erringen.

Dies gilt für alle Löwe-Kinder: Sie vertragen, auf die Dauer gesehen, zwar Strenge und gelegentlich sogar eine gewisse Ungerechtigkeit, obwohl sie dagegen nach Kräften opponieren, niemals aber finden sie sich mit der Schwäche ab. Wankelmütige Eltern werden für das Löwe-Kind in den frühen Jahren seines Lebens ein Spielzeug und später ein Gegenstand ihrer Verachtung werden.

Hat der kleine Löwe seine Grenzen einmal erkannt, ist er ein recht ansprechender Hausgenosse, der es durch seine natürliche Liebenswürdigkeit und seinen Charme versteht, sich überall ins beste Licht zu setzen, und dessen Eitelkeit im Bewußtsein seiner allgemeinen Beliebtheit oft erstaunliche Dimensionen annimmt, wenn man sie nicht rechtzeitig einzudämmen versteht.

Diese Selbstgefälligkeit wird im Verein mit einer ganz und gar überdurchschnittlich entwickelten Willensstärke zumeist dazu führen, daß das Löwe-Kind im Kreis seiner Spielgefährten absolut dominierend wirkt, ja nicht selten kommt es zu einer am Anfang recht drollig wirkenden Pose des großmütigen Gönners, die es vor allem schwächeren Kindern gegenüber mit besonderer Vorliebe an den Tag legt.

Possierlich ist bisweilen vor allem die Ritterlichkeit, die Löwe-Knaben ihren weiblichen Spielgefährtinnen gegenüber an den Tag legen. Sie erweisen sich schon gefährlich früh als vollendete Charmeure, die ihre Gunst großmütig auf jene verteilen, die sich dieser Auszeichnung am meisten bewußt werden.

Da der kleine Löwe so ziemlich wahllos jeder Schmeichelei zum Opfer zu fallen bereit ist, wird es für seine Erziehung wichtig, daß ihm in dieser Hinsicht eine gewisse Vorsicht gepredigt wird. Schwierigkeiten ergeben sich manchmal aus der Großsprecherei der Löwe-Kinder. Sie lieben es nun einmal, sich in Szene zu setzen, und da sie über eine stark ausgeprägte Phantasie verfügen, erzählen sie oft die unwahrscheinlichsten Geschichten mit einer solchen Ernsthaftigkeit, daß sie schließlich selbst daran glauben. Sie in solchen Fällen ebenso behutsam wie sicher auf den Boden der Wirklichkeit zurückzugeleiten, möglichst ohne ihren Stolz zu verletzen, ist deshalb eine der wichtigsten Aufgaben ihrer Eltern.

Gefährlich ist es, den Stolz eines Löwe-Kindes zu verletzen, denn der Stolz ist eine wesentliche Charaktereigenschaft. Obwohl es sonst nicht nachtragend ist, vergibt es eine einmal erlittene Demütigung nie. Vernünftigen Ermahnungen gegenüber aber erweisen sich Löwe-Kinder im allgemeinen als zugänglich, und wenn sie einmal eingesehen haben, daß sie im Unrecht waren, tun sie von sich aus ihr Bestes, um dies wiedergutzumachen.

Eine einmal verhängte Strafe, die sie als gerechtfertigt empfinden, nehmen sie zumeist willig hin, doch wollen sie, daß die Angelegenheit damit ein für allemal begraben und vergessen ist. Ihr leicht versöhnliches Temperament wirkt sich im Umgang mit ihren Spielgefährten und Freunden im allgemeinen mäßigend aus, und sie verstehen es mit viel Geschick, eine freundliche Atmosphäre um sich zu verbreiten – vorausgesetzt, daß sie ihre einmal annektierte Vorrangstellung anerkannt wissen.

In der Schule ergeben sich nicht selten Konflikte mit Lehrern und Kameraden, wobei häufig Elternhaus und Schule gegeneinander ausgespielt werden. In dieser Hinsicht werden die Eltern gut daran tun, dem kleinen Löwen klarzumachen, daß er seinen Führungsanspruch nur durch Leistungen rechtfertigen kann.

Was die Bewältigung der Schulaufgaben betrifft, so wird sich das Löwe-Kind als vielfältig interessiert erweisen. Dort, wo sein Ehrgeiz in der richtigen Weise angesprochen wird, kann es zu beachtlichen Leistungen gelangen. In der Praxis ist schon manches mittelmäßig begabte Löwe-Kind zum Klassenbesten geworden, nur weil es genügend Ehrgeiz an den Tag legte, sein einmal gestecktes Ziel zu erreichen.

Der Löwe-Schüler zeigt beim Lernen meist großen Eifer, solange er merkt, daß sein Interesse geschätzt wird. Wenn man jedoch seinen Stolz verletzt, kann er sich sehr widerspenstig und tyrannisch aufführen, indem er sich jeder Anordnung widersetzt. Solange das Löwe-Kind ständig in seiner Lerntätigkeit angeregt und ermuntert wird, erfüllt es ernsthaft seine Pflichten. Wenn aber das Interesse des Lehrers an seiner Person nachläßt und er versäumt, jeden seiner kleinen Fortschritte zu loben, wird sein

Lerneifer nachlassen. Wie der Widder-Schüler braucht auch der junge Löwe-Geborene ein gewisses Maß an eigener Verantwortlichkeit und Initiative. Der Schüler des Löwe-Zeichens gibt sich meist nicht damit zufrieden, sich der allgemeinen Leistung der Klasse anzupassen. Er hat vielmehr den Wunsch, rascher als die anderen voranzukommen und mehr zu leisten als der Durchschnitt. Diese typische Charaktereigenschaft zeigt sich bereits im vorschulischen Alter. Das Löwe-Kind befreit sich vom mütterlichen Rockzipfel und versucht selbstbewußt, seinen eigenen Weg zu gehen und seinen Willen durchzusetzen.

Zuweilen ist es nötig, überschäumende Temperamente des jungen Löwe-Geborenen zu dämpfen. Eltern und Lehrer sollten von Anfang an darauf bestehen, daß ihre Anordnungen befolgt werden. In der Tat erwartet das Löwe-Kind selber, daß die Eltern und Erzieher sich ihm gegenüber in manchen Punkten als unnachgiebig zeigen. Dieses Kind sucht und braucht den Widerstand. Es ist ihm nicht damit gedient, wenn es seine Erzieher durch Trotz und Tränen zur Nachgiebigkeit veranlassen kann. Es will sein eigenes Durchsetzungsvermögen prüfen und stärken. Dabei erwartet es, daß es sich auf die Worte und Zusagen der Erwachsenen verlassen kann. Der Löwe-Schüler neigt im übrigen ein wenig zur Großsprecherei und zum Auftrumpfen. Man muß ihn zu der Einsicht bringen, daß es keinen Sinn hat, phantastische Lügen zu erzählen, daß er damit seinem Ruf und Ansehen schadet!

Schwierig wird es mit jungen Löwen bisweilen, wenn sie in die Zeit der Reife kommen. Eine gründliche und vor allem rechtzeitige Aufklärung wird sich hier als unumgänglich erweisen, weil junge Löwe-Menschen im allgemeinen über eine ausgeprägte und recht vehemente Vitalität verfügen und sich nicht selten schon früh in Liebesabenteuer stürzen, denen sie besser fern blieben.

In dieser Hinsicht wird es an den Eltern liegen, die sich bisweilen allzu schnell und unvermittelt anbahnenden Freundschaften mit dem anderen Geschlecht mit vorsichtigen Händen zu lenken, ohne der individuellen Persönlichkeitsgestaltung der jungen Löwen dabei jene gefährlichen Schranken aufzuerlegen, durch die sie nur in die Unbeeinflußbarkeit der Opposition abgedrängt würden.

Um ihr Kind richtig erziehen zu können, müssen die Eltern von kleinen Löwen aber auch wissen: Löwe-Kinder werden bewundert und angefeindet, geliebt und gehaßt, und all das oft in einem über dem Durchschnitt liegenden Maße. In den Reaktionen, die ein Mensch bei anderen hervorruft, spiegelt sich häufig sein eigenes Wesen wider.

Der Löwe-Mensch als Freund

Haben Sie einen Löwe-Menschen zum Freund? Dann darf man Ihnen gratulieren.

Löwe-Geborene sind offene, beharrliche, sehr hilfsbereite und verläßliche Freunde. Sie sehen sich die Menschen, mit denen sich engerer Kontakt ergibt, zunächst recht genau an. Nicht jeder, der um ihre Freundschaft wirbt, wird sogleich als Freund akzeptiert. „Löwen" können auf liebenswürdigste Weise Distanz halten. Haben sie aber einmal „ja" zu einer Freundschaft gesagt, bleibt es auf ihrer Seite auch dabei, und nur schwerwiegende Fehler, die der Partner macht, können das Bündnis zerstören.

Zu diesen Fehlern gehören unter anderem Unaufrichtigkeit, Wankelmütigkeit, Launenhaftigkeit, ständiges Nörgeln und Kritisieren sowie jene Bequemlichkeit, die bereits an die Freundeshilfe appelliert, bevor noch eigene Anstrengungen zur Meisterung einer kritischen Lage unternommen wurden.

„Löwen" helfen gerne und nachhaltig – sie lassen sich jedoch nicht ausnützen. Wer aus ihrer Großzügigkeit Kapital schlagen will, gerät an den Falschen. Werden Freunde von echten Schicksalsschlägen getroffen, gibt es in ihrer Familie einen Todesfall, Krankheit, einen Unglücksfall, oder tritt in anderem Zusammenhang eine echte Notsituation ein, dann sind die „Löwen" da, ohne daß man sie erst lange bitten muß. Sie leisten oft Außerordentliches, um den Freund wieder „auf die Beine zu stellen".

Es mag sein, daß ihre Freude am Helfenkönnen zu einem gewissen Teil auch dem egoistisch gefärbten Bedürfnis entspringt, die eigene Tüchtigkeit bestätigt zu sehen. „Löwen" lassen nicht gerne eine Gelegenheit ungenutzt, bei der sie beweisen können, daß ihnen gelingt, was andere nicht zustande bringen. Es befriedigt sie, wenn sie als Gönner auftreten können. Das gibt ihnen jenes Gefühl der Überlegenheit, das Balsam für ihre stolze Seele ist. Doch gewiß sind sie nicht allein aus solchen Gründen hilfsbereit. Man täte ihnen wahrlich unrecht, wollte man ihre guten Taten im Wert schmälern, indem man ihnen lediglich ichsüchtige Motive zugrunde legt.

Nein – die „Löwen" sind herzlicher Freundschaftsgefühle (ohne Hintergedanken) durchaus fähig, und vielleicht gerade ihrer idealen Vorstellung wegen kann sie eine Enttäuschung, die ihnen Freunde bereiten, so hart treffen und so erbittert reagieren lassen.

Ein „Löwe" tobt, wenn er entdeckt, daß man seine Hilfe erschwindelt oder mißbraucht hat, wenn ihm gar zu Ohren kommt, daß sich ein falscher Freund anderen gegenüber spöttisch über die Gutgläubigkeit des „Löwen" äußerte und sich über ihn lustig macht.

Mit offenen Karten zu spielen ist eine weitere Grundbedingung für den ungestörten Verlauf der Freundschaft. Löwe-Menschen hassen Verschleierungen, halbe Wahrheiten, Geheimniskrämereien. Sie sind in dieser Beziehung vielleicht bisweilen überstreng, das heißt, es kommt vor, daß sie im Verschweigen auch weniger wichtiger Dinge bereits den Beweis für Unaufrichtigkeit sehen. Es ist also Vorsicht am Platz, um in ihnen nicht den Verdacht zu wecken, man bringe ihnen nicht genügend Vertrauen entgegen, wolle sie übergehen, absichtlich im unklaren lassen oder dergleichen.

Es ist merkwürdig, aber „Löwen" haben eine Art sechsten Sinn, der sie sehr oft auf die richtige Spur bringt, was Freunde ihnen verschweigen. Oder sollte man sagen, daß sie einen Pakt mit dem Zufall haben? Sie erfahren gerade das, was sie nicht hätten hören sollen, sie tauchen ohne Absicht, wie von einem innerlichen Kompaß geleitet, gerade dort auf, wo es etwas zu sehen gibt, das nicht für ihre Augen bestimmt war.

Ist eine Freundschaft intakt, dann darf es zwischen den Partnern bedenkliche Heimlichkeiten natürlich ohnedies nicht geben. Für den „Löwen" ist es jedoch typisch, daß er bereits auf kleine

Heimlichkeiten, die andere Menschen nicht krummnehmen, empfindlich reagiert.

Geheimnisse unter Freunden sind dem Löwen a priori verdächtig, und der Gedanke, leicht entbehrt zu werden, verletzt seinen Stolz. Grollend zieht er sich zurück.

Grollt der „Löwe", dann lasse man es nicht auf sich beruhen, sondern frage ihn klipp und klar: Du bist jetzt anders als sonst. Weshalb eigentlich? Heraus mit der Sprache! Worüber hast du dich geärgert? Nur so läßt sich das gute Verhältnis wiederherstellen.

Berufe, die sich für Löwe-Menschen eignen

Löwe-Geborene zeichnen sich in der Mehrzahl durch Wagemut und Unternehmungsgeist, durch Energie und eine gewisse Härte (sich selbst und anderen gegenüber), durch Leistungswille und Leistungskraft, großen Ehrgeiz und Durchsetzungsvermögen aus. Sie sind oft ungeduldig, auch wenn man es ihnen nicht immer anmerkt. Und sie sind nicht leicht zufriedenzustellen, da sie stets nach Großem streben und ihre Ziele hoch stecken.

Der Löwe-Mensch verläßt sich am liebsten auf sich selbst (typisch ist sein Tendieren zu Berufen, in denen er sein „eigener Herr" sein kann!); er wird nie um Hilfe oder Unterstützung bitten. Wird ihm Förderung freiwillig gewährt, schlägt er sie zwar nicht aus, doch fühlt er sich meist unbehaglich. Er strebt dann rastlos und ungeduldig weiter, bemüht sich, Summen, die ihm etwa geliehen wurden, so schnell wie möglich zurückzuzahlen und im übrigen durch Erfolge zu beweisen, daß er das in ihn gesetzte Vertrauen verdient hat. Im Grunde genommen ist er sich stets bewußt, daß es zum Großteil von seinem eigenen Können abhängt, wie die durch Förderung in Schwung gebrachte Karriere verläuft.

Die Begabungen und stärker betonten Eignungen sind im Zeichen Löwe ziemlich weit gestreut. So gibt es zum Beispiel Löwe-Männer, die die geborenen Techniker sind, mit allen Maschinen sozusagen „auf du und du" stehen, und andere, die ein gewisses Mißtrauen gegen Maschinen hegen – vielleicht deshalb, weil sie von der Überlegenheit menschlicher Kraft und Klugkeit (und besonders natürlich von ihrer eigenen!) so überzeugt sind, daß auch die vollkommenste Maschine in ihren Augen etwas Zweitrangiges bleibt. Managertalente haben viele Löwe-Menschen, und so bringen es diejenigen, die den Managerberuf ergreifen, auch meist zum Erfolg. Es kann sich dabei um Industriemanager handeln, auch um Manager im künstlerischen Bereich – genaugenommen gibt es kaum eine Branche, die nicht vom scharf gezielten und durchschlagskräftig betriebenen Management eines Löwe-Menschen profitieren könnte.

Verantwortungsbewußtsein zeichnet Ärzte aus dem Zeichen Löwe aus. Scharfes Urteilsvermögen, verbunden mit Gewandtheit in Wort und Schrift, macht aus Löwe-Männern Kommentatoren des Weltgeschehens, Schriftsteller (die meist aktualitätsbezogen wirken), Juristen. Allgemein könnte man sagen, daß sich der Löwe-Mann dort besonders wohl fühlt, wo er mitten im Leben steht und „die Hand am Drücker hat".

Mut, körperliche Kraft und Gewandtheit eröffnen für manche Löwe-Männer aussichtsreiche Karrieren im Sport oder in der Artistik. Der persönliche Wagemut gehört ebenso zu diesem Zeichen wie nüchterner Weitblick. So trachten zum Beispiel Rekordsportler aus dem Zeichen Löwe immer rechtzeitig Vorsorge für die Zeit zu treffen, in der sie mit der nachdrängenden Jugend nicht mehr Schritt halten können.

Die Löwe-Frau ist kaum weniger einsatzfreudig als der Löwe-Mann, dem sie auch sonst nicht nachsteht. Sie kann als tüchtige Geschäftsfrau eine „ebenbürtige" Konkurrentin sein, kann überhaupt in vielen Berufen bestehen, die man oberflächlich als „männlich" bezeichnet. Ob sie nun wissenschaftlich arbeitet oder Architektin wird, ob sie als Sportlehrerin tätig ist oder sich bei einer internationalen Konferenz zu Wort meldet, für ihre Firma Verhandlungen führt oder in einem Handelsgremium den Vorsitz übernimmt – stets wird mit der Löwe-Frau „zu rechnen" sein.

Der Löwe als Arbeitgeber

Der Löwe als ehrgeiziger, aber nicht skrupelloser Mensch ist bereit, wie ein Sklave zu arbeiten, wenn er seinen Meister respektieren kann und wenn seine Aufgabe ihm Spaß macht. Leiden wird er dagegen in einer Position, die er eintönig findet. Hat er einen Vorgesetzten, der dumm, engstirnig oder ein schlechter Organisator ist, dann muß einer von beiden seinen Hut nehmen.

Die Löwen wollen ihre natürliche Begeisterungsfähigkeit und Lebenslust auch durch ihre Arbeit zum Ausdruck bringen. Sie gehören zu jenen Menschen, die Arbeit und Freizeit nicht strikt voneinander trennen können. Vor allen Dingen dann nicht, wenn sie einen artistischen oder kreativen Job haben. Positionen und Berufe, die sich für einen Löwen eignen, sind daher: Schauspieler, Lehrer, Verwalter, Jugendorganisator, Sportler, Tänzer oder Juwelier, also jede Form der Position, die Prestige bedeutet. Hervorragend ist der Löwe vor allen Dingen für die Position des Lehrers geeignet. Er kommt mit Kinder sehr gut zurecht und hat ein spezielles Talent im Umgang mit Kindern. Außerdem bedeutet diese Art der Beschäftigung für ihn selbst sehr viel Befriedigung.

In erster Linie strebt der Durchschnittslöwe nach Selbständigkeit. Als Arbeitgeber kommen seine mannigfachen Talente am besten zum Tragen. Er versteht und schätzt die unterschiedlichen Qualitäten seiner Mitarbeiter und verliert im allgemeinen nur wenig Zeit damit, von einem Angestellten Dinge zu verlangen, die dieser nicht bieten kann.

Er begreift, daß Befehle leicht zu verstehen sein müssen, und gewöhnt sich daher in seiner Eigenschaft als Arbeitgeber eine einfache Sprechweise und direktes Vorgehen an.

Aus seinem Herzen macht er keine Mördergrube. Wenn er mit einer Arbeit zufrieden ist, sagt er das klar und unmißverständlich. Genauso offen ist er jedoch, wenn er etwas zu kritisieren hat. Nachtragend ist er jedenfalls nicht.

Er selbst ist in der Lage, sehr viel Arbeit auf einmal zu erledigen. Seine Methode ist jedoch für Außenstehende, die nicht über Löwe- Qualitäten verfügen, hektisch und frustrierend. Typisch für diesen Arbeitgeber ist, daß er über einen langen Zeitraum konzentriert arbeiten kann, um sich plötzlich und unerwartet eine größere Verschnaufpause zu gönnen, während der er sich kaum bewegt und nur entspannt.

Der Löwe als Angestellter

Es fällt einem schwer, sich ausgerechnet den Löwen als Angestellten vorzustellen, als einen Mann, der für jemanden anderen arbeitet als für sich selbst. Ihm liegt mehr die freiberufliche Betätigung und das schöpferische Gebiet. Auch neigt der Löwe dazu, mehrere Firmen nacheinander zu gründen, wobei er so manchen Tiefschlag, manche Pleite hinnehmen muß, weil er ein Typ ist, der sehr oft nicht ausreichend plant und sich vor einem neuen Engagement nicht hinreichend informiert.

Wenn der Löwe angestellt ist, entwickelt er sich zu einem ehrgeizigen Individuum, das die Sprossen der Erfolgsleiter schneller als alle anderen erklettert. Anfangs kann seine nach außen gezeigte Arroganz zu Auseinandersetzungen mit Kollegen führen. Meistens erkennen sie jedoch schon nach kurzer Zeit, daß alles nur Fassade ist und dazu dient, sein großzügiges, warmes Herz zu verdecken.

Auch eine bewußt zur Schau gestellte Trägheit, die eigentlich nicht Löwe-spezifisch ist, bedeutet zu Beginn Auseinandersetzungen mit Kollegen und Kolleginnen. Die Mitarbeiter des Löwen werden bald erkennen, daß er dafür doppelt und dreifach zupacken kann, wenn er in der richtigen Stimmung ist, vor allen Dingen dann, wenn er eine Arbeit übernommen hat, die ihm wirklich liegt.

Der Löwe kann weit schlechter als die meisten anderen Sternzeichen-Vertreter sein Privatleben von seiner Arbeit trennen.

Wenn er zu Hause aus irgendwelchen Gründen unglücklich ist, leidet seine berufliche Arbeit als erstes darunter. Ist er glücklich verheiratet und hat eine intakte Familie, dann ist er noch ehrgeiziger und noch erfolgreicher als sonst.

Kollegen und Mitarbeiter lernen es im allgemeinen schnell, sich auf den guten Charakter und auf die speziellen Fähigkeiten des Löwe-Mitstreiters zu verlassen. Sie erkennen, daß er ein exzellenter Organisator ist und auch dann die Führung übernimmt, wenn er vielleicht nicht die notwendige Autorität dafür hat.

Der Löwe-Angestellte hat Durchblick und Überblick. Er erkennt schnell die große Linie eines Projektes und wäre hundertprozentig perfekt, wenn ihm nicht auf der anderen Seite die Fähigkeit fehlen würde, Details richtig zu erkennen und einzuordnen. Er braucht also Mitarbeiter, die hier und da einen von ihm gemachten Fehler ausbügeln. In einem solchen Fall braucht er aber die Ermutigung durch seine Mitstreiter.

Bequemlichkeit und äußere Umstände sind für den Löwe-Angestellten sehr wichtig. Wenn seine Arbeitsbedingungen nicht in Ordnung sind, kann er entweder nichts schaffen, oder aber er wird derjenige sein, der sofort beim Boß vorstellig wird, um diese verbessern zu lassen.

Der typische Löwe wird über sich selbst hinauswachsen und Überdurchschnittliches zu leisten vermögen, wenn er unter einem Chef arbeitet, der im Zeichen Widder, Schütze oder Zwillinge geboren wurde.

Diese Gesundheitsregeln sollten Löwe-Menschen beachten

Die energiegeladenen Löwe-Geborenen leben gerne „aus dem vollen". Sie tun nichts halb – weder bei der Arbeit noch in der Freizeit, weder in der Liebe noch beim Sport. Es liegt also sozusagen auf ihrer Linie, bisweilen des Guten zuviel zu tun. Mit anderen Worten: Sie neigen zu Übertreibungen.

Da die Löwe-Menschen in der Regel sehr robust sind, kann es lange dauern, ehe sich die Folgen des chronisch betriebenen Raubbaus mit der eigenen Kraft bemerkbar machen – und eben weil die Löwen so lange „ungestraft" (zumindest scheinbar ungestraft) ihrem Körper Belastungen zumuten können, die überdurchschnittlich sind, wiegen sie sich in Sicherheit. Sie sind der Ansicht, daß sie sich eben mehr zutrauen können als andere Menschen und daß ihnen einfach nichts passieren kann, da sie Sonderfälle sind.

Stimmt das? Nun – sie sind stark und verfügen über ansehnliche Kraftreserven – doch unbegrenzt sind diese nicht. Löwe-Typen, die sich niemals schonen, werden eines Tages doch erkennen müssen, wo die Natur ihnen Halt gebietet.

Gerade weil Löwe-Typen intensiv mit Höchsteinsatz arbeiten, ist es für sie wichtig, von Zeit zu Zeit echte Erholungspausen einzuschalten, im Urlaub wirklich zu entspannen. Je früher sie auf diesen Rhythmus zwischen Hochspannung und Entspannung zu achten beginnen, desto länger wird ihnen die Kraft und Leistungsfähigkeit erhalten bleiben.

Zu Übertreibungen kommt es nicht nur bei der Arbeit, sondern auch beim Sport. In diesem Zusammenhang muß darauf hingewiesen werden, daß die meisten Unfälle, die Löwe-Geborene erleiden, auf Übermut, Leichtsinn und Überschätzung der eigenen Kraft und Tüchtigkeit zurückzuführen sind. Auffallend ist, daß etwaige Verletzungen sehr häufig im Bereich der Wirbelsäule auftreten. Der Rücken gilt demnach auch als die kritische Zone im Körper der Löwen.

Höchstleistungen, egal ob sie geistiger oder körperlicher Art sind, können nicht gut mit leerem Magen vollbracht werden, das leuchtet ein. Löwe-Geborene zählen also – von ganz wenigen Ausnahmen abgesehen – zu den starken Essern, und zwar bevorzugen sie kräftige Kost. Mit Kleinigkeiten, bescheidenen Portionen, zierlichen Appetithappen geben sie sich nicht ab. Sie müssen im wahrsten Sinn des Wortes „etwas zum Beißen" haben. Es gibt viele Löwen, die – wahrscheinlich ohne recht zu wissen, weshalb – weiche, breiige Speisen, Haschees etc., rundweg ablehnen. Es stört sie offenbar, daß ihre Zähne dabei keine Arbeit mehr zu leisten haben.

Löwe-Menschen beginnen den Tag mit Schwung. Sie brauchen morgens keine lange Anlaufzeit. Mit beiden Beinen zugleich aus dem Bett – unter die Dusche – kräftig frühstücken und dann „mit voller Kraft voraus" in den Alltag, das ist ihre Art.

Ein Löwe-Geborener, der auf das Frühstück verzichtet, ist kaum vorstellbar. Der reichlich gedeckte Tisch gehört für ihn zu den ersten Freuden des jungen Tages. Gegen ein kräftiges Frühstück ist auch nichts einzuwenden, eher sollte im Lauf des Tages und vor allem, wenn der Tag zur Neige geht, bei den Mengen gespart werden.

Die erste Drosselung ist bei Teigwaren und bei Süßspeisen angezeigt. Hier liegt eine starke Wurzel für drohende Gewichtszunahme, und davor müssen sich die Löwe-Typen hüten, da etwa vom Beginn des fünften Lebensjahrzehnts an die Tendenz zu wachsender Körperfülle unverkennbar ist. Löwe-Menschen bleiben auch bei zunehmendem Gewicht noch proportioniert und wirken dann allenfalls „imposant" – doch ist rechtzeitige Kontrolle trotzdem ratsam, da eine Mehrbelastung des Herzens, wie sie mit der Gewichtszunahme Hand in Hand geht, vermieden werden muß. Der Herzschlag und der Gehirnschlag zählen im Zeichen Löwe zu den häufigsten Todesursachen.

Löwe-Menschen, die sich körperlich betätigen und in einem Beruf stehen, der mit ständiger Bewegung verbunden ist, haben es in dieser Beziehung leichter. Den anderen, die eine sitzende Beschäftigung ausüben, sei zu leichter Gymnastik (aber bitte regelmäßig!) und vor allem zu Spaziergängen in der frischen Luft geraten.

Es liegt in der Natur dieser eigenwilligen Menschen, daß sie sich ungern etwas verbieten lassen. Wer versucht, ihnen etwa ein Lieblingsessen einfach zu streichen, wird selten Erfolg damit haben.

Der Löwe-Mann und die moderne Partnerschaft

Mit seinem festen, unbeugsamen Charakter, seinem unternehmenden und beharrlichen Willen und seinem Streben nach Anerkennung und Erfolg im Leben stellt der Löwe-Mann einen klar umrissenen Typ dar. Die Wesensähnlichkeiten mit den weiblichen Löwe-Geborenen sind unverkennbar. Der Löwe-Mann fordert Respekt vor seinen Leistungen, er ist bereit, Verantwortung zu übernehmen, und er hat es sehr gerne, wenn man in ihm ein Vorbild erblickt.

Je nach dem Grad seiner positiven (oder negativen) Betrahlung überwiegt der Gerechtigkeitssinn und die damit im Zusammenhang stehende Toleranz, oder aber es treten Züge der Selbstherrlichkeit und gewisse „Pascha"-Unarten stärker hervor.

Das wirkt sich in allen Lebensbereichen aus, so zum Beispiel im Beruf und nicht zuletzt auch in den partnerschaftlichen Beziehungen. Von diesen wird nun die Rede sein, vor allem was die modernen Partnerschaften betrifft.

Wie sich die Beziehungen eines Löwen zur Umwelt im allgemeinen und den Menschen in seiner nächsten Umgebung im besonderen gestalten, hängt fast immer in einem hohen Grad davon ab, ob dieser Mann mit seiner Position im Leben zufrieden ist oder nicht. Ein erfolgreicher Löwe-Geborener verhält sich nämlich meist grundlegend anders als einer, der durch Schicksalsungunst oder eigene Fehler noch nicht erreichen konnte, was er anstrebt.

Der erstere ist meist liebenswürdig und umgänglich, ganz im Sinn seiner Devise „leben und leben lassen"; er spielt mit Vorliebe den Gönner und Förderer, läßt die Sonne seiner Gunst über allen leuchten, die ihm Bewunderung zollen, geizt nicht mit Geschenken, ist im Gegenteil äußerst großzügig und geht auf Vorschläge ein, die man ihm geschickt unterbreitet.

Anders der wenig oder zumindest in seinen eigenen Augen nicht genügend erfolgreiche Löwe. In so einem Mann, der sich benachteiligt fühlt, entstehen des öfteren Aggressionen, die er dann dort abreagiert, wo es ihm relativ leicht gemacht wird – und das ist eben in etlichen Fällen die eigene Familie.

Mit anderen Worten: Da der Löwe-Mann seinem Naturell gemäß irgendwo der Erste zu sein trachtet, wird er diesen Wunsch, wenn er im Beruflichen unerfüllt bleibt, nunmehr zu realisieren trachten, wo es eher möglich ist: in den eigenen vier Wänden. In den meisten Fällen, in denen sich ein Löwe-Mann als gefürchteter Haustyrann zeigt, der keinen Widerspruch duldet, sind die Gründe in Enttäuschungen und Fehlschlägen zu suchen, die er hinnehmen mußte und für die er sich nun unbewußt rächt.

Die Annahme, daß so ein Löwe-Geborener einer Frau, die zu ihm von Gleichberechtigung spricht, „die Zähne zeigt", ist ebenso naheliegend wie richtig.

Das hat ihm ja gerade noch gefehlt! Daß er nämlich nun womöglich auch in der Partnerbeziehung nicht mehr der Tonangebende sein soll! Nein, über solche „Zumutungen" wünscht er nicht einmal zu diskutieren. Da sind für ihn die Fronten klar gezogen, und jedes weitere Wort darüber ist zuviel.

Wenn andere Frauen diesen modernen Rummel mitmachen, hat er vielleich ein paar spöttische Worte dazu bereit, aber wenn ihm die eigene Frau mit Schlagworten wie „Selbstverwirklichung" kommt, dann hat der Spaß ein Ende.

Was will sie denn? Hat sie denn nicht ihn und somit einen hervorragenden Partner, der ihr zum Glücklichsein doch wohl genügen müßte? Das Leben an seiner Seite befriedigt sie nicht völlig? Sie will mehr? Das ist eine Beleidigung für ihn, und beleidigen läßt sich ein echter Löwe nicht!

Solche Löwe-Männer zu „bekehren", ist ein ziemlich aussichtsloses Unternehmen. Aber zum Glück sind ja bei weitem nicht alle Löwe-Männer von der Art. Mit den positiven Vertretern dieses Zeichens kann man – in guten Stunden – zumindest über Fragen, die die Gestaltung des Zusammenlebens betreffen, reden; sich mit ihnen vielleicht auch zusammenreden.

Vorsicht ist jedenfalls am Platz. Einfach „überrollen" darf man auch den aufgeschlossensten und entgegenkommendsten Löwe-Mann nicht. Aber man kann ihm – tropfenweise – Überlegungen eingeben, die ihn zum Nachdenken bringen, und dann weitersehen.

Wenn sich die Frau eines Löwe-Mannes durch die Arbeit im Haus nicht ausgelastet fühlt und sich von eigener Berufstätigkeit mehr Anregungen erwartet, wird sie in vielen Fällen auf seinen Widerstand stoßen. Der Löwe teilt ihn mit anderen stolzen, selbstbewußten Männern, die von ihrer Verantwortung für das materielle Wohl ihrer Familie nichts abgeben wollen; die vielmehr gerne betonen, daß ihre Frau, „es nicht nötig hat, arbeiten zu gehen".

Mit dem Gedanken, daß einer Frau der Beruf ebensoviel bedeuten kann wie einem Mann – nämlich mehr als Gelderwerb –, muß sich ein Löwe erst mühsam anfreunden. Am ehesten wird ihm das gelingen, wenn es sich um einen sogenannten interessanten, also nicht um einen Dutzendberuf handelt, womöglich gar um einen, der sichtbare, überdurchschnittliche Erfolge ermöglicht. In solchen Fällen könnte dann der Löwe-Mann auf seine Partnerin stolz sein, und das würde ihm schmeicheln.

Der berufstätigen Ehefrau im Haushalt an die Hand zu gehen, liegt allerdings weniger auf der Linie eines Löwen-Mannes, dessen Hilfsbereitschaft sich eher in Ausnahmesituationen – die ja meist befristet sind – als chronisch im Alltag beweist.

Da wird er eher für eine bezahlte Hilfskraft plädieren, damit der Haushalt ordentlich „läuft", denn seine Ordnung möchte er haben – pünktlich sein gutes Essen und ein gepflegtes Heim, das man auch vorzeigen kann. Wenn Gäste kommen, zum Beispiel.

Grundbedingung dafür, daß ein Löwe der Berufstätigkeit seiner Frau positiv gegenübersteht, ist nicht zuletzt, daß er selbst dabei nicht zu kurz kommt, daß sie also weiterhin seine Freizeitinteressen teilt und ihm im übrigen glaubhaft machen kann, daß er nicht hinter ihrer Arbeit zurücksteht, sondern das Wichtigste in ihrem Leben ist.

In einer guten Beziehung wird der positive Löwe seiner Frau Gleichberechtigung auch insofern zugestehen, als er wichtige Fragen des gemeinsamen Lebens und diesbezüglich zu treffende Entscheidungen mit ihr bespricht und auf ihre Anregungen eingeht.

Nur die weniger positiven Löwen treffen ihre „einsamen Entschlüsse" und fordern, daß die übrigen Familienmitglieder sie ohne Widerspruch akzeptieren.

Frauen mit präzisen Vorstellungen von ihren Rechten in einer modernen Partnerschaft tun jedenfalls gut daran, sich den Löwe-Mann, in den sie sich verlieben, genau anzusehen. Mit dem einen mag es gutgehen – mit einem anderen vielleicht nicht.

Die Löwe-Frau und die moderne Partnerschaft

Die Löwe-Geborene ist eine Frau mit klar ausgeprägten persönlichen Wesenszügen, selbstbewußt und vital, eine richtige Vollblutnatur. Wer vor ihr bestehen will, der muß ihr imponieren können, obwohl das Mütterliche in ihr sich oft auch gütig der Schwächeren annimmt.

Jedenfalls versteht sie es, sich im Leben durchzusetzen, sei es im Kreis der Familie, sei es im Beruf oder Behörden gegenüber. Sie debattiert gerne und weiß die Worte geschickt zu wählen, ihre Lebensklugkeit ist oft mit Charme gepaart.

Die positiv bestrahlte Löwe-Frau gibt die prächtigste Lebenskameradin ab, auf die man sich blind verlassen kann – bei der weniger günstig betrahlten kann das gesunde Selbstbewußtsein in Hochmut ausarten, der berechtigte Führungsanspruch in Herrschsucht und Rechthaberei. Zum Glück sind die positiven Vertreterinnen dieses Zeichens den unangenehmen gegenüber deutlich in der Überzahl.

Da die Löwe-Frau bei weitem nicht jede Mode mitmacht und jedes gerade gängige Schlagwort nachplappert, hat sie auch zu den Fragen der modernen Partnerschaft ihre höchst persönliche Meinung. Manches sagt ihr zu, anderes wiederum nicht.

Sie pocht gerne darauf, daß sie sich von gesellschaftlichen Strömungen unabhängig fühlt, da sie keiner Unterstützung bedarf, um sich ihr Leben in den wichtigen Punkten so zu gestalten, wie sie es für richtig hält.

Gleichberechtigung der Partner? O ja, das findet Frau Löwe schon in Ordnung. Sie ist nicht der willensschwache Jasagertyp, der sich leicht fügt und unterordnet. Gegen Männer mit Paschaallüren haben Löwinnen bereits aufgemuckt, als noch lange keine Rede von Emanzipation war.

Falsche Bescheidenheit ist der Löwin fremd. Sie weiß sehr genau, welches „Kapital" sie in eine Partnerschaft mitbringt; ihre Einsatzfreudigkeit zum Beispiel, ihren Fleiß, ihre Tüchtigkeit, egal ob sich diese in den eigenen vier Wänden oder außerhalb manifestiert, und natürlich auch ihre Qualitäten als Liebhaberin.

Der Mann, zu dem sie ja sagt (meist erst nach gründlicher Prüfung!), kann also ihrer Meinung nach sehr froh darüber sein, daß sie es tut. Sie ist ganz für ihn da und erwartet, daß er ihr, eben deshalb, auch ihre Freiheiten gönnt – nicht, um sie zu mißbrauchen, sondern weil sie sich eben nicht „an die Kette legen" läßt.

Bei Entscheidungen, die das Leben zu zweit betreffen, möchte die Löwe-Frau mitreden können. Sie mag es nicht, vor vollendete Tatsachen gestellt zu werden, nicht einmal dann, wenn sie damit im Grunde genommen einverstanden wäre. Ihr Ja möchte sie sagen können, bevor etwas entschieden wurde, denn nur dann ist sie mitverantwortlich für das Weitere. Löwinnen übernehmen gerne Verantwortung.

Auch in diesem Punkt sind sie durchaus für die Gleichberechtigung. Mit einer gewissen Verachtung blicken Löwe-Geborene auf jene Frauen, die das Dasein von Luxusgeschöpfen spielen oder sich in die Rolle der reizenden Hilflosen zurückziehen und den Mann allein alle Lebenskämpfe bestehen lassen.

Nein, da ist die Löwin aus anderem Holz geschnitzt. Sie trägt gerne und stolz ihren Teil an Verantwortung für die Familie. Sie ist der fest zupackende Typ. Und sie fordert den Respekt, der ihren Leistungen gebührt.

Mit dem Hauptzweig der Gleichberechtigungs-Bewegung kann sich die Löwe-Frau solidarisch erklären. Was ihr oft gar nicht gefällt, sind hingegen gewisse Seitentriebe, die in eine Richtung gehen, die ihr nicht zusagt.

Da behaupten doch wild gewordene Emanzipierte mitunter, daß zur Gleichberechtigung die völlige sexuelle Freizügigkeit beider Partner gehöre. Und dabei kommen die meisten Löwinnen nicht mehr mit. Die sexuelle Bindung spielt bei ihnen eine sehr starke Rolle. Diese leidenschaftlichen Frauen sind auch sehr eifersüchtig.

Mit einer Partnerschaft, in der Mann und Frau sich die Freiheit von Seitensprüngen nehmen und das ganz natürlich finden, kann sich die Löwin nicht einverstanden erklären.

Sie kann auch jene Ansicht nicht gutheißen, wonach eine Partnerschaft nur dann lebendig und interessant bleibt, wenn beide Partner möglichst viel allein unternehmen. Gewiß, sie läßt es sich nicht verbieten, wenn sie einmal allein eine künstlerische Veranstaltung besuchen oder sich mit einer Freundin treffen möchte, aber sie verliert dabei die Wichtigkeit der gemeinsamen Unternehmungen nie aus den Augen. Wozu denn überhaupt Gemeinsamkeiten, wenn dann jeder vorwiegend eigene Wege geht? fragt die Löwe-Frau.

Getrennter Urlaub soll gut sein? Das versteht die Löwin nicht. Im Alltag ist man ohnedies sehr viel getrennt (ausgenommen jene

Fälle, in denen berufliche Zusammenarbeit besteht), und dann soll dieses Getrenntsein auch noch auf die freien Wochen des Urlaubs ausgedehnt werden? Wer das für richtig hält, braucht doch eigentlich überhaupt keine Lebensgemeinschaft einzugehen, meint die Löwe-Frau. Da würde eine lose Bindung vollauf genügen.

Die Löwin – obwohl durchaus selbständig und auf Wahrung ihrer Persönlichkeitsrechte bedacht – schüttelt zu manchem nur verständnislos den Kopf, was radikale Emanzipierte fordern.

Wie heißt es? Das Eingehen auf die Interessen des Mannes sei gleichbedeutend mit Aufgabe des eigenen Ichs? Da muß die Löwin lachen. So viel Ängstlichkeit kann in ihren Augen nur ein Zeichen von Schwäche sein. Sie traut sich ohne weiteres zu, sie selbst zu bleiben und trotzdem für die Interessen des Gefährten aufgeschlossen zu sein.

Natürlich findet sie es wünschenswert, wenn dieses Eingehen auf die Interessen des anderen bei beiden Partnern vorhanden ist. Aber ergibt sich das bei einer guten Beziehung nicht ganz von selbst?

Wirklich schade, daß Auswüchse der Emanzipationsbewegung diese gelegentlich in ein schiefes Licht zu rücken beginnen, findet die Löwe-Frau. Sie verfügt über Gerechtigkeitssinn, und deshalb stört es sie, wenn manche Frauen das Extrem der Unterdrückung der Frauen nun offenbar durch das andere, das der Unterdrückung des Mannes, ersetzen wollen. Das kann nicht gutgehen, darüber ist sich der Großteil der Löwe-Frauen einig.

Zufrieden ist nur jene Minderheit, die es immer schon auf das schrankenlose Herrschen abgesehen hatte.

Ist eine Löwe-Dame dieser Minderheit zugestellt, dann kann sie es zwar durchaus schaffen, in beruflicher Hinsicht Enormes zu erreichen, doch wird sie privat im allgemeinen nicht glücklich. Sie wird sich das jedoch nicht anmerken lassen. Das verbietet ihr Stolz. Wie könnte sie zugeben, daß sie sich selbst um ihr Glück betrogen, daß sie ihre Mittel zu radikal gewählt hat? Nein, da beißt sie sich lieber so durch und schweigt, denn Mitleid kann sie nun einmal absolut nicht ertragen.

Wer paßt am besten zum Löwe-Mann?

Die Jungfrau-Frau (24. August bis 23. September)
Bei Verbindungen mit Jungfrau-Geborenen ist Übereinstimmung nur zu etwa dreißig Prozent zu erwarten, und das ist doch etwas wenig. Der Jungfrau-Typ liebt zwar tief, aber weniger stürmisch als der Löwe, und allein daraus können bereits Mißverständnisse erwachsen, die nicht vereinzelt bleiben.

Die Waage-Frau (24. September bis 23. Oktober)
Auch bei Partnerschaften mit Waage-Frauen sind Bedenken anzumelden. Für das Schwankende des Waage-Wesens hat der Löwe absolut kein Verständnis, und es stört ihn auch gewaltig, daß die „Waagen" ziemlich beeinflußbar sind, und zwar nicht nur durch ihn, sondern auch durch andere.

Die Skorpion-Frau (24. Oktober bis 22. November)
Begegnen einander Löwe-Mann und Skorpion-Frau, so kann die erotische Anziehung sehr stark sein. Liebesfreuden werden ausgiebig genossen, abgesehen davon sorgt jedoch die Eigenwilligkeit beider Partner meist schon in absehbarer Zeit für Zündstoff. Die weitere Entwicklung verläuft dann meist auf des Messers Schneide.

Die Schütze-Frau (23. November bis 21. Dezember)
Schütze-Frauen kommen in mancher Hinsicht den Wünschen der Löwe-Männer sehr entgegen. Sie sind liebenswürdig und diplomatisch, geben nach, wenn ihre Klugheit es ihnen rät, sind andererseits aber Persönlichkeit genug, um dem Löwen zu imponieren. Die Übereinstimmung im Sexuellen ist groß, die Chancen summa summarum überdurchschnittlich.

Die Steinbock-Frau (22. Dezember bis 20. Januar)
Bei dem Paar Löwe-Steinbock gibt es annähernd ebenso viele Gründe, diese Verbindung zu befürworten wie davon abzuraten. Steinbock-Geborene können ziemlich halsstarrig sein und lassen sich auch vom starken Löwen nicht so ohne weiteres beugen. In einigen Fällen läßt sich sicher ein Arrangement treffen, ob es aber von Dauer sein wird, ist eher zweifelhaft.

Die Wassermann-Frau (21. Januar bis 19. Februar)
So ein echter Löwe könnte auch unruhige Wassermann-Frauen fesseln. Zweifellos sind viele Momente gegenseitiger Anregung und Anfeuerung vorhanden. Typisch für diese Verbindungen ist, daß sie oft längere Zeit hindurch ausgezeichnet funktionieren und daß dann völlig unvermutet eines Tages eine Krise ausbricht, die nicht mehr überbrückt werden kann.

Die Fische-Frau (20. Februar bis 20. März)
Die Vertreter des Zeichens Löwe und Fische sind im Charakter so verschieden wie nur irgend möglich. Wie soll sich Wagemut mit Zaghaftigkeit vertragen, Feuer mit Wasser? Nur ausnahmsweise wird eine relativ robuste und unternehmungslustige Fische-Frau mit einem „milden" und sehr gerechten Löwen trotz allem glücklich werden.

Die Widder-Frau (21. März bis 20. April)
Für das Paar Löwe-Mann und Widder-Frau ist eine breite Basis vorhanden: gleiche Leidenschaft, gleiche Ziele, gleiche Einstellung zu vielen Fragen des Lebens, der Arbeit und des Genusses – das ist verheißungsvoll. Gelingt es diesen beiden auch noch, sich auf eine Art „Gewaltenteilung" zu einigen, kann sie fast nichts mehr trennen.

Die Stier-Frau (21. April bis 20. Mai)
Verlieben sich Löwe-Mann und Stier-Frau ineinander, ist es schwierig, Prognosen zu stellen. Verbindendes ist ohne Zweifel vorhanden, doch Trennendes liegt ständig auf der Lauer. Ob es klappt oder nicht, entscheidet in diesem Fall eher die Stier-Geborene, die sich anpassen müßte, als der Löwe.

Die Zwillinge-Frau (21. Mai bis 21. Juni)
Kontakte zwischen Löwe-Mann und Zwillinge-Frau sind meist schnell herzustellen, und auf erotischem Gebiet können sie heftig und beglückend sein. An Konfliktstoff herrscht allerdings auch nicht gerade Mangel. Wenn der Löwe sich überwindet und manchmal ein Auge zudrückt, und wenn der weibliche Zwilling

den Hang zur Flatterhaftigkeit zügelt und sich zur Zielstrebigkeit durchringen kann, ist Erfolg zumindest nicht ausgeschlossen.

Die Krebs-Frau (22. Juni bis 22. Juli)
Der Löwe-Mann verfügt zwar über die Lebenstüchtigkeit, die Krebs-Frauen bei ihren Partnern wünschen, um sich geborgen zu fühlen, weniger liegt ihm allerdings jene besondere Zartfühligkeit, die nötig wäre, um die Stimmungsschwankungen der Krebs-Geborenen zu verstehen und zu tolerieren. Wenn er in eine anschmiegsame Krebs-Frau sehr verliebt ist, wird er sich zwar Mühe geben, sie nicht zu verletzen, aber ob es ihm dauernd gelingt?

Die Löwe-Frau (23. Juli bis 23. August)
Löwe-Mann und Löwe-Frau können sich gegenseitig nichts vormachen. Sie sind ideale Sexpartner, haben gleichartige Interessen, erliegen allerdings auch der Versuchung, ihre Kräfte ständig zu messen – bis zur Zerreißprobe.

Wer paßt am besten zur Löwe-Frau?

Der Jungfrau-Mann (24. August bis 23. September)
Jungfrau-Männer gehören wohl zu jenen, von denen sich schwerlich behaupten läßt, daß sie zu Löwe-Frauen besonders gut passen. Auch wenn ein Jungfrau-Typ sehr tüchtig ist, „macht" er nicht viel daraus. Er möchte seines inneren Wertes wegen geliebt werden. Seine Ruhe und seine kritische Beobachtungsgabe machen Löwinnen nervös – kurzum, die Einigung läßt zu wünschen übrig.

Der Waage-Mann (24. September bis 23. Oktober)
Auch mit einem Waage-Geborenen dürfte es bald Schwierigkeiten geben, denn er erfüllt nur in geringem Maß die Wünsche, die eine Löwe-Frau mit ihrem Idealpartner verbindet. Der Waage-Mann ist wohl bis zu einem gewissen Grad lenkbar, verträgt aber die „starke Hand" des Löwen-Typs nicht. Wenn er Lust hat, dann flirtet er. Und er hat oft Lust. Das empört die Löwin.

Der Skorpion-Mann (24. Oktober bis 22. November)
Begegnen einander eine Löwe-Frau und ein Skorpion-Mann, prallen zwei starke Naturen aufeinander. Theoretisch ist es möglich, daß sich diese beiden „zusammenraufen", in der Praxis kommt es aber nicht allzu häufig vor, obwohl in Sachen Sex eine starke Verbindung besteht.

Der Schütze-Mann (23. November bis 21. Dezember)
Die Übereinstimmung im Sexualleben ist auch beim Paar Löwe-Schütze überdurchschnittlich groß – hinzu kommt aber noch sehr vieles mehr. Schütze-Männer verstehen es glänzend, sich bei Löwe-Frauen durchzusetzen, ohne deren Stolz zu verletzen. Die Chancen für dauerhaftes Glück sind ausgezeichnet.

Der Steinbock-Mann (22. Dezember bis 20. Januar)
Die Zielstrebigkeit des Steinbock-Mannes imponiert der Löwe-Geborenen, weniger begeistert ist sie über seine Bedächtigkeit, sein Mißtrauen und die starre Haltung, die er öfters einnimmt. Einigermaßen gutgehen wird es höchstens bei jedem zweiten Paar.

Der Wassermann-Mann (21. Januar bis 19. Februar)
Wassermann- und Löwe-Typen finden zwar öfters Gefallen aneinander, und ihre Verbindung kann durchaus glücklich beginnen, aber eines Tages lehnt sich dann so ein Wassermann doch gegen die fordernde Art des Löwen auf, vor allem ein männlicher Wassermann, den das bestimmte und bestimmende Wesen seiner Löwin sehr zum Widerspruch reizt.

Der Fische-Mann (20. Februar bis 20. März)
Es kommt – und man ist geneigt zu sagen: glücklicherweise! – ziemlich selten vor, daß sich eine Löwe-Frau in einen Fische-Mann verliebt. Glücklicherweise deshalb, weil die Löwin gerade diesem Partner gegenüber leicht der Versuchung erliegt, sich von ihrer herrischsten Seite zu zeigen. Der weiche, aber keineswegs schwache Fische-Mann leidet, weil er dieser vitalen Partnerin gegenüber den kürzeren zieht.

Der Widder-Mann (21. März bis 20. April)
Gerne ja sagen kann man zu dem Paar Löwe-Frau und Widder-Mann. Sie sind füreinander geschaffen. Zwar dürften Krisen in dieser leidenschaftsgeladenen Liebe nicht ausbleiben, doch das Bewußtsein, einen idealen Partner an der Seite zu haben, und der Wunsch, ihn zu behalten, müßten stärker sein als die gelegentlich auftretenden Spannungen.

Der Stier-Mann (21. April bis 20. Mai)
Jene Stier-Männer, die Frauen herablassend behandeln und es ablehnen, die Partnerin als gleichberechtigt zu respektieren, haben bei Löwe-Frauen sehr schnell ausgespielt. Leider machen ziemlich viele Stier-Männer diesen Fehler. Liebe kann sehr häßlich enden. Ausnahmen bestätigen die Regel.

Der Zwillinge-Mann (21. Mai bis 21. Juni)
Löwe-Frau und Zwillinge-Mann haben geringere Chancen, als dem Paar Löwe-Mann und Zwillinge-Frau eingeräumt werden können. Der Vertrauensvorschuß, den die Löwin „ihrem" Zwilling gewährt, solange sie sehr verliebt ist und hofft, er werde sich ganz nach ihren Wünschen wandeln, ist eines Tages verbraucht. Es tauchen immer neue Konflikte auf.

Der Krebs-Mann (22. Juni bis 22. Juli)
Der Krebs-Mann gibt der Löwe-Frau Rätsel auf, und es mag sie reizen, diese zu lösen. Ob es ihr gelingt, ist eine große Frage. Meist wächst ihre Gereiztheit, je deutlicher sie erkennt, daß der Gefährte zwar phantasievoll, zärtlich und ambitioniert, aber auch chronisch ein Opfer seiner Stimmungsschwankungen ist. Und dann macht sie Schluß.

Der Löwe-Mann (23. Juli bis 23. August)
Löwe und Löwin passen sehr gut zusammen. Manchmal zu gut, denn sie sind einander so ähnlich, daß sich das in einer engen Partnerschaft auch problematisch auswirken kann. Beide fühlen sich jedoch so voneinander angezogen, daß ihre Beziehung eine gute Chance hat, Krisen zu meistern.

Glückstage der Löwe-Menschen

Der Donnerstag einer jeden Woche ist der Glückstag der Löwe-Geborenen par excellence. An diesem Tag gelingt fast alles, und Löwe-Menschen, die das wissen, haben längst begonnen, Entscheidungen auf einen Donnerstag zu verlegen. Für die Vertreter der ersten Dekade ist darüber hinaus der Dienstag noch günstig; für die in der zweiten Dekade Geborenen empfiehlt sich der Freitag als zusätzlicher Glückstag; die in der dritten Dekade zur Welt gekommenen Löwe-Kinder schwören schließlich auf den Sonntag, der bei ihnen ganz allgemein zu einem Festtag wird, der am liebsten im Kreise der Familie verbracht wird.

Die über das Jahr verteilten Glückstage lauten: 18. Januar, 22. Februar, 3. März, 5. und 6. April, 20. Mai, 30. Juni, 2. und 12. Juli, 10. und 11. August, 16. und 21. September, 7. Oktober, 13. November, 24. und 29. Dezember.

Die gemeinsamen Glückstage für Löwe-Geborene, die mit Partnern anderer Tierkreiszeichen liiert sind, lauten folgendermaßen:
Löwe und Widder: 24. Januar und 10. April; Löwe und Stier: 1. Mai und 12. Mai; Löwe und Zwillinge: 30. August und 3. Dezember; Löwe und Krebs: 9. Juni und 4. Oktober; Löwe und Jungfrau: 9. März und 17. Juli; Löwe und Waage: 5. Mai und 19. November; Löwe und Skorpion: 3. Januar und 4. Januar; Löwe und Schütze: 11. August und 22. Dezember; Löwe und Steinbock: 8. Februar und 12. September; Löwe und Wassermann: 6. März und 15. Mai; Löwe und Fische: 4. April und 30. Dezember.

Glückszahlen der Löwe-Menschen

Jeder Mensch hat in Übereinstimmung mit seinen Tierkreiszeichen ganz bestimmte Glückszahlen, auch wenn ihm diese noch nicht bewußt sind, und auch, wenn diese nicht unbedingt den sofortigen Haupttreffer im Lotto bedeuten.

Bei den Löwen ist es ohne Zweifel die Neun, die Erfolg und Glück verspricht. Als Kombination hat sich 9-21-40 bewährt. Für die Vertreter der ersten Dekade gilt: Erfolgszahlen 8 und 9, Kombination 8-11-44; in der zweiten Dekade gilt: 7 und 9, als Kombination 7-19-55; in der dritten Dekade schließlich sind günstig die Vier und die Neun, als Kombination 4-14-90.

Die gemeinsamen Glückszahlen für Löwe-Geborene und die Vertreter anderer Tierkreiszeichen lauten:

Löwe und Widder: 2 und 8, als Kombination 8-12-20; Löwe und Stier: 3 und 6, als Kombination 13-60-80; Löwe und Zwillinge: 12 und 13, als Kombination 19-33-39; Löwe und Krebs: 1 und 9, als Kombination 11-49-66; Löwe und Jungfrau: 14-34-77, als Einzelzahlen die 2 und 15; Löwe und Waage: 7 und 9 als Einzelzahlen und als Kombination 19-27-30; Löwe und Skorpion: 9 und 10, als Kombination 39-50-70; Löwe und Schütze: 0 und 9, als Kombination 10-49-100; Löwe und Steinbock: 4 und 5, als Kombination 40-55-94; Löwe und Wassermann: 6 und 16, als Kombination 46-86-87; Löwe und Fische: 11 und 18, als Kombination 31-58-61.

Vertreter dieser Sternzeichen sollten sich diese Zahlen einprägen, um nicht unnütz eventuelle Chancen zu vergeben.

Glückssteine und Glücksfarben der Löwe-Menschen

Der Diamant, der echte, der teure – er paßt zum Löwe-Menschen wie seine wallende Mähne, gehört ganz einfach dazu. Die typische Löwe-Dame wird leichten Herzens auf eine ganze Schatulle voller Schmuck verzichten, wenn sie sich dafür einen einzigen glitzernden Diamanten leisten kann. Natürlich trägt sie von dieser Sorte auch gerne mehrere. Bescheidenheit in dieser Beziehung ist ihr fremd.

Zu den Glückssteinen der Löwe-Geborenen gehören darüber hinaus aber auch der Bergkristall und Goldquarz. Echte Löwe-Metalle sind Gold, Platin und Kupfer.

Zum Schmuck schlechthin hat der typische Löwe ein ganz besonderes Verhältnis. Er ist der Meinung, Schmuck gehöre zu ihm und seinem Wesen, unterstreiche seinen stolzen, königsähnlichen Charakter und bringe auch seine äußerlichen Merkmale wie das hoch erhobene Haupt und die gerade Haltung gut zur Geltung. Löwe-Damen müssen jedoch davor gewarnt werden, sich mit zuviel echtem Schmuck zu behängen. Das könnte dazu führen, daß sie noch leichter als sonst als arrogant und angeberisch eingestuft werden. Ein Brillant oder Diamant sollten pro festlichem Anlaß genügen. Da der Löwe ja gerne ausgeht, ergeben sich noch genügend Gelegenheiten, die anderen Schätze vorzuzeigen.

Menschen, die in dem Zeichen Löwe geboren sind, ziehen Orange vor, die Farbe der flammenden Sonne. Man muß mit Orange aber vorsichtig sein. Lampen und Lampenschirme, Tapeten und Decken in Orange können auf die Nerven gehen – genauso wie die Sonne, die unseren Kopf bescheint und Kopfschmerzen bereiten kann. Vorsichtig angewandt, wirkt diese Farbe mildernd, beruhigend und bestätigt, daß über sie der persönliche Charme eines Menschen zum Ausdruck kommt.

JUNGFRAU

(24. August bis 23. September)

Die starken und schwachen Seiten des Jungfrau-Menschen

Den Jungfrau-Menschen erkennt man unter anderem zunächst einmal an seiner Zurückhaltung. So herzlich dieser Typ nahestehenden Menschen, Familienangehörigen, Freunden gegenüber sein kann – es dauert immer geraume Zeit, bis man ihn – wenn überhaupt – von dieser Seite kennenlernt. Das Zeichen Jungfrau prägt sehr vorsichtige Charaktere, die sich nicht gern in die Karten sehen lassen. Dem Jungfrau-Geborenen wird deshalb immer wieder Verstellung, wenn nicht gar Falschheit vorgeworfen. Falsch im echten negativen Sinn sind Jungfrau-Menschen jedoch kaum. Daß sie sich bisweilen verstellen, kann nicht geleugnet werden, doch versteht man dies besser, wenn man die Motive kennt.

Die meisten Jungfrau-Geborenen leiden chronisch an verschiedenen Ängsten: Angst vor Verlust, vor Ereignissen, die sie um ihr Glück, ihren Besitz bringen könnten, ganz allgemein an Lebensangst. Sie sind sich dessen nicht immer klar bewußt, aber es prägt ihr Verhalten. Besonders deutlich tritt dies in der zweiten Dekade (3.–12. September) des von Merkur regierten Jungfrau-Zeichens in Erscheinung, denn es hat Saturn als Unterregenten, milder in der dritten Dekade (13.–23. September) mit dem Unterregenten Venus.

Gleich nach der Zurückhaltung und Vorsicht muß die Tüchtigkeit, der unermüdliche Fleiß als Kennzeichen des Jungfrau-Typs angeführt werden. Dabei gibt es allerdings verschiedene Nuancen.

Man trifft Jungfrau-Menschen, die am Tätigsein an sich Freude haben, ständig mit irgend etwas beschäftigt sind, denen aber die klare Zielrichtung fehlt, so daß sie in der mustergültigen, oft übergenauen und allzu gründlichen Erfüllung kleiner Tagespflichten gewissermaßen steckenbleiben.

Andere wieder entfalten ihre Emsigkeit ausschließlich auf einem begrenzten Gebiet, das ihnen besonders zusagt. Ist dieses Gebiet mit dem Brotberuf identisch, kann viel erreicht werden. Wurde hingegen eine unrichtige Berufswahl getroffen oder wurde der Jungfrau-Mensch in einen ihm nicht zusagenden Beruf hineingedrängt, wird er zwar nicht gerade versagen, doch auch nicht übermäßig erfolgreich sein, da sich in diesem Fall sein Eifer auf diverse Hobbys konzentriert.

Eine dritte Gruppe bilden jene Jungfrau-Geborenen, die besonders unentschlossen sind, sich für keine bestimmte Tätigkeit entscheiden können, viel tun, aber bei all diesem Tun auch viel Leerlauf aufweisen und oft erst unter besonderem Druck, zum Beispiel in Not- oder Krisenzeiten, die Hochform erreichen, zu der sie durchaus fähig sind.

Das Jungfrau-Zeichen gehört einerseits zu den zähesten und am festesten gefügten, andererseits zu den schwierigsten. Immer wieder läßt sich beobachten, daß sich Jungfrau-Menschen quasi selbst im Wege stehen, daß ihre Kraft und Ausdauer durch zu viele Überlegungen behindert, ihre Talente durch Unsicherheit in der Entfaltung gebremst, ihre Durchsetzungskräfte durch Ängstlichkeit gestoppt, also ganz allgemein viele erfolgversprechende Wesenszüge durch andere, hemmende aufgehoben werden.

Jeder Jungfrau-Mensch braucht – vielleicht in noch höherem Grad als die Geborenen anderer Sternzeichen – eine tüchtige Portion Glück, um im Leben das zu erreichen, was seinen Gaben entspricht. Er braucht die Gunst des Schicksals, die Förderung im richtigen Augenblick, die für ihn günstige Partnerschaft, privat und beruflich. Wird ihm dies zuteil, sind die Voraussetzungen dafür gegeben, daß er das Feld seiner Möglichkeiten bis an die Grenzen ausschreitet, tragen sein Fleiß und seine reichen Gaben die allerschönsten Früchte.

Ist er jedoch glücklos, wird er im großen Lebenstanz nur ein Mauerblümchen bleiben, den Lohn seiner Tüchtigkeit werden andere ernten, und er wird als verbitterter, unbeachteter Einzelgänger Trost in allerlei skurrilen Hobbys suchen.

Jene Jungfrau-Geborenen, die zu einem Dasein am Rande des Lebens verurteilt bleiben, sind zum Glück nur von geringer Zahl. Oft kann man beobachten, daß gerade die Jungfrau-Menschen, denen die Erreichung ideeller Ziele versagt bleibt, sich verbissen auf den materiellen Erfolg konzentrieren und ihn auch erreichen.

Eine gewisse Geschäftstüchtigkeit gehört zum Jungfrau-Zeichen. Diese Menschen verstehen es meist ausgezeichnet, mit dem Rechenstift umzugehen, und gerade dann, wenn man ihnen die Anerkennung schuldig bleibt, trachten sie, nüchtern und mit unerbittlicher Zähigkeit, zumindest finanziell nicht zu kurz zu kommen. Ihrem wachsamen Blick entgeht keine Chance, sich zusätzlichen Gewinn zu verschaffen. Ein Jungfrau-Typ tut nichts umsonst, findet stets einen Weg, sich Nebeneinnahmen zu erschließen.

Die materiell gesicherte Existenz gehört zu den Wunschbildern, die im Zeichen Jungfrau Vorrang haben. Auch hierin drückt sich teilweise die Lebensangst dieser Menschen aus, das Bangen vor unvorhergesehenen Schicksalsschlägen, die sich durch ein ausreichend vorhandenes finanzielles „Polster" zwar nicht verhindern, aber in ihrer Härte doch etwas abfangen lassen. Es trägt wesentlich zur inneren Ruhe eines Jungfrau-Menschen bei, wenn er im Rücken, für alle Fälle, einige Reserven weiß.

Auch sonst ist sein Streben stark auf Sicherheit gerichtet. Das Eigenheim ist ihm lieber als eine Mietwohnung, in der ihm gekündigt werden könnte; einen Beruf mit geregeltem Einkommen zieht er der Ungewißheit vor, die das Dasein der Freischaffenden mit sich bringt; vom Lebenspartner erwartet er Verläßlichkeit, Treue und jene charakterliche Festigkeit, die die Gefahr der Enttäuschung zumindest stark reduziert.

Der Jungfrau-Mann ist die Gewissenhaftigkeit, Pünktlichkeit und Ordnungsliebe in Person. Auf seine Verläßlichkeit kann man Häuser bauen. Er tut nicht nur seine Pflicht mustergültig, sondern meist mehr als seine Pflicht. Tätigsein ist ihm Bedürfnis, und die Arbeit wird um ihrer selbst willen geliebt.

Das Sprichwort „Der Sperling in der Hand ist besser als die Taube auf dem Dach" könnte von einem Jungfrau-Mann stammen. Das Sinnen und Trachten dieser Männer ist nämlich vorwiegend auf Sicherheit gerichtet. Nahe, erreichbare Ziele werden bevorzugt, denn der Jungfrau-Mann ist nicht der Typ, der sich auf gewagte Unternehmungen einläßt, hasardiert oder mit kühnem Sprung in Neuland vorstößt. Schritt um Schritt, bedächtig und überlegend strebt er vorwärts.

Es bleiben ihm zwar meist größere Fehlschläge erspart, doch werden auch kaum Erfolge erzielt, die über ein Mittelmaß hinausgehen. Dies hängt auch damit zusammen, daß der Jungfrau-Geborene nicht dafür geschaffen ist, für sich selbst die Reklametrommel zu rühren und „etwas aus sich zu machen". Gerade in der heutigen Zeit, in der so oft danach geurteilt wird, wie sich jemand in Szene zu setzen versteht, kann dieser fleißige, aber stille Mann unverdient ins Hintertreffen geraten und der „chronische Zweite" bleiben, der „Heinzelmannarbeit" leistet, für die dann ein anderer Bewunderung erntet. Das bedrückt den Jungfrau-Mann, denn trotz seiner Bescheidenheit hat er den Wunsch, sein Können, dessen er sich bewußt ist, anerkannt und gewürdigt zu sehen.

Als Liebender ist er ebenfalls nicht der leidenschaftliche Eroberer. Er scheut seelische Kontakte und verbirgt sein Herz oft hinter spröder Schale. So werden seine Werte nicht selten verkannt, und das fördert seine Neigung zu Depressionen.

Die Jungfrau-Geborene besitzt eine stattliche Reihe höchst bemerkenswerter Vorzüge und wertvoller Eigenschaften. So ist sie strebsam, ordnungsliebend, verläßlich, verantwortungsbewußt, meist auch intelligent und außerdem starker, anhaltender Gefühle fähig – obwohl sie auf oberflächliche Betrachter kühl und nüchtern wirkt. Leider machen gerade diese Frauen sich selbst oft das Leben unnötig schwer, und die Schichtung ihres Wesens bringt es mit sich, daß sie ihrem Glück mitunter selbst im Wege stehen.

Das Zeichen Jungfrau prägt nämlich Menschen, die zu den bereits genannten Vorzügen noch anderes in die Wiege gelegt bekamen: vor allem eine große Portion Mißtrauen. Dieses wirkt sich hemmend aus, wenn im Berufsleben rasche Entschlüsse gefaßt werden müßten, aber auch dann, wenn gefühlsmäßige Entscheidungen zu treffen sind. Kopf und Herz liegen fast ständig im

Streit miteinander. Hat so eine „Jungfrau" gar schon böse Erfahrungen in der Liebe gemacht, steigert sich das Mißtrauen neuen Partnern gegenüber, und diese Frau ist dann wahrhaft eine „Festung", die nur der ausdauerndste Mann zu erobern vermag.

Ganz allgemein wird in der Liebe die seelische und geistige Übereinstimmung höher bewertet als die körperliche, wird die Erotik in verfeinerter Form bejaht, derbe Sinnenfreude hingegen als zu primitiv abgelehnt.

Im Beruf kann Hervorragendes geleistet werden, doch ist es diesen Frauen nicht gegeben, sich ihren Platz mit Hilfe der Ellbogen zu erobern.

Erziehung der Jungfrau-Kinder

Jungfrau-Kinder sind in den ersten Jahren ihres Lebens angenehme und verhältnismäßig ruhige Familienmitglieder, die schon vom Augenblick ihres Eintritts in das Erdendasein ängstlich bemüht scheinen, es ihrer Umgebung recht zu machen. Sie fügen sich so ziemlich jeder häuslichen Ordnung ein und erheben keine großen Ansprüche für ihre eigene kleine Person, was die junge Mutter schon am Baby als recht angenehmen Wesenszug entdecken will. Still und in sich gekehrt wie sie sind, vergnügen sie sich stundenlang mit sich selbst, ohne sich dabei jemals zu langweilen.

Im Kreis ihrer Spielgefährten fühlen sie sich allerdings nicht mehr so wohl und unbefangen, wie dies eigentlich wünschenswert wäre, denn sie sind sehr leicht gekränkt und lassen sich oft zu Unrecht einschüchtern. Sie geben den ihnen richtig erscheinenden Standpunkt bisweilen recht kampflos jenen gegenüber auf, die ihre Meinung mit der größeren Lautstärke zu vertreten wissen, und wenn die Eltern ihnen in dieser Hinsicht nicht das Rückgrat beizeiten stärken, läuft ihre Nachgiebigkeit leicht Gefahr, in Charakterlosigkeit auszuarten.

Ihr großer und schon früh erwachender Wissensdurst bringt die Eltern bisweilen in ernstliche Verlegenheit, weil sie schlechthin alles wissen wollen und sich mit einem rasch zusammengedichteten Märchen oder einer barschen Abweisung nicht zufriedenstellen lassen. Es ist deshalb ungleich besser, wenn die Eltern, die eine Frage ihres Kindes einmal nicht zu beantworten vermögen, dies offen zugeben, damit die Vertrauensbasis zwischen Eltern und Kindern nicht zerstört wird.

Dies ist überhaupt der heikelste Punkt im Leben des Jungfrau-Kindes, weil es naturgemäß zu den absoluten Wahrheitsfanatikern gehört und eine Lüge, die es an einem Erwachsenen einmal entdeckt hat, ein für allemal seinen Glauben in dieser Hinsicht erschüttert. Die Eltern werden sich deshalb besondere Mühe geben müssen, dem Trommelfeuer der an sie gerichteten Fragen durch ernsthafte, dem kindlichen Verständnis angemessene Antworten zu begegnen, um so mehr, als Jungfrau-Kinder in allen Dingen sehr gründlich sind und sich mit einer oberflächlichen Antwort kaum zufriedengeben werden.

Vorsicht ist auch gegenüber der erstaunlich großen Empfindsamkeit der Jungfrau-Kinder am Platz. Ungerechtfertigte harte Zurechtweisungen, vor allem soweit sie von Dritten erfolgen, vergessen Kinder dieses Tierkreiszeichens selten, und zumeist beantworten sie eine solche Verletzung ihres Wesens mit absolutem Trotz und einer heftigen Form von Bockigkeit, die es den Eltern recht schwermacht, erneut den Zugang zu ihrem Kind zu finden.

Jungfrau-Mädchen gehen frühzeitig in ihrem häuslichen Lebenskreis auf. Sie gehen der Mutter oft ungefragt zur Hand. Ihren jüngeren Geschwistern sind sie oft ein Mutterersatz, doch wollen sie ihre Autorität anerkannt wissen und setzen diese bisweilen durch eine recht übertriebene kindliche Strenge durch.

Dort, wo Jungfrau-Kinder fast ausschließlich mit Erwachsenen zusammenleben, macht sich in ihrem Wesen vielfach eine Altklugheit bemerkbar, die ihrer kindlichen Entwicklungsstufe nicht entspricht. Es wird deshalb zweckmäßig sein, frühzeitig dafür zu sorgen, daß sich das Kind unter gleichaltrigen Gefährten bewegen und durchsetzen lernt.

In der Schule fallen Jungfrau-Kinder häufig wegen ihres Fleißes und großen Lerneifers auf. Sie sind äußerst verläßlich und erfüllen ihre Aufgaben mit großer Genauigkeit, doch werden sie leicht zu Strebern und Stubenhockern, wenn man ihrem Fleiß nicht ein gewisses Maß an Beschränkung auferlegt.

Da sie meist einen asthenischen, also eher etwas schwächlichen Körperbau haben, sollten die Eltern solcher Kinder sie schon frühzeitig an Sport und Abhärtung gewöhnen, allerdings ohne ihrer an sich zarten Konstitution zuviel zuzumuten. Übertreibungen in dieser Hinsicht werden sich als schädlich erweisen und sollten mit Rücksicht auf das körperliche und seelische Wohlbefinden der Kinder lieber unterbleiben.

Wichtig ist vor allem für die Zeit der Entwicklung, daß die Vertrauensbasis zwischen Eltern und Kind erhalten bleibt, sonst könnte es sein, daß sich der Jungfrau-Mensch in der Krise der Reifezeit völlig in sich verkapselt und keinen Weg zum Verständnis der Seinen mehr findet. Er wird dann nicht selten zum Eigenbrötler, der seine innere Krise mit der Leidensmiene eines Dulders zur Schau trägt und sich und seiner Umgebung durch seine Launenhaftigkeit und Sauertöpfigkeit das Leben so ungemütlich wie nur möglich macht.

Da die große Wißbegierde des Jungfrau-Geborenen in der Entwicklungszeit mitunter zu den gewagtesten erotischen Experimenten führt, wird eine klug gelenkte Aufklärung dafür sorgen müssen, daß sich die Vorstellungen der jungen Leute in gemäßigten Bahnen bewegen. Eine ebenso taktvolle wie gründliche Aufklärung wird der Jungfrau-Geborene stets mit dankbarer Anerkennung hinnehmen und seine Lehre daraus ziehen, auch wenn er selbst zu diesem Punkt sich so gründlich wie nur möglich ausschweigt und seine Eltern oft nur an gewissen unerfreulichen Anzeichen des schwankenden Stimmungsbarometers erkennen können, daß er oder sie in den Bannkreis der ersten Liebe geraten ist.

Vor allem ihren Jungfrau-Töchtern gegenüber sollten sich die Mütter im Hinblick auf deren erste Liebeserlebnisse eine weise Zurückhaltung auferlegen und nicht versuchen, durch bohrende Fragen oder eine allzu offensichtliche Kontrolle in den Besitz dieser zarten Geheimnisse zu gelangen. Sind doch junge Mädchen dieses Tierkreiszeichens bisweilen von einer fast mimosenhaften Empfindsamkeit, so daß ein unbedachtes Wort oft genügt, um eine ganze Welt an Empfindungen in ihnen zusammenbrechen zu lassen.

Von frühester Jugend an sieht und erfaßt das Kind alles, was sich in seinem Lebensbereich abspielt. Es versucht, seine Kenntnisse hinsichtlich der Dinge, die es wahrnimmt, zu vertiefen. Das gilt sowohl für die Gegenstände als auch für die Lebewesen. Sobald Ihr Kind zu sprechen beginnt, bringen seine ersten kleinen Sätze womöglich gewisse Fehler in Ihrem Verhalten, vergessene Tagespflichten oder dergleichen, zum Ausdruck. Das Wissensbedürfnis und die Anpassungsfähigkeit des Kindes sitzen sehr tief und sollten gefördert werden. Diese Fähigkeiten des Jungfrau-Kindes können seine spätere Berufslaufbahn als Erwachsener nur erfolgreich gestalten.

Wenn das Kind die Neigung zeigt, alles ernsthaft zu kritisieren, was ebenfalls in seinem Typ liegt, sollten Sie ihm klarmachen, daß nur wenige Dinge auf der Welt vollkommen sind und daß es besser ist, das Streben nach Vollkommenheit auf sich selber und seine Arbeit zu richten, als die Mitmenschen ständig kritisch zu beurteilen. Je mehr der Jungfrau-Geborene seinen kritischen Sinn auf sich selber richtet, desto mehr wird er die Wertschätzung seiner Freunde erlangen.

Das Erdelement des Zeichens macht aus dem Jungfrau-Geborenen einen ruhigen und vertrauenswürdigen Menschen, auf den man in jeder Lage zählen kann. Das Kind des Jungfrau-Zeichens liebt es zu spüren, daß man es mag, daß es gebraucht wird und daß jeder seine Hilfsbereitschaft kennt. Dem Kind des Jungfrau-Zeichens können Sie Aufgaben übertragen, für die ein gleichaltriges Kind eines anderen Zeichens kaum geeignet wäre. Es wird jede ihm übertragene Pflicht gewissenhaft erfüllen.

Fast kein anderes Sternzeichen ist Verletzungen und Krankheiten so ausgesetzt wie der Jungfrau-Mensch. Wie ein Circulus vitiosus wirkt sich die körperliche Labilität auch auf die seelische Verfassung aus. Schon als Kind neigt der Jungfrau-Geborene dazu, die Welt mit zweierlei Augen zu sehen – mit denen, die das Schöne erkennen, das für viele verborgen bleibt, und jenen, die zu scharfer Kritik fähig sind. Dieser Zwiespalt macht ganz besonders den Jugendlichen zu schaffen.

Anfeindungen und Verleumdungen sind in den gesamten ersten Lebensjahren zu erwarten. Kaum ist diese Klippe überwunden, ergeben sich finanzielle Schwierigkeiten. Im Beruf stellen sich insofern Schwierigkeiten ein, als man, um sich durchzusetzen,

länger braucht als geplant. Die Kritik, die von den Mitmenschen kommt, macht nicht einsichtig, sondern wirft noch mehr zurück. Leider sucht der Jungfrau-Mensch den Grund für seine Niederlage oft nicht bei sich selbst, sondern immer bei anderen.
 Erst um die Lebensmitte macht sich ein beruflicher und privater Aufstieg bemerkbar. Ein Aufstieg zwar, doch nicht der endgültige Erfolg. Meistens erfolgt in dieser Zeit eine Ortsveränderung oder eine berufliche Umstimmung, die positive Auswirkungen zeitigt. Die Ortsveränderung ist in den meisten Fällen nicht so vorteilhaft wie eine Berufsänderung, da ihre Fortschritte nur von kurzer Dauer sind.

Der Jungfrau-Mensch als Freund

Jungfrau-Menschen haben eine klare, präzise Ausdrucksweise. Einige von ihnen verstehen sogar blendend zu formulieren und zu begründen, vor allem schriftlich – was sie aber ganz und gar nicht können, das ist, ihren Gefühlen beredten Ausdruck zu geben, egal ob es sich um Gefühle der Liebe oder der Freundschaft handelt. Wenn es um Herzensdinge, um Neigung und Sympathie geht, machen sie nie viele Worte. Sie sind also das genaue Gegenteil jener Menschen, die ständig ihr „Herz auf der Zunge tragen".
 Was lebhafte Freundschaftsbeteuerungen angeht, kann man daraus a priori keine Schlüsse auf ihre Aufrichtigkeit ziehen, denn es ist natürlich ebenso möglich, daß der Betreffende hervorsprudelt, was er tatsächlich empfindet, oder auch, daß er gewisse Phrasen und Liebenswürdigkeiten einfach fest in seinem Sprachschatz hat und sie ohne Überlegung bei jeder Gelegenheit anwendet.
 Im entgegengesetzten Fall, nämlich dem der Jungfrau-Menschen, ist es mit Gewißheit falsch, von ihrer Zurückhaltung in puncto Freundschaftserklärungen auf mangelndes Freundschaftsempfinden zu schließen. Diese ruhigen, unaufdringlichen Typen sind sogar oft weit verläßlichere und ehrlichere Freunde als die sich einem stürmisch aufdrängenden Typen.
 Von einem Jungfrau-Geborenen wird man also nicht immer wieder zu hören bekommen: „Wie schön, daß wir Freunde gewor-

den sind – Freunde fürs ganze Leben!" Oder: „Wenn du irgend etwas brauchst, wende dich nur an mich. Du kannst dich jederzeit auf mich verlassen, ich bin doch dein Freund (rsp. deine Freundin)!" – Nein, sie fallen einem auch nicht bei jeder Gelegenheit um den Hals.

Die Zurückhaltung, die zum Jungfrau-Wesen gehört und so oft mißdeutet wird – nämlich als Gleichgültigkeit, Interessenlosigkeit, Nüchternheit, Gefühlskälte und dergleichen mehr –, prägt also auch das Verhalten in der Freundschaft. Am Beginn steht Prüfen und Abwarten.

Für diese ausgedehnte Anlaufzeit sind mehrere Gründe maßgebend. Jungfrau-Menschen haben eine hohe Meinung von der Freundschaft, und gerade weil es sich dabei um Wertvolles und Wichtiges handelt, darf die Wahl nicht überstürzt werden, finden sie. Die Entscheidung darüber, ob man sich mit einem anderen Menschen freundschaftlich verbindet, kann einfach nicht binnen weniger Wochen oder Monate fallen. Außerdem sind Jungfrau-Geborene nur begrenzt kontaktbereit, obwohl sie schöne menschliche Kontakte sehr zu schätzen wissen. Das ist kein Widerspruch. Es besagt bloß: Der Jungfrau-Typ bejaht zwar freudig und ausdauernd den Kontakt in jenen Fällen, da echte Sympathie und Übereinstimmung erwiesen ist, er lehnt jedoch ab, mehr oder weniger wahllose Kontakte anzuknüpfen – einfach, um nicht allein zu sein. Es besteht also nicht der Wunsch nach Kontakten um jeden Preis, hingegen sehr wohl jener nach den seiner Vorstellung entsprechenden richtigen Kontakten. Das ist der Unterschied zwischen dem Jungfrau-Typ und anderen Typen, die sich schnell anschließen, und es ist kein Wunder, daß ein Jungfrau-Mensch die „anderen" für leichtfertig und oberflächlich hält, während diese wiederum ihn als schwerfällig und kritisch bezeichnen.

Was daraus hervorgeht?: In erster Linie wohl, daß ein Jungfrau-Geborener, der sich als Freund zu erkennen gibt, durch und durch verläßlich ist und es auch bleibt, denn ein Entschluß, jemandes Freund zu sein, war nicht das Produkt eines Zufalls oder bloß auf eine Situation zurückzuführen, so daß deren Veränderung gleich auch eine Änderung in den Freundschaftsgefühlen nach sich ziehen könnte.

Was Freunde aus dem Zeichen Jungfrau mitunter etwas schwierig macht, ist ihre kaum je offen ausgesprochene, aber nichtsdestoweniger kräftige Forderung, das, was sie geben, in gleicher Münze zurückbezahlt zu bekommen. Freilich gehört es zu jeder guten Freundschaft, daß Geben und Nehmen einander halbwegs die Waage halten, doch legen Jungfrau-Geborene, was das „gleich für gleich" anbelangt, leider oft einen strengen, um nicht zu sagen pedantischen Maßstab an.

Berufe, die sich für Jungfrau-Menschen eignen

Jungfrau-Männer geben in der Regel gute Lehrer, Ärzte, Chemiker, Bankfachleute und Wirtschaftsexperten ab. Ein neuer Berufszweig, jener der Programmierer, ist ebenfalls für Jungfrau-Geborene vielversprechend, denn die Betreuung, das „Füttern" der Computer, setzt ja Intelligenz, klares, logisches Denken, Gewissenhaftigkeit und Genauigkeit voraus.

Auch in Berufen, die Aufopferung verlangen, wie etwa jener des Krankenpflegers, Bewährungshelfers, Sozialfürsorgers und ähnliche mehr, können Jungfrau-Menschen erfolgreich sein.

Die weiblichen Jungfrau-Geborenen verfügen häufig über pädagogische Neigungen. Auch sie streben – nicht ungerechtfertigt – nach einer Karriere im Lehrberuf, werden Kindergärterinnen oder Erzieherinnen. Der Jungfrau-Geborenen darf man Vertrauensposten zumuten, ob es sich nun um den einer Chefsekretärin handelt, einer wissenschaftlichen Assistentin oder einer Ordinationshilfe. Man darf sicher sein, daß sie weder Karteikarten verwechselt noch geheime Produktionspläne ausplaudert.

Die Jungfrau-Geborene, die einen Beruf ausübt, ist in diesem meist ein Vorbild.

Der Jungfrau-Typ hat fast immer eine sehr positive Einstellung zur Arbeit und zum Beruf. Man hat es mit Menschen zu tun, die gern tätig sind und denen es ein Bedürfnis ist, etwas Nützliches zu tun. Ein Jungfrau-Mensch, der seine beruflichen Pflichten gröblich vernachlässigt, muß als seltene Ausnahme gelten. Zu stark ist in diesem Zeichen die Gewissenhaftigkeit ausgeprägt. Es kann sein, daß ein Jungfrau-Geborener im Beruf nicht die Erfüllung findet, die er erhoffte, daß ihm vielleicht die Anerkennung versagt blieb, die er verdienen würde oder auf die er Anspruch zu haben glaubt – dann wird sein Einsatz eben nicht hundertprozentig sein, aber wahrscheinlich trotzdem noch etwas höher als bei Menschen, die mit der Arbeit überhaupt auf schlechtem Fuße stehen. Jedenfalls wird es der Ehrgeiz des Jungfrau-Menschen sein, „sich nichts nachsagen zu lassen".

Das rechtzeitige Entdecktwerden spielt in diesem Zeichen eine ziemliche Rolle, vielleicht eine der allerwichtigsten überhaupt. Ob diese Entdeckung durch puren Zufall erfolgt oder sich daraus ergibt, daß die Leistungen eines Jungfrau-Typs eben doch auffallen, ohne daß kräftig und laut darauf verwiesen wird, ist im Grunde genommen egal. Entscheidend bleibt, daß dem Jungfrau-Menschen ein Wirkungsbereich eröffnet wird, in dem sich seine Fähigkeiten voll entfalten dürfen. Und wenn dann die ersehnte Anerkennung eintrifft, erhält der Jungfrau-Geborene jene „Injektion", die ihn auf vollste Touren bringt und an die äußerste Grenze seines Leistungsvermögens vorstoßen läßt.

Jungfrau-Geborene werden in der Regel in jenen Berufen erfolgreich sein, wo es auf solides Können, auf fleißig gesammelte Erfahrungen und echtes Fachwissen ankommt, auf Gründlichkeit und Gewissenhaftigkeit. Weniger geeignet sind Berufe, die vor allem Wendigkeit und phantasievollen Schwung erfordern, blitzschnelles Reagieren und Anpassen an wechselnde Situationen.

Man könnte sagen, daß der typische Jungfrau-Mensch seine Arbeit fest im Griff haben muß. Er beutelt seine Ideen nicht locker aus dem Handgelenk.

Die Jungfrau als Arbeitgeber

Eigentlich ist der Jungfrau-Geborene ein Mensch, der besser dran ist, wenn er eine untergeordnete Rolle spielt. Das entspricht seinem beinahe schüchternen Naturell und kommt ihm auch insofern entgegen, als er kein Mensch ist, der seine eigenen Vorzüge anzupreisen versteht. Wenn dieser Sternzeichen-Vertreter versucht, Befehle zu geben, vergreift er sich leicht im Ton und ist verunsichert. Auch sind seine organisatorischen Fähigkeiten nicht gerade überdurchschnittlich, so daß er im Hintergrund tatsächlich die beste Figur macht. Stabilität gewinnt er durch die Hilfe anderer und dadurch, daß er sich auch für andere einsetzen kann.

Am besten ist der Jungfrau-Geborene dort eingesetzt, wo seine analytischen Fähigkeiten und sein wacher Verstand gebraucht werden. Ihm machen Routine und Kleinigkeiten Spaß. Dieser Sternzeichen-Vertreter ist der geborene Diener – als Lehrer, Psychoanalytiker, Techniker oder Krankenpfleger ist er ganz hervorragend.

Viele Jungfrau-Geborene haben eine gute Karriere als Sekretärin, als Kritiker, als Inspektoren, als Wissenschaftler, als Statistiker oder als Buchhalter. Alles in allem braucht der Jungfrau-Geborene nämlich Sicherheit und einen festgefügten finanziellen Hintergrund, auf den er sich verlassen kann, damit er all seine Fähigkeiten unbesorgt einsetzen kann.

In erster Linie ist der überdurchschnittliche Ehrgeiz der Antrieb dafür, daß viele Jungfrau-Geborene über ihren Schatten springen und sich doch in die Rolle des Arbeitgebers begeben.

Dabei sorgt die Liebe zur Perfektion jedoch dafür, daß diese Vorgesetzten häufig schwierige Chefs sind. Die Genauigkeit und Methodik, mit der diese Sternzeichen-Vertreter vorgehen, sorgen zwar dafür, daß sich finanzielle und berufliche Erfolge schnell einstellen. Unter den Angestellten führen sie jedoch leicht zu Auseinandersetzungen und Frustrationen. Auch fällt es vielen Angestellten schwer, mit dem Jungfrau-Boß auszukommen, weil dieser trotz aller Anstrengungen ihre Bemühungen nicht zu würdigen scheint. Immer wieder übt er Kritik, immer wieder hat er an allem möglichen etwas auszusetzen.

Es muß jedoch gesagt werden: Man mag den Jungfrau-Geborenen schwierig, kompliziert und zu kritisch finden – akzeptieren muß man ihn aber so, denn ändern wird er sich nicht. Wer glaubt, sich mit diesen Eigenschaften nicht auseinandersetzen zu können, der sollte gar nicht erst versuchen, unter diesem Chef zu arbeiten.

Hat man jedoch vor, unter dem Jungfrau-Boß Karriere zu machen, dann sollte man sich verdeutlichen, daß man ihn auf keinen Fall ausnutzen kann. Dieser Sternzeichen-Vertreter durchschaut sofort, wenn man ihn zu hintergehen versucht. Nachtragend, wie er nun einmal ist, kann er so etwas nicht verzeihen.

Es ist aber gar nicht so schwierig, in dem Jungfrau-Vorgesetzten auch die Vorzüge zu sehen. Selbst dem neidischsten Angestellten wird klar sein, daß es keinen Chef gibt, der genauer, fleißiger, strebsamer und gewissenhafter ist als dieser. Er ist also durchaus ein erstrebenswertes Vorbild. Das ist ja auch die Basis, auf der sich im allgemeinen doch noch eine gute Zusammenarbeit finden läßt. Der Respekt, der dem Jungfrau-Chef entgegengebracht wird, sorgt dafür, daß man automatisch spurt.

Etwas anderes muß man diesem Boß zugute halten: So schwierig er auch manchmal zu sein scheint und so kompliziert es ist, reibungslos unter ihm zu arbeiten – wenn einmal Not am Mann ist, dann macht sich der Jungfrau-Geborene stark. Die ihm sonst eigene Nervosität fällt von ihm ab. Er ist ruhig und besonnen, er trifft überlegte Entscheidungen und sorgt dafür, daß aus einer kleinen Katastrophe keine große wird. Hat man ihn erst einmal in einer solchen Situation erlebt, dann respektiert man ihn mit all seinen Vorzügen und Schwächen. Alles in allem gilt: Dieser Sternzeichen-Vertreter ist ein gerechter, wenngleich nicht ganz einfacher Chef.

Die Jungfrau als Angestellter

Um es vorwegzunehmen: Er ist der beste Angestellte, den sich ein Chef nur wünschen kann. Der Jungfrau-Geborene ist ehrlich, strebsam, fleißig und gewissenhaft. Darüber hinaus macht er die Belange der Firma stets zu seinen eigenen. Er ist ein Mensch, der von seiner beruflichen Aufgabe auch dann noch träumt, wenn er längst Feierabend hat.

Schwierig ist der Jungfrau-Geborene als Angestellter insofern, als er mitunter für ein schlechtes Betriebs- und Arbeitsklima sorgt, obwohl er nur das Beste will. Seine hektische Art, seine Nervosität und seine Strebsamkeit sind seinen Mitstreitern oft zuwider.

Am günstigsten entwickelt sich sowohl das Arbeitsklima als auch der berufliche Erfolg, wenn die Kontakte zwischen den Kollegen auch auf privater Basis gepflegt werden. Dann nämlich erkennt man, daß die rauhe Schale, die der Jungfrau-Angestellte am Arbeitsplatz an den Tag legt, wirklich nur Schale ist und daß sich darunter ein warmherziger, ja ein sogar ängstlicher, beinahe schüchterner Typ verbirgt, der an Anerkennung interessiert ist und sich krummlegen würde für einen besseren Ruf bei seinen Mitarbeitern.

Pünktlich ist der Jungfrau-Geborene, gewissenhaft und dem Detail verpflichtet. Man kann ihm viele kleine Aufgaben übertragen, die alle mit Akribie erledigt werden müssen und die normalerweise unter den Tisch fallen. Zuverlässig wird er jede Kleinigkeit erledigen. Kein Wunder also, daß er sich im öffentlichen Dienst ganz besonders gut macht, auch bei jeder Schreibtischarbeit.

Überhaupt nicht zu überbieten sind die weiblichen Jungfrauen in der Position einer Sekretärin. Liebevoll kümmern sie sich um ihren Chef. Durch ihre Gewissenhaftigkeit sorgen sie dafür, daß sämtliche Kalender stimmen. Der Chef, der eine Jungfrau als Sekretärin hat, wird nie einen Termin versäumen oder zu spät kommen. Auch wird es diesem Chef nie passieren, daß er irgend etwas in seiner Ablage nicht wiederfindet. Seine Sekretärin findet es bestimmt. Das von ihr angelegte Archiv ist mustergültig und einmalig.

Da die Jungfrau-Geborenen auch besonders zuverlässig und ehrlich sind, kann man ihnen durchaus verantwortungsvolle Positionen übertragen. Ja, man sollte es sogar, denn je mehr Verantwortung man ihnen gibt, je mehr Vertrauen man ihnen entgegenbringt, desto mehr wachsen sie über sich hinaus und leisten Überdurchschnittliches. Es ist auch gut, wenn man ihnen, nachdem sie ein gewisses Organisationstalent entwickelt haben, zunächst mehr aufbürdet, als sie selbst glauben schaffen zu können. Dann nämlich ist ihr natürlicher Ehrgeiz dermaßen angestachelt, daß sie nicht ruhen und nicht rasten werden, bis sie ein Pensum geschafft haben, das eigentlich nicht zu schaffen war.

Das bedeutet aber auch: Wie kaum andere neigen Jungfrau-Angestellte dazu, sich beruflich zu übernehmen. Sie setzen sich so für die Firma und ihren Job ein, daß sie darüber ihre Gesundheit vergessen. Die Karriere ist ihnen oft wichtiger als ihr Familienleben, und es ist durchaus denkbar, daß sie einen ehelichen Krach oder Familienszenen heraufbeschwören, nur weil sie der Meinung sind, an ihrer beruflichen Karriere basteln zu müssen.

Es kann also durchaus nicht schaden, wenn man gerade diese Angestellten immer wieder einmal bremst und ihnen in Komplimente verpackt vermittelt, daß es nicht von Nachteil ist, wenn sie einmal kürzertreten.

Von einem Arbeitnehmer, der sich übernimmt, hat man schließlich auch nichts, denn dann ist abzusehen, wann er zusammenbricht und ausfällt.

Geradezu auf den Leib geschnitten sind Jungfrau-Geborenen Berufe wie technischer Zeichner, Telefonistin, Buchhalterin, Finanzberater, Steuerberater, Journalist, Kindergärtnerin, Jugendpfleger; im handwerklichen Bereich: Friseuse, Maler, Goldschmied sowie Bankangestellte.

Diese Gesundheitsregeln sollten Jungfrau-Menschen beachten

Jungfrau-Geborene haben leider die verhängnisvolle Neigung, sich das Leben selbst unnötig schwerzumachen. Nicht nur, daß sie sich oft über Kleinigkeiten ärgern und nebensächliche Vorfälle ernster nehmen, als sie es verdienen. In erster Linie führen ihre strengen Grundsätze und die hohen Maßstäbe, die sie an sich selbst, die eigene Leistung, aber auch an Menschen legen, mit denen sie verbunden sind, dazu, daß sie oft enttäuscht werden – öfter als nötig, könnte man sagen.

Um den eigenen hohen Anforderungen zu genügen, bürden sie sich gewaltige Lasten auf. Jungfrau-Geborene wollen mitunter nicht einsehen, daß sich ein Mensch tatsächlich überarbeiten kann. Sie halten das für unmöglich – bis sie im wahrsten Sinn des Wortes am eigenen Leib die Folgen chronischer Überanstrengung zu spüren bekommen. Dann reagieren sie mit tiefer Niedergeschlagenheit, fühlen sich womöglich „minderwertig", und es bedarf geduldigen Einfühlens und liebevoller Überredungskunst, um sie von dieser falschen Auffassung zu befreien.

Obwohl Jungfrau-Menschen kühl und nüchtern wirken und oft den Eindruck erwecken, als könne sie überhaupt nichts aus ihrer überlegenen Ruhe aufschrecken, täuscht dieser Schein. Sie verfügen über größere Sensibilität, als ihnen zugetraut wird. Sie sind im Grunde ihres Wesens zartfühlend und tarnen sich bloß. Sie sind verletzbar und leiden – still, unbemerkt, heimlich.

Durch eben diese Tarnung und Verschlossenheit fordern sie das Verkanntwerden sogar durch Menschen, mit denen sie näheren Umgang haben, förmlich heraus. Werden sie dann tatsächlich verkannt, kann das bittere Kränkung auslösen. Schweigend versuchen die Jungfrau-Geborenen mit ihrem Kummer allein fertig zu werden. Ihrem Nervensystem, ihrem inneren Gleichgewicht bekommt das schlecht.

Nervliche Störungen bewirken vor allem im Verdauungsapparat mitunter Beschwerden, die sich kaum von jenen unterscheiden, wie sie für organische Leiden typisch sind. Ein guter Arzt, der immer zugleich auch Psychologe ist, wird die Wurzel des Übels aufspüren.

Ein anderes Kapitel ist die Hypochondrie, die im Zeichen Jungfrau ziemlich häufig anzutreffen ist. Jungfrau-Menschen neigen dazu, kleinere Störungen ihres Befindens sofort übertrieben ernst zu nehmen, und machen sich unnötig schwarze Gedanken.

Ohne verderblichem Leichtsinn das Wort reden zu wollen, muß ihnen doch geraten werden, nicht gleich in jedem kleinen Schmerz den Vorboten eines gefährlichen Leidens zu erblicken. Wenn Jungfrau-Geborene ihrer Neigung zur Hypochondrie nachgeben und nicht rechtzeitig Zügel anlegen, bereiten sie sich in dieser Hinsicht nur überflüssig trübe Stunden.

So ein Jungfrau-Typ, bei dem Überängstlichkeit in krassester Form auftritt, wird eben dadurch erst veranlaßt, beispielsweise Ernährungsfehler zu begehen, die eines Tages dann wirklich nachteilige Folgen haben.

Wenn er irgendeinmal nach dem Genuß einer bestimmten Speise leichte Übelkeit verspürt, wird er sie in Zukunft zurückweisen. Es braucht gar nicht eindeutig geklärt zu sein, ob damals wirklich diese Speise „schuldtragend" war – wenn ein Jungfrau-Typ einmal den Stab bricht, dann gründlich.

Auf diese Weise schrumpft der Speisezettel immer mehr zusammen, und es kann zu Kettenreaktionen kommen. Bildet sich so ein hypochondrisch veranlagter Jungfrau-Mensch beispielsweise ein, daß er absolut kein frisches Obst verträgt, hat er womöglich auch mit dem einen oder anderen Gemüse irgendwann „schlechte Erfahrungen" gemacht, kann es dazu kommen, daß die wichtigen Vitaminspender von ihm aus der Liste der Nahrungsmittel verbannt werden. Diese Fehldisposition aber kann nach einiger Zeit zur Beeinträchtigung des Allgemeinbefindens führen – gerade das also erreichen, was überängstlich vermieden werden sollte.

In erster Linie sollte darauf geachtet werden, die Speisenfolge so verschiedenartig wie möglich zu gestalten. Einseitigkeit ist abzulehnen. Grundfalsch ist es, über eine bestimmte Speise, ein bestimmtes Nahrungsmittel sofort den Stab zu brechen, weil es einmal nicht gut verträglich schien.

Der Jungfrau-Mann und die moderne Partnerschaft

Der Jungfrau-Mann ist der geborene Realist, der beim Planen stets auf dem Boden der Tatsachen bleibt. Sein Wagemut hält sich in Grenzen. Das hängt auch mit dem Pessimismus zusammen, der in diesem Zeichen ziemlich verbreitet ist. So wird oft grundlos vermutet, daß ein Unternehmen ohnedies aussichtslos ist, und erst gar nicht versucht, es zu starten.

Im Jungfrau-Wesen sind verschiedene Hemmungen eingebaut – bei dem einen stärker, bei einem anderen schwächer. Ist ein Jungfrau-Mann aber einmal von der Richtigkeit seines Handelns überzeugt, dann kann er ungeheure Zähigkeit entwickeln und auf diese Weise wieder aufholen, was er in einem anderen Fall vielleicht versäumt hat.

Auch hochgradige Gewissenhaftigkeit und Verläßlichkeit muß dem Jungfrau-Typ zugestanden werden und eine sehr positive Einstellung zur Treue. Es handelt sich meist um wertvolle Menschen mit Tiefgang, die sich nur leider wiederholt selbst im Wege stehen.

Die Geborenen der drei Erdzeichen sind in der Mehrzahl konservativ, das gilt für Steinbock- und Stier-Menschen genauso wie für Jungfrau-Geborene. Sie sind richtig „erdschwer", wie man das manchmal nennt, also nicht für Phantastereien und kühne Ideenflüge zu haben, sondern von jener Art, die zögernd und tastend Schritt vor Schritt setzt, sich an Erprobtes und Geprüftes hält und Neuem stets mit einer Portion Skepsis und Mißtrauen gegenübertritt.

So ist zum Beispiel immer wieder zu beobachten, daß Jungfrau-Menschen sich ihr Leben so einzurichten trachten, wie sie es vom Elternhaus her kennen – besonders natürlich dann, wenn sie sich dort geborgen fühlten und eine glückliche Kindheit hatten. Blieb ihnen das Gefühl der Geborgenheit versagt, werden sie sich bemühen, es selbst später „besser zu machen"; sie werden sich also nur um so mehr anstrengen, selbst eine harmonische und dauerhafte Ehe zu führen, wenn sie als Kind Zeuge von Zank und Streit zwischen den Eltern wurden und schließlich am Ende gar zwischen den geschiedenen Elternteilen hin- und hergerissen wurden.

Es gibt also zwei Möglichkeiten, die allerdings beide in dieselbe Richtung führen: Das Kind aus harmonischem Elternhaus wird später eine Ehe im gleichen Stil führen wollen – und das ist meist der „alte Stil" –, während das Kind aus disharmonischen Verhältnissen für sich dann das wünscht, was ihm versagt blieb: wiederum eine Ehe, in der das Füreinander-Dasein die Hauptrolle spielt.

Besonders Jungfrau-Männer wählen sehr oft eine Partnerin, die „so ist wie Mutter" (wenn diese Mutter für den kleinen Jungen das ideale Frauenbild war), oder die so ist, wie man sich die Mutter gewünscht hätte (wenn sie dieses Ideal nicht war).

So manches junge Mädchen, das sich in einen Jungfrau-Mann verliebte, ist schon am Vergleich mit dem Mutterbild gescheitert. Einigen ist dabei Unrecht geschehen – jenen nämlich, die dem Jungfrau-Mann vielleicht doch hätten geben können und wollen, was er sich wünscht –, andere wieder haben den Kampf verloren, weil sie einfach die neue Mode mitmachen wollten und sich allzu emanzipiert gebärdeten (womöglich gegen ihre innere Überzeugung – nur, um „in" zu sein!).

Denn es liegt auf der Hand, daß ein konservativer Jungfrau-Typ jene Partnerschaftsformen, die vom Althergebrachten teils sehr weit abweichen, nicht ohne weiteres bejahen kann.

Von der Skepsis jener Männer gegenüber einschneidenden Neuerungen war bereits die Rede. Hinzu kommt, daß der Jungfrau-Mann sehr darauf bedacht ist, seine Position zu sichern, im Beruf ebenso wie im Privatleben, und daß er sich folglich gegen alle Strömungen zur Wehr setzt, von denen er eine Gefährdung dieser Position fürchtet.

Der Jungfrau-Mann ist zwar kein wilder Tyrann, ihm geht es nicht um die Unterjochung der Frau (von wenigen Ausnahmen abgesehen), aber er trägt gern Verantwortung, beschützt gerne, möchte dafür Dank und Bewunderung ernten und fürchtet nun, daß ihm all das nicht mehr möglich ist, wenn die Gefährtin ihr Selbständigkeitsstreben auf die Spitze treibt.

Gewiß gibt es in diesem Bereich Mißverständnisse. Was den Jungfrau-Mann abschreckt, sind die Extreme moderner Frauenrechtsbewegungen. Aber die sind ihm so verdächtig, daß er mitunter gleich in Bausch und Bogen alles ablehnt, was aus dieser Richtung kommt, sogar die durchaus vernünftigen Bestrebungen, mehr Gleichberechtigung für Frauen zu erreichen.

Das einigermaßen Groteske daran ist, daß der – positive – Jungfrau-Mann ohnedies über genügend Gerechtigkeitsempfinden verfügt, um der Frau, die er liebt, die Möglichkeiten zur Entfaltung nicht zu beschneiden. Sobald er ihrer sicher ist und sie als verläßliche Gefährtin hochschätzt, wird er kaum etwas einwenden, wenn sie sich weiterbilden will oder berufstätig bleiben möchte.

Kritisch wird es in der Regel nur dann, wenn der Jungfrau-Mann durch das Verhalten seiner Frau verunsichert wurde: Wenn er beispielsweise den Eindruck (oder gar Beweis) hat, daß sie nicht an ihrem Beruf an sich, sondern vor allem an den Kontakten mit vielen anderen Männern interessiert ist, die er ihr bringt.

Wenn das Selbstbewußtsein bei Jungfrau-Männern auch deutlich ausgeprägt sein kann, lauern doch in unmittelbarer Nachbarschaft die Zweifel an sich selbst. Und so fragt sich ein aufgeschreckter Mann aus dem Zeichen Jungfrau nur zu schnell: Was vermißt meine Frau bei mir? Was bleibe ich ihr schuldig? Wieso begnügt sie sich nicht damit, einfach meine Frau zu sein?

Der beste Weg, die Verbindung mit einem Jungfrau-Mann krisenfrei zu halten, ist, ihm ruhig und überzeugend klarzumachen, daß er nichts zu befürchten braucht, daß er geliebt und geachtet wird. Gelingt das einer Frau, wird sie vom Jungfrau-Gefährten auch das Zugeständnis erhalten, eigene Aktivitäten zu pflegen, die über Haushalt und Kindererziehung hinausgehen. Wenn sie sein Vertrauen hat, wird er mit ihr über alle Fragen des gemeinsamen Lebens offen sprechen und ihren Argumenten Aufmerksamkeit schenken.

Das Vertrauen ist das wesentliche. Gerät es nämlich einmal ins Wanken, ist der Schaden nur schwer zu reparieren. Und ein zweifelnder, eifersüchtiger, verunsicherter Jungfrau-Mann kann sehr unangenehm werden, so gütig und herzlich er sonst ist.

Er wird dann jeden Schritt seiner Partnerin eifersüchtig und hellhörig, mißtrauisch und argwöhnisch bewachen und schreckt auch nicht davor zurück, ihr alle möglichen Geheimnistuereien anzudichten, nur weil sie ihm vielleicht nicht freiwillig ein tägliches Protokoll liefert, was sie während jeder einzelnen Stunde getan hat.

Um dieser Situation vorzubeugen, ist es besser, dem Jungfrau-Mann klarzumachen, daß man nicht die geringste Absicht hat, ihn in seiner Vormachtstellung zu beschneiden, sondern daß es lediglich darum geht, als Frau eigene Ideen und Pläne entwickeln zu dürfen.

Die Jungfrau-Frau und die moderne Partnerschaft

Weibliche Jungfrau-Geborene finden sich im Leben meist gut zurecht. Ihr Zeichen ist eines der drei Erdzeichen, und das bringt man nicht zu Unrecht mit dem Sinn für praktische Belange und einer gewissen kritischen Nüchternheit in Zusammenhang.

Man täte den Frauen dieses Zeichens jedoch unrecht, würde man ihnen nur diese kühl wägende Betrachtungsweise zusprechen und nicht auch Herzlichkeit und Zärtlichkeit. Die letztgenannten Züge werden freilich nicht auf dem Präsentierteller herumgereicht, vielmehr öfter hinter einer Maske verborgen und erst bei näheren Kontakten erkennbar, was einer Fehleinschätzung der Jungfrau-Frauen Tür und Tor öffnet.

Die Gründe für diese Tarnung sind in einer spröden Scheu zu suchen, in manchmal übertriebener Vorsicht und der Angst, ausgenützt oder belächelt zu werden, wenn man Weichheit zeigt. Was bei mancher Jungfrau wie Hochmut aussieht, ist in Wirklichkeit Unsicherheit und eben Angst, mag sie noch so grundlos sein.

Zu den sogenannten einfachen Partnerinnen zählen die Jungfrau-Geborenen kaum, obwohl sie viele Vorzüge aufweisen, zum Beispiel ihre Verläßlichkeit, ihre Bereitschaft, sich für den Partner einzusetzen und ihr Verantwortungsbewußtsein.

Sie sind aber auch in hohem Maße mißtrauisch und schwer zu versöhnen, wenn sich zeigt, daß ihr Mißtrauen begründet war. Sie sind außerdem bisweilen recht kritisch und pedantisch, was Zündstoff in der Alltagsgemeinschaft liefert. Bei einer verliebten, glücklichen Jungfrau mag das weniger in Erscheinung treten, doch neigen diese Frauen dazu, schon bei geringfügigen, oft nur eingebildeten Kränkungen sogleich eine Härte an den Tag zu legen, die bei ihnen in erster Linie eine Abwehrhaltung ist, aber dazu führen kann, daß sich kleine Differenzen zu großen auswachsen.

Dabei schlummert in jeder Jungfrau-Frau der Wunsch, verwöhnt zu werden, Zärtlichkeit zu empfangen und zu geben, mit dem Partner „ein Herz und eine Seele" zu sein – sie kann es bloß nicht immer zeigen oder sagen.

Zum Typischen der Jungfrau-Liebe gehört, daß sie den Verstand nicht ganz zum Schweigen bringt, diesen verflixten Verstand, der sich sozusagen in ständiger Alarmbereitschaft befindet, öfter auch falschen Alarm gibt und jenem Glück, wie es sorglosere und naivere Naturen genießen, im Wege steht.

Die Zwiespältigkeit des Jungfrau-Wesens prägt auch die Einstellung dieser Frauen zur modernen Partnerschaft.

Da ist auf der einen Seite Selbstbewußtsein, vor allem das Wissen um die eigene Tüchtigkeit und daraus resultierend der Wunsch nach Gleichberechtigung.

Auf der anderen Seite aber steht die – zwar verborgene, doch unleugbar existente – Lebensangst der Jungfrau-Geborenen, die Schutz bei einem starken Gefährten sucht.

Wie soll sich eine Frau in diesem Zwiespalt verhalten? Wie soll sie eindeutig Stellung beziehen – für oder gegen die modernen Formen der Partnerschaft?

Man trifft nicht selten Jungfrau-Geborene, die sehr energisch eine Lanze für die Emanzipation der Frau brechen, in Diskussionen kühne Forderungen erheben und auch behaupten, trotz Partnerbindung weitgehende Unabhängigkeit erreicht zu haben – und die dann doch wiederholt ganz anders handeln, als man ihren Worten nach erwartet hätte.

Eine gewisse Neigung zum Trotzen und sich Versteigen gehört zweifellos zum Jungfrau-Wesen. Eine Frau dieses Zeichens wird deshalb um so vehementer für ihre Freiheit eintreten, je deutlicher der Partner sie zu beschneiden versucht.

Ein Mann, der sie durchschaut und ihr raffiniert vorzuspiegeln versteht, daß sie ohnedies alle Freiheiten habe, erreicht jedoch nicht selten, daß sie alle seine Wünsche erfüllt.

Es gibt den Typ der Jungfrau-Geborenen, die davon überzeugt ist, auf gleicher Ebene mit dem Gefährten zu stehen, und sich ihm in Wahrheit unterordnet, ohne es zu merken – oder merken zu wollen.

Formen von Selbstbetrug sind ebenfalls gar nicht so selten. So kommt es vor, daß Jungfrau-Frauen, die im Grunde genommen recht gerne ein finanziell sorgloses Leben an der Seite eines gutverdienenden Mannes führen würden, behaupten, ihre eigene Berufstätigkeit sei für sie zur Selbstverwirklichung wichtig, während sie in Wirklichkeit der Notwendigkeit entspringt, das Familienbudget aufzubessern.

In einem geheimen Winkel der Seele träumt jede Jungfrau vom starken und reichen Mann, der ihr Sicherheit gibt. Sie wird es bloß nicht zugeben.

Und damit ihr um Himmels willen nur niemand anmerkt, daß sie „altmodisch" ist, gibt sie sich lieber betont emanzipiert.

Natürlich sind im Kreis der Jungfrau-Geborenen die verschiedensten Schattierungen der typischen Wesensmerkmale anzutreffen. So kann das Sicherheitsstreben dieser Frau auch dazu führen, daß tatsächlich einem Beruf der Vorzug vor dem Hausfrauendasein gegeben wird, weil damit das Gefühl verbunden ist, fest auf den eigenen Füßen zu stehen – für alle Fälle, und weil man ja nie weiß, welche Überraschungen das Leben noch bereithält und ob die Partnerschaft Bestand haben wird.

Für die Mehrzahl der Jungfrau-Geborenen gilt, daß sie sich nicht gerne bevormunden lassen. Hier liegt echtes Gleichberechtigungsstreben vor. Das schließt allerdings nicht aus, daß die Jungfrau in diesem Punkt getäuscht werden kann. Wenn der Mann nämlich geschickt genug ist, der Jungfrau seine eigenen Entscheidungen in einer Weise mundgerecht zu machen, daß sie letzten Endes davon überzeugt ist, selbst so entschieden zu haben, besteht ihr Mitspracherecht genaugenommen nur in ihrer Einbildung.

Es ist eine der Ungereimtheiten, denen man bei Jungfrau-Geborenen begegnet, daß der kritische Verstand, über den sie zweifellos verfügen, dennoch vom Partner umgangen werden kann, zumindest eine gewisse Zeit hindurch. Das „Erwachen" geht fast immer Hand in Hand mit einer konkreten Enttäuschung – beispielsweise, wenn Untreue des Partners entdeckt wird – und ist dann sehr schmerzlich.

In solchen Situationen neigen Jungfrau-Geborene auch zu radikalen Reaktionen. Sie verlangen etwa (mitunter übereilt) die Scheidung und betonen energisch, daß sie als moderne, selbständige Frau es nicht nötig haben, nur des Versorgtseins in der Ehe wegen diese um jeden Preis aufrechtzuerhalten, daß sie sehr gut oder besser allein zurechtkommen. Sie kommen auch zurecht. Aber ganz ehrlich sind sie trotzdem nicht.

Wer paßt am besten zum Jungfrau-Mann?

Die Waage-Frau (24. September bis 23. Oktober)
Der glücklichen Verbindung von Jungfrau-Männern und Waage-Frauen stehen viele Hindernisse entgegen. Es ist wohl nicht völlig ausgeschlossen, daß ein starker, liebevoller und einsichtiger Jungfrau-Mann einen festigenden Einfluß auf die unverläßlich schwankende Waage ausübt, doch allzuoft dürfte sich dieser Fall nicht ereignen.

Die Skorpion-Frau (24. Oktober bis 22. November)
Wählt der Jungfrau-Mann eine Skorpion-Frau, so kann man das nur mit einigermaßen verwundertem Kopfschütteln registrieren. Leider sind die Aussichten auch für dieses Paar nicht allzu rosig, es sei denn, die Skorpionin ist jene eine unter Hunderten, die „über ihren Schatten" springen kann.

Die Schütze-Frau (23. November bis 21. Dezember)
Mit Schütze-Frauen läßt sich herrliche Kameradschaft schließen, und das wissen Jungfrau-Männer zu schätzen. Wenn sie klug sind, tun sie keinen weiteren Schritt, denn sobald aus der Kameradin die Geliebte wird, nehmen die Komplikationen zu. Immerhin hat etwa jedes dritte oder vierte Paar die Chance, es trotzdem zu schaffen.

Die Steinbock-Frau (22. Dezember bis 20. Januar)
Mit einer Steinbock-Geborenen könnte der Jungfrau-Mann das große Los ziehen. Dieser Frauentyp wird ihm Gerechtigkeit widerfahren lassen, und so eine Verbindung, die meist langsam zur Liebe reift, kann sehr dauerhaft sein.

Die Wassermann-Frau (21. Januar bis 19. Februar)
Ein weiblicher Wassermann idealistischer Prägung käme für einen Jungfrau-Mann, der wiederum nicht allzu pedantisch ist, schon in Frage. Es gibt da eben etliche Wenn und Aber, und die individuelle Ausprägung der Typen entscheidet. In ihren sexuellen Wünschen kommen die Partner einander sehr nahe.

Die Fische-Frau (20. Februar bis 20. März)
Die Verbindung Jungfrau-Fische stellt auch erfahrene Deuter vor ein beinahe unlösbares Problem. Jedes „Für" kann durch ein „Wider" entkräftet werden, und ebenso umgekehrt. Alles zerfließt. Auch den Gefühlen, die Jungfrau und Fische verbinden, könnte das zustoßen. Eines Tages sind sie nicht mehr da.

Die Widder-Frau (21. März bis 20. April)
Jungfrau und Widder? Erde und Feuer ergeben im allgemeinen keine ideale Partnerschaft. Trotzdem möchte man fragen: Warum

eigentlich nicht? Die Jungfrau-Widder-Liebe wird eher früher als später eine Bewährungsprobe bestehen müssen. Fällt sie positiv aus – nun, dann sind berechtigte Hoffnungen vorhanden.

Die Stier-Frau (21. April bis 20. Mai)
Begegnet der Jungfrau-Mann einer Stier-Frau, kommt die Annäherung nur stockend in Gang. Abwarten, Prüfen, Wägen ist beiden Partnern zu eigen. Lange Freundschaften, lange Verlobungszeiten sind typisch. Etliche Paare trennen sich während dieser Probezeit wieder. Entschließen sie sich jedoch, den Lebensweg gemeinsam fortzusetzen, dann hält der Bund wirklich.

Die Zwillinge-Frau (21. Mai bis 21. Juni)
Nur begrenzte Aussichten hat das Paar Jungfrau-Mann und Zwillinge-Frau. Die guten Eigenschaften beider Partner sind gewissermaßen vergeben, denn gerade die Pluspunkte, die auf jeder Seite vorhanden sind, werden vom Partner wenig gefragt.

Die Krebs-Frau (22. Juni bis 22. Juli)
Der Jungfrau-Mann reagiert durchaus positiv auf die Gefühlsbetontheit, Häuslichkeit und Einsatzbereitschaft, die für viele Krebs-Frauen charakteristisch sind. Bis zu einem gewissen Grad vermag er auch deren starke Stimmungsschwankungen zu ertragen – allerdings nur zu einem gewissen Grad. Wenn dieser überschritten wird, „kommt er nicht mehr mit". Entscheidungen müssen sorgfältig überlegt werden. Nichts übereilen, weder das Ja noch das Nein.

Die Löwe-Frau (23. Juli bis 23. August)
Löwe-Frauen, die vorbehaltlos geliebt und bewundert werden wollen, stoßen sich häufig an der kritischen Veranlagung der Jungfrau-Männer, denn diese macht die Liebe selten blind. Zwar ist die Möglichkeit nicht auszuschließen, daß man sich „arrangiert", aber Zweifel müssen angemeldet werden.

Die Jungfrau-Frau (24. August bis 23. September)
Wenn die Jungfrau-Frau bereit ist, sich ihrem Partner anzupassen, hat diese Beziehung eine sehr gute Chance.

Wer paßt am besten zur Jungfrau-Frau?

Der Waage-Mann (24. September bis 23. Oktober)
Einem Waage-Mann gegenüber reagiert die „typische Jungfrau" sehr oft instinktiv mit Mißtrauen oder gar Ablehnung. Sie fühlt sich durch den labilen Kurs, den er steuert, ebenso irritiert wie durch sein unentwegtes Flirten. Da Waage-Männer die echten Vorzüge der Jungfrauen kaum zu würdigen wissen, ist es wohl besser, wenn Distanz gehalten wird.

Der Skorpion-Mann (24. Oktober bis 22. November)
Auch ein Skorpion-Partner kann der weiblichen Jungfrau nicht empfohlen werden. Trotz ihrer zur Schau getragenen Sicherheit und Überlegtheit ist dieser Frauentyp recht verletzbar, und die „Bissigkeit" des Skorpions verwundet die Jungfrauen. Auf sexuellem Gebiet besteht nur äußerst geringe Übereinstimmung. Ausnahmen sind höchst selten.

Der Schütze-Mann (23. November bis 21. Dezember)
Zu einem Schütze-Mann findet die Jungfrau relativ leicht herzlichen Kontakt. Trotzdem ist die gemeinsame Basis nur mittelmäßig. Die weibliche Jungfrau dürfte an der fröhlichen Unbekümmertheit des Schützen eines Tages echten Anstoß nehmen, während er diese Partnerin schließlich als allzu schwerfällig für seinen Geschmack finden wird. Nur bescheidene Chancen können eingeräumt werden.

Der Steinbock-Mann (22. Dezember bis 20. Januar)
Trifft die Jungfrau-Geborene einen Steinbock-Mann, so wird das gewiß keine Blitzliebe werden, doch die Sympathien, die sich ganz allmählich entwickeln, haben die Aussicht, so stark wie überhaupt möglich zu werden und Jahrzehnte zu überdauern. Die Umgebung wird wahrscheinlich glauben, es handele sich um eine wenig ergiebige Partnerschaft – doch das ist egal. Hauptsache, die beiden sind glücklich, wenn es niemand sieht.

Der Wassermann-Mann (21. Januar bis 19. Februar)
Da das Zeichen Wassermann recht unterschiedliche Vertreter hervorbringt, läßt sich keine allgemeine Prognose stellen. Mit einem strebsamen, gesammelten Wassermann, der sich bereits „ausgetobt" hat, könnte die Jungfrau zumindest nicht unglücklich werden. Von den übrigen sollte sie die Finger lassen.

Der Fische-Mann (20. Februar bis 20. März)
Für die Verbindung mit einem Fische-Mann spricht, daß dieser Typ meist verläßlich und treu ist. Trotzdem verlaufen Liebesbeziehungen zwischen weiblicher Jungfrau und männlichem Fisch oft unbefriedigend. Man kann sie zwar nicht rundweg ablehnen, aber auch nicht heiß befürworten. Der Ausgang läßt sich schwer vorhersagen.

Der Widder-Mann (21. März bis 20. April)
Den Widder-Mann reizt mitunter die Verschlossenheit und Zurückhaltung der weiblichen Jungfrau. Er vermutet (nicht zu Unrecht) „mehr" hinter der zur Schau getragenen Gleichgültigkeit und setzt zum Sturmangriff an. Der Jungfrau wiederum imponieren Energie und Fleiß des Widders, der, wenn er nur will, auch sehr charmant sein kann. Wie es endet? Die Chancen stehen etwa 50:50.

Der Stier-Mann (21. April bis 20. Mai)
Mit einem Stier-Mann könnte die Jungfrau glücklich werden, sofern er nicht ständig den Besserwisser und Lehrmeister hervorkehrt. Die Lebensziele sind recht ähnlich, und auch in Sexfragen versteht man einander. Auf alle Fälle probieren!

Der Zwillinge-Mann (21. Mai bis 21. Juni)
Bei Zwillinge-Männern ist wiederum guter Rat teuer. Viele Kompromisse werden nötig sein, um so eine Verbindung nicht scheitern zu lassen. Hat der Zwilling nicht nur vorübergehend, sondern ausdauernd Feuer gefangen, ist die Jungfrau nicht zu streng und helfen äußere Umstände mit, Klippen zu umschiffen, dann könnte es klappen.

Der Krebs-Mann (22. Juni bis 22. Juli)
Auch bei dem Paar Krebs-Mann und Jungfrau-Geborene entscheidet letzten Endes die Bereitschaft, den anderen so zu nehmen, wie er ist. Hundertprozentig wird es kaum klappen, denn es ist auch in relativ günstigen Fällen mit chronisch schwelenden Krisen zu rechnen.

Der Löwe-Mann (23. Juli bis 23. August)
Mit Nachbarzeichen ist das so eine Sache, und der Löwe ist „Nachbar" der Jungfrau. Sie wird sich in diesen so imponierenden Mann unter Umständen heftig verlieben. Es wäre aber möglich, daß der Löwe mit einer Jungfrau-Liebe nicht viel anzufangen weiß, weil er seine Idealfrau anders sieht.

Der Jungfrau-Mann (24. August bis 23. September)
Die Bindung Jungfrau-Jungfrau kann nur gutgehen, wenn sich beide Partner nicht gegenseitig durch ihre Pedanterie auf die Nerven gehen und wenn einer der beiden beweglich bleibt.

Glückstage der Jungfrau-Menschen

Der Montag, von vielen Menschen gehaßt, gestaltet sich für Vertreter des Jungfrau-Zeichens im allgemeinen besonders günstig und kann als Glückstag bezeichnet werden. Mit frischen Kräften, ausgeruht von dem Wochenende, geht der Jungfrau-Geborene an die Arbeit heran, beseelt von seinem Ehrgeiz, seinem Pflichtgefühl und seiner Zuverlässigkeit. Bedauern darüber, daß das Wochenende nun bereits wieder hinter ihm liegt und daß er auf das nächste noch eine Woche warten muß, kennt er kaum. Kein Wunder, daß ihm an diesem Tag, den er so voller Elan beginnt, fast alles gelingt, und zwar nicht nur in beruflicher, sondern auch in privater Hinsicht.

Für die Vertreter der 1. Dekade gesellt sich noch der Sonnabend als Glückstag dazu; für die in der 2. Dekade geborenen „Jungfrauen" ist es zusätzlich der Mittwoch; für die aus der 3. Dekade stammenden Jungfrau-Menschen ist es der Freitag.

Gemeinsame Glückstage von Jungfrau-Geborenen, die mit Vertretern anderer Tierkreiszeichen liiert sind, sind: Jungfrau-Widder: 2. März und 15. Juli; Jungfrau-Stier: 28. Februar und 30. August; Jungfrau-Zwilling: 4. Januar und 12. Dezember; Jungfrau-Krebs: 21. April und 24. Oktober; Jungfrau-Löwe: 9. Mai und 25. September; Jungfrau-Waage: 7. Juni und 8. Juli; Jungfrau-Skorpion: 26. März und 13. August; Jungfrau-Schütze: 3. Mai und 12. November; Jungfrau-Steinbock: 5. Oktober und 19. Oktober; Jungfrau-Wassermann: 1. April und 20. Juli; Jungfrau-Fische: 9. Mai und 24. Oktober.

Glückszahlen der Jungfrau-Menschen

Gleich drei Zahlen gibt es, die sich als glückbringend für die unter dem Tierkreiszeichen Jungfrau geborenen Menschen erwiesen haben: 4, 14 und 25. Als Kombination eignet sich besonders gut: 4–12–34. Die Vertreter der 1. Dekade können ferner auf die 6 und die 7 und die Kombination 6–16–47 bauen; die der 2. Dekade wählen 3 und 17 und als Kombination 13–67–70; die der 3. Dekade 8 und 18 und als Kombination 8–28–80.

Die Glückszahlen, die Jungfrau-Menschen mit den Vertretern anderer Tierkreiszeichen gemeinsam haben, lauten: Jungfrau-Widder: 4 und 48, als Kombination 34–50–60; Jungfrau-Stier: 5 und 24, als Kombination 15–34–75; Jungfrau-Zwilling: 1 und 11, als Kombination 11–44–55; Jungfrau-Krebs: 7 und 25, als Kombination 17–41–56; Jungfrau-Löwe: 2 und 12, als Kombination 12–22–45; Jungfrau-Waage: 5 und 16, als Kombination 15–30–77; Jungfrau-Skorpion: 9 und 10, als Kombination 20–80–88; Jungfrau-Schütze: 6 und 14, als Kombination 16–44–50; Jungfrau-Steinbock: 7 und 16, als Kombination 17–66–92; Jungfrau-Wassermann: 1 und 9, als Kombination 11–49–50; Jungfrau-Fische: 5 und 6, als Kombination 15–56–73.

Ergibt sich für Sie als Jungfrau-Geborenen bei einem Spiel oder einer Wette einmal die Gelegenheit, daß Sie gleichzeitig auf Ihre drei ursprünglichen Glückszahlen, nämlich 4, 14 und 25 setzen können, dann sollten Sie das unbedingt tun und nach einem eventuellen Fehlschlag nicht gleich zu neuen Zahlenkombinationen greifen.

Glückssteine und Glücksfarben der Jungfrau-Menschen

Eine ganze Reihe von Edelsteinen haben sich als Glücksbringer für die Jungfrau-Geborenen erwiesen. In erster Linie sind es gelber Achat und Quarztopas, aber auch helle Korallen, Bernstein und Aquamarin, wobei sich vor allem Silber- und Platinfassungen für diesen Schmuck eignen.

Die meisten Menschen der anderen Tierkreiszeichen müssen immer wieder davor gewarnt werden, des Guten zuviel zu tun und sich mit zuviel Schmuck zu behängen. Für die Jungfrau-Geborenen ist dieser Hinweis überflüssig. Ihre natürliche Bescheidenheit hindert sie daran, sich in irgendeiner Form zu überladen. Ihr Geschmack ist sicher und gefestigt genug, so daß sie zu jeder Gelegenheit ohnehin nur den Schmuck wählen, der paßt und nicht zu aufdringlich wirkt. Den „Jungfrauen" kann sogar geraten werden, etwas großzügiger mit dem Inhalt ihres Schmuckkästchens umzugehen, denn ein hübscher Ring, eine auffallende Kette oder ein besonders schönes Ohrgehänge können helfen, sie aus dem Hintergrund, in den sie sich gern drängen lassen, wieder etwas hervorzuholen.

Jungfrau-Geborene lieben die blaue Farbe. Dieses Blau spiegelt den Ernst und das Gleichgewicht des Charakters wider, unterstreicht die kühle Intelligenz und das sorgfältige Abwägen einer jeden Entscheidung. Darüber hinaus passen alle zarten Pastelltöne wie Olivgrün, Kardinalrot, Violett und Sonnenblumengelb wunderbar zu den „Jungfrauen". Sie sollten darauf achten, bei ihrer Vorliebe für die blauen Töne nie eine zu grelle Schattierung zu wählen, die ihnen etwas Unnahbares geben könnte.

WAAGE

(24. September bis 23. Oktober)

Die starken und schwachen Seiten des Waage-Menschen

Das Zeichen Waage wird den Luftzeichen zugezählt. Die Menschen, die in diesem Zeichen geboren wurden, haben ihre spezielle Eigenart, haben aber auch so manches mit den Geborenen der beiden anderen Luftzeichen – das sind Wassermann und Zwillinge – gemeinsam. So wie man Luft nicht „greifen" kann, entzieht sich auch das Waage-Zeichen dem festen Zugriff und läßt sich bei weitem nicht immer mit klaren Konturen umreißen.

Die Venus regiert das Zeichen Waage. Schattierungen werden durch die Unterregenten bewirkt, und zwar sind das Uranus in der zweiten Dekade (4. bis 13. Oktober) und Merkur in der dritten Dekade (14. bis 23. Oktober).

Daß in jedem Einzelfall auch der Aszendent eine nicht unwesentliche Rolle spielt, ist allen jenen, die sich ein wenig mit Astrologie befassen, sicher bekannt.

Die Waage-Geborenen sind weiche Menschen, gutmütig, anteilnehmend, hilfsbereit, liebenswürdig. Sie lieben freilich sich selbst auch nicht gerade wenig, die eigene Bequemlichkeit bedeutet ihnen viel. Und so geraten sie immer wieder in argen Zwiespalt. Sie schwanken zwischen Altruismus und Egoismus.

Dieses Schwanken ist ja überhaupt ein typisches Kennzeichen der Waage. Ein klarer Kurs wird immer nur kurzfristig gesteuert. Die Waage-Geborenen sind relativ wenig ausdauernd. Hindernisse, die sich ihnen in den Weg stellen, verwirren sie, und das typische Verhalten der Waage-Geborenen besteht in solchen Fällen im Zurückweichen und im Suchen nach einer Möglichkeit, dieses Hindernis zu umgehen.

Der Waage-Geborene „stellt sich" nicht – zumindest nicht freiwillig. Zum Beispiel sind ihm Auseinandersetzungen verhaßt, im Familienkreis genauso wie im Beruf. Da weicht er lieber aus. Auf verschiedene Weise. Etwa, indem er ganz einfach aus dem Zimmer geht oder aus dem Haus. Vielleicht in der Hoffnung, daß bis zu seiner Rückkehr der Groll der anderen verraucht oder die strittige Sache irgendwie erledigt ist. Über das „Wie" denken Waage-Menschen nicht gern nach. Sie hoffen auf Wunder, die ihnen zu Hilfe kommen.

Oft sagen Waage-Menschen, die in eine unangenehme Debatte verwickelt wurden, auch einfach nur ja, ja – um ihre Ruhe zu haben.

In die Enge getrieben, können sie gelegentlich aggressiv werden – nicht, weil die Aggressivität ihrem Wesen entspricht, sondern weil sie einen Ausweg suchen. Dann schlagen sie Krach – und nützen die Verblüffung des Gegners, um die Flucht anzutreten.

Nicht alle, doch ziemlich viele Waagen verfügen über eine beträchtliche Schläue, die vorzugsweise dann eingesetzt wird, wenn im Beruf das wettgemacht werden soll, was den Waage-Geborenen an Härte und Durchsetzungsvermögen fehlt.

Auch die tüchtigsten und fleißigsten Waage-Menschen halten den Spruch, wonach der Mensch lebt, um zu arbeiten, für blanken Unsinn. Sie werden kaum mehr Zeit und Mühe für die Arbeit aufwenden, als unbedingt nötig ist. Ein Waage-Mensch kann seine Arbeit – sofern sie ihm zusagt und ihn interessiert – zwar lieben, aber er wird sich nicht mit ihr verheiratet fühlen.

Obwohl Idealismus dem Waage-Typ nicht fremd ist, wird auf die materielle Seite des Erfolgs starker Wert gelegt. Waage-Menschen sind zu labil, zuwenig kräftig, um in dauernden Sorgen zu leben. Sie spüren instinktiv, daß sie längeren Belastungen nicht recht gewachsen sind. Deshalb wünschen sie sich finanzielle Sicherheit – ganz abgesehen davon, daß sie sich ja vom Leben gewisse Annehmlichkeiten wünschen, die eben Geld kosten.

Die liebenswürdige, heitere, amüsante Seite des Waage-Wesens braucht „schönes Wetter", um richtig zu glänzen. Optimismus ist vorhanden, allerdings nicht so sehr jene Art, die durch kraftvolles Selbstbewußtsein genährt wird, eher jener Optimismus, bei dem Leichtsinn Pate steht.

Man merkt es, sobald ein Waage-Mensch Schicksalsschläge zu erdulden hat und in eine Krise gerät. Dann ist sein Optimismus schnell wie weggefegt. Üble Laune, großer Jammer, Selbstmitleid, Depressionen regieren. Weibliche Waagen treten bisweilen die „Flucht in die Krankheit" an.

Der Wunsch, Mittelpunkt zu sein, ist in diesem Zeichen deutlich merkbar. Kontaktbereitschaft begünstigt zahlreiche Freundschaften vorwiegend lockerer Art. In Gesellschaft plaudern die Waage-Menschen lebhaft und charmant. Sie sind echte Gesellschaftstalente. Den Gesprächen fehlt zwar häufig der Tiefgang, doch langweilig ist es mit Waage-Menschen nie.

Da dieser Typ ziemlich neugierig ist, verlangt er ständig nach neuen Kontakten und Eindrücken. Die Neugierde kann sich – vor allem bei Waage-Frauen – gelegentlich unangenehm auswirken: dann nämlich, wenn es um Klatsch und Tratsch geht. Solche Frauen schnüffeln gern im Privatleben ihrer Mitmenschen herum, und was sie herausfinden, erzählen sie, durch eigene Phantasie angereichert, prompt weiter.

Für das Alleinsein ist der Waage-Mensch ganz gewiß nicht geboren. Er braucht das Echo – vorwiegend das positive natürlich. Ganz auf sich allein gestellt, fühlen sich Waage-Geborene verloren, und sie tun, was sie nur können, um diesen Zustand zu beenden. Oft verhalten sie sich wie Kletten: In dem krampfhaften Bemühen, irgendwo Anschluß zu finden, hängen sie sich an die nächstbesten Menschen – das können Nachbarn sein oder Berufskollegen und flüchtige Zufallsbekannte – und sind dann nicht leicht abzuschütteln.

Daß die Wichtigkeit der eigenen Person überschätzt wird, ist im Zeichen Waage öfter zu beobachten. Sagt man dies einer Waage auf den Kopf zu, ist sie tief gekränkt. Diese Menschen sind überhaupt recht empfindlich, wenn nicht überempfindlich. Wenn man ihnen schmeichelt, kann man fast alles bei ihnen erreichen. Daß Waage-Menschen auf falsche Freunde hereinfallen, kommt deshalb immer wieder vor.

Welche Schwächen und Stärken haben die Waage-Menschen noch? Kritiker des Waage-Typs nennen ihn unzuverlässig und wankelmütig. Eine Schwäche also? Vorsicht! Gewiß: Die Abhängigkeit von Stimmungen und leichte Beeinflußbarkeit sind keine Zeichen für Stärke. Aber – ist etwa der der Stärkste, der von einer einmal gefaßten Meinung durch nichts mehr abzubringen ist, rechthaberisch der, der den eigenen Standpunkt als den einzig richtigen anerkannt haben will? Beweglich in den Entscheidungen zu sein, kann durchaus Vorteile bringen.

Gerade beim Waage-Typ sind positive und negative Wesenszüge ganz besonders schwer voneinander zu trennen. Das hängt mit der Wechselhaftigkeit zusammen, die in diesem Zeichen in vieler Hinsicht dominiert. Waage-Menschen sind seelisch labil, ändern ihre Ansichten und dementsprechend auch ihr Verhalten öfters, und man darf sie überhaupt nicht zu den besonders harten, unbeugsamen Typen zählen.

Ein gewisser Hang zur Bequemlichkeit ist unverkennbar. Um unangenehme Dinge wird gern ein Bogen gemacht, man vermeidet Auseinandersetzungen, möchte niemandem weh tun, schiebt lästige Entscheidungen immer wieder auf.

Andererseits kann so ein Waage-Typ sehr energisch werden, wenn es gilt, sich für einen nahestehenden Menschen einzusetzen, besonders dann, wenn diesem ein Unrecht zugefügt wurde. Der Gerechtigkeitssinn ist in diesem Zeichen stark ausgeprägt. Um bedrängten Freunden zu helfen, nimmt der Waage-Geborene sogar Belastungen in Kauf, denen er sonst in weitem Bogen ausweichen würde.

Zu den kleinen Schwächen, die in diesem Zeichen relativ häufig vorkommen, gehören Eitelkeit und mangelnde Ordnungsliebe. Es ist für Waage-Frauen typisch, daß sie ständig nach etwas suchen. Sie können ein halbes Dutzend Paar Strümpfe in Reserve haben – wenn sie sich schnell umkleiden wollen, finden sie nicht ein einziges. Im Bus wühlen sie nervös in sämtlichen Taschen nach der wieder einmal rätselhaft verschwundenen Fahrkarte, und wichtige Briefe, die „besonders gut aufgehoben" wurden, tauchen oft erst nach Monaten zufällig wieder auf.

Waage-Männer lieben es, ihre Kleidungsstücke abends in der

ganzen Wohnung zu verstreuen, und wenn sie morgens das Haus verlassen, bleibt ein Schlachtfeld zurück. Im Gegensatz dazu entfalten sie im Beruf bisweilen eine Pedanterie, die Mitarbeitern so manchen Seufzer entlockt.

Echte Anteilnahme und unangenehme Neugierde liegen im Wesen der Waage-Menschen dicht beieinander. Der Waage-Typ ist aufgeschlossen für alles, was um ihn herum geschieht, interessiert sich lebhaft für die Freuden und Sorgen von Freunden und Angehörigen – geht dabei freilich manchmal auch zu weit und versucht, mit unablässigen Fragen in die privateste Sphäre vorzudringen. Zurechtgewiesen ist er tief gekränkt, denn er „meint es doch nur gut", davon ist er überzeugt.

Erziehung der Waage-Kinder

Waage-Kinder sind vielfach schon von frühester Jugend an heftigen Gemütsschwankungen unterworfen. Die junge Mutter wird dies schon am Säugling beobachten können, der ohne jeden deutlich erkennbaren Grund das eine Mal himmelhoch jauchzend und das andere Mal zu Tode betrübt der Welt von seiner Wiege aus einmal ein lachendes und das andere Mal ein weinendes Auge zeigt.

Im Verlauf ihrer Entwicklung fällt an den kleinen Waage-Leuten vor allem der Umstand auf, daß sie die Eigenschaften ihrer Umgebung sehr leicht annehmen und sich als blendende Schauspieler erweisen, die sich am liebsten jeden Augenblick in einer anderen Rolle sehen möchten.

Dieser ausgeprägte Nachahmungstrieb erfordert von den Eltern naturgemäß, daß sie kleinen Waage-Sprößlingen mit sehr gutem Beispiel vorangehen und sie auch in der Wahl ihrer Freunde auf geschickte Weise zu lenken verstehen. Sonst könnte es geschehen, daß sie an ihnen in kurzer Zeit so ziemlich alle schlechten Gewohnheiten ihrer Kindergarten- und Schulkameraden entdecken.

Da Waage-Kinder im allgemeinen dem Schönen in all seinen Formen zugänglich sind, wird eine musische Erziehung hier fast immer auf fruchtbaren Boden fallen. Nur sollten sich die Eltern hüten, in den ersten Anzeichen einer musischen Begabung schon so etwas wie eine künstlerische Ader entdecken zu wollen, und ihrem Waage-Kind auf diese Weise einen völlig unangebrachten „Starkomplex" einzuimpfen.

Kinder dieses Tierkreiszeichens haben ohnedies keine Hemmungen, sich vor einem mehr oder minder bewundernden Publikum zu produzieren; deshalb sollte man diesem Hang nicht noch besonderen Vorschub leisten.

Die große Liebebedürftigkeit und Anschmiegsamkeit der Waage-Kinder, die sie ihrer Umwelt gegenüber ziemlich wahllos an den Tag legen, bedeutet für sie, wenn sie nicht kontrolliert werden, bisweilen eine ernsthafte Gefahr. Da sie sich so ziemlich ausnahmslos jedem anschließen, der ihrer Eitelkeit schmeichelt und sie in den Glauben wiegt, geliebt zu werden, haben es die Eltern bisweilen schwer, ihrem Waage-Kind den Unterschied zwischen aufrichtiger Freundschaft und Schmeichelei klarzumachen und ihre Autorität gegen all die Einflüsse, denen das jedermann aufgeschlossene Waage-Kind ausgesetzt ist, durchzusetzen – um so mehr, als dieses sich bisweilen als recht parteiisch erweist und sich störrisch auf die Seite dessen schlägt, bei dem es die größte Toleranz für seine kleinen Untugenden und die lebhafteste Bewunderung seiner eigenen kostbaren kleinen Person findet.

Weil Waage-Menschen im allgemeinen zu einer recht hemmungslosen Großzügigkeit neigen, wird es zweckentsprechend sein, sie schon früh mit den Werten des äußeren Lebens bekannt zu machen, um auf diese Weise zu verhindern, daß sie ihre Beliebtheit dadurch zu steigern suchen, daß sie ihr Eigentum völlig wahllos an ihre Schul- und Spielgefährten verschenken, wenn ihnen wieder einmal danach zumute ist, sich als kleine Mäzene bewundern zu lassen.

Kommt das Waage-Kind erst einmal in das schulpflichtige Alter, so wird sich das Hauptaugenmerk der Eltern darauf richten müssen, ihm schonend beizubringen, daß es mit seinem einschmeichelnden Wesen nicht getan ist, wenn es richtig vorwärtskommen will.

Da sich Waage-Kinder im allgemeinen nicht gerade besonders gerne anstrengen, wird ihnen der Sinn des Sprichworts „Ohne

Fleiß kein Preis" langsam, aber sicher beigebracht werden müssen.

Im allgemeinen tun sich Kinder dieses Tierkreiszeichens dank ihrer außerordentlichen Liebenswürdigkeit im Umgang mit Lehrern und Kameraden verhältnismäßig leicht. Sie haben stets ihren kleinen Kreis um sich, von dem sie sich nach Herzenslust bewundern und verwöhnen lassen und vor dem sie sich mit allen jenen kleinen Kunststücken produzieren, die sie in ihren Augen den anderen gegenüber auszeichnen.

Das kleine Waage-Mädchen ist zumeist schon in den ersten Jahren seines Lebens von einer geradezu hemmungslosen Eitelkeit und beherrscht die Künste der weiblichen Verführung, ohne sie je gelernt zu haben. Väter von Waage-Töchtern wissen seufzend ein Lied davon zu singen, wie sehr sie diese kleine Eva bei jeder Gelegenheit um den Finger zu wickeln versteht und wie hilflos sie sich ihrem bewußten Charme ausgeliefert fühlen.

Freilich aber werden die vernünftigen Eltern dem Kreuzfeuer solcher frühkindlichen Koketterie und Schmeichelei mit liebevoller Unnachgiebigkeit entgegenwirken, um zu verhindern, daß die kleine Lieblichkeit es zur Gewohnheit werden läßt, sich erfolgreich durchs Leben zu schmeicheln, statt ihren Platz durch echte Leistung und Einsatz ihrer persönlichen Kräfte zu behaupten.

Wenn die Eitelkeit und Koketterie des Waage-Kindes nicht rechtzeitig eingedämmt wird, nehmen diese Charakterzüge bisweilen so deutlich überhand, daß sich schon in der frühen Entwicklung ein deutlicher Zug zum Egozentriker bemerkbar macht, der sich schließlich nicht nur als ein schwerer Charakterfehler auswirken wird, sondern darüber hinaus wesentlich dazu beiträgt, daß die an sich positiven Anlagen sich nun nicht mehr durchsetzen können.

Vor allem für Mädchen dieses Zeichens wird sich eine verhältnismäßig frühzeitige Aufklärung als zweckmäßig erweisen, da sie ihre früh, gewöhnlich sehr früh entwickelte Hingabefähigkeit und ihr oft fast schwärmerisches Liebesbedürfnis im Verein mit ihrer zumeist schon recht früh entwickelten Weiblichkeit in gefährliche Situationen verstricken könnten.

Die Mutter wird gut daran tun, sich in diesen „kritischen Jahren" das Vertrauen ihrer heranwachsenden Tochter zu erhalten, um ihr im geeigneten Moment mit dem richtigen Rat zur Seite stehen zu können, wenn es jene nicht vorzieht, ihr frühzeitig an Liebesgram zerbrochenes Herz ihrem Vater auszuschütten.

Das Verlangen nach Liebe, Zärtlichkeit und Geborgenheit ist bei Kindern dieses labilen Zeichens überdurchschnittlich hoch. Es ist deshalb in hohem Grad wünschenwert, daß sie in gesicherten Verhältnissen aufwachsen, den Schutz spüren, den ein intaktes Elternhaus gibt.

Eine gespannte Atmosphäre, Zank und Streit üben einen spürbar nachteiligen Einfluß auf die Entwicklung des Kindes aus. Feinfühlig, wie der Waage-Typ ist, werden Spannungen oft auch dann wahrgenommen, wenn Differenzen nicht direkt vor dem Kind ausgetragen werden. Und es reagiert darauf prompt mit Schlafstörungen, unruhigen Träumen, Erbrechen und all diesen bekannten Symptomen seelischer Störungen.

Kleine Waage-Mädchen sind überhaupt anfällig für gesundheitliche Störungen. Sie kränkeln verhältnismäßig oft, neigen zu verdorbenem Magen, zu Allergien und Erkältungen.

Man muß sie allerdings scharf beobachten. Nicht jedes Waage-Kind, das über Übelkeit klagt, ist tatsächlich krank. Es hat möglicherweise nur das Verlangen, Mittelpunkt zu sein, und da es aus Erfahrung weiß, daß Kranke in der Familie gewisse Vorrechte genießen, mimt es manchmal bloß „Mir ist so schlecht" und genießt es, wenn sich dann alles um das „arme" kleine Ding dreht. Krankheit als Mittel der Erpressung zu verwenden, ist bei Waage-Geborenen weiblichen Geschlechts – vor allem natürlich bei jenen, die später eine Neigung zur Hysterie erkennen lassen – ein sehr beliebter Trick.

Im allgemeinen sind Waage-Mädchen zwar niemals ausgesprochen wild, aber doch recht munter, fröhliche kleine Plappermäulchen, die gerne durch Schlüssellöcher schauen und auch sonst alle Untugenden überdurchschnittlicher Neugier aufweisen können. Sie fragen und fragen. Und erzählen leidenschaftlich gerne: Erlebtes und Erfundenes, irgendwo Aufgeschnapptes und Zusammengereimtes. Dabei kommen sie sich ungemein wichtig vor. „Ich weiß etwas", beginnen die Mitteilungen, die geheimnisvoll kreuz und quer durch die Familie getragen werden und schon so manche Verwirrung gestiftet haben.

Ein beliebtes Spiel der Waage-Mädchen ist es auch, ein Geschäft aus ihren „Neuigkeiten" zu machen. „Was gibst du mir, wenn ich dir sage, was die Oma gestern gemacht hat?" Auf Angebote dieser Art sollte lieber von Anfang an gar nicht eingegangen werden. Es geht sonst ins Uferlose. Und das Kind, das als Nachrichtenbringer belohnt wird, kommt leicht in Versuchung, das nächste Mal einfach etwas zu erfinden.

Der Waage-Mensch als Freund

Waage-Menschen mit ihrem aufgeschlossenen, liebenswürdigen Naturell, ihren gesellschaftlichen Gaben finden verhältnismäßig leicht Kontakt zu anderen Menschen und schließen in ihrem Leben meist zahlreiche Freundschaften.

Daß sie bei der Wahl ihrer Freunde mitunter eine wenig glückliche Hand haben, steht auf einem anderen Blatt. Das hängt wohl damit zusammen, daß der „Waage" jene Freunde am liebsten sind, die ihr Lob und Bewunderung zollen, ihr nette Dinge sagen – und das sind dann eben nicht immer die ehrlichsten Freunde, sondern Menschen, die vor allem auf dem Umweg über Schmeichelei ihren eigenen Vorteil wahren wollen.

Leider lassen sich Waage-Geborene verhältnismäßig leicht ausnützen. Sie schenken gerne, teilen mit vollen Händen aus (Engherzigkeit, Geiz sind ihnen fremd, mit dem Einteilungsvermögen hapert es, und Sparsamkeit ist für sie ein Fremdwort), und wenn ein Freund an ihre Hilfsbereitschaft appelliert, tut er es nicht vergebens. Sie gehen im Bestreben zu helfen womöglich sogar über die Grenzen ihrer Möglichkeiten hinaus, stürzen sich gar in Schulden, um nur keine Bitte abschlagen zu müssen.

Ein Waage-Mensch wird seine Freunde (auch die falschen) gegen alle Angriffe seitens Dritter verteidigen und alle Warnungen in den Wind schlagen. Gehen ihm eines Tages dann doch die Augen auf, bekommt er Undank zu spüren, wird er davon tief getroffen. Meist sind schlimme Erfahrungen jedoch kein Hindernis, um bei nächstbester Gelegenheit unbelehrbar und gutgläubig mit vollen Segeln in ein weiteres Freundschaftsabenteuer zu ziehen.

Der Waage-Geborene ist das genaue Gegenteil eines verschlossenen Menschen. Er muß über alles, das ihn bewegt, mit anderen sprechen können, ihnen sein Herz ausschütten. Zur Einsamkeit ist er nicht geschaffen. Ebenso wie er sich gerne im Spiegel besieht, trachtet er auch, sich in anderen Menschen zu spiegeln, sucht Bestätigung und Bejahung.

Es erhebt sich die Frage: Ist der Waage-Geborene in seiner Kontaktfreudigkeit, seiner Aufgeschlossenheit, Hilfsbereitschaft der ideale Freund schlechthin?

Zweifellos bringt er einige Voraussetzungen zum guten Freund mit. Ob diese genügen, hängt wiederum davon ab, was der Freundschaftspartner erwartet und wie dessen Ansichten über Freundschaft sind.

Wer eine „Waage" zum Freund wählt, sollte wissen, daß dieser Menschentyp in seiner Freundschaft ziemlich besitzergreifend ist. Wenn es sich gar um eine weibliche Waage handelt, wird deren Anteilnahme am Geschick der Freunde vielleicht bald gegen die weise Erkenntnis verstoßen, daß gerade die besten Freundschaften jene sind, in denen ein Restchen Distanz gewahrt bleibt.

Es ist also ratsam, gleich von Beginn der Freundschaft mit einer „Waage" an freundlich, aber bestimmt klarzustellen, daß jeder Partner ein Recht auf Eigenleben hat. Das muß rechtzeitig geschehen, ehe es zu spät ist. Mit Feingefühl, aber auch beharrlich. Die „Waage" muß einsehen lernen, daß es in einer Freundschaft zwar aufrichtig und ohne Geheimniskrämerei zugehen soll, daß jedoch keiner vom anderen Rechenschaft über jeden getanen Schritt fordern darf.

So anhänglich die Waage-Freunde sind – es muß bei ihnen damit gerechnet werden, daß sie eines Tages unter den Einfluß eines neu in ihr Leben tretenden Menschen geraten und daß dieser Einfluß stärker ist als der ihrer bisherigen Freunde. Betrüblich ist es, wenn der neue starke Einfluß ein negativer ist, wenn die „Waage" einem unehrlichen Schmeichler mehr Glauben schenkt als ehrlichen Freunden, die ihr weniger angenehme Dinge sagen.

Die „Waage" will nämlich nicht einsehen, daß ein Freundschaftsrat, der unter Umständen heilsame, aber bittere Wahrheiten enthält, wertvoller ist als schmeichelnde Bejahung ihrer etwaigen Irrtümer oder Schwächen. Es liegt im Waage-Charakter begründet, daß Unannehmlichkeiten aus dem Wege gegangen, nach den bequemsten Lösungen gesucht wird.

Freundschaftspflicht ist es nun, der „Waage" klarzumachen, wie leicht sie in ihrem Bestreben, Schwierigkeiten aus dem Wege zu gehen, erst recht in solche geraten kann, daß die sogenannten bequemen Lösungen oft gar keine sind. Vielleicht wird das nicht immer gelingen, vielleicht ist die Mühe vergeblich, versucht werden muß es.

Berufe, die sich für Waage-Menschen eignen

Die Eignung für bestimmte Berufe hängt mit dem individuellen Begabungsschwerpunkt zusammen – unter Begabung aber ist nicht allein eine besondere Geschicklichkeit oder ein klar zutage tretendes Talent zu verstehen, sondern im weiteren Sinn die Ausrichtung von Fähigkeiten und Wünschen auf ein bestimmtes Ziel, wie sie sich aus Charakter, Wesen und Persönlichkeit eines Menschen ergibt.

Es liegt auf der Hand: Wer ein eher seßhafter Typ mit dem Hang zum „Einwurzeln" ist, wird sich schwerlich für einen Beruf eignen, der ihn heute hierhin und morgen dorthin führt – ein sehr tüchtiger, aber nüchterner Mensch wird versagen, wenn im Beruf von ihm Phantasiereichtum und künstlerischer Schwung verlangt werden.

Zwischen den Erfordernissen eines Berufes und dem Wesen des Menschen, der ihn ausübt, muß ein gewisser Einklang bestehen, sonst bleiben die Ergebnisse in Durchschnittshöhe.

Da die Geborenen jedes Sternzeichens in mehr oder minder deutlichem Ausmaß etliche charakteristische Gemeinsamkeiten aufweisen, ergibt sich daraus eine erhöhte oder herabgesetzte Eignung für Berufe und Berufsgruppen.

Die Berufswahl fällt Waage-Menschen schon allein deshalb oft nicht leicht, weil ihre Interessen weit gestreut sind und auch meist mehr als nur eine Begabung vorliegt. Außerdem spielt die leichte Beeinflußbarkeit des Waage-Typs eine nicht immer günstige Rolle.

Immer wieder kommt es vor, daß ein junger Waage-Mensch, der bereits in der Berufsausbildung steht, diese abbricht, weil beispielsweise ein guter Freund in einer anderen Branche tätig ist und ihm die Erfolgsaussichten dort in den leuchtendsten Farben malt. Oder es kommt auf andere Weise zu einem Anreiz, der vom eingeschlagenen Weg ablenkt.

Am leichtesten fällt es dem Waage-Menschen, in Berufen auszuharren, die ihm reichlich Bewegungsfreiheit lassen, viel Abwechslung bieten und möglichst ausgedehnte Kontakte. Er reist gerne, erkundet gerne, spricht gerne. So eignet sich dieser Typ ganz besonders zur Kontaktperson. Wenn es etwa gilt, neue Märkte für einen Artikel zu erschließen, Verbindungen zum Ausland herzustellen, Möglichkeiten für die Errichtung von Zweigbetrieben zu sondieren, mit schwierigen Partnern zu verhandeln – dann ist der Waage-Typ meist richtig am Platz.

Waage-Menschen verfügen in der Regel auch über ausgeprägten Gerechtigkeitssinn; sie helfen gerne und nehmen sich jener an, die Unterstützung und Hilfe am dringendsten benötigen. Aus dieser Grundeinstellung wächst die Befriedigung, die ein Waage-Typ bei der Ausübung eines Berufes empfinden kann, der mit Pflege, Fürsorge oder Rechtsprechung zu tun hat. Nicht wenige Waage-Menschen beiderlei Geschlechts verstehen es vorzüglich, mit Kindern umzugehen. Es sind demnach auch Berufe in die engere Wahl zu ziehen, die auf dieser Linie liegen, und da gibt es viele, von der Kindergärtnerin bis zum Jugendrichter und vom Kinderarzt bis zur Heimleiterin.

Innenarchitektin, Kameramann beim Fernsehen oder Film, Kosmetikerin, Gastwirt oder Hotelier – das sind einige weitere Berufe, die in Erwägung zu ziehen wären, wenn auch bei weitem nicht alle.

Die Waage als Arbeitgeber

Fast immer arbeitet der typische Waage-Geborene sehr viel besser und effektvoller in einer Partnerschaft, als wenn man ihn seinen Aufgaben alleine überläßt. Falls er vorhaben sollte, sich selbständig zu machen – und die meisten Waagen spielen zumindest einmal im Laufe ihres Lebens mit diesem Gedanken –, dann sollte er dies nur an der Seite eines erprobten Partners oder Kollegen tun. Ferner sollte er sich klarmachen, ehe er sich für eine Berufsrichtung entscheidet, daß er mit schwierigen, schmutzigen oder unangenehmen Arbeitsbedingungen nichts anfangen kann. Er kann sich einfach nicht damit auseinandersetzen.

Viel mehr liegen ihm dagegen Betätigungsgebiete, in denen er Kreativität und künstlerische Fähigkeiten entwickeln kann. Er weiß, wie er sich zu kleiden und darzustellen hat, um optimal zu wirken. Naheliegende Möglichkeiten für ihn, seine sämtlichen Talente auszuschöpfen, sind: das Schneidern, das Friseurhandwerk, die Betätigung als Florist oder als Designer. Darüber hinaus hat er das Zeug zum guten Künstler, zum Diplomaten, Journalisten oder Poeten, zum Kunstsammler, Wertschätzer oder Sozialarbeiter. Überhaupt gefallen ihm Bereiche, in denen er entweder mit Kosmetika oder mit Textilien zu tun hat.

Sein natürliches Taktgefühl und sein diplomatisches Geschick machen aus ihm auch einen guten Anwalt, denn er hat die Fähigkeit, Klienten für sich einzunehmen und Vertrauen einzuflößen.

Als Arbeitgeber wird der Waage-Geborene im allgemeinen außerordentlich geschätzt. Es ist sein Charme, der ihm Sympathien einbringt. Man weiß bei ihm aber auch sein diplomatisches Geschick, sein Bemühen, anderen zu gefallen, sowie seine angeborene Höflichkeit zu schätzen.

Außerdem ist er meistens sehr gerecht und in der Lage, immer die beiden Seiten eines Problems zu sehen. Seine Waage-spezifische Eigenschaft, immer wieder einen Streit zu schlichten, bedeutet, daß er als Arbeitgeber sehr häufig in die Rolle des Salomon gepreßt wird. Hier sollte man jedoch darauf achten, daß man ihn nicht durch diese Auseinandersetzung mit persönlichen und privaten Dingen von seiner wirklichen Arbeit abhält.

Natürlich hat ein Waage-Geborener als Arbeitgeber nicht nur positive Seiten. Seine größte Schwäche ist es, daß er immer wieder versucht, Entscheidungen aus dem Wege zu gehen. Am liebsten wartet er darauf, daß sich diese von selbst ergeben. Schon deshalb ist es wichtig, daß der Waage-Geborene möglichst eng mit anderen Leuten zusammenarbeitet, die ihm behilflich sein können, wenn er sich für etwas entscheiden soll. Seine Schwächen werden aber wieder ausgeglichen durch seine übergroße Hilfsbereitschaft und die galante Art und Weise, mit der er sich um die weiblichen Angestellten kümmert.

Einfach und bequem ist die Arbeit unter einem Waage-Geborenen allerdings auch nicht. Er arbeitet nämlich in Phasen. So kann er sich einige Wochen lang wie ein Raubtier auf alle Aufgaben stürzen und dann wieder längere Phasen des Verschnaufens einlegen, in denen so gut wie gar nichts erledigt wird. Sehr häufig steht hinter diesen Wochen der Untätigkeit irgendein gefühlsmäßiger Zwist, den er zu Hause oder im Betrieb gehabt haben kann.

Noch etwas sollten sich jene Leute, die für ihn arbeiten, klarmachen: Sein Liebesleben beeinflußt seine Schaffensfreude ganz ungemein. Daher kann er sein Privatleben keineswegs immer von seinem beruflichen Alltag trennen. Daraus ergibt sich auch, daß alle gutaussehenden weiblichen Angestellten auf der Hut sein sollten, wenn sie sich vor dem Zugriff des Waage-Chefs bewahren möchten.

Die Waage als Angestellter

Für den typischen Waage-Geborenen hängt der berufliche Erfolg im Leben mit großer Wahrscheinlichkeit auch davon ab, ob es ihm gelungen ist, rechtzeitig eine gute Partnerschaft einzugehen. Das ist jedoch nicht allein ausschlaggebend. Es kann genausogut passieren, daß er sich dann wohl fühlt, wenn er mit einer kleinen Gruppe von Leuten zusammenarbeitet, die ihm liegen und ihm etwas bedeuten. Wenn er sich einen Job sucht, wird er sich um etwas Schönes, Kreatives oder Künstlerisches bemühen. Harte körperliche Arbeit ist ihm keineswegs angenehm. Alles, was ihm weniger Spaß macht, schiebt er ausgesprochen lang vor sich her.

Obwohl der typische Waage-Geborene immer wieder der Faulheit – zumindest aber der Trägheit – bezichtigt wird, kann er doch über sich selbst hinauswachsen, wenn er sich erst einmal ein ganz bestimmtes Ziel gesetzt hat. Sein Einsatz ist dann bemerkenswert. Gewisse Schwierigkeiten ergeben sich beim Waage-Angestellten mitunter aus seinem Naturell. Wenn es innerhalb des Kollegen-Teams zu irgendwelchen Auseinandersetzungen gekommen ist, dann kann es sein, daß sich einige Männer und Frauen von dem Waage-Mitarbeiter zurückziehen. Die meisten Mitangestellten jedoch werden weiterhin zu ihm halten – desgleichen seine Vorgesetzten. Das liegt an seinem Charme und an seiner überdurchschnittlichen Ausstrahlungskraft. Auf diese Art und Weise kann jedoch innerhalb einer Belegschaft ein schlechtes Betriebsklima entstehen.

Beförderung oder andere berufliche Erfolge bedeuten dem Waage-Angestellten eigentlich nicht sonderlich viel. Jedenfalls dann nicht, wenn sie ihn nur selbst betreffen. Hat er jedoch eine Frau an seiner Seite, die ihm alles bedeutet, dann kann er doppelt fleißig sein. Wichtig ist ihm nämlich, in den Augen eines anderen Menschen der Größte zu sein. Vor sich selbst geradezustehen, das ist für ihn nur Nebensache. Daher kommt es, daß die meisten Waage-Angestellten erst dann Karriere machen, wenn sie verheiratet sind und wissen, für wen sie arbeiten.

Ein schwacher Waage-Vertreter mit ungünstigen Aszendenten dürfte Schwierigkeiten haben, überhaupt Karriere zu machen. Er neigt nämlich dazu, sich durch kleine Flirts innerhalb der Firma immer wieder von der großen Linie ablenken zu lassen. Ihm kann es sogar passieren, daß er sich mit den Ehefrauen igendwelcher Kollegen einläßt, auch wenn das nur als harmloser Flirt gedacht war. Diese Waage-Geborenen sind jedoch – Gott sei Dank – die Ausnahme!

Am besten „funktioniert" ein Waage-Angestellter dann, wenn er hundertprozentig weiß, daß er das Vertrauen nicht nur seiner Vorgesetzten, sondern auch seiner Mitarbeiter hat. Da er durchaus über Führungsqualitäten verfügt, kann man ihm im allgemeinen unbesorgt Verantwortung übertragen. Er wird auch eine höhere Position nicht ausnützen, wenn ihm einige Leute unterstehen. Diese wird er geschickt und gerecht führen und bei ihnen im allgemeinen auch beliebt sein.

Besonders günstig sind für ihn neben den kreativen Bereichen alle Berufe, in denen er durch Phantasie, durch Entwürfe, durch geistige Eigenarbeit und durch ein großes Maß an Verantwortung überzeugen kann. Wenig liegen ihm hingegen Jobs, die mit viel Kleinarbeit und Fleißarbeit verbunden sind und ihn dazu zwingen, sich Tag für Tag mit den gleichen Problemen auseinanderzusetzen. Hier ermüdet er schnell.

Am besten arbeitet der Waage-Geborene als Angestellter unter einem Zwillinge-Chef, unter einem Widder oder einem Wassermann. Frustration und Schwierigkeiten – auch im persönlichen Bereich – stellen sich hingegen ein, wenn er dazu verdammt ist, auf Dauer mit einem Chef auszukommen, der unter dem Sternzeichen Skorpion, Krebs oder Schütze geboren wurde.

Diese Gesundheitsregeln sollten Waage-Menschen beachten

Waage-Menschen sind in der Mehrzahl seelisch labil, fremden Einflüssen zugänglich und nicht eben allzu widerstandsfähig, wenn sie in Krisensituationen kommen. Statt die Zähne zusammenzubeißen und sich fest auf die Füße zu stellen, sobald es gewittert und stürmt, wählen sie eine „Zuflucht", die im Grunde genommen gar keine ist: Sie suchen Vergessen und Betäubung, wenigstens vorübergehend, und sie finden, was sie suchen – im Alkohol. Damit beschreiten sie einen gefährlichen Weg.

Noch eine weitere Gefahr lauert auf die Waage-Menschen, die ebenfalls im Zusammenhang mit ihrer Nachgiebigkeit und Beeinflußbarkeit steht: Gerät der Waage-Typ in eine trinkfreudige Gesellschaft, fehlt ihm meist die Kraft, um zu sagen: „Jetzt habe ich genug – ich mag nicht mehr!" Er will kein „Spaßverderber" sein, will mit den anderen Schritt halten und trinkt so unter Umständen weit mehr, als ihm bekommt. Wiederum eine gefährliche Schwäche.

Nichts gegen ein Glas – oder zwei – in fröhlicher Runde, um die Stimmung zu heben! Nichts gegen einen guten Tropfen zur rechten Zeit und mit Maß und Ziel genossen – doch ein vehementes „Nein" zu allen sinnlosen Übertreibungen.

Also nochmals: Vorsicht beim Alkohol! Für Waage-Menschen gilt das sogar ganz besonders, denn bei ihnen sind Nieren, Galle und Blase die sogenannten kritischen Punkte im Körper.

Schon bei der Zusammenstellung des Speisezettels können vorbeugend einige Richtlinien befolgt werden. Beispielsweise sollten scharf gewürzte Speisen und Hülsenfrüchte nicht zu oft auf den Tisch kommen. Auch allzu fettes Fleisch ist Waage-Menschen nicht anzuraten, ebenso Wild. Gegen Geflügel und Kalbfleisch ist nichts einzuwenden.

Anzuraten ist Sellerie – auch als Preßsaft –, ferner weiße und schwarze Rettiche.

Waage-Menschen gehören zu den sehr durstigen Zeitgenossen. Als gute Durstlöscher erweisen sich Mineralwässer, von denen einige außerdem vorbeugend beziehungsweise lindernd auf entzündliche Prozesse im Nieren- und Blasenbereich wirken.

Bohnenkaffee sollte lieber nicht „schwarz", sondern mit reichlich Milch genossen werden.

Noch ein Hinweis: Verkühlungen im Unterleibsbereich können gerade bei Waage-Menschen Folgen von ziemlicher Hartnäckigkeit haben. Es ist also von Leichtsinn in dieser Hinsicht dringend abzuraten. Die Gesundheit muß den Vorrang vor der Eitelkeit haben. Außerdem gibt es längst Unterwäsche, die kleidsam, dünn und trotzdem wärmend ist.

Um vom Gegenteil der Kälte zu sprechen: Auch große Hitze tut den Waage-Menschen selten gut. Auf extreme Sonnenbäder reagieren sie schlecht. Wie bei allen labilen – nicht zuletzt auch nervlich labilen – Menschen sind Mittelwerte für sie das beste.

Das Stichwort „Nerven" ist bereits gefallen. Störungen im Nervensystem können beispielsweise Schlaflosigkeit, Angstzustände und chronische Unlustgefühle zur Folge haben. Wiederum neigen die Waage-Geborenen zu schnellem Nachgeben. Statt sich etwa zu einem gesunden Spaziergang vor dem Schlafengehen aufzuraffen, wählen sie den bequemeren Weg: Sie greifen zu Schlafpulvern. Sie nehmen überhaupt relativ schnell Zuflucht zu diversen Drogen, die Beruhigung oder Entspannung, oder was sonst wünschenswert scheint, versprechen. Diese „Flucht" ist nicht minder gefährlich als die in den Alkohol, von der bereits die Rede war. Ganz zu schweigen von Rauschgiften.

Gerade weil es dem Waage-Typ meist an der seelischen Kraft und Willensstärke mangelt, die helfen könnten, rechtzeitig zu bremsen, ist Vorsicht doppelt und dreifach am Platz. Seelischer Kummer geht mit der Zeit vorbei – ein gesundheitlicher Schaden, den man sich zuzog, weil man Betäubung suchte, aber kann bleiben. Daran sollten alle Waage-Geborenen denken und Torheiten vermeiden.

Der Waage-Mann und die moderne Partnerschaft

Der Waage-Mann ist überwiegend gutmütig, herzlich und liebenswürdig, wenn er gelegentlich auch einmal heftig aufbrausen kann. Er tut dies meist dann, wenn man ihn nicht so leben und handeln läßt, wie er gerne möchte – nämlich möglichst bequem.

Das Streben nach Bequemlichkeit läuft parallel mit dem Streben nach Harmonie. Sie sollte, so wünscht es sich der echte Waage-Mann, am Arbeitsplatz herrschen, harmonisch sollte das Verhältnis zwischen Arbeit und Vergnügen sein. Harmonie wird vor allem aber auch in der Liebe, der Ehe und im weiteren Familienkreis gewünscht.

Ist diese Harmonie auch durch Zugeständnisse nicht zu erreichen, kann ihr Fehlen den Waage-Mann „krank" machen. Chronische Unlust, die er empfindet, wenn er in Gewitteratmosphäre leben muß, setzt seine Leistungsfähigkeit herab, macht ihn unkonzentriert, bockig, und das subjektive Wohlbefinden sinkt auf den Nullpunkt.

Die Frage, die sich hier stellt, ist die, wie sich die Hauptbestrebungen des Waage-Mannes, also die nach Bequemlichkeit und nach Harmonie, auf sein Verhalten auswirken, wenn er sich veranlaßt sieht, zur modernen Partnerschaft Stellung zu nehmen.

Da das Wesen der Waage-Geborenen viele konziliante Züge

aufweist, wird er zunächst einmal gewiß nicht gleich lospoltern, sondern ausprobieren, wie sich die Wünsche einer selbstbewußten Partnerin mit den eigenen und dem persönlichen Lebenskonzept vereinbaren lassen.

Auch der Waage-Mann ist ähnlich wie die Waage-Frau ziemlich neugierig, und er sagt sich, daß man über Dinge, die man nicht versucht hat, auch nicht den Stab brechen kann, sofern sie nicht von allem Anfang an aus dem Rahmen des Erprobenswerten fallen.

Hinzu kommt, daß der Waage-Mann gerne von zufriedenen Menschen umgeben ist, weil deren gute Stimmung auf ihn zurückstrahlt und mithilft, das ausgeglichene Klima zu schaffen, in dem er selbst sich wohl fühlen kann.

Äußert also beispielsweise die Gefährtin eines Waage-Mannes den dringenden Wunsch, einem Beruf nachzugehen, auch wenn das aus finanziellen Gründen nicht unbedingt erforderlich ist, so wird er diesem Wunsch wahrscheinlich nachgeben.

Mag sein, daß er seine Einwände hören läßt und daß es längere Debatten gibt, aber strikt verbieten wird der Waage-Mann seiner Frau die Berufstätigkeit nicht. Er wird höchstens die Bedingung stellen, daß der ganze Fragenkomplex nochmals behandelt werden muß, sofern sich herausstellt, daß dem Zusammenleben durch die berufliche Tätigkeit der Frau ein Schaden erwächst.

Natürlich denkt der Waage-Mann – und wer wollte ihm das verübeln? – nicht nur an die Zufriedenheit der Frau, sondern auch an die eigene. So weit reichen seine Gutmütigkeit und sein Entgegenkommen wieder nicht, daß er etwa bereit wäre, auf eine gewisse Behaglichkeit zu verzichten, einzig und allein deshalb, um der Lebensgefährtin den Wunsch nach Selbstverwirklichung im Beruf zu ermöglichen.

Mit der Bereitschaft des Waage-Mannes, selbst im Heim mit Hand anzulegen, um die berufstätige Gattin zu entlasten, ist es wechselnd bestellt. Es hängt ziemlich stark von seiner gerade vorherrschenden Laune ab. Er wird eher bereit sein, gelegentlich zuzugreifen, als diese Hilfe zu einer Dauerleistung werden zu lassen.

Manchmal macht es ihm richtig Spaß, vor allem, wenn es um größere Dinge geht und wenn er seiner Freude am Experimentieren dabei die Zügel schießen lassen kann. So wird er zum Beispiel kräftig zupacken, wenn es um außertourliche Verschönerungsarbeiten geht; er wird Möbel umgruppieren helfen, neue Vorhänge anbringen, wird vielleicht dazu bereit sein, selbst zu streichen oder zu tapezieren.

Doch wenn es um die alltäglichen Kleinigkeiten geht, die sich ständig wiederholen – um das Staubsaugen, Küche putzen, Geschirr spülen –, da verliert der Waage-Mann schnell die Freude und fragt sich verärgert: Wie komme ich denn dazu? Ist das denn nicht Sache einer Frau?

Schwierig wird es, wenn diese Frau ihn zu einer Ansicht bekehren möchte, die nicht die seine ist. Richtiger gesagt: Das führt meist zu nichts.

Was ein Waage-Mann denkt und welche Stellung er einnimmt, ist oft schwer festzustellen, und zwar aus verschiedenen Gründen. Einmal sind seine Ansichten gewissen Schwankungen unterworfen. Ferner ist aber auch zu beachten, daß Debatten mit einer Waage oft deshalb ergebnislos im Sande verlaufen, weil dieser Typ aus Höflichkeit oder Bequemlichkeit oder Abscheu vor einem Streit die von der anderen Seite vorgebrachte Meinung unwidersprochen läßt, auch wenn er damit nicht völlig einverstanden ist.

Hm – macht so ein Waage-Mann, gibt vielleicht zögernd zu: Mag sein, du hast recht, und ist bereit, das im Augenblick tatsächlich in Erwägung zu ziehen. Im nächsten Moment aber pendelt die Ansicht schon wieder zurück.

Zu den harten, unbeugsamen Charakteren gehört der Waage-Mann nicht. Man sollte ihn deshalb aber auch nicht als rückgratlosen Schwächling abtun. Er hat bloß eine gewisse Vorliebe dafür, den Weg des geringeren Widerstandes zu gehen, sich manchmal in Schweigen zu hüllen und das in der Hoffnung zu tun, daß sich letzten Endes schon noch eine Lösung im eigenen Sinn finden läßt.

Je hartnäckiger man ihn bedrängt, desto bockiger wird er. Obwohl er gar keine sonderlich kämpferische Natur ist, setzt er sich doch entschieden zur Wehr, wenn man ihm etwas abverlangt, das seiner Natur zuwiderläuft. Da kann der sonst so freundliche Waage-Mann, der gerne scherzt, sogar richtig grob und ausfallend werden.

In einem Punkt ist er besonders heikel: Er mag zwar behaupten, daß ganz allgemein die Gleichberechtigung, was die Treue betrifft, schon richtig sei, doch wenn die eigene Partnerin das tut, was er sich hin und wieder zugesteht – den Seitensprung nämlich –, dann sieht das plötzlich ganz anders aus.

So verständnisvoll und tolerant der Waage-Mann in mancher Hinsicht ist, gerät er doch immer wieder an die Grenzen dieser Verständnisbereitschaft. Es fehlt ihm dann nur öfter die Kraft, einen Schlußstrich unter ein unerquickliches Kapitel zu ziehen. Die Methode des passiven Widerstands liegt ihm im Grunde genommen mehr.

Er übersieht jedoch, daß gerade dieses Verhalten die Partnerin dazu treiben kann, auch künftig bei anderen Menschen Unterhaltung und Zuflucht zu suchen, weil sie keine klare Stellungnahme vom eigenen Mann erfahren durfte. Ihr wäre es lieber, einmal ein gründliches Donnerwetter über sich ergehen zu lassen, als ständiger Passivität zu begegnen, die sie unsicher macht und ihr nicht die doch so notwendig gebrauchten Grenzen zeigt, nach denen sie sich dann richten könnte.

Die Waage-Frau und die moderne Partnerschaft

Waage-Frauen – Geborene eines Luftzeichens, das von Venus regiert wird – verkörpern in der Mehrheit das, was man als typische Evastöchter bezeichnet.

Sie sind sensibel und etwas launenhaft, den schönen Seiten des Lebens mehr zugeneigt als den weniger schönen, harten. Sie spielen gerne mit dem Feuer, flüchten aber auch gerne, wenn es zu sehr „brennt". Sie lieben es, im Mittelpunkt zu stehen, nehmen lebhaften Anteil an den Vorgängen rundum, ja sie übertreiben diese Anteilnahme sogar und legen ein Maß an Neugierde an den Tag, das von manchem unangenehm empfunden wird.

Es empfiehlt sich, nicht allzu strenge Maßstäbe an diesen Frauentyp zu legen.

Die Waage-Frau ist quasi dafür geboren, glücklich zu sein. Sie fordert dieses Glück. Bleibt es ihr versagt, so verkümmert sie. Sie ist eben keine Frau für Schlechtwetter.

War Eva eine emanzipierte Frau?

Diese Frage ist natürlich eine rein rhetorische! Immerhin hat Eva in der bekannten Geschichte mit dem Apfel das Gesetz des Handelns an sich gerissen, wenn auch nicht unbedingt im positiven Sinn. Spricht man heute von Evastöchtern, so ist damit im allgemeinen der Typ des raffinierten Weibchens umschrieben, das sich in erster Linie mit weiblichen Waffen schlägt und damit nicht schlecht fährt.

Waage-Frauen sind solche Evastöchter. Und wenn man weiblich mit unlogisch gleichsetzt, sind sie es im besonderen.

Jetzt werden sicher gleich alle Frauen die Stirn runzeln, die für sich in Anspruch nehmen, durchaus logischer Erwägungen fähig und trotzdem weiblich zu sein. Kein Grund zur Aufregung! Das Ewigweibliche hat viele Spielarten: logische und weniger logische.

Frau Waage jedenfalls steht mit der Logik recht oft auf Kriegsfuß, das ist nicht zu bestreiten.

Als Beweis kann unter anderem ihre Einstellung zu den Fragen der modernen Partnerschaft gelten.

Die ist nämlich so konfus wie nur irgend möglich!

Frau Waage ist neugierig, das wurde bereits erwähnt. Die Neugierde verführt sie dazu, alles auszuprobieren, was neu und folglich mit dem Reiz des Unbekannten behangen ist.

Da stößt Frau Waage früher oder später in unseren Tagen unweigerlich auf das Schlagwort von der Gleichberechtigung und ist davon fasziniert. Sie fragt nicht viel danach, ob diese gesellschaftliche Position mit all ihren Vor- und Nachteilen für sie maßgeschneidert ist, sondern ist begierig, einmal in die neue Rolle zu schlüpfen und sie zu erproben.

Zunächst sieht sie bloß die Sonnenseiten. Wie schön, die Anerkennung als gleichberechtigte Partnerin zu genießen!

Wie verlockend, überall mitreden und nicht einfach beiseite geschoben werden zu können.

Sie sind bloß nicht konsequent genug dabei. Sie wollen nämlich nicht mehr und nicht weniger, als auf gleicher Ebene mit den Männern zu stehen und dessenungeachtet trotzdem als Frauen die bisherigen Vergünstigungen zu genießen, die man den „Schwächeren" zugesteht. Wie soll das zusammengehen?

Es endet meist mit einem „Rückfall".

Eine Waage-Frau, die zum Beispiel im Beruf energisch darauf pocht, daß ihr die gleichen Rechte eingeräumt werden, wie man sie den Männern zubilligt, gleichzeitig aber nicht bereit ist, auf die Sonderrechte, die ihr bisher als Frau zugestanden wurden, zu verzichten, wird eines Tages erkennen müssen, daß es nur ein „entweder – oder" gibt. Und was tut sie dann? Empört und ratlos schlüpft sie zurück in die Rolle des „armen kleinen Frauchens", dem die „bösen Männer" das Leben schwermachen.

Emanzipation und Gleichberechtigung, so interessant sie einer echten Waage-Eva auch scheinen mögen, eignen sich für sie mehr zum Gegenstand der Theorie als zur Erprobung in der Praxis.

So ist es ja oft bei den Waage-Frauen: Sie können wunderbar über viele Dinge reden – wenn sie sich aber darin bewähren sollen, dann kommt ein böses Erwachen.

Das energische Zupacken, das Zähnezusammenbeißen liegt dem Waage-Typ herzlich wenig. In solchen Situationen werden Waage-Frauen oft „kopflos" und treten die Flucht an. Es kann die Flucht in die nächstbesten Arme sein, die stark wirken und Schutz versprechen, oder auch Flucht in Gejammer und Selbstmitleid.

Es gibt zwar Waage-Frauen, die über eine gewisse Tüchtigkeit verfügen, sie sind aber nicht in der Überzahl. Die meisten sind ewige Kinder, die Stärkeren zwar gerne die lange Nase zeigen, wenn sie sich an der Hand eines Elternteils sicher fühlen, es aber vorziehen, sich nicht aufs Kräftemessen einzulassen, wenn sie niemanden hinter sich haben.

Wenn man eine Waage-Frau also begeistert von den Errungenschaften des Fortschritts, besonders von der Gleichberechtigung der Frauen, schwärmen hört, darf man daraus noch lange nicht schließen, daß ihr persönliches Verhalten in den Rahmen dessen fällt, was ihre Lippen loben.

Es ist typisches Waage-Verhalten, wenn für sich in Anspruch genommen wird, aus jedem Kuchen die Rosinen herauspicken zu dürfen. Die Waage-Frau möchte demnach zwar die Rechte einer modernen Frau genießen, aber nicht die dazugehörenden Pflichten übernehmen.

Wer im Zeichen Waage geboren wurde, neigt ohnedies dazu, die eigenen Leistungen hoch zu schätzen. Auch nicht eben sehr eifrige Frauen betonen bei jeder Gelegenheit, daß sie sich sooo viel aufgebürdet haben.

Mag sein, daß sie ihre tatsächlichen Lasten deshalb als so arg empfinden, weil sie einerseits nicht sehr belastbar, andernteils nicht eben große Meisterinnen der Einteilung sind. Und wer sich seine Arbeit nicht klug einteilen kann, leidet eben mehr darunter als Organisationstalente.

Eine der Forderungen in der Verbindung gleichberechtigter Partner – nämlich, daß beide Teile für die Erledigung von Haushaltspflichten gleicherweise verantwortlich sind – mag süß in den Ohren von Waage-Frauen klingen. Wenn es aber darum geht, auch in gleichem Maß Verantwortung zu übernehmen, da sträuben sich manche Waage-Frauen. Wieso denn ich? fragen sie. Ich schwache Frau! Wozu habe ich einen „starken Mann" an der Seite?

Wer paßt am besten zum Waage-Mann?

Die Skorpion-Frau (24. Oktober bis 22. November)
Die Skorpion-Frau beispielsweise wird vom Waage-Mann meist als zu radikal in ihren Forderungen abgelehnt. Sie versucht obendrein gerne, ihn in ihrem Sinne zu „erziehen", und derartige Versuche sind dem Waage-Mann ein Greuel. Er will nach seiner Fasson leben und sich nicht dauernd Vorwürfe machen und Ratschläge geben lassen – am wenigsten in der Art, wie Skorpion-Frauen das zu tun pflegen.

Die Schütze-Frau (23. November bis 21. Dezember)
Für eine Verbindung mit Schütze-Frauen spricht deren herzliches Wesen, die geistige Lebhaftigkeit und das Geschick, sich im Leben zurechtzufinden. Schütze-Frauen sind keine Spielverderberinnen, es sei denn – ihre Eifersucht wird geweckt. Diese ist nämlich groß und sorgt somit für einen ständigen Krisenherd.

Die Steinbock-Frau (22. Dezember bis 20. Januar)
Weibliche Steinbock-Geborene sind schwerlich zu den Idealpartnerinnen für Waage-Männer zu zählen. Was für den Steinbock-Typ kennzeichnend und absolut kein Fehler ist – nämlich die

Gründlichkeit, die Richtungstreue, die planvolle Lebensgestaltung –, all das tut der Waage-Mann oft mit der kopfschüttelnden Bemerkung ab: „Wie kann man nur so schwerfällig sein?"

Die Wassermann-Frau (21. Januar bis 19. Februar)
Mit Wassermann-Frauen hingegen klappt es in der Mehrzahl der Fälle (Ausnahmen sind immer möglich!), denn Waage und Wassermann haben sehr viele Gemeinsamkeiten und Berührungspunkte. Wassermann-Damen sind geschickt und wandlungsfähig, haben viel für Buntheit im Leben übrig, für Geselligkeit, Reisen usw. Sie können, wenn es sein muß, auch Kompromisse schließen, dem Mann schmeicheln und – von ihm kaum bemerkt – doch ihren Kopf durchsetzen.

Die Fische-Frau (20. Februar bis 20. März)
Eine anschmiegsame Fische-Frau könnte den Waage-Mann bezaubern. Damit allein aber ist die Frage, ob diese beiden zusammenpassen, noch nicht genügend beantwortet. Die große Sensibilität der Fische und eine gewisse Ängstlichkeit sprechen eher gegen ein glückliches Dauerbündnis. Ist der weibliche Fisch etwas robuster und nicht zu weinerlich, stehen die Chancen etwa fünfzig zu fünfzig.

Die Widder-Frau (21. März bis 20. April)
Die Widder-Geborene verkörpert den Typ der „Frau, die weiß, was sie will". Sie will zum Beispiel einen Gefährten, den sie achten kann, der leidenschaftlich und treu ist. Dem Waage-Mann könnte es scheinen, als verlange diese Gefährtin etwas zuviel. Sie ist für seinen Geschmack zu streng, zu total in ihren Ansprüchen.

Die Stier-Frau (21. April bis 20. Mai)
Auch an der Stier-Geborenen hat der Waage-Mann wohl öfters etwas auszusetzen. Zum Beispiel, daß sie zu sparsam ist. Ihm selbst läuft das Geld leicht durch die Finger. Zwar sagt ihm die Mütterlichkeit der Stier-Geborenen zu, doch alles in allem ist sie ihm doch zu starr und „erdverbunden".

Die Zwillinge-Frau (21. Mai bis 21. Juni)
Die Zwillinge-Geborene könnte für den Waage-Mann die Frau seiner Träume werden. Da findet er Lebhaftigkeit mit Realismus vereint, weitgespannte Interessen und Wendigkeit. Die Zwillinge-Frau versteht es zu improvisieren und das Leben zu genießen. Sie stößt sich nicht daran, wenn der Waage-Mann seine Dispositionen kurzfristig ändert. Sie wird nie sagen: „Nein, heute kann ich nicht ausgehen, ich bin nicht ordentlich frisiert." Und wenn er einmal brüllt, nimmt sie es nicht tragisch.

Die Krebs-Frau (22. Juni bis 22. Juli)
Für Krebs-Geborene gilt Ähnliches wie für Fische-Frauen. Ihr Gemütsreichtum und ihre Anschmiegsamkeit kommen zwar den Wünschen des Waage-Mannes entgegen, doch ihre seelische Empfindlichkeit belastet das Bündnis über Gebühr.

Die Löwe-Frau (23. Juli bis 23. August)
Und eine Löwe-Frau? – Das Widersprüchliche überwiegt und läßt schwere Zweifel aufkommen. Allerdings fällt die individuelle Charakterschattierung stark ins Gewicht. Das heißt: Ist der Waage-Mann bereits ausgereift, besonders charakterfest und der Löwe-Frau in echter Liebe zugetan – und ist die Löwin von sanfterer, nicht zu herrschsüchtiger Art –, dann könnte es klappen.

Die Jungfrau-Frau (24. August bis 23. September)
Die Chancen für das Paar Waage-Jungfrau müssen als gering bezeichnet werden. Der Jungfrau-Typ prägt ernste Menschen, die sich meistens auf die Dauer nicht mit den fröhlichen, leichtlebigen Waage-Typen vertragen.

Die Waage-Frau (24. September bis 23. Oktober)
Die Chancen stehen nicht schlecht. Waage-Mann und Waage-Frau sind sich im Denken, Fühlen und Verhalten sehr ähnlich und können in Alltag und Ehe gut harmonieren. Aber Vorsicht! Zu viele Flirts gefährden die Beziehung.

Wer paßt am besten zur Waage-Frau?

Der Skorpion-Mann (24. Oktober bis 22. November)
Der Skorpion-Mann gehört zu jenen Männern, deren starke und oft derbe Sinnlichkeit über das hinausgeht, was Waage-Frauen wünschen. Gleichklang wird sich schwerlich finden lassen. Auch die oft ätzende Kritik der Skorpione reißt eine Kluft auf. Die Chancen sind entsprechend gering.

Der Schütze-Mann (23. November bis 21. Dezember)
Trifft die Waage-Frau einen Schütze-Mann, ist so gut wie alles offen. Manche Schütze-Männer sind blendende „Dompteure" und können ihren Einfluß in positivster Weise geltend machen. Freilich sind die meisten von ihnen auch ziemlich hitzig und vertragen es schlecht, wenn sie über jeden Schritt Rechenschaft ablegen sollen.

Der Steinbock-Mann (22. Dezember bis 20. Januar)
Steinbock-Männer sprechen Waage-Frauen nur selten an. Die Waage-Frau reiht den Steinbock-Geborenen (oft irrigerweise) in die Gruppe der „langweiligen Männer" ein. Er wiederum fürchtet Störung seines Lebenskonzepts. Könnte dieses Mädchen das richtige Verständnis für die wahren Lebenswerte aufbringen? fragt er sich. Scheint ihr eine neue Mode nicht viel wichtiger als der Aufbau von „Bleibendem"? Also besser, Distanz halten!

Der Wassermann-Mann (21. Januar bis 19. Februar)
Mit einem Wassermann-Freund könnte die Waage-Geborene das größte Los ziehen. Jedenfalls sind die Chancen in diesem Fall überdurchschnittlich. Beide lieben die „wohltemperierte" Liebe, die herzliche Verbundenheit, die kameradschaftliche Züge trägt und doch erfreulich „knistert". Beide sind sehr unternehmungslustig und interessieren sich für so viele Dinge, daß sich Berührungspunkte in Hülle und Fülle ergeben müßten.

Der Fische-Mann (20. Februar bis 20. März)
Vom Fische-Geborenen heißt es, er sei jener Typ Mann, der sich die meiste Mühe um die seelische Komponente der Liebe gibt. Er

„kümmert sich" wirklich um die Frau, die er liebt, er ist um ihr psychisches Wohlbefinden besorgt, kann wunderbar zuhören und trösten. Der männliche Fisch ist prädestiniert dafür, Frauen zu verstehen. Dankt es ihm die Waage-Frau? Nicht immer. Der Fische-Mann ist ihr Idealpartner, wenn sie sich gerade unglücklich fühlt. Ist sie hingegen „obenauf", will sie unterhalten werden, ausgelassen sein, Neues erleben, sich in der Bewunderung vieler Menschen sonnen – dann empfindet sie den Fisch als Belastung.

Der Widder-Mann (21. März bis 20. April)
Herr Widder will im Leben der von ihm geliebten Frau absoluter Alleinherrscher sein. Daß Waage-Frauen neben ihm noch andere Freunde haben wollen, behagt ihm überhaupt nicht, auch wenn diese Freundschaften „sexfrei" sind. Es kann sein, daß sich weibliche Waagen anfangs geschmeichelt fühlen, daß es ihnen Spaß macht, die Eifersucht des Widders zu schüren und ihn dann wieder zu versöhnen, doch bei öfteren Wiederholungen wird der Spaß geringer.

Der Stier-Mann (21. April bis 20. Mai)
Stier-Männer halten in der Regel das Steuer fest in Händen, wahrscheinlich fester, als dies den Waage-Damen behagt. Die Waage-Evas sind zwar anpassungsfähig, aber sie lassen sich gerne darum bitten. Dem Stier wiederum ist es nicht gegeben, seinen Einfluß diplomatisch und liebenswürdig genug geltend zu machen.

Der Zwillinge-Mann (21. Mai bis 21. Juni)
Wie anders ist es bei Zwillinge-Männern. Da könnte es herrlich klappen. Die Liebe ist auf Dur gestimmt, man regt einander gegenseitig an. Sogar die Funken, die bei Gelegenheit sprühen, sind irgendwie fröhlich.

Der Krebs-Mann (22. Juni bis 22. Juli)
Bei Krebs-Partnern steht alles auf des Messers Schneide. In manchen Fällen hat eine Liebe überraschenderweise Bestand. In anderen wird sie durch chronische Mißverständnisse ganz allmählich und leise zernagt. Der Krebs leidet dann meist mehr als die Waage.

Der Löwe-Mann (23. Juli bis 23. August)
Geschmeidige Löwe-Männer könnten eine schöne Waage-Frau ausdauernd fesseln – sie an einer langen goldenen Kette halten, die nicht als Kette empfunden wird. Ist der betreffende Löwe-Mann jedoch von der leicht reizbaren, nervösen Art und weckt die Waage-Frau durch unkluges Verhalten den in ihm schlummernden Tyrannen, hat bald die letzte Stunde dieser Liebe geschlagen.

Der Jungfrau-Mann (24. August bis 23. September)
Von Verbindungen mit Jungfrau-Männern muß eher abgeraten werden. Dieser vorwiegend korrekte, gewissenhafte Mann, der die Treue ernst nimmt und Tändeleien kaum etwas abgewinnen kann, paßt ganz einfach nicht zur labilen, verspielten Waage-Frau.

Der Waage-Mann (24. September bis 23. Oktober)
Dies wird wahrscheinlich eine sehr gute Kombination sein. Der Waage-Mann sollte sich allerdings zu Herzen nehmen, daß „seine" Waage-Geborene gerne verwöhnt wird. In dieser Beziehung wird immer etwas los sein, und wenn beide ihre Lust auf Neues nicht allzu häufig außerhalb der Ehe austoben, hat sie Aussicht auf Bestand.

Glückstage der Waage-Menschen

Für die im Tierkreiszeichen Waage geborenen Menschen ist es oft besonders schwierig, die eigenen Glückstage zu erkennen, und das hat einen eindeutigen Grund: Waage-Vertreter gehen mit leichter Hand und großem Optimismus an die meisten Dinge im Leben heran und haben daher oft Erfolg. Mitunter erfahren sie nie, daß ihre besonderen Glückstage der Dienstag und Donnerstag einer jeden Woche sind.

Die Vertreter der ersten Dekade tun sich darüber hinaus noch am Montag, die der zweiten Dekade am Sonntag und die der dritten Dekade zusätzlich am Mittwoch einer jeden Woche leicht.

Gemeinsam mit Vertretern anderer Tierkreiszeichen haben Sie als Waage-Geborener folgende Glückstage: Waage und Widder: 2. März und 14. April; Waage und Stier: 13. August und 1. Januar; Waage und Zwilling: 5. Oktober und 11. Oktober; Waage und Krebs: 20. Mai und 12. November; Waage und Löwe: 1. Juni und 19. Juli; Waage und Jungfrau: 15. Februar und 10. September; Waage und Skorpion: 4. Januar und 30. Juli; Waage und Schütze: 8. Mai und 26. Oktober; Waage und Steinbock: 19. April und 9. August; Waage und Wassermann: 13. März und 13. September; Waage und Fische: 22. Juni und 24. Dezember.

Glückstage sind nicht nur besonders geeignet für schwierige berufliche Unternehmungen wie Besprechungen mit den Vorgesetzten oder das Vortragen der Gehaltsforderungen, sondern bedeuten auch im privaten Kreis meistens harmonische, unbelastete Stunden.

Glückszahlen der Waage-Menschen

Es besteht kein Zweifel: Für die Waage-Geborenen beiderlei Geschlechts sind die 14 und die 25 Glückszahlen par excellence! Die in der ersten Dekade geborenen Waage-Typen sind darüber hinaus mit der 12, die in der zweiten geborenen mit der 33 und die in der dritten geborenen schließlich mit der 48 gut beraten.

Als Kombinationen haben sich für die Waage-Menschen bewährt: 14-24-25, ferner 25-50-75 und schließlich 12-14-66.

Sind Sie als Waage-Typ mit einem Menschen aus einem anderen Tierkreiszeichen liiert, befreundet oder verheiratet, dann bieten sich folgende gemeinsame Glückszahlen an:

Waage und Widder: 2 und 14, als Kombination 12-24-30; Waage und Stier: 4 und 12, als Kombination 24-44-88; Waage und Zwillinge: 3 und 34, als Kombination 12-33-60; Waage und Krebs: 1 und 11, als Kombination 14-77-90; Waage und Löwe: 5 und 6, als Kombination 15-36-40; Waage und Jungfrau: 4 und 44, als Kombination 34-44-55; Waage und Skorpion: 6 und 7, als Kombination 16-17-18; Waage und Schütze: 5 und 19, als Kombination 29-39-41; Waage und Steinbock: 4 und 12, als Kombination 14-40-56; Waage und Wassermann: 7 und 8, als Kombination 17-58-70; Waage und Fische: 9 und 10, als Kombination 19-29-69.

Waage-Menschen sollten ihre Glückszahlen vor allem dann beachten, wenn sie überzeugt sind, gerade eine ausgesprochene Pechsträhne erleben zu müssen.

Glückssteine und Glücksfarben der Waage-Menschen

Haben Sie ein Faible für Edelsteine? Als echte Waage-Dame bestimmt! Das sind die Glückssteine des Waage-Mädchens:

Saphir: Meistens sind Saphire blau, als Kaschmirsaphire sogar kornblumenblau. Einen leichten Grünstich haben Australsaphire. Rosa, gelbe und farblose Saphire sind seltener.

Smaragd: Wichtig ist die unergründliche Tiefe der grünen Farbe. Smaragde kommen aus Kolumbien. Die oft vorhandenen kleinen Risse beeinträchtigen nicht den Wert eines Smaragdes.

Achat: Es gibt sie in Rot als Karneol, Schwarz als Onyx und in Grün und Blau.

Türkis: Der Türkis stammt aus Persien. Er muß nicht immer einfarbig himmelblau sein, sondern er kann als Türkismatrik auch dunkle Farben haben.

Wer im Zeichen Waage zur Welt kam, zu dem paßt Rosa, die Farbe der Grazie und Schönheit. Diese Farbe wählt man, wenn man Liebe und Zartheit unterstreichen will. Mit nichts kann man feinste Stimmungen besser betonen als mit Rosa. Diese Farbe paßt zu fröhlicher Musik und zu abgemessenen, leichten Bewegungen. Wer in diese Farbe verliebt bleibt – der kann nicht altern!

Auch zarte Rottöne, die aber auf keinen Fall zu grell sein dürfen, sind für die im Zeichen Waage geborenen Menschen passend. Ausgleichende Schattierungen wie Grau, Lila und Lindgrün können in Kombination mit anderen, kräftigeren Farben gut getragen werden.

SKORPION

(24. Oktober bis 22. November)

Die starken und schwachen Seiten des Skorpion-Menschen

Das Zeichen Skorpion ist das herbstliche unter den drei Wasserzeichen. Mars regiert es, und in der ersten Dekade (24. Oktober bis 2. November) kommt sein Einfluß am stärksten zur Geltung. Die zweite Dekade (3. bis 12. November) hat Neptun als Unterregenten, in der dritten Dekade ist der Mond Unterregent (13. bis 22. November).

Allerlei Düsteres und Unerfreuliches wird diesem Zeichen und den Menschen, die in ihm geboren wurden, nachgesagt. „Vor Skorpionen wird gewarnt", heißt es. Ist das gerechtfertigt?

Nun – richtig „zahm", fügsam und problemlos ist der echte Skorpion gewiß nicht. Schon eher schroff und dickköpfig. Aber das ist zum Beispiel auch mancher Steinbock. Ziemlich egoistisch – so wie man es auch von Stier-Geborenen kennt. Sind das nicht auch die Geborenen des „freundlichen" Zwillinge-Zeichens? Kurz und gut: Der Skorpion weist eine Reihe von Eigenschaften auf, die vielleicht nicht die angenehmsten sind, die er aber keineswegs für sich allein gepachtet hat. Er teilt sie mit vielen anderen.

Wie kommt es also dazu, daß gerade dem Skorpion-Geborenen zur Last gelegt wird, was man bei anderen Menschen stillschweigend in die Rubrik „Schwächen, von denen niemand frei ist" einzureihen bereit ist?

Zum Teil mag es daran liegen, daß der Skorpion-Typ gar nicht den Versuch macht, sich seine Heftigkeiten oder Untugenden abzugewöhnen, ja nicht einmal so tut, als würde er sich darum bemühen. Andere „Schwierige" geben sich doch hin und wieder den Anschein, einzulenken. Nicht so der Skorpion, der herausfordernd darauf pocht, eben so und nicht anders zu sein, und die Umgebung veranlaßt, sich mit ihm zu arrangieren – nicht umgekehrt.

Manche Skorpion-Geborene treiben ihr Leben lang ein und dasselbe Spiel: Sie sind ständig dabei, auszuprobieren, wie weit sich irgendein Bogen spannen läßt. Und überspannen den einen oder anderen.

Manche leiden unter ihrer Veranlagung, ohne das je zuzugeben.

In jedem Skorpion wohnt ein helles und ein dunkles Ich. Zum Beispiel Leidenschaft, die kraftvoll aufbauend wirkt, und eine andere, die zerstört.

Das Überwiegen der „hellen" Seelenkräfte prägt einen Skorpion, mit dem man relativ gut auskommen kann. Herrschen die „dunklen" Wesenszüge vor, ergibt das jenen Skorpion, den man gerne den typischen nennt.

Halten hell und dunkel einander das Gleichgewicht, so befindet sich der betreffende Skorpion in einem ständigen Spannungszustand und ist eher unglücklich und zerrissen.

Völlig zufrieden sind Skorpion-Menschen nur in seltenen Ausnahmefällen. Auch wenn sich ihr Leben erfolgreich gestaltet und sie wirklich keinen echten Grund zur Unzufriedenheit haben, schafft ihr Mißtrauen einen herbei – aus dem Nichts, wenn es sein muß.

In diesem Zeichen ist man ungemein argwöhnisch. Die geliebte Frau (der geliebte Mann) – ist sie (er) auch wirklich treu? Die Freunde, die sich als so verläßlich und hilfsbereit erweisen – verfolgen sie vielleicht heimlich rein persönliche Interessen? Der berufliche Erfolg, eben errungen und vielbeneidet – ist er durch unsaubere Machenschaften der Konkurrenz nicht schon wieder gefährdet? Der Auftrag, der so ehrenvoll scheint – hat er am Ende einen Pferdefuß?

So und ähnlich fragt und forscht der Skorpion-Typ unentwegt und vergällt sich damit so manchen Tag und manche Freude.

Er fühlt sich zwar stark genug, mit Schwierigkeiten fertig zu werden, hat also nicht eigentlich Angst, und sein Selbstbewußtsein ist meist überdurchschnittlich, doch es macht ihn nicht ruhig. Er ist quasi ständig auf dem Sprung und verteidigungsbereit, auch wenn er nicht angegriffen wird.

An tatsächlichen Angriffen, offenen und versteckten, fehlt es im Leben der Skorpione allerdings auch nicht. Durch ihr oft schroffes Auftreten verscherzen sie sich manche Sympathie. Ihre Klugheit, ihr Organisationstalent, ihre Einsatzfreudigkeit werden bewundert. Aber eben nicht nur.

Sie spielen gerne die erste Geige, im Beruf und im Privatleben. Was sie möchten, das muß geschehen. Wenn sie unternehmungslustig sind, halten sie die ganze Familie in Trab, wenn sie ausruhen wollen, dann sollte nicht einmal eine Fliege husten.

Gerät ein Mensch, der dem Skorpion nahesteht, in Schwierigkeiten, ist der Skorpion zur Stelle. Er schimpft, spart nicht mit Vorwürfen – aber er hilft. Sehr tatkräftig, sehr wirkungsvoll und ohne sich darum zu kümmern, ob sein Eingreifen, so wie es erfolgt, im Sinne des Bedrängten ist. Er tut eben das, was er für das beste hält, tut es nicht immer taktvoll und erntet auch nicht immer Dank.

Gerät er selbst in eine schwierige Lage, versucht er stets, sich aus eigener Kraft daraus zu befreien. Er liebt es nicht, in Abhängigkeit zu geraten. Zu den schlimmsten Dingen, die einem Skorpion zustoßen können, gehört, daß er aus irgendeinem Grund – zum Beispiel durch ein körperliches Leiden – auf fremde Hilfe angewiesen ist. Das kann ihn vollends unleidlich machen. Aus Verzweiflung.

Bereits das leiseste Anzeichen für ein Nachlassen der eigenen Kraft und Leistungsfähigkeit bewirkt bei einem Skorpion-Geborenen tiefe Depression. Seine Anpassungsfähigkeit ist gering, und er kann sich folglich auch nicht an veränderte Lebenssituationen anpassen. Und immer dann, wenn er sich in einem Konflikt befindet, unglücklich, verstört, verwundet ist, überdeckt er das mit verstärkt herrischem Verhalten. Was er sich wünscht, ist Liebe, Anerkennung, Bewunderung. Was er verabscheut, ist Mitleid. Daß er aus irgendeinem Grund einmal wirklich der Schwächere sein kann, will er ganz einfach nicht wahrhaben.

Ist es ihm gegönnt, die eigenen Vorstellungen vom Lebensglück wenigstens zum größten Teil zu verwirklichen, dann ist der Skorpion am friedfertigsten, am entgegenkommendsten und liebenswürdigsten. Und dann zeigt er sogar den ihm eigenen recht bizarren Humor.

Skorpion-Menschen haben ein stürmisches Naturell. Sie schießen leicht übers Ziel hinaus – beim Lieben wie beim Hassen, beim Geben und beim Fordern. Ihre Devise „Alles oder nichts" reißt sie zwar zu Höchstleistungen empor, läßt sie aber auch in einen Abgrund der Bitterkeit stürzen, wenn sie nicht erreichen, was sie wollten.

Sie befinden sich nicht nur nahezu chronisch im Kampf mit der Umwelt, von der sie sich verkannt oder gehemmt, ungerecht behandelt oder unverstanden fühlen – der Kampf findet ebenso in ihrer eigenen Brust statt: Die „zwei Seelen" der Skorpion-Menschen sind es, die einander dauernd befehden. Unzufriedenheit mit sich selbst gehört zum Skorpion, auch dann, wenn er nicht an einem Minderwertigkeitskomplex, sondern eher an Selbstüberschätzung leidet. In kaum einem anderen Zeichen kommt es so häufig vor, daß zuviel getan wird und dies immer noch als zuwenig empfunden wird.

Maßhalten! Das müßte man den Skorpion-Geborenen Tag für Tag einhämmern. Und gerade das ist ein Rat, der sie außer sich geraten läßt.

Zu den großen Vorzügen dieser Menschen gehören ihre hervorragende Tätigkeit, ihr Leistungswille, ihre zähe Energie. Freilich – dicht daneben lauert schon die Rücksichtslosigkeit. Wenn sich das Schwergewicht nur ein wenig verschiebt, wenn negative Charakterzüge nur etwas stärker zur Geltung kommen – dann setzt sich der Skorpion-Typ über die Regeln des Fair play hinweg. Geistig hochstehende Vertreter dieses Zeichens führen eiskalt berechnete Schachzüge zur Ausschaltung eines Konkurrenten durch, primitivere Skorpion-Geborene versuchen sich mit Brutalität den Weg frei zu machen.

Die Rachsucht der Skorpion-Menschen ist berüchtigt, und zwar keineswegs zu Unrecht. Als Gegner kann dieser Typ gefährlich werden. Natürlich bedeutet das nun nicht, daß man um Menschen dieses Zeichens überhaupt besser einen Bogen machen müßte.

Der durch und durch „böse" Skorpion ist ebenso die Ausnahme wie das helle Extrem. Die meisten stehen im Mittelfeld, sind heftig und leiden unter ihrer eigenen Heftigkeit, wollen das Gute und sind verzweifelt, wenn sie nicht ernten, was sie voll Hoffnung gesät haben. Ihre eigene Zwiespältigkeit macht sie schroff und abweisend – und sie sehnen sich doch so sehr nach Menschen, die „ja" zu ihnen sagen. Trotz allem.

Positiv ist die starke Liebesbereitschaft und Liebesfähigkeit der Skorpion-Menschen. Freilich macht auch die größte Liebe aus der Skorpion-Frau keine anschmiegsame, geduldige Gefährtin, aus dem Skorpion-Mann keinen zärtlich-weichen Liebhaber oder gar einen Sklaven.

Erziehung der Skorpion-Kinder

Skorpion-Kinder fallen vor allem durch ihren ausgeprägten Eigenwillen auf. Schon im Säuglingsalter haben sie so etwas wie einen höchst eigenwilligen Charakter, den sie unter allen Umständen gegen ihre Umwelt durchzusetzen versuchen. Dabei sind sie innerlich verschlossen und schaffen sich schon in den ersten Jahren ihrer Entwicklung ihre eigene kleine Welt, in die sie niemandem Zugang gewähren.

Wenn sie wollen, können sie sehr liebenswürdig und ansprechend sein, aber sie sind so weit unberechenbar, daß sie im nächsten Moment scheinbar völlig ungerechtfertigt in das gerade Gegenteil umschlagen.

Eine recht wesentliche Erziehungsfrage ist es daher, ihre ausgeprägte Launenhaftigkeit, wenn möglich, schon im Keim zu ersticken, weil sie sonst unter Umständen es richtig darauf abgesehen haben könnten, ihre Umwelt zu tyrannisieren. Sie tun dies um so eher, wenn sie hinter der Liebe, die ihnen entgegengebracht wird und die sie in einem überreichlichen Maß beanspruchen, so etwas wie Schwäche und allzu unvermitteltes Nachgeben spüren.

Haben sie erst einmal entdeckt, daß sie imstande sind, ihren Willen durchzusetzen, indem sie sich so lange hemmungslos von ihrer ungnädigsten Seite zeigen, bis sie ihr Ziel erreicht haben, ist es um jeden ernsthaften Erziehungsversuch schon so gut wie geschehen. Der kleine Skorpion wird dann eben so lange bei dieser erprobten Methode bleiben und den kleinen Haustyrannen spielen, bis er an einen gerät, der stärker ist als er und ihn kurz entschlossen in seine Schranken weist.

Obwohl Skorpion-Kinder sich gegen jede Form des Zwangs auflehnen und sich sehr rasch verletzt in das Schneckenhaus ihrer Eigenpersönlichkeit zurückziehen, aus dem sie so bald nicht wieder herauszubekommen sind, erlegen sie sich selbst ihrer Umwelt gegenüber in dieser Hinsicht bedeutend weniger Hemmungen auf.

Manches Mal scheint es ihnen förmlich Spaß zu machen, ihre Spielkameraden und sogar auch Erwachsene, denen sie sich aus diesem oder jenem Grund überlegen fühlen, nach Herzenslust zu necken und zu quälen.

Hin und wieder lassen sie ihre diesbezüglichen Launen mit Vorliebe an wehrlosen Geschöpfen aus oder beobachten mit brennendem Interesse, wie etwa eine Katze mit einer Maus oder Eidechse ihr gefährliches Spiel treibt.

In dieser Hinsicht werden die Eltern gut daran tun, ihrem Skorpion-Kind beizeiten klarzumachen, daß es Rücksichtnahme und Schonung seiner eigenen leicht verletzbaren Gefühle nur erwarten kann, wenn es auch selbst bereit ist, diese auch den übrigen Menschen angedeihen zu lassen. Wird das Kind in dieser Hinsicht nämlich nicht in seine Schranken gewiesen, kann es sich unter Umständen zum hemmungslosen Egozentriker entwickeln, dem nichts heilig ist, außer seinen eigenen Wünschen und Hoffnungen, und der sich über die Gefühle seiner Mitmenschen mit einer erstaunlichen Kaltschnäuzigkeit hinwegsetzt.

Infolge seines ausgeprägten Innenlebens ordnet sich das Skorpion-Kind nur schwer in die Gemeinschaft ein. Deshalb ist es eine der wichtigsten Aufgaben der Eltern, den Gemeinschaftssinn in dem heranwachsenden Kind zu entwickeln. Es soll beizeiten lernen, daß es Liebe und Güte, die es an sich selbst erfahren darf, auch auf seine Umwelt übertragen und seinen oft früh entwickelten Hang, andere zu necken und zu verletzen, beherrschen lernen muß, um sich als dieser Liebe wert zu erweisen.

Allerdings wird man mit Härte oder drakonischen Maßnahmen bei einem Skorpion-Kind nur wenig erreichen können, im Gegenteil, es wird eher verstockt dadurch. Die Neugier ist oft sehr groß und bohrend, weshalb Fragen mit großer Vorsicht und vor allem auch aufrichtig behandelt werden sollten, um das Vertrauen nicht zu zerstören.

Mit Märchen oder Ausreden kommt man bei kleinen Skorpionen nicht weit, und wenn sie merken, daß die Erwachsenen etwas vor ihnen zu verbergen suchen, geben sie nicht eher wieder Ruhe, als bis sie es, womöglich auf allen möglichen Umwegen, doch herausgefunden haben.

Um seine leicht verletzbare Innenwelt dem Zugriff seiner Umwelt zu entziehen, greift der Skorpion mitunter sogar zur List und kann gelegentlich recht merkwürde Winkelzüge einschlagen, die leicht den Eindruck der Verschlagenheit erwecken. In diesem Fall werden die Eltern das Hauptgewicht ihrer Erziehung darauf verlegen müssen, ihrem kleinen Skorpion so viel Vertrauen einzuflößen, daß er sich ihnen von selbst anschließt. Mit Strenge oder gar Zwang ist in dieser Hinsicht so gut wie gar nichts zu erreichen.

In der Schule erweist sich das Skorpion-Kind als äußerst lernbegierig und will den Dingen stets so gründlich wie möglich auf den Grund gehen. Die meisten Skorpione sind zwar etwas bedächtige Lerntypen, doch verstehen sie es, sich früh ein eigenes Weltbild zu schaffen und das Gelernte in sich zu verarbeiten.

Da in diesem Sternzeichen die Reife fast immer sehr früh eintritt und das Triebleben außergewöhnlich stark ist, werden die Eltern während der Entwicklungsjahre ein zwar unbemerktes, aber doch scharfes Augenmerk auf ihren jungen Skorpion richten müssen. Außerdem wird es sich als vorteilhaft erweisen, das Interesse des Jugendlichen schon früh auf geistige und Berufsprobleme zu lenken, um zu verhindern, daß er in der exzessiven Sinnlichkeit aufgeht, die manchen Skorpion-Typen eigen ist.

Zur gesundheitlichen Situation der Skorpion-Kinder gibt es noch folgendes zu sagen:

So eigenartig es auch klingen mag, die Praxis bestätigt immer wieder, daß der Skorpion-Mensch als Opponent des Stier-Menschen (weil sich die Zeichen genau gegenüberliegen) unter nahezu den gleichen Krankheiten zu leiden hat.

Auch das „Skorpion-Kind" ist oft genug durch Halskrankheiten (Stier), noch mehr aber durch Unterleibserkältungen (Bettnässer!) gefährdet. Die gesundheitlichen Belastungen scheinen sogar noch erheblich zuzunehmen, sobald einmal das Alter erreicht ist, in dem die goldene Freiheit der Straßen und Spielplätze winkt. Dann macht sich die überschäumende Energie, in Verbindung mit dem gerade für Skorpion-Kinder typischen Erkenntnis- und Entdeckergeist, auf höchst typische Weise bemerkbar.

Zerrissene Hosen darf man beinahe noch als die positivste Seite dieser aktiven Lebensgestaltung ansehen. Häufiger dagegen wird die Mutter Pflaster und Binden bereithalten müssen.

Nicht selten fällt das Wort vom Pechvogel, der überall, wo er auch hintreten mag, vom Unglück buchstäblich verfolgt zu sein scheint.

Unter gewissen Gesichtspunkten gilt das noch mehr für die Schulzeit, denn gerade hier macht das Skorpion-Kind viele Fehler, weil es seinen Entdeckerdrang und seinen grüblerischen Geist ebensowenig zu tarnen versteht wie seinen manchmal reichlich aufsässigen Sinn.

Die Schulzeit scheint ganz besonders eine Probezeit des Schicksals darzustellen. Es sieht fast so aus, als müßten diese Skorpion-Kinder erst einige ordentliche Nasenstüber bekommen, ehe ihnen die Augen richtig aufgehen, und die Erzieher wissen manches Klagelied über die Zähmung der Widerspenstigen zu singen.

Logischerweise sind die hier erwähnten Zusammenstöße während der ersten Schuljahre besonders häufig. Es dauert nämlich eine gewisse Zeit, bis die ausgeteilten Nasenstüber ihre Wirkung zeigen. Mitunter versucht so ein Skorpion-Schüler jahrelang, doch noch seinen eigenen Kopf durchzusetzen und sich, den Klassenkameraden und vor allem dem Lehrer zu beweisen, daß er doch der Stärkere ist.

In besonders großen Klassen, in denen der Pädagoge nicht auf jedes einzelne Kind eingehen kann, sind die Skorpion-Schüler daher oft in ihrem Element, weil sie ein Gespür dafür haben, was sie sich leisten können, ohne daß es sofort entdeckt wird. Und sind sie dann mit ihren Tricks erst ein paarmal durchgekommen, dann nehmen sie für sich das Recht in Anspruch, auch künftig weitgehend das zu tun, was ihnen gerade beliebt, und nicht das, was im Unterricht verlangt wird.

Erst wenn so ein störrischer Skorpion mit seinem Verhalten einige Male „hereingefallen" ist, dann kann er sich plötzlich drastisch ändern, weil er erkannt hat, daß er so nicht weiterkommt. So mancher Lehrer wird dann erstaunt vor einem Schüler stehen, dessen anfängliche Widerspenstigkeit in Anpassungsfähigkeit umgeschlagen ist.

Der Skorpion-Mensch als Freund

Skorpion-Menschen schließen meist nur wenige Freundschaften. Daraus zu folgern, daß die Vertreter dieses Zeichens keine sonderliche Begabung zur Freundschaft aufweisen oder an freundschaftlichen Beziehungen desinteressiert sind, wäre falsch.

Die Skorpion-Geborenen gehören zwar im allgemeinen nicht zu den betont kontaktfreudigen Menschen, doch wissen sie bewährte Freundschaft durchaus zu schätzen. Es stimmt: Sie legen ziemlich strenge Maßstäbe an ihre Freunde. Sie wählen vorsichtig, prüfen, lassen geraume Zeit verstreichen, ehe sie den Schritt vom Bekanntsein zur Freundschaft tun. Es ist bei ihnen wohl so: Sie möchten gerne vertrauen, sehnen sich heimlich danach, der Geborgenheit des gegenseitigen Vertrauens teilhaftig zu werden – doch ihr angeborenes Mißtrauen funkt immer wieder dazwischen.

Mit einem Skorpion-Geborenen steht man also nicht sogleich auf du und du. Es können jahrelang gesellschaftliche oder berufliche Kontakte bestehen, bevor sich die Distanz verringert und der „Skorpion" gestattet, daß man ihm näherkommt.

Das Wort „Freundschaft" steht bei den Skorpionen hoch im Kurs, und sie sind mit seiner Anwendung sparsam. Man darf wohl annehmen, daß sie nicht zuletzt so wählerisch sind, weil sie Enttäuschungen fürchten.

Als Freund von „Skorpionen" muß man es sich wohl oder übel gefallen lassen, sorgfältig getestet, ja regelrecht auf die Probe gestellt zu werden. Besteht man diese Prüfungen, dann hat man im Skorpion-Geborenen allerdings einen Freund, der sich als verläßlich und treu erweist und anhaltend bestrebt ist, die Freundschaft zu pflegen und zu erhalten.

Gelegentliche Rückfälle ins Mißtrauen wird es immer wieder geben. Sie sind nun einmal im Skorpion-Charakter begründet. Er leidet selbst an dieser Veranlagung, und wenn er einsieht, grundlos mißtrauisch gewesen zu sein, wird er es bereuen.

Vom Skorpion-Freund ist tatkräftige Hilfe und Unterstützung zu erwarten, wenn man in eine bedrängte Lage kommt. Er läßt seine Freunde nicht im Stich. Allerdings erspart er ihnen auch Vorwürfe und Kritik nicht, wenn seiner Ansicht nach Grund dazu besteht. Als Gegenteil eines Schmeichlers weist er unbarmherzig und unerbittlich mit dem Finger auf alle Schwächen und Fehler, die er entdeckt. Er nimmt kein Blatt vor den Mund. Daß er selbst leicht zu verletzen ist, jedoch nicht erkennt, wann er andere verletzt, gehört ebenfalls zu seinem Wesen. Darauf hingewiesen, erwidert er wohl erstaunt, daß er es doch nur gut meine.

In Skorpion-Freundschaften wird es wohl häufig lebhafte Debatten, wenn nicht gar Streit geben. Der eigenwillige Skorpion hält seine Meinung stets für die richtige. Man muß ihm mit Festigkeit entgegentreten, mit klaren Argumenten. Nie darf man ausfällig werden. Der „Skorpion" wird schließlich anerkennen, daß es in einer Sache eben zweierlei Standpunkte gibt, von denen jeder etwas für sich hat. Seinen eigenen Standpunkt verlacht oder als unsinnig bezeichnet zu sehen, wird er jedoch nicht hinnehmen.

Kluge Freunde können durch festes und gleichzeitig taktvolles Verhalten viel dazu beitragen, daß ein „Skorpion" innerhalb seiner Grenzen duldsamer wird. Vor allem die geistig höher entwickelten Skorpion-Geborenen sind in einem gewissen Grad beeinflußbar, wenn es gelingt, sie zu überzeugen.

Einfach ins Schlepptau nehmen lassen sich Skorpion-Freunde nie. Sie sind zu eigenwillig, um sich ihre Entschlußfreiheit rauben zu lassen. So ein Skorpion-Freund kann sauer reagieren, wenn man über ihn und seine Zeit bestimmt, ohne ihn vorher zu fragen, wenn es sich auch nur um Kleinigkeiten handelt. Er hat es nun einmal nicht gern, wenn man ihn vor vollendete Tatsachen stellt. Die Mitteilung beispielsweise „Ich habe für dich und mich Theaterkarten für morgen abend besorgt", wird von ihm mit großer Wahrscheinlichkeit zunächst einmal ungnädig quittiert: „Wie konntest du? Du weiß doch gar nicht, ob es mir recht ist!" Vielleicht ist es ihm sogar sehr recht, aber er wünscht eben nicht, in seiner Entscheidungsfreiheit eingeengt zu werden. Für Überraschungen sorgt er lieber selbst.

Berufe, die sich für Skorpion-Menschen eignen

Die Behauptung, daß unter den Skorpion-Geborenen mit die bedeutendsten Vertreter der Menschheit zur Welt kamen, ist richtig. Kein Sternzeichen weist eine solche Vielseitigkeit auf wie der Skorpion. Durch seinen unbändigen Willen auf der einen und seinen Intellekt auf der anderen Seite erhebt sich der Skorpion-Geborene beruflich fast immer über den Durchschnitt. Hinzu kommen ein starkes Einfühlungsvermögen und eine angeborene Intuition, die ihn anderen Konkurrenten immer voraus sein lassen.

Chemie, Mathematik und Medizin, aber auch Schauspielkunst, Dichtung und Musik sind Gebiete, auf denen der Skorpion Höchstleistungen vollbringt. Im Handelswesen zeigt er überdurchschnittliche Gewandtheit und Spürsinn.

Dennoch: Die Karriere vieler Skorpion-Menschen wird durch den Wechsel zwischen glänzenden Erfolgen und schweren Rückschlägen gekennzeichnet. Kompromisse lehnt der Skorpion-Typ ab. Auch wenn er für seine kompromißlose Haltung bereits ein- oder mehrmals einen hohen Preis zu zahlen hatte, bleibt er unbelehrbar.

Für den Skorpion-Geborenen, der beispielsweise als Architekt arbeitet, ist es typisch, daß er lieber auf einen Auftrag verzichtet, ehe er sich zu den Änderungen entschließt, die der Auftraggeber wünscht. Er beharrt auf seinem Entwurf. Die Lösung, die er fand, ist in seinen Augen die einzig richtige, die einzige, die er für vertretbar hält. So muß gebaut werden und nicht anders! Einige Details verändern? – Kommt nicht in Frage! Er denkt nicht daran. Er führt nicht aus, was er nicht völlig bejahen kann. Lieber tritt er zurück.

Trotzdem: Die Bauwirtschaft ist ein Sektor, auf dem Skorpion-Menschen gute Aussichten haben. Überhaupt stehen die technischen Berufe stark im Vordergrund. In den verschiedenen Sparten der Kraftfahrzeug-Industrie sind Aufstiegschancen vorhanden. Für den einen gibt es sie im Konstruktionsbüro, für den anderen in der Werkshalle.

Skorpion-Männer stehen meist mit Motoren „auf du und du". Es liegt da eine innere Beziehung vor, die sich vielleicht darauf zurückführen läßt, daß der Skorpion-Typ in sich selbst einen „Motor" arbeiten fühlt, daß ihm Tempo, Energie, Kraft so imponieren. Skorpion-Menschen lieben schnelle Wagen, interessieren sich zumindest in ihrer Freizeit für den Rennsport. In diesem Zeichen werden nicht zuletzt wagemutige Testfahrer und Pistenspezialisten geboren.

Skorpion-Männer, die manuelle Berufe ergreifen, zeichnen sich weniger durch Geduld und feinste Präzision, als vielmehr durch zähe körperliche Kraft und dementsprechend durch Leistungen bei derber, schwerer Arbeit aus.

Diejenigen, die mit scharfem Geist ausgestattet sind, geben spitzfindige Rechtsanwälte, aber auch verbissen forschende Wissenschaftler ab. In diesem Zusammenhang wäre die Atomphysik zu nennen.

Ist Interesse für die Medizin vorhanden, sollte der junge Skorpion-Mensch nicht von dieser Berufswahl abgehalten werden. Als Chirurgen zum Beispiel können Skorpion-Geborene Außerordentliches leisten. Sie führen das Skalpell mit sicherer Hand, „schalten" schnell, sobald etwa während eines Eingriffs Komplikationen auftreten, sind verantwortungsbewußt und bewahren eiserne Nerven.

Der Skorpion als Arbeitgeber

Am glücklichsten mit sich und seiner Umwelt ist der typische Skorpion, wenn er überzeugt ist, daß seine Arbeit unheimlich wichtig ist. Nebensächlichkeiten lassen ihn kalt; er zieht es vor, mit der harten Realität konfrontiert zu werden. Seine kritische Ader und sein analytischer Verstand machen ihn zu einem hervorragenden Untersucher und Forscher, zu einem guten Analysierer und zu einem Menschen, der Geheimnissen immer gern auf der Spur ist.

Es ist wichtig, daß die mannigfachen Talente des Skorpions eingesetzt und in eine bestimmte Richtung gelenkt werden. Überläßt man diesen Menschen nämlich ganz sich selbst, dann neigt er dazu, sich zu verzetteln, vieles gleichzeitig anzufangen und dann nichts zu Ende zu führen. Er bringt Voraussetzungen mit, um einen guten Chirurgen abzugeben, einen cleveren Detektiv, einen Psychoanalytiker, einen Wissenschaftler, Rechtsanwalt oder auch einen kühlen Geschäftsmann. Er ist ein Mensch, der seine Fähigkeiten bis zum letzten ausschöpfen muß und sich mit Mittelmäßigkeiten nicht zufriedengeben kann.

Die für den Skorpion so typische Eifersucht, die ihm in seinem Privatleben immer wieder zu schaffen macht, kann sich in beruflicher Hinsicht durchaus positiv auswirken. Er ist nämlich auf all jene eifersüchtig, die eine höhere Position bekleiden als er selbst, und rastet und ruht oft nicht eher, als bis er ebenfalls auf der Erfolgsleiter ganz oben ist.

Überhaupt ist ein Skorpion dafür geschaffen, Arbeitgeber und nicht Arbeitnehmer zu sein. Er ist kein bequemer Vorgesetzter, aber in dieser Position im allgemeinen gerecht und fair.

Ein Skorpion-Boß ist nicht leicht zu verstehen, und oft ist es auch nicht leicht, für ihn zu arbeiten. Kluge Angestellte werden dafür sorgen, daß sie ihrem Skorpion-Boß nie und nimmer einen Grund geben, eifersüchtig zu sein; dann nämlich wird das Leben unter ihm außerordentlich schwierig. Wichtig ist auch zu bedenken, daß der Skorpion-Vorgesetzte gern die Rolle des Königs spielt, sehr viel Respekt verlangt und sich mit einer laxen Art bei Angestellten keineswegs zufriedengibt. Diese sind weg vom Fenster, ehe sie überhaupt begreifen können, was passiert ist.

Das verkehrteste, was man mit dem Skorpion-Boß machen kann, ist, zu versuchen, seine Meinung zu ändern oder an ihm selbst herumzumodellieren. Er muß nun einmal so akzeptiert werden, wie er ist. Überhaupt gilt für diesen Sternzeichen-Vertreter: Entweder lehnt man ihn hundertprozentig ab oder ist genauso hundertprozentig für ihn.

Wenn dieser Vorgesetzte einen Befehl ausspricht, sollte man

ihn sofort erledigen. Es hilft einem gar nichts, zehn Minuten später noch einmal daran zu denken. Dann ist der Zug schon abgefahren. Er verlangt Zuverlässigkeit und Einsatz. „Tödlich" wäre es für jeden Angestellten, zu versuchen, ihn entweder an der Nase herumzuführen oder gar gegen ihn zu opponieren.

Und noch etwas muß man wissen: Der Skorpion-Geborene schafft sich in seinem Arbeitsbereich meistens eine sehr fest verankerte Routine. Die kann in den Augen mancher Angestellter unsinnig sein oder unproduktiv – verändern sollte man sie dennoch nicht, dafür nämlich hat der Skorpion-Boß kein Verständnis. Schwierig ist ferner, daß dieser Mann zwar anerkennt, daß es Leute gibt, die immer wieder Fehler machen, für sich selbst aber diesen Passus nicht in sein Gedankengut einbaut. Er hält sich sehr leicht für unfehlbar und erwartet von seinen Angestellten, daß diese seine Meinung teilen.

Der Skorpion als Angestellter

Dieser Sternzeichen-Vertreter ist ehrgeizig und fest entschlossen zu gewinnen, vor allen Dingen in beruflicher Hinsicht. Wenn er sich beispielsweise vorgenommen hat, eine Gehaltserhöhung durchzusetzen oder eine Verbesserung seines Jobs zu erwirken, dann wird er das auch erreichen. Wobei allerdings seine Methoden nicht von jedem akzeptiert und respektiert werden. Er kann durchaus gnadenlos sein und notfalls grob. Ein guter und typischer Skorpion wird unter anderem schon deshalb immer im Beruf Erfolg haben, weil es für seine Vorgesetzten völlig unmöglich ist, ihn zu übersehen. Er hat etwas an sich, das ihn von seinen anderen Mitarbeitern unterscheidet. Selbst wenn er von Statur aus klein sein sollte, überragt er seine Kollegen und Kolleginnen meistens.

Fairerweise muß jedoch auch dazu gesagt werden, daß der Skorpion nicht unbedingt zu den beliebtesten Angestellten gehört. Diejenigen Männer und Frauen, die mit ihm zusammenarbeiten müssen, werden ihn entweder hundertprozentig ablehnen oder für ihn durchs Feuer gehen. Einen gesunden Mittelweg gibt es im Zusammenhang mit einem Skorpion-Angestellten im allgemeinen nicht. Während einige den entschlossenen Opportunisten in ihm verdammen, bewundern andere wiederum seine Zielstrebigkeit.

Für seine Vorgesetzten ist der Skorpion-Angestellte nicht immer ein problemloser Mitarbeiter. Sehr leicht fühlt er sich für unwichtige Arbeiten zu schade. Er ist felsenfest davon überzeugt, für Größeres geschaffen zu sein, und ruht und rastet nicht eher, bis er zumindest sich selbst diese Fähigkeiten bewiesen hat.

Ganz allgemein gilt, daß es kaum einen Menschen gibt, der einen Skorpion, mit dem er arbeiten mußte oder durfte, je wieder vergessen kann. Es kann durchaus Mitarbeiter geben, die ihn ablehnen, die aber trotzdem anerkennen müssen, daß er ungewöhnliche Fähigkeiten hat, wenn es darum geht, ein scheinbar unlösbares Problem zu lösen oder sich durchzusetzen. Auch sollte man sich klarmachen, daß ein Skorpion, der auf den Job eines anderen spekuliert, diesen auch bekommen wird.

Eine weitere Eigenheit ist für den Skorpion-Angestellten typisch: Er kann zäh und verbissen über einen längeren Zeitraum an einer Sache arbeiten, kann sich für diese begeistern und sich ihr ganz verschreiben, dann aber plötzlich ohne erkennbaren Grund alles wieder hinwerfen und zerstören. Meistens ist dann eine Laune an diesem Verhalten schuld. Es wäre ein Fehler, ihn nun nach den Gründen für sein Verhalten zu fragen. Er wird sie wohl kaum angeben, da er sie selbst nicht kennt.

Am allerbesten ist der Skorpion als Angestellter in einer kleineren Firma aufgehoben, in der er seinen eigenen Bereich hat, einige Mitarbeiter, die auf sein Kommando hören, und ansonsten einen besonders guten Draht zu seinem unmittelbaren Chef. Auch wenn seine Kollegen vielleicht nicht gerade der Meinung sind, daß sie den Skorpion-Angestellten zu ihrem intimen Freund machen wollen, so müssen sie doch anerkennen, daß er so manche Kleinigkeit entdeckt, die anderen nie aufgefallen wäre. Auch ist er in der Lage, die großen Zusammenhänge eines komplexen Aufgabengebietes sehr schnell zu begreifen und zu erläutern.

Die besten Leistungen bringt der Skorpion, wenn er einen Boß hat, der entweder unter dem Sternzeichen Krebs, Stier oder

Fische geboren ist. Frustriert und mißverstanden fühlt er sich, wenn er einen Zwillinge-Chef hat, einen Löwe-Chef oder einen Schützen.

Diese Gesundheitsregeln sollten Skorpion-Menschen beachten

Die Skorpion-Menschen sind im allgemeinen robuste Naturen, die über eine kräftige Konstitution verfügen und nicht so leicht ihre Reserven ausschöpfen.

Das heißt allerdings nicht, daß mit den vorhandenen, zweifellos großen Energien pausenlos Raubbau getrieben werden darf. Eines Tages könnte der Körper sonst doch die Rechnung präsentieren!

Die Mahnung, diszipliniert zu leben, kann also nicht unausgesprochen bleiben – auch auf die Gefahr hin, daß sie bei den rebellischen „Skorpionen" auf taube Ohren trifft.

Skorpion-Geborene wollen von Mäßigung nichts hören. Dieses Zeichen prägt Typen, die in jeder Hinsicht zum Extrem neigen.

Da gibt es die von ihrer Arbeit Besessenen, die sich zu Höchstleistungen zwingen und dabei mitunter die eigenen Kräfte überschätzen. Da findet man den rasend eifersüchtigen Othello, den schrankenlosen Genießer, den rücksichtslosen Streber und auch den sich aufopfernden Idealisten. Was man kaum findet, sind Skorpion-Menschen, die den gerühmten „goldenen Mittelweg" schätzen und beschreiten. Vor allem in der Jugend (aber auch später noch) setzen sich Skorpion-Geborene immer wieder über alle guten Ratschläge und auch über Warnsignale der eigenen Vernunft hinweg, wenn Temperament und Eigensinn mit ihnen durchgehen.

„Gesund" ist ein Leben in Übersteigerungen nicht. Zügellose Leidenschaften – sie mögen positiv oder negativ sein – zehren an der gesundheitlichen Substanz, greifen stets auch die Nerven an. Wer in allzu üppigen Tafelfreuden schwelgt, tut an sich selbst ebensowenig Gutes wie der Verfechter radikaler Hungerkuren. Was immer ein Skorpion-Geborener jedoch unternimmt, steht im Zeichen radikaler Lösungen.

Worauf Skorpion-Geborene achten sollten, die gesund bleiben wollen (und wer wollte das nicht)?: Eben auf maßhalten in jeder Hinsicht – also auf eine Einstellung, die ihnen besonders schwerfällt.

Der Grundsatz „Vorbeugen ist besser als Heilen" hat natürlich auch für diesen heftigen, wilden Typ Geltung. Und Vorbeugen heißt unter anderem: Die Arbeit klug einteilen – Entspannungspausen einlegen – sich nicht für „unersetzlich" halten (was Skorpion-Menschen gerne tun) und deshalb womöglich auf den wohlverdienten Urlaub verzichten – sich auch nicht in seelische Extremhaltungen, in Psychosen hineinsteigern – den Alkohol- und Nikotingenuß kontrollieren und in Grenzen halten.

Als „gefährdete Zone" der Geborenen des Skorpion-Zeichens gilt der Unterleib. Blasenleiden, Darmerkrankungen (Blinddarmentzündungen und Blinddarmoperationen!) sind bei männlichen Skorpion-Geborenen verhältnismäßig häufig, bei den weiblichen Skorpion-Geborenen die diversen typischen Frauenleiden.

Der Skorpion-Typ verfügt – als Ausgleich – über ein beachtliches Plus: Seine kräftige Natur hilft ihm, allfällige chirurgische Eingriffe in der Regel rasch zu überwinden.

Der richtigen, zweckmäßigen Ernährung kommt nicht geringe Bedeutung zu. Da der Skorpion-Mensch intensiv lebt, hellauf „brennt", braucht er kräftige Nahrung. Es ist zum Beispiel gerade in diesem Zeichen völlig falsch, den Tag ohne Frühstück oder nur mit einer Tasse schwarzem Kaffee zu beginnen. Für die erste Mahlzeit des Tages sind Vollkornbrot, ein weichgekochtes Ei, Käse, Räucherfisch oder kaltes, mageres Fleisch zu empfehlen. So ein Frühstück macht nicht dick. Gefährlicher sind üppige Abendmahlzeiten, weil diese dem Körper zugeführt werden, wenn er schon auf Ruhe umgeschaltet hat.

Allgemein ist auf eiweißreiche Nahrung zu achten. Kohlehydrate sind hingegen nur in geringerem Ausmaß gestattet.

Mittags wäre es vorteilhaft, die Speisenfolge mit einem Apfel zu beginnen. Das mag ungewohnt sein, doch ist so ein „Einleitungsapfel" der Suppe vorzuziehen, zumindest könnte er sie jeden zweiten Tag ersetzen.

Ferner muß den Vertretern des Skorpion-Zeichens geraten werden, seelischen Kummer nicht einfach „hinunterzuschlucken", sondern statt dessen zu versuchen, sich mit einem verständnisvollen Menschen darüber auszusprechen. Es kann nämlich sehr leicht passieren, daß innere Spannungen, die nie ganz verarbeitet wurden, im Laufe der Zeit zu ernstzunehmenden gesundheitlichen Störungen führen, die dann eine längere Behandlung notwendig machen.

Der Skorpion-Mann und die moderne Partnerschaft

Der Skorpion-Mann ist eine Kämpfernatur. Ob er gegen Widerstände, die ihm den Weg zum Ziel versperren, mit der ihm eigenen Kraft und Robustheit, im wesentlichen aber fair und offen vorgeht, oder ob er Schlauheit und eine gewisse Dosis Rücksichtslosigkeit ins Spiel bringt, hängt ganz von dem Sonnenstand in seinem Wurzelhoroskop ab.

Jeder echte Skorpion liebt es, seine Kräfte zu erproben. Er genießt die gespannte Stimmung, die sich immer dann einstellt, wenn es ums Ganze geht.

Dieser Typ ist überhaupt sehr genußfreudig und möchte die Freuden des Lebens voll auskosten. Er hört es ungern, wenn ihm zur Mäßigung geraten wird, denn jede Art der Bevormundung ist ihm verhaßt, auch wenn sie liebevoller Fürsorge entspringt und nur sein Bestes will.

Ein echter Skorpion-Mann verträgt es nicht, wenn er Rechenschaft über sein Tun und Lassen ablegen soll. Er ist im positiven Fall durchaus verantwortungsbewußt und wird sich seine Schritte in diesem Sinn überlegen, er möchte sie dann aber nicht erst lang und breit erklären und begründen.

Die Menschen, die mit ihm zusammenleben, sollen seine Entscheidungen als gegeben hinnehmen. Er gibt gerne den Ton an, reagiert auf Widerspruch meist scharf.

Herrschsüchtige Menschen verträgt der Skorpion nicht. Denn das ist er ja selbst – auch wenn er es nicht zugibt. Zweifellos verfügt er über eine recht eigenwillige Natur und gibt seiner

Umwelt so manche Nuß zu knacken und manches Rätsel zu lösen auf.

Bei Männern dieser Art liegt es eigentlich von Anfang an auf der Hand, daß sie der Idee von der Gleichberechtigung in der Ehe und Partnerschaft wenig werden abgewinnen können.

Wer autoritär veranlagt ist – und das sind neun von zehn Skorpion-Männern –, der kann nicht glauben, daß es Vorteile bringen soll, wenn in einer Verbindung beide Partner bestimmen. Das kann doch letzten Endes immer nur einer, meint der Skorpion und schiebt das Thema gleich mit einer energischen Handbewegung vom Tisch.

Die Frau, die den Wunsch nach Gleichberechtigung hat und dazu das Pech, sich mit dieser Einstellung in einen Skorpion zu verlieben, kann dann nur zweierlei tun: entweder auf die Verwirklichung ihrer Wünsche aus Liebe verzichten oder den Kampf weiterführen. Wobei es wiederum zwei Wege gibt – den offenen des fortgesetzten Streitgesprächs, bei dem der Ausgang sehr ungewiß ist, oder den mehr heimlichen.

Bei letzterem wird sie so tun, als füge sie sich den Skorpion-Wünschen, und trachten, gewissermaßen „auf Schleichwegen" wenigstens einen Teil ihres Programms der Selbstverwirklichung Schritt für Schritt auszuführen, ohne daß der Skorpion-Partner damit vor den Kopf gestoßen wird.

Dazu gehören allerdings sehr viel Selbstvertrauen und Zähigkeit, Diplomatie und Geduld. Leicht wird es in keinem Fall sein, mit Rückschlägen ist immer wieder zu rechnen, und es wird nicht eben allzu viele Frauen geben, die ans Ziel gelangen.

Was soll denn dieses Emanzipationsgefasel? fragt der Skorpion-Mann. Frauen und Männer sind nun einmal von Natur aus verschieden, und wer diesen Unterschied einzuebnen versucht, kann bloß ein Dummkopf sein; denn wenn er sein Hirn zu gebrauchen verstünde, müßte ihm klarwerden, daß sich Naturgesetze nicht auf den Kopf stellen lassen.

Eines dieser Naturgesetze besteht nach Ansicht der überwiegenden Mehrheit der Skorpion-Männer eben darin, daß die Frauen dazu geschaffen wurden, Kinder zu bekommen und sie großzuziehen, den Männern aber die Aufgabe zufällt, für ihre

Familie im Lebenskampf das herbeizuschaffen, was benötigt wird.

Mit sich reden läßt der Skorpion-Geborene eventuell in Detailfragen, nicht aber, was den Hauptpunkt betrifft. Wenn seine Frau also zum Beispiel sehr großen Wert darauf legt, einen Beruf auszuüben, wird er das erwägen. Nüchtern und praktisch wie er ist, sieht er einen gewissen Vorteil darin, wenn beide Partner Geld verdienen. Man kann sich dann mehr leisten, kann sich üppige Lebensfreuden gönnen. Das ist ein Gedanke, dem der Skorpion wohlwollend gegenübersteht.

Gut – wird er finden –, über die Berufstätigkeit der Ehefrau läßt sich reden, unter der Bedingung allerdings, daß Haushalt und Kindererziehung nicht darunter leiden. Und vor allem natürlich auch, daß er selbst nicht darunter zu leiden hat.

Klagen über Erschöpfung nach einem harten Arbeitstag will er von seiner berufstätigen Frau nicht zu hören bekommen. Das muß sie gefälligst mit sich selbst ausmachen. Auch von beruflichen Sorgen will er nichts hören. Die hat er allein gepachtet. Bei ihm geht es schließlich um Erfolg und Karriere. Eine Frau braucht im Beruf nicht erfolgreich zu sein, und eine große Karriere braucht sie erst recht nicht zu machen.

Diesbezüglich sieht der Skorpion-Mann einen beträchtlichen Unterschied zwischen Männern und Frauen im Beruf. Daß eine Frau ebenso ehrgeizig sein kann und, sofern sie zu höheren Leistungen befähigt ist, auch ebenso berechtigt ist, Karriere zu machen, das leuchtet einem männlichen Skorpion nur äußerst selten ein.

Sicherlich wird von den Männern nicht wenig verlangt, wenn sie plötzlich „umdenken" und auf seit Jahrhunderten gebräuchliche Vorrechte verzichten sollen, aber es gibt schließlich viele, die zumindest darüber nachdenken und Verständnis zeigen. Skorpion-Geborene versteifen sich leider oft auf einen starren Standpunkt. Wer auf Entgegenkommen hofft, wird enttäuscht.

Im Haushalt mithelfen, weil die Frau berufstätig ist? Das empfinden Skorpion-Männer im allgemeinen als Zumutung. Haushalt ist Frauensache, meinen sie. Eventuell kümmern sie sich um rein technische Dinge, reparieren also zum Beispiel ein Haushaltsgerät, übernehmen eine Arbeit, für die sonst ein Handwerker gerufen werden müßte. Apparate, elektrische Leitungen, Tischlerarbeit – das ist ja „Männersache". Dabei fällt keinem Skorpion eine Perle aus der Krone.

Auch Skorpion-Männer, die sich selbst als modern und fortschrittlich betrachten, sind im traditionellen Gedankengut gefangen. Sie vergleichen auch oft die eigene Ehe mit jener ihrer Eltern: „Mein Vater hat das auch so gemacht", kann man aus ihrem Mund immer wieder hören, oder: „Meine Mutter hätte sich geniert, wenn sie mit der Hauswirtschaft nicht allein zurechtgekommen wäre."

Wenn Gleichberechtigung in der Ehe eines Tages Selbstverständlichkeit sein sollte, werden die Skorpion-Männer sicher zu den letzten gehören, die das anerkannt haben.

Um glücklich und zufrieden zu sein, brauchen sie nun einmal das Bewußtsein, in den Augen der Partnerin der stärkere, der gebende Teil zu sein. Diese Rolle lassen sie sich nur äußerst ungern streitig machen.

Die Skorpion-Frau und die moderne Partnerschaft

Das Zeichen Skorpion wird von Mars regiert – und wenn starke Marseinflüsse vorliegen, geht es kaum vorwiegend heiter und friedlich zu. Der Skorpion-Frau sind weit mehr kämpferische als spielerische Züge zu eigen. Sie ist ein sehr energischer Typ, der sich und seine Anschauungen durchzusetzen weiß. Sie verfügt über zähen Willen und ist – vor allem, wenn sie gereizt wurde oder sich herausgefordert fühlt – in der Wahl ihrer Mittel keineswegs zimperlich.

Wer eine Skorpionin zur Feindin hat, kann mit allerlei Schwierigkeiten rechnen, denn sie ist ausdauernd – in der Liebe ebenso wie im Haß. Eine richtige Skorpionin fordert Beachtung, sie ordnet gerne an, ist ehrgeizig und zielstrebig.

Als Partnerin ist die Skorpion-Frau niemals „bequem". Sie kann eine prächtige Kameradin abgeben, aber niemand darf sich in der Hoffnung wiegen, daß sie etwa „um den Finger zu wickeln" sei.

Mehrere der charakteristischen Eigenschaften der Skorpion-Frauen – Ehrgeiz und Streben nach Geachtetwerden, der Hang zum Dominieren nicht zu vergessen – sind Anhaltspunkte dafür, daß sich im Kreis dieser Frauen viele finden lassen, die im Kampf um die Gleichberechtigung ganz vorne stehen.

Zwar betont eine Skorpionin gerne, daß sie sehr gut allein zurechtkommt und sich das Leben nach eigenem Geschmack einzurichten versteht, daß sie also im Grunde genommen die Emanzipationsbewegung nicht braucht, um quasi in deren Sog erst verwirklichen zu können, was ihr vorschwebt, aber sie steht diesen Bestrebungen natürlich positiv gegenüber. Ein bißchen mitleidig vielleicht auch. Das Mitleid gilt jenen Frauen, die so lange gebraucht haben, um „aufzuwachen" und sich darauf zu besinnen, daß sie Rechte haben, nicht nur Pflichten.

Das Wesen der Skorpionin ist recht radikal orientiert. Bei ihr besteht latent die Gefahr, daß sie über das Ziel hinausschießt. Es liegt also durchaus im Bereich der Möglichkeit, daß die eine oder andere Frau dieses Zeichens quasi „den Spieß umdreht" und den vernünftigen Gleichberechtigungsgedanken in das Liebäugeln mit der Frauenherrschaft ummünzt. Daß sie dabei den Bestrebungen, für die sie eintritt, unter Umständen mehr schadet als nützt, wird sie kaum einsehen.

Was eine Skorpion-Frau tut, das tut sie stets mit aller ihr zur Verfügung stehenden Kraft. Halbheiten sind ihr verhaßt. Die vorteilhaft bestrahlten Vertreterinnen dieses Zeichens verfügen zwar über genug Einsicht und Gerechtigkeitssinn, um den Bogen nicht zu überspannen, aber es gibt eben nicht nur solche.

Halten wir also zunächst einmal fest, daß Skorpion-Frauen der „helleren" wie der „dunkleren" Ausprägung zum Thema Emanzipation viel zu sagen haben – im persönlichen Bereich ebenso wie im allgemeinen.

Daß sie zum Beispiel in der Partnerschaft, in Liebe und Ehe, kein willenloses „Werkzeug" des Partners sind, versteht sich bei ihnen von selbst. Eine echte Skorpion-Geborene wußte sich immer schon durchzusetzen. Liebe hatte bei ihr stets etwas mit Kampf zu tun. Es sieht so aus, als mache dieser Kampf ihr Spaß.

Dabei ist zu beobachten, daß die Skorpion-Frau gar nicht an einem schwachen Partner interessiert ist, bei dem es ihr leichtfiele, die Oberhand zu behalten. Das wäre ihr offenbar zu einfach, zu leicht. Sie wünscht sich einen starken Gefährten, mit dem sie dann ihre Kräfte richtig messen kann.

Sie läßt mit sich reden – aber Vorschriften machen läßt sie sich nicht. Wenn es Differenzen in den Anschauungen gibt, dann müssen diese, ihrer Ansicht nach, ausdiskutiert, ausgekämpft werden. Nachgeben um des lieben Friedens willen steht nicht in ihrem Programm.

Überzeugen läßt sie sich gelegentlich schon, vor allem dann, wenn der Partner klug genug ist, ihre Argumente nicht zu verwerfen, sondern sich damit auseinanderzusetzen. Sobald sie sich respektiert fühlt und feststellt, daß man sie ernst nimmt, ist sie am ehesten bereit, ihrerseits den Partner zu respektieren.

Die Skorpionin verkörpert also einen Frauentyp, der oft kameradschaftliche Züge aufweist, was ja das Stehen auf gleicher Ebene in sich schließt. Daneben gibt es freilich auch Skorpion-Geborene, die gerade ihr Frau-Sein in nahezu erpresserischer Weise ins Spiel bringen.

Daß sie als Partnerin nie vor vollendete Tatsachen gestellt zu werden wünscht, ist eigentlich selbstverständlich. Der Partner sollte besser gar nicht erst versuchen, Entscheidungen zu treffen, ohne mit ihr vorher darüber gesprochen zu haben.

Sie fordert vehement ihr Mitspracherecht – ob es sich um Kindererziehung oder Urlaubsziele handelt, um Wohnungsfragen oder die Wahl der gemeinsamen Freunde. Ihr dieses Recht einzuräumen hat für den Partner unter Umständen sogar einen Vorteil: Erfüllen sich die Erwartungen, die an einen gemeinsam gefaßten Entschluß geknüpft wurden, nicht, ist der Skorpion-Frau der Wind aus den Segeln genommen – sie trägt ja selbst einen Teil der Verantwortung und kann die Schuld an unbefriedigendem Abschneiden nicht dem Partner allein in die Schuhe schieben.

Eine Skorpion-Frau, die in der Ehe weiterhin berufstätig bleiben möchte und sich von ihren Haushaltspflichten nicht ausgefüllt fühlt, wird ihren Willen mit größter Wahrscheinlichkeit durchzusetzen verstehen. Oft hilft so eine Berufstätigkeit sogar, die Spannungen im privaten Bereich herabzusetzen, denn die Skorpion-Frau hat ja dann im beruflichen Bereich Gelegenheit, ihren Ehrgeiz „auszutoben" und Selbstbestätigung zu finden.

Bringt ihr die Arbeit Erfolg – was bei ihrer Tüchtigkeit und ihrem kämpferischen Einsatz häufig der Fall ist –, spiegeln sich ihr Stolz und ihre Zufriedenheit vorteilhaft im Familienleben wider.

Die Partnerschaft mit einer Skorpion-Geborenen kann zweifellos höchst interessant und anregend sein – ob sie es ist, hängt nicht zuletzt von der Wahl des richtigen Partners ab. Aber so ist es eigentlich immer – nicht jeder paßt zu jedem.

Männer, die ein bequemes „Frauchen" wollen, sollten dieses nicht im Kreis der Skorpion-Geborenen suchen. Die Skorpionin ist eindeutig eine Persönlichkeit, und zwar gilt das ebenso für die positiven wie für die negativen Züge ihres eigenwilligen Charakters.

Hat sie sich einmal zur modernen Partnerschaft bekannt, dann verlangt sie absolute Gleichberechtigung und wird es nie zulassen, daß der Mann nun seinerseits auf seine Rechte pocht und von ihr gewisse Pflichten verlangt, von denen sie vielleicht glaubt, sie seien inzwischen unter ihrer Würde.

Erst mit zunehmendem Alter kann sich eine solche Partnerschaft wieder harmonischer und weniger krisenanfällig zeigen, wenn nämlich die Skorpion-Dame begonnen hat, eine gewisse Kompromißbereitschaft zu entwickeln.

Wer paßt am besten zum Skorpion-Mann?

Die Schütze-Frau (23. November bis 21. Dezember)
Für Schütze-Frauen kommt – wenn überhaupt – nur ein „heller" Skorpion-Mann zum Verlieben in Frage. Und auch dann muß die Frage des Zusammenpassens mit einem ziemlich großen Fragezeichen versehen werden, sind doch die Schützinnen ausgesprochen freiheitsliebend und auf die Wahrung eines Spielraums zur Entfaltung ihrer Eigenpersönlichkeit bedacht – also nicht so ohne weiteres bereit, sich den Skorpion-Wünschen unterzuordnen. In Sexbelangen könnten die beiden harmonieren.

Die Steinbock-Frau (22. Dezember bis 20. Januar)
Sind Steinbock-Frauen Idealpartnerinnen für Skorpione? – Nun, was Ehrlichkeit und Verläßlichkeit betrifft, sicher. Aber fügsam sind auch die Steinbock-Vertreterinnen nicht. Außerdem kritisieren sie gerne – und das möchte der Skorpion lieber selbst tun. Kräche liegen in der Luft.

Die Wassermann-Frau (21. Januar bis 19. Februar)
Weibliche Wassermann-Geborene stacheln leicht die erotische Neugier der Skorpion-Männer auf. Zu Beginn der Beziehung könnte auch der Eindruck entstehen, als ließe sich die Wassermann-Eva mühelos „um den Finger wickeln". In ihr schlummert aber auch Widerspruchsgeist. Dieser läßt sich nur durch diplomatisches Geschick einschläfern. Und Diplomatie ist nicht gerade eine Stärke der Skorpion-Männer.

Die Fische-Frau (20. Februar bis 20. März)
Relativ günstige Prognosen lassen sich für eine Verbindung von Skorpion-Mann und Fische-Frau stellen. Der hundertprozentig weiblichen Fische-Geborenen imponiert der starke Skorpion-Mann. Sie bewundert ihn, paßt sich ihm an, ordnet sich meist auch unter. Er wiederum ist davon so entzückt, daß er sie verwöhnt und seine Bissigkeit vergißt. Unklar ist lediglich, wie sich dieses Paar im sexuellen Bereich versteht, denn die Sinnlichkeit der Skorpione ist viel derber geprägt als die der Fische.

Die Widder-Frau (21. März bis 20. April)
Mit Widderinnen könnte der Skorpion-Mann eher heiße Abenteuer erleben als eine Dauergemeinschaft gründen. Kontakte funktionieren meist nur so lange, wie sich beide im „Ausnahmezustand" der Leidenschaft befinden. Im „normalen Alltag" nämlich sind Zusammenstöße fast unvermeidlich. Widder-Frauen sind stolz und eigenwillig und vertragen Kritik schlecht.

Die Stier-Frau (21. April bis 20. Mai)
Stier-Frauen? – Bei ihnen haben Skorpione zwar Chancen, doch dürften sich die Hoffnungen nur bei jeder zweiten erfüllen. Mit

anderen Worten: Es steht 50:50. Ein Versuch ist immerhin zu wagen. Die Angleichungsmöglichkeiten sind durch individuelle Charakterzüge der Partner bestimmt und von Fall zu Fall anders zu beurteilen.

Die Zwillinge-Frau (21. Mai bis 21. Juni)
Schmal – allzu schmal – ist die gemeinsame Basis, auf der Skorpion-Mann und Zwillinge-Frau ihr Glück zimmern könnten. Zwar lieben Zwillinge-Geborene starke Gefährten, doch müssen diese gleichzeitig tolerant sein – und eben das sind Skorpione selten. Jeder Versuch, einen weiblichen Zwilling zu „erziehen", ist ein Unternehmen mit höchst fraglichem Ausgang.

Die Krebs-Frau (22. Juni bis 22. Juli)
Viel eher ist dem Skorpion-Mann zu einer Partnerin aus dem Zeichen Krebs zu raten. Sie kommt seinen Wünschen weitgehend entgegen. Ähnlich wie bei der Fische-Frau findet er bei der Krebs-Geborenen Bewunderung und die Bereitschaft, ihm die Führungsrolle zu überlassen. Es könnte wirklich schön werden.

Die Löwe-Frau (23. Juli bis 23. August)
Sturmzeichen überwiegen, wenn Löwe-Frau und Skorpion-Mann sich ineinander verlieben. Da treffen zwei annähernd gleichstarke Partner aufeinander. Es kommt zum Kräftemessen, das ist sicher. Der Ausgang ist ungewiß. Immerhin: Hoffnungslos ist so ein Fall nicht, denn die Möglichkeit, daß sich die zwei „zusammenraufen", kann nicht ausgeschlossen werden.

Die Jungfrau-Frau (24. August bis 23. September)
Jungfrau-Frauen sind zwar nicht immer so kühl, wie sie wirken, aber sie sind kritische Naturen. Auch wenn sie lieben, spricht neben dem Herzen auch noch der Kopf mit. Skorpion-Männer, die „bedingungslos" geliebt werden wollen, stört die Veranlagung der Jungfrau-Geborenen heftig. Und je mehr sie den „Herrn" hervorkehren, desto größer werden die Bedenken der Jungfrau-Frauen. Da obendrein die gegenseitige sexuelle Anziehung nicht allzu groß sein dürfte, kommt meist das Ende, noch ehe es richtig anfing.

Die Waage-Frau (24. September bis 23. Oktober)
Ziemlich bescheiden sind die Glückschancen für die Paare Waage-Frau und Skorpion-Mann. Berührungspunkte sind spärlich vorhanden, gegensätzliche Einstellung zu wichtigen Lebensfragen überwiegt. Den sensiblen Waage-Fräuleins sind die Skorpion-Männer meist zu robust und eindeutig. Letztere wieder ärgern sich über das Schwankende und Launische des Waage-Wesens. Nun – es muß ja nicht sein.

Die Skorpion-Frau (24. Oktober bis 22. November)
Wenn sich zwei noch unreife Partner dieses Zeichens zusammenfinden, die streitsüchtig und intolerant auf ihren Rechten beharren und ungeduldig jeden Fehler des anderen kritisieren, dann kann eine solche Beziehung zu einer zermürbenden Schlacht werden. Reife Partner dagegen können ein Zusammengehörigkeitsgefühl entwickeln, das unter anderen Zeichen selten ist.

Wer paßt am besten zur Skorpion-Frau?

Der Schütze-Mann (23. November bis 21. Dezember)
Der Schütze-Mann bringt manche Qualitäten mit, die für einen günstigen Verlauf der Bindung an eine Skorpion-Frau sprechen. Er ist eine kraftvolle und zugleich konziliante Persönlichkeit, er ist ein leidenschaftlicher Liebhaber und als Diplomat keineswegs unbegabt. Freilich lassen sich Schütze-Geborene nicht „an die kurze Kette" nehmen. Es liegt also in diesem Fall hauptsächlich an der Skorpion-Frau, ob es klappt oder nicht. Von ihrem Verhalten hängt das meiste ab.

Der Steinbock-Mann (22. Dezember bis 20. Januar)
Der Steinbock-Mann verfügt über Energie und Festigkeit, die Skorpion-Frauen zu schätzen wissen. Allerdings kann er auch beträchtlichen Starrsinn entwickeln, und da die Skorpion-Frau ebensowenig wie er zum Nachgeben bereit ist, könnten sich die Fronten versteifen. Individuelle Anlagen im Rahmen der typischen Wesenszüge spielen eine große Rolle. Die Chancen stehen 50:50.

Der Wassermann-Mann (21. Januar bis 19. Februar)
Ein leichtsinniger und abenteuerlustiger Vertreter des Wassermann-Zeichens wird nicht zur Skorpion-Frau passen. Doch nicht alle Männer aus dem Zeichen Wassermann sind von dieser Art. Es gibt auch ruhige und gewissenhafte, die viel Güte und Festigkeit ausstrahlen – und dann sind die Chancen gar nicht so übel.

Der Fische-Mann (20. Februar bis 20. März)
Die ziemlich positive Prognose, die sich für Paare Fische-Frau–Skorpion-Mann erstellen ließ, muß abgeschwächt werden, wenn die Zeichen vertauscht sind, wenn also die Frau im Zeichen Skorpion geboren wurde und der Mann im Zeichen Fische. Zwar bringt der Fische-Geborene seiner Skorpion-Liebsten viel Bewunderung entgegen, ist er ihr treu und trachtet, sich ihr anzupassen – aber richtig „zufrieden" wird die vitale und robuste Skorpionin mit diesem eher weichen Mann nicht sein. Wenn er einmal auftrumpft, nimmt sie ihn gar nicht ernst – und dann ist er gekränkt.

Der Widder-Mann (21. März bis 20. April)
Der Widder-Mann begegnet der Skorpion-Frau temperamentvoll und läßt keinen Zweifel darüber aufkommen, daß er „die Hosen anhat". Wenn diese beiden Krach haben, dann fliegen die Funken. Ob sie sich allmählich aufeinander einstellen können, muß als ziemlich fraglich bezeichnet werden. Dickköpfigkeit auf beiden Seiten tut selten gut.

Der Stier-Mann (21. April bis 20. Mai)
Wählt die Skorpion-Frau einen Stier-Gefährten, fordert sie zwar auch einen Machtkampf heraus, doch äußert sich die Stärke des Stiers nicht so hitzig. An seiner Gelassenheit prallt der Stachel der Skorpionin ab. Sie ärgert sich zwar heftig, wenn seine Argumente von ihr nicht entkräftet werden können, doch mag es durchaus sein, daß sie dann ein wenig zurücksteckt und zu besserer Einsicht kommt.

Der Zwillinge-Mann (21. Mai bis 21. Juni)
Zwillinge-Männer werden von den Skorpion-Geborenen oft schon sehr bald als „unverläßlich" eingestuft und beiseite geschoben. Möglich, daß die Skorpionin allzu streng urteilt, doch ein „richtiges" Glück in solchen Partnerschaften ist äußerst selten.

Der Krebs-Mann (22. Juni bis 22. Juli)
Krebs-Männer sind schon eher in Betracht zu ziehen. Der Krebs ist für den Skorpion ein Trigon-Zeichen, und in diesem Winkel werden allgemein die aussichtsreichsten Partnerschaften angenommen. Natürlich hat auch diese Regel Ausnahmen. So prächtig sich viele Paare aus diesem Zeichen verstehen mögen – bei einem besonders sensiblen Krebs-Mann und einer besonders kritischen Skorpion-Frau kann es trotzdem zu Krisen kommen.

Der Löwe-Mann (23. Juli bis 23. August)
Auf des Messers Schneide balanciert die Verbindung Skorpion-Frau und Löwe-Mann. Es könnte wunderschön werden, denn der Löwe vereint oft Stärke mit Großzügigkeit, und der Skorpion-Frau fällt es vielleicht weniger schwer als sonst, dem Mann die Führungsrolle zuzugestehen – aber wie gesagt: Das Ganze ist ein Balanceakt, und eine einzige falsche Reaktion auf einer Seite kann das Gleichgewicht beenden.

Der Jungfrau-Mann (24. August bis 23. September)
Jungfrau-Männern gelingt es nur äußerst selten, Skorpion-Frauen zu interessieren. Ein wichtiger Kontakt fehlt, und somit werden bei Bekanntschaften die Weichen schon frühzeitig in Richtung Freundschaft oder berufliche Zusammenarbeit gestellt. Sollte sich eine intimere Beziehung ergeben, wäre das „zufällig" und kaum von Dauer.

Der Waage-Mann (24. September bis 23. Oktober)
Mit Waage-Männern wird die Skorpion-Frau ständig Debatten führen. Das kann recht amüsant sein, und bisweilen wird es auch gehörig knistern, aber so eine Partnerschaft hat zuviel Abenteuerliches an sich, um in eine solide Dauergemeinschaft zu münden. In vielen Punkten ist echte Verständigung nahezu unmöglich.

Der Skorpion-Mann (24. Oktober bis 22. November)
Eine Bindung Skorpion-Skorpion kann sich so heftig gestalten, daß beide Partner schließlich an ihrer eigenen Glut ersticken. Wurde die Ehe jedoch in reiferen Jahren geschlossen, hat sie durchaus gute Chancen, lange zu bestehen. Langweilig wird sie jedenfalls nie!

Glückstage der Skorpion-Menschen

Für den typischen Skorpion-Menschen ist fast jeder Tag ein Glückstag. Wenn er sich voll ins Zeug werfen, etwas planen und erreichen kann, dann kümmert er sich nicht sonderlich darum, darauf zu achten, wann nun genau ihm die Erfolge beschieden waren.

Es dauert daher oft ziemlich lange, bis Skorpion-Menschen, vor allem die positiv bestrahlten, erkennen, daß der Donnerstag ihr ausgesprochener Glückstag ist. Dann haben sie im allgemeinen eine leichtere Hand, ecken weniger häufig an als sonst, sind beinahe so etwas wie kompromißbereit und wählen auch ihre Worte, die sonst leicht zu offen, zu verletzend sind, eine Spur vorsichtiger.

Die in der ersten Dekade geborenen Skorpione haben darüber hinaus noch am Sonnabend, die in der zweiten Dekade geborenen am Mittwoch und die in der dritten Dekade geborenen schließlich am Dienstag mehr Erfolg und größere Chancen als sonst.

Gemeinsam mit den Vertretern anderer Tierkreiszeichen sind Ihnen folgende Glückstage:

Skorpion-Widder: 23. März und 12. August; Skorpion-Stier: 1. Mai und 10. Juli; Skorpion-Zwillinge: 3. April und 13. September; Skorpion-Krebs: 16. November und 19. November; Skorpion-Löwe: 28. März und 8. Oktober; Skorpion-Jungfrau: 6. Juni und 12. August; Skorpion-Waage: 2. Dezember und 12. Dezember; Skorpion-Schütze: 4. Juli und 2. September; Skorpion-Steinbock: 1. April und 22. September; Skorpion-Wassermann: 9. Februar und 3. Mai; Skorpion-Fische: 24. August und 11. November.

Glückszahlen der Skorpion-Menschen

Skorpion-Menschen, die sich besonders schnell für etwas begeistern können, sind sofort überzeugt, nun ihre ganz persönliche Glückszahl erkannt zu haben, sobald sich eine Kombination oder Einzelziffer auch nur ein einziges Mal bewährt hat. Prüfen Sie doch selbst einmal, ob die Glückszahl, die Sie glaubten für sich gepachtet zu haben, mit der tatsächlichen übereinstimmt!

Die 11 ist und bleibt Ihre Glückszahl! Für die Vertreter der ersten Dekade kommt noch die Vier, für die der zweiten die Sechs und für die der dritten schließlich die Zwei dazu. Als Kombination bieten sich an: 11–22–50 sowie 11–17–21.

Gemeinsam mit Vertretern anderer Tierkreiszeichen sind Ihnen folgende Glückszahlen:

Skorpion-Widder: 2 und 9, als Kombination 12–29–33; Skorpion-Stier: 5 und 15, als Kombination 24–25–50; Skorpion-Zwillinge: 14 und 15, als Kombination 25–26–81; Skorpion-Krebs: 1 und 11, als Kombination 10–41–71; Skorpion-Löwe: 3 und 13, als Kombination 33–66–99; Skorpion-Jungfrau: 6 und 16, als Kombination 26–66–80; Skorpion-Schütze: 4 und 9, als Kombination 40–49–69; Skorpion-Steinbock: 7 und 9, als Kombination 17–49–90; Skorpion-Wassermann: 2 und 8, als Kombination 12–48–69; Skorpion-Fische: 5 und 6, als Kombination 50–60–82.

Günstig ist es auch, sich aus den hier angeführten Glückszahlen, wenn irgend möglich, die Telefon- oder Autonummer herauszusuchen.

Glückssteine und Glücksfarben der Skorpion-Menschen

Die bevorzugten und glückbringenden Edelsteine der Skorpion-Damen sind Karneol und Sarder. Auch Aquamarine und Mondsteine passen gut zu diesem feurigen Typ. Als Fassungen eignen sich am besten Silber, Platin und Weißgold.

Weibliche Skorpione sollten immer nur sehr wenig, dann aber unbedingt echten Schmuck tragen. Für sie ist es vorteilhafter, lieber nur durch einen besonders schönen Ring oder Anhänger zu glänzen, als durch einen ganzen Schmuckladen auffallen zu wollen. Diese leicht herrischen und temperamentvollen Frauen sollten sich klarmachen, daß sie sowieso leicht im Mittelpunkt stehen und es daher nicht nötig haben, durch ein Zuviel an kostbarem Schmuck die Aufmerksamkeit auf sich zu lenken. Das könnte dann leicht als Angabe interpretiert werden.

Männliche Skorpione gehen im allgemeinen nur sehr zögernd daran, gelegentlich einen Ring oder ein anderes Schmuckstück zu tragen. Sehr zum Leidwesen ihrer Partnerinnen schließt das oft den Ehering ein.

Die Grund- und Glücksfarbe der Skorpion-Geborenen ist das kräftige, feurige Rot, das in allen Schattierungen bevorzugt wird. Beruhigend und besänftigend für die Nerven ist es aber auch, wenn gelegentlich die Farben pastelliges Blau, Hellviolett, Lindgrün, Altrosa sowie Silbergrau verwendet werden, und zwar nicht nur bei der Kleidung, sondern auch beim Dekorieren der Wohnung, in Form von Gardinen, Teppichen, Vorlegern und Tapeten.

SCHÜTZE
(23. November bis 21. Dezember)

Die starken und schwachen Seiten des Schütze-Menschen

Das Zeichen Schütze ist eines der drei Feuerzeichen – das letzte im ausklingenden Jahr, und Jupiter ist sein Regent. In der ersten Dekade regiert Jupiter uneingeschränkt (Geburtstage bis 2. Dezember), während in der zweiten Dekade (3. bis 12. Dezember) Mars als Unterregent eine Rolle spielt und in der dritten Dekade (13. bis 22. Dezember) die Sonne Unterregent mit nicht geringem Einfluß ist.

Im Zeichen Schütze geht der Herbst zu Ende, werden die Tage bereits winterlich kurz – doch um die Menschen, die in diesem Zeichen geboren werden, ist nichts von Wehmut, Dunkelheit und Abschiednehmen. Das Schütze-Feuer ist ein helles, positives, lebensbejahendes, und auch beim heftigsten Aufflammen des Temperaments ist ihm nichts Zerstörerisches eigen.

Im Kreis der Schütze-Geborenen lassen sich die besten Kameraden finden, die man sich nur vorstellen kann. Sie bemühen sich in der Regel auch dann um ein zumindest leidliches Auskommen, wenn sie gezwungen sind, mit jemandem Kontakt zu pflegen, der ihnen im Grunde genommen nicht „liegt". Arbeitskollegen gegenüber zum Beispiel oder angeheirateten Verwandten versuchen sie sich fair zu verhalten, auch wenn man es ihnen nicht leichtmacht. Bietet sich eine Gelegenheit, auf Distanz zu gehen, wird sie sogleich wahrgenommen, denn Schütze-Geborene haben nicht gerne Menschen in ihrer Nähe, die einen Lebens- oder Arbeitsstil vertreten, der ihrem eigenen entgegengesetzt ist –

besteht diese Möglichkeit aber nicht, versuchen sie eben das relativ Beste aus der Zwangslage zu machen.

Wie nicht viele andere, verstehen es Schütze-Menschen, sich zu arrangieren. Sie geben auch nie die Hoffnung auf, daß doch noch eine Wendung zum Guten eintreten wird, beziehungsweise verläßt sie diese Hoffnung immer nur kurzfristig. Depressionen halten im Schütze-Zeichen nicht lange an, Enttäuschungen werden überwunden, und man ist bereit, sich selbst und auch anderen immer wieder noch einmal eine Chance zu geben.

Schütze-Menschen beweisen bei jeder Gelegenheit, daß sie Kinder eines „Feuerzeichens" sind. Alle Regungen ihres Gemütes sind lebhaft bis heftig, warm, mitunter unkontrolliert; ihr Interesse bleibt niemals lau, entzündet sich vielmehr rasch und heizt dann die Unternehmungslust tüchtig an – ihr Charakter trägt vorwiegend hitzige Merkmale. Man hat es also bei den Schütze-Geborenen mit temperamentvollen, leicht erregbaren Menschen zu tun.

Wenn man von dem Feuer spricht, so kann das mit positiver oder negativer Bedeutung geschehen – je nachdem, ob die guten Eigenschaften des Feuers gemeint sind, das Wärmende, Leuchtende, oder die schlechten, denn Flammen können ja auch zerstörend wirken.

Die Aufgeschlossenheit, ungekünstelte Herzlichkeit, die Begeisterungsfähigkeit und Energie dieser Menschen gehören dagegen in die Rubrik „Vorzüge" eingetragen.

Wie sieht es mit den starken und schwachen Seiten dieser Menschen aus? Wenn die Begeisterungsfähigkeit mit dem Schütze-Typ „durchgeht", wenn er sich impulsiv und unüberlegt zu Handlungen hinreißen läßt, die besser unterblieben, wenn er die Kontrolle über die heftigen Aufwallungen seines Gemütes verliert – dann kann man von Schwächen sprechen.

Ziemlich viele Schütze-Menschen sind jähzornig. Vor allem, wenn sie sich in ihrer persönlichen Freiheit eingeengt fühlen – egal, ob dies tatsächlich der Fall ist oder ihnen bloß so scheint! –, reagieren sie hitzig. Sie schießen dabei leicht übers Ziel hinaus. Der Krach, den sie in der ersten Aufwallung des Zornes schlagen, steht oft in keinem rechten Verhältnis zu der Ursache, die ihn ausgelöst hat.

Eine „goldene Regel" für den Umgang mit Schütze-Menschen lautet deshalb: Man darf niemals auf die Goldwaage legen, was ein empörter Schütze-Typ im auflodernden Zorn hervorsprudelt. Er meint es nämlich gar nicht so böse, wie es klingen mag. Und sobald er sich so richtig „Luft gemacht" hat, tut ihm meist auch schon wieder leid, daß er seine Umgebung attackierte – oder aber er vergißt die ganze Angelegenheit binnen kurzem. Der Schütze-Typ ist zwar in seinen Temperamentsäußerungen vehement – eines aber ist er gewiß nicht: nachtragend. Sobald er „reinen Tisch" gemacht hat, ist die Sache für ihn wirklich erledigt, und es besteht nicht die Gefahr, daß er wieder und wieder darauf zurückkommen wird.

Freilich – der Schütze-Groll kann noch eine andere Variante aufweisen, und die äußert sich dann als Trotz. Im allgemeinen neigen weibliche Schütze-Geborene eher zum Trotzen als Schütze-Männer. Meist tritt der sich versteifende Widerstand und die länger dauernde Trotzhaltung aber nur auf, wenn die Schütze-Frau falsch behandelt wird, wenn versucht wird, ihren Stolz zu brechen oder sie an die kurze Kette zu legen.

Vom Schütze-Menschen wird größtenteils zu Recht behauptet, daß er „das Herz auf der Zunge trägt". Er ist also aufrichtig – meist ohne zu bedenken, ob er sich damit schaden könnte. Und er verabscheut das Gegenteil: die Heuchelei, das Leisetreten, die Intrige. Wenn er etwas nicht verträgt, so ist es das Verhalten von Menschen, die ihm lächelnd begegnen und im geheimen Ränke schmieden.

Die eben erwähnte Aufrichtigkeit, die positive Einstellung zur guten Kameradschaft, zum fairen Kräftemessen und die echte Hilfsbereitschaft sind eindeutige Vorzüge, die auf der Plusseite des Schütze-Charakters stehen. Man hat es bei den Geborenen des Zeichens Schütze mit großzügigen Menschen zu tun. Sie hegen eine tiefwurzelnde Verachtung gegen Pedanterie, „Spießbürgertum", gegen alles, was kleinlich ist oder ihnen kleinlich scheint.

Wie sich diese Haltung darbietet, hängt nicht zuletzt vom Standpunkt des Betrachters ab. Ist dieser kritisch, so könnte er darauf verweisen, daß beispielsweise beim Schütze-Typ ein starker Hang zum Luxus vorliegt. Es ist nicht zu leugnen: Schütze-Menschen lieben das behagliche Leben, sie lieben den Genuß, lieben es, „sich etwas zu gönnen", ein großes Haus zu führen, sich mit schönen und wertvollen Dingen zu umgeben, für Kleidung, Schmuck und allerlei nicht unbedingt lebensnotwendige, aber hübsche Dinge Summen auf den Tisch zu legen, die sich vielleicht „nützlicher" verwenden ließen.

Auf der anderen Seite hingegen ist der Schütze-Mensch weiblichen wie männlichen Geschlechts der perfekte Lebenskamerad, der mit dem Partner durch dick und dünn geht, auf den man sich auch in Notzeiten verlassen kann und der – wenn es sein muß – auch zu sparen versteht. Allerdings nur dann, wenn es sein muß.

Sein praktisch unbesiegbarer Optimismus ist es, der es dem Schütze-Geborenen im Grunde genommen leichtmacht, auch in kritischen Situationen den Kopf nicht hängen zu lassen; ist er doch felsenfest davon überzeugt, daß jedes Pech nur vorübergehender Natur sein kann und daß ein Fehlschlag sich bald ins Gegenteil verkehren muß.

Schütze-Geborene blicken nicht zurück. Sie leben intensiv in der Gegenwart und sind eindeutig zukunftsorientiert. Das bedeutet in gewisser Hinsicht, daß sie aus begangenen Fehlern nichts gelernt haben, daß sie jeder Veränderung unbekümmert und guten Mutes gegenübertreten. Ob das ein Nachteil für sie ist oder ob es vielleicht gerade ihre Stärke ausmacht – wer will das allgemeingültig beantworten? Eines jedenfalls ist so gut wie sicher: Wer im lebensbejahenden, fröhlich-feurigen Zeichen Schütze das Licht der Welt erblickte, der wird nicht untergehen, auch wenn es rund um ihn stürmen und gewittern sollte!

Allen Partnern und Freunden von Schütze-Geborenen kann verraten werden, daß das Zusammenleben mit den Vertretern dieses Tierkreiszeichens eines jedenfalls nie wird: langweilig! Die Schützen werden schon dafür sorgen, daß sich irgend etwas tut, daß Bewegung und Schwung vorherrschen, daß ständig etwas geplant ist. Sie schaffen es nämlich nur äußerst schwer, untätig die Dinge auf sich zukommen zu lassen. Ihrem Naturell entspricht es, voller Ungeduld und Spannung darauf zu warten, daß wieder irgend etwas Aufregendes geschieht.

Geht es einmal wirklich drunter und drüber, dann sind die meisten Schütze-Geborenen wirklich in ihrem Element. Sie fühlen sich von dem Durcheinander im allgemeinen keineswegs beeinträchtigt oder gar überfordert, sondern „spucken" viel lieber – bildlich gesprochen – einmal kräftig in die Hände, um dann mit vollem Einsatz und voller Energie wieder gründlich Ordnung zu schaffen. Diesen Zug muß man durchaus als positive Seite anerkennen, denn gerade schwächere Menschen, die der Führung bedürfen, sind gut beraten, wenn sie sich in Krisensituationen an so einen tatkräftigen Schützen wenden, der es bestimmt schaffen wird, die Dinge wieder ins Lot zu bringen. Daß es dabei allerdings auch zu Übertreibungen kommen kann, darf nicht verschwiegen werden.

Erziehung der Schütze-Kinder

Schütze-Kinder sind in ihrer Veranlagung besonders lebhaft und sportlich. Schon das Kleinste kann es kaum erwarten, bis es aus seinem Korb in die große Welt hinauskrabbeln kann, und geht auf Eroberungszüge, noch ehe es so richtig stehen kann. Aus diesem Grund sind die kleinsten unter den Schützen bisweilen Mutters spezielle Sorgenkinder, weil sie überall dabei sind und ständig eines wachsamen Auges bedürfen, das sie sicher vor allen Fährnissen des Alltags behütet.

Tatsächlich erweisen sich Schütze-Kinder öfter denn andere als typische „Unfallkinder", die aber zumeist dank ihrer außerordentlichen Wendigkeit und ihres körperlichen Geschicks noch so etwas wie Glück im Unglück haben.

Sportliche Betätigung und vor allem das Leben in der freien Natur sind das richtige Betätigungsfeld für den kleinen Wildfang und so recht das Element, in dem er sich wohl fühlt.

Bisweilen mag er darin des Guten ein wenig zuviel tun, und dann wird es Sache der Mutter sein, mit liebevoller Konsequenz dafür zu sorgen, daß auch das schönste Spiel sein rechtzeitiges Ende findet, daß die Mahlzeiten pünktlich eingenommen werden und daß der kleine Rutschepeter ins Bett kommt, wenn seine

Schlafenszeit ist, auch wenn er noch so schön bettelt: „Mutti, bitte noch eine Viertelstunde spielen!"

Die Gewöhnung an eine feste Ordnung ist einer der wesentlichen Faktoren bei der erfolgreichen Erziehung des Schütze-Kindes, und es kann gar nicht früh genug damit angefangen werden. Die unglückliche Mutter, die erst dann damit anfängt, ihrem Sprößling die Grundsätze eines geregelten Lebens zu predigen, wenn er schon in die Schule geht, wird vor einem fast unlösbaren Problem stehen, weil sich seine Aufmerksamkeit dann in so vieles zu teilen hat, daß er es einfach nicht fertigbringt, ihren Ermahnungen zur täglichen Ordnung Gehör zu schenken.

In der Schule haben Eltern und Lehrer oft ihre liebe Not, weil sich solche Kinder einfach nicht konzentrieren können. Sie sind vielfach durchaus überdurchschnittlich begabt und ernten doch schlechte Noten am laufenden Band, wenn sie nicht beizeiten lernen, ihre Gedankengänge einer strengen Disziplin zu unterwerfen. Am leichtesten tun sie sich unweigerlich in den sportlichen Fächern, die ihrem natürlichen Betätigungsdrang am besten entgegenkommen, doch sollten die Eltern vor allem während der Entwicklungsjahre dafür sorgen, daß sie dabei des Guten nicht allzuviel tun, denn zu große Anstrengungen könnten unter Umständen zu Schädigungen des jugendlichen Organismus führen.

Schütze-Kinder lieben es, auf Entdeckungsreise zu gehen, und erlangen in dieser Hinsicht schon früh eine beachtliche Selbständigkeit. Ihr stark entwickeltes Freiheitsbedürfnis läßt ihnen ein „Zu-Hause-bleiben-Müssen" bisweilen als die furchtbarste aller Strafen erscheinen, weshalb sie von den klugen Eltern zwar selten, aber um so wirkungsvoller angewendet werden wird.

Schwierig ist es bisweilen mit dem außerordentlich stark entwickelten Mitteilungsbedürfnis der Schütze-Kinder. Sie haben fast gar keine kleinen „Geheimnisse", weil sie, was immer sie auf dem Herzen haben mögen, treuherzig und offen weitererzählen, leider bisweilen auch Dinge, die sie besser für sich behielten. Es liegt an den Eltern, in dieser Hinsicht das Verantwortungsbewußtsein des kleinen Schützen zu wecken, das ja im allgemeinen ganz gut ausgeprägt ist, und ihn gelegentlich zum Mitwisser einer kleinen häuslichen Verschwörung zu machen, um seine Standfestigkeit in dieser Hinsicht zu stärken.

Schütze-Mädchen machen es ihren Müttern nicht immer leicht. Sie sind viel zu sportlich, um sich leicht an ihre häuslichen Pflichten zu gewöhnen, und empfinden die Mithilfe im Haushalt bisweilen als ein recht lästiges Übel, zumal sie viel lieber mit ihren Brüdern herumtollen und wenn möglich auf Bäume klettern wollen.

Sie zeigen sich in den praktischen Dingen des Lebens recht geschickt, doch erlahmt ihr Interesse verhältnismäßig rasch, weshalb sie für komplizierte Handarbeiten und Ähnliches kaum zu haben sein werden. In der Betreuung ihrer jüngeren Geschwister erweisen sie sich als zwar liebenswürdige, aber ungeduldige Hüterinnen, die ihr Autoritätsbedürfnis zuweilen stark übertreiben und zu richtigen kleinen Tyranninnen werden.

Bereits früh fühlt sich der im Zeichen Schütze geborene Schüler lebhaft vom Sinn und der Bedeutung des Lebens angezogen. Er begnügt sich nicht mit den Tatsachen, sondern wird von dem lebendigen Drang beherrscht, sich ein bestimmtes Ziel zu setzen und seine Anstrengungen auf irgendein Ideal zu richten. Von dem, was sein könnte, fühlt sich das Schütze-Kind stärker angezogen als von dem, was ist. Der Lehrer, der einen Schütze-Geborenen zu erziehen hat, muß immer mit der Frage rechnen: „Was ist der Sinn dieser Tatsache, jenes Ereignisses oder dieses Vorfalls?" Der Schütze-Schüler bringt den universellen Gesetzen des Lebens und den großen allgemeinen Weltvorstellungen ein starkes Interesse entgegen. Das Schütze-betonte Kind ist überhaupt lebhaft und liebt es, sich in Spiel und Sport auszutoben. Seine Vorliebe für körperliche Bewegung ist außerordentlich stark. Hier sollten Eltern und Lehrer zuweilen mäßigend eingreifen.

Die Bändigung des ungestümen Schütze-Kindes ist aus gesundheitlichen Gründen notwendig, denn Überanstrengungen können zur Schädigung des kindlichen Herzens führen. In erhitztem Zustand sollte das Trinken eisgekühlter Getränke vermieden werden. Das Schütze-Kind kann sich sonst Magen- und Darmerkrankungen zuziehen, die sich später das ganze Leben über bemerkbar machen. Schon frühzeitig liebt der kleine Schütze eigene kleine Entdeckungsreisen. Sein Freiheits- und Unabhängigkeitsdrang ist sehr groß. Darauf muß man bei der Erziehung Rücksicht nehmen. Die seelische Entwicklung des Kindes läßt sich in dieser Beziehung durch gemeinsame kleine Ausflüge an Sonn- und Feiertagen fördern. Da das Mitteilungsbedürfnis stark entwickelt ist, können Schütze-Kinder nur schwer ein „Geheimnis" für sich behalten. Man muß ihnen beibringen, wann es ratsam ist zu schweigen.

Ihr Schütze-Kind ist ein lebhaftes, liebenswürdiges Geschöpf von anhänglichem Naturell und charmantem Wesen. Schon vom zartesten Alter an zeigt es seine Liebe zur Unabhängigkeit. Schon sehr bald möchte es laufen, und seine ersten Sprechversuche werden Sie in Erstaunen versetzen. Wenn Schwierigkeiten auftauchen, versucht das Kind, sie ohne die elterliche Hilfe zu überwinden.

Das Schütze-Kind wird Ihre Erfindungsgabe auf eine harte Probe stellen, denn es wünscht sich immer neue vergnügliche Spiele entsprechend seinem lebhaften Temperament. Diese unruhige Art des Kindes erfordert besondere Aufmerksamkeit in bezug auf Unfallgefahren.

Anpassungsfähig wie es ist, macht das Schütze-Kind seinen Weg im Leben meist mit Erfolg. Es hat allerdings das Bestreben, entsprechend dem veränderlichen Tierkreiszeichen, seine Ansichten und Ziele zu ändern. Diese Neigung zum Wechselhaften macht es notwendig, die Entschlossenheit und Ausdauer des Kindes zu fördern. Der Planet Jupiter, der das Schütze-Zeichen beherrscht, verleiht dem Kind eine gewisse Trägheit, die sich überwinden läßt, wenn man das Interesse des Kindes planmäßig auf ein festes Ziel richtet und seine Willenskraft weckt. Obwohl es nicht immer deutlich in Erscheinung tritt, besitzt das Schütze-Kind dennoch Ehrgeiz, und wenn seine Schwächen geschickt bekämpft werden, vermag es die Spitzenposition in jeder beliebigen Laufbahn zu erklimmen. Im allgemeinen wird der Mensch des Schütze-Zeichens während seines ganzen Lebens vom Glück begünstigt.

Der Schütze-Mensch als Freund

Ob Liebe, Ehe oder Freundschaft – die Angeln, in denen sich alles dreht, sind bei Schütze-Menschen in jeder Form menschlicher Beziehungen dieselben: Es kommt auf die Freiwilligkeit an und darauf, daß das Band nicht zu kurz und straff ist.

Man kann Schütze-Menschen seine Freundschaft nicht aufdrängen. Sie sind in der Wahl ihrer Freunde impulsiv. Niemals werden Erwägungen praktischer oder gar berechnender Art – „dieser Mensch könnte mir einmal nützlich sein, deshalb muß ich trachten, ihn als Freund zu gewinnen" – irgendeine Rolle spielen.

Wenn aus einer Freundschaft Vorteile erwachsen, freut das den „Schützen" selbstverständlich, und er trachtet auch, sich erkenntlich zu zeigen, aber er strebt diese Vorteile nicht a priori an. Er nimmt sie sozusagen als angenehmen Begleitumstand, ohne enttäuscht zu sein oder sich gar zurückzuziehen, wenn eine Veränderung der äußeren Umstände den Freund der Möglichkeit beraubt, sich weiterhin nützlich zu machen.

Da Schütze-Menschen ihres liebenswürdigen, aufgeschlossenen Wesens wegen leicht Sympathien erringen, kommen sie im Laufe ihres Lebens relativ häufig in den Genuß freundschaftlicher Förderung. Das verdirbt ihr Wesen keineswegs. Vielmehr ist und bleibt Freundschaft für sie gleichbedeutend mit Uneigennützigkeit.

Bestechen lassen sie sich durch Wohltaten, die man ihnen erweist, nicht. Man kann ihre Freundschaft also nicht kaufen. In erster Linie muß ihrerseits Sympathie vorhanden sein. Schütze-Menschen stoßen niemanden vor den Kopf, doch wenn sie für eine Person keinerlei Freundschaft empfinden, dann bleibt es beim unverbindlichen Freundlichsein, an dem man abprallt wie an einem sehr weichen, doch unübersteigbaren Grenzwall.

Der Vorteil liegt auf der Hand: Wer die Freundschaft eines Schütze-Geborenen erringt, darf sicher sein, daß sie auch ehrlich ist.

Was tun, um diese Freundschaft zu erhalten?

In erster Linie darf man den „Schützen" nicht als persönlichen Besitz betrachten, über den man nach Gutdünken bestimmen kann. Auch in der Freundschaft fordert der Schütze-Typ Freiheit.

Er kommt und geht, wie es ihm behagt. Man darf sich nicht wundern, wenn er einmal längere Zeit nichts von sich hören läßt. Das bedeutet im Fall „Schütze" nämlich nicht, daß seine Freundschaft lauer geworden wäre. Seine Freundschaftsgefühle sind wahrscheinlich unverändert geblieben, nur waren seine Interessen vorübergehend von etwas anderem in Anspruch genommen.

Der Schütze-Typ hat ein starkes Verlangen nach Abwechslung, das nur scheinbar im Widerspruch zur Beständigkeit seiner Gefühle steht. Er ist ein freier Vogel, den man in der Freiheit lassen muß, um sich an seinen Besuchen zu erfreuen. In einem Käfig eingesperrt (auch Freundschaft, in der ein Partner dem anderen Vorschriften macht, kann unter Umständen so ein Käfig sein) geht er der Gabe, Freude zu bringen, verlustig. Er ist dann nicht mehr er selbst.

Wer Freund eines Schütze-Geborenen wurde, darf von diesem auch nicht fordern, daß er sonst keine anderen Freunde habe. Diesen Wunsch nach Ausschließlichkeit würde er einfach nicht verstehen. Freundschaft ist für ihn ein teilbarer Begriff. Er ist sich vielleicht seines inneren Reichtums bewußt – doch auch wenn er ihn nur unbewußt empfindet, steht für ihn fest, daß selbst bei einem halben Dutzend Freunden keiner von ihnen zu kurz zu kommen brauche, ist er ihnen doch in gleicher Weise zugetan und bereit, jedem einzelnen in gleicher Weise beizustehen, wenn das nötig ist.

Von einem Schütze-Freund kann ein starker, ermunternder, anfeuernder Einfluß ausgehen. Ebenso wie er sich selbst nicht unterkriegen läßt und sich im Falle von Schicksalsschlägen als richtiggehendes „Stehaufmännchen" erweist, trachtet er nach Kräften, seinen Freunden „Optimismus-Injektionen" zu verabreichen. Er läßt es dabei nicht bei Worten allein bewenden, sondern greift auch gleich tüchtig zu, wenn ihm dies erforderlich scheint.

Dank wehrt er meist lachend ab – hört ihn allerdings nicht ganz ungern. Zwar macht ihm das Helfenkönnen an sich schon Freude, doch ist er für bewundernde Anerkennung seiner Tüchtigkeit keineswegs unempfindlich.

Berufe, die sich für Schütze-Menschen eignen

Schütze-Menschen fällt es relativ leicht, am Arbeitsplatz Sympathien zu erwerben. Bei Vorsprachen hinterlassen sie meist einen günstigen Eindruck, bei Verhandlungen bewähren sich ihr diplomatisches Geschick und ihre bewegliche Taktik. Der Schütze-Mensch versteht es, Vorgesetzte für sich einzunehmen, ohne übertrieben devot und unterwürfig zu sein. Er hat auch meist viele Freunde und Bekannte, die sich freiwillig gerne für ihn einsetzen, wenn er in eine Klemme geraten sollte.

Im Kreis von Kollegen und Mitarbeitern sind Schütze-Menschen ebenfalls in der Regel beliebter als der Durchschnitt, gelten sie doch als kameradschaftlich, freundlich, hilfsbereit. Sie machen gerne einen Scherz, lehnen Intrigen ab und verfügen alles in allem über die sogenannte positive Ausstrahlung, die angenehm vermerkt wird. So nimmt man es ihnen nicht einmal übel, wenn sie gelegentlich explodieren und im jäh aufflammenden Zorn kränkende Worte gebrauchen. Man kennt sie schließlich und weiß, daß sie es erstens nicht so böse meinen und daß es ihnen zweitens sehr bald leid tun wird, so heftig geworden zu sein. Dann sind sie wieder doppelt nett.

Allgemein betrachtet sind diese lebhaften, wortgewandten Menschen mit ihrer überdurchschnittlichen Kontaktfreudigkeit und ihrem ebenso überdurchschnittlichen Reaktionsvermögen überall dort am Platz, wo es um das Zustandekommen und die Pflege eben jener Kontakte geht. Daß der Schütze-Typ sehr häufig obendrein ein Sprachentalent ist, sei hierzu ergänzend vermerkt. Dieser Umstand erleichtert es ihm nicht unwesentlich, sich eine Position auf internationaler Ebene zu schaffen. Man kann dabei ebenso an diplomatische Missionen denken wie an die Organisation wissenschaftlicher Kongresse, an Außenhandel und Wirtschaftsgremien, an das Management von Künstlertourneen, an leitende Posten bei großen Fluggesellschaften oder Schiffahrtslinien und noch an vieles andere mehr.

Am erfolgreichsten ist der Schütze-Mensch vorwiegend dort, wo er seine eigene Persönlichkeit in die Waagschale werfen kann. Das trifft auf den Vertreter, der mit Prospekten und Musterkoffer die Kunden aufsucht, ebenso zu wie auf den Lehrer, der mit seinen Schülern in der Regel guten Kontakt hat und sie richtig „zu nehmen" weiß, auf den geschickten Reporter ebenso wie auf den Conférencier oder die TV-Ansagerin.

Ein weiterer Umstand, der einen Beruf in den Augen der Schütze-Geborenen verlockend und sympathisch macht, ist die Abwechslung auch in bezug auf den Arbeitsplatz. Schütze-Menschen reisen gerne. Sie ergreifen jede Möglichkeit, andere Länder kennenzulernen. Es ist ihnen deshalb hochwillkommen, wenn sich ihre Entdeckungsfreudigkeit mit beruflichen Aufgaben verbinden läßt. Es ist kaum ein Zufall, daß ziemlich viele Forschungsreisende im Zeichen Schütze geboren wurden.

Ein gewisses Maß an Unabhängigkeit strebt jeder Schütze-Mensch an, zumindest im bescheidenen Rahmen. Er liebt es, den Rhythmus seiner Arbeit selbst zu bestimmen. Als ideal empfindet er es, nicht an festgesetzte Dienststunden gebunden zu sein. Deshalb entscheiden sich auch viele Schütze-Menschen für selbständige Berufe. Je freier sie sich fühlen, je stärker das Gefühl ist, daß sie sich ihr Pensum selbst einteilen können, desto leistungswilliger sind sie meist, desto fleißiger und ambitionierter.

Es ist bei den Schütze-Typen immer wieder dasselbe: Sie entfalten ihre besten Eigenschaften, den größten Eifer und auch die größte Beständigkeit, wenn sie zu sich selbst sagen können: „Das tue ich freiwillig – weil es mir Freude macht, weil ich es mir vorgenommen habe, und nicht, weil ich dazu gezwungen werde."

Der Schütze als Arbeitgeber

Die Liebe zur Freiheit wird die Berufswahl des typischen Schützen immer beeinflussen. Auch wenn es verständlicherweise eine große Anzahl dieser Sternzeichen-Vertreter gibt, die dazu verdammt sind, in einem Büro zu arbeiten, das ihnen nicht liegt, und einen Job auszufüllen, der ihnen wenig bedeutet, so werden sie das doch nicht leicht hinnehmen. Erfolgreich sind Schütze-Arbeitgeber immer dann, wenn sie einen großen Verantwortungsbereich haben, wenn es keine Nebenbuhler gibt, die ihnen dazwischenreden können, und wenn sie darüber hinaus Mitarbeiter führen dürfen.

Viele Schütze-Geborene werden Philosophen, Übersetzer, Verwaltungsfachleute, Rechtsanwälte, aber auch erfolgreiche Sportler.

Außerdem gibt es unter diesem Zeichen viele Politiker, viele Werbefachleute, viele Entdecker und Reisende. Jene Arbeitgeber, denen die Arbeit nur wenig Spaß macht und die sich von ihr nicht ausgefüllt fühlen, verschreiben sich meistens einem erfolgreichen Ausgleichssport, um die überschüssigen Energien auf diese Art und Weise loszuwerden.

Der typische Schütze-Chef mag zwar hier und da einige Details übersehen, aber sein allgemeiner Überblick ist überraschend gut. Wenn sein Verstand erst einmal trainiert und ausgebildet wurde, dann verfügt er über ein ungewöhnlich klares Gedächtnis. Seine geistigen Kräfte erlahmen fast nie, und seine Neugierde ist nur schwer zufriedenzustellen. Die realistische und logische Denkungsart des Schützen bedeutet, daß er sofort erkennt, wenn man ihn hereinlegen will oder ihm mit Vorschlägen kommt, die wenig Aussicht auf Erfolg haben.

All jene Menschen, die mit einem Schütze-Chef auskommen wollen, sollten sich klarmachen, daß dieser die absolute Wahrheit liebt. Es hat keinen Wert, ihm etwas vorflunkern zu wollen. Erstens durchschaut er den falschen Zauber sofort, und zweitens hat er nicht das geringste Verständnis für Unaufrichtigkeit.

Der Schütze möchte sich auch als Vorgesetzter immer noch weiterbilden, immer noch dazulernen. Er interessiert sich auffallend für seine Angestellten, möchte alles über sie wissen, verkehrt fast immer mit akademischen Kreisen und hat großes Verständnis für alle, die ihren eigenen Wissensdurst zur Schau stellen.

Diejenigen, die Hand in Hand mit dem Schütze-Chef zusammenarbeiten, werden immer wieder davon überrascht, daß er auch nach vielen Jahren keine Routine aufkommen läßt und keine Langeweile. Seine Begeisterungsfähigkeit für seine Arbeit wird unermüdlich sein. Sich mit dem Schütze-Vorgesetzten auseinanderzusetzen ist deshalb schwierig, weil der Charme dieses Sternzeichen-Vertreters alle Angestellten, nicht nur die weiblichen, einwickelt.

Klappt einmal auf beruflichem Sektor irgend etwas nicht, dann sollten die Angestellten des Schütze-Chefs nicht gleich in Panik geraten. Dieser Mensch versteht sie und hat einen ausgeprägten Gerechtigkeitssinn, der dafür sorgt, daß nicht an falscher Stelle gestraft wird. Wie kaum ein anderer macht er sich klar, daß niemand perfekt ist und Mißerfolge nun einmal passieren können. Sein Optimismus führt dazu, daß er das Versehen leichtnimmt und davon ausgeht, daß der Fehler schnell wieder ausgebügelt werden kann. Kommt man ihm mit logischen Argumenten, dann ist er immer aufgeschlossen und ehrlich. Auch hat er nichts gegen Widerspruch. Aufmerksam hört er zu und räumt sogar einen eigenen Fehler bereitwillig ein.

Der Schütze als Angestellter

Im allgemeinen kann man den Schütze-Angestellten recht leicht identifizieren: Er ist nämlich meist derjenige unter den Mitarbeitern, der im Büro herumläuft und begeistert sagt: „Warum machen wir unsere Arbeit so, und nicht so?" Er ist außerdem derjenige, den man überhaupt nicht in Depressionen stürzen kann. Er kann gar nicht anders, als Begeisterung und Optimismus verbreiten, er kann jene nicht verstehen, die herumsitzen, sich selbst bemitleiden oder alles schwarz in schwarz sehen.

Nur der sehr schwache Schütze läßt diese Eigenarten bis zum Extrem kommen und macht sich auf diese Art und Weise lächerlich. Der starke Schütze dagegen mag das Gefühl haben, daß andere versuchen, ihn zu kontrollieren und zu lenken. Es ist jedoch besser, dies nicht zu tun und statt dessen zuzuhören, was dieser Sternzeichen-Vertreter zu sagen hat. Seine Ideen sind nämlich im allgemeinen nur im ersten Moment ungewöhnlich und unrealistisch. Fast immer stellt sich hinterher heraus, daß er doch recht gehabt hat und seinem Büro auf diese Art und Weise viel Geld sparen konnte.

Hübsche Mädchen, die in der unmittelbaren Umgebung des Schütze-Angestellten arbeiten, sollten sich vor ihm schützen. Aber auch das will gelernt sein. Je abwehrender sie nämlich ihre

Hände ausstrecken, desto entschiedener setzt sich der Schütze in den Kopf, sie doch zu erobern. Auf Kampf oder eine Jagd kann er nun einfach nicht verzichten.

Trotz seines hektischen Privatlebens schafft der angestellte Schütze fast immer ein hervorragendes Betriebsklima um sich herum und ist nicht nur bei allen Kollegen und Kolleginnen gern gesehen. Er ist derjenige, der sich fast immer alles erlauben kann und dem auch die Vorgesetzten recht schnell eine gewisse Narrenfreiheit einräumen, weil sie merken, daß er trotz aller Hektik am meisten erreicht.

Der Schütze-Angestellte sollte jedoch vorsichtig sein, wenn er sich seinen Chef aussucht. Er braucht nun einmal einen Vorgesetzten, mit dem er sich identifizieren kann und den er respektiert. Am besten ist er in seiner Funktion als Angestellter, wenn er einen Chef hat, der Widder ist, Löwe oder Zwilling. Frustriert und unfähig zu arbeiten ist er unter einem Skorpion, einem Steinbock oder Stier.

Diese Gesundheitsregeln sollten Schütze-Menschen beachten

Der Schütze-Geborene ist ein Optimist reinsten Wassers. Auch in kritischen Situationen verläßt ihn niemals ganz die Überzeugung, daß sich letzten Endes doch noch alles zum Guten wenden werde – zumindest aber, daß er „mit einem blauen Auge" davonkommen werde. Und sieht er eines Tages seine Hoffnungen dennoch scheitern – schon hat er wieder einen Trost bei der Hand, der ihm über den Fehlschlag hinweghilft: Wer weiß – so redet sich der Schütze ein –, ob nicht gerade dieses Pech ein Glück ist! Was sich heute noch nicht erkennen läßt, das mag schon morgen zutage treten.

Eine derartige positive Einstellung zum Leben, die auch Erschütterungen nicht aus den Angeln heben können, hat gewiß viele Vorzüge. Sie erspart Grübeleien (die sich vielleicht wirklich bald als überflüssig erweisen), sie verhindert Depressionen mit ihren lähmenden Begleiterscheinungen und bringt es summa summarum mit sich, daß der optimistische Schütze-Typ praktisch ununterbrochen bereit ist, sich vertrauensvoll an Neues zu wagen. Da wird die Zeit nicht mit Zweifeln, Ängsten und Bedenken vergeudet.

Freilich – wer allzu sicher ist, der wagt bisweilen auch zuviel. Mit anderen Worten: Es ist nur ein kleiner Schritt von der frohgemuten Aktivität zum Leichtsinn.

Viele Schütze-Geborene sind in der Tat recht leichtsinnig, die männlichen noch etwas mehr als die weiblichen. Das zeigt sich in vielerlei Hinsicht und unter anderem auch in einer Weise, die als gesundheitsgefährdend bezeichnet werden muß. Es zeigt sich beim Sport und im Straßenverkehr, im Haushalt und am Arbeitsplatz, nicht zuletzt äußert es sich in der Weise, daß Symptome, die auf eine Krankheit, ein beginnendes Leiden schließen lassen, bagatellisiert werden. „Ach, mir passiert schon nichts!" ist ein Lieblingsausspruch vieler Schütze-Menschen. Oder: „Ich habe eine eiserne Gesundheit. Ich werde doch nicht mit jeder Lappalie gleich zum Arzt laufen!"

Die meisten Schütze-Geborenen erfreuen sich tatsächlich einer vorzüglichen Gesundheit – was aber nicht heißt, daß ihr Organismus es ihnen gestattet, jahrelang ungestraft an dieser Gesundheit zu sündigen. Gesundheit ist nämlich nicht mit einem Blankoscheck zu verwechseln. Leichtsinn und Unvernunft können zu Schädigungen führen, die durchaus zu vermeiden wären. Wie? – Nun, zum Beispiel durch Maßhalten bei sportlicher Betätigung (Es muß sich schließlich nicht jeder an der Jagd nach neuen Rekorden beteiligen!), durch Kleidung, die der jeweiligen Jahreszeit Rechnung trägt.

Unbekümmertheit, falsch verstandene „Forschheit", Leichtsinn, Zerstreutheit sind auch die Ursachen für viele Unfälle. Schütze-Typen neigen zu Unfällen sowohl leichterer wie auch ernster Natur. Im Straßenverkehr verhalten sie sich leider oft nach ihrem Motto: „Mir kann nichts passieren!" Und diese keineswegs berechtigte Überzeugung läßt sie zum Beispiel auch sorglos mit Elektrogeräten umgehen, mit Werkzeugen, mit chemischen Präparaten, wie sie im Haus oder im Garten gebraucht werden, mit Leitern – und mit fremden Tieren. Tiere zu lieben, ist sehr schön – doch sich Tieren, die man nicht kennt, sogleich lebhaft zu nähern, ohne sich zu vergewissern, ob diese so eine freundschaftliche Annäherung auch wünschen und richtig verstehen – das ist unvorsichtig und trägt den Schütze-Geborenen leicht Biß-, Kratz- oder Hiebwunden ein.

Zusammenfassend gilt für Schütze-Menschen, die sich ihrer ihnen von der Natur verliehenen Gesundheit lange und ungeschmälert erfreuen wollen, also in erster Linie eine Regel, die sich in zwei Worten ausdrücken läßt: mehr Vorsicht!

Der Schütze-Typ gehört zu den Zeitgenossen, die ihre Kräfte gern überschätzen und Warnungen leicht in den Wind schlagen. Weil es sich hier um einen sportlichen Typ handelt, „verbietet" es mitunter die Eitelkeit, eine Brille zu tragen. Nur selten denkt der Schütze-Geborene daran, daß öfter auftretende oder anhaltende Kopfschmerzen von den Augen kommen können. Und doch ist dem so, und zwar gerade beim Schütze-Typ.

Nicht erst eine schmerzhafte Bindehautentzündung sollte dazu führen, den Augenarzt aufzusuchen. Für ältere Menschen kann dieser Gang sehr wichtig sein. Manchem kann er das Augenlicht retten.

Der Schütze-Mann und die moderne Partnerschaft

Der Schütze-Mann ist der Typ des ewigen Jägers. Dieser Vergleich paßt nicht nur, weil Herr Schütze so gerne umherstreift, sondern weil er von echter Jagdlust erfüllt ist.

Er jagt ständig hinter neuen Eindrücken her, in der Jugend auch häufig nach hübschen Mädchen (und manche Schütze-Herren bleiben in dieser Hinsicht ewig jung!), nach allem, was interessant und ein lohnendes Ziel zu sein scheint, nicht zuletzt auch nach Gewinn, wobei dieser wiederum ebenso materieller wie auch ideeller Natur sein kann.

Wie sein weibliches Gegenstück, die Schütze-Frau, kann man auch den Schütze-Mann zu jenen Menschen zählen, mit denen „es sich leben läßt". Echte charakterliche Defekte sind im Zeichen Schütze kaum anzutreffen – betonte Eigenwilligkeit schon, aber sie äußert sich meist auf charmante Art.

Den Mann, der für alle Frauen in gleicher Weise ein idealer Partner wäre, gibt es nicht. Immerhin zählt Herr Schütze zu jenen Männern, mit denen ein ziemlich großer Prozentsatz verschiedener Frauen zumindest nicht unglücklich werden wird.

Er ist lebensfroh (üble Stimmungen dauern bei ihm meist nicht lange), alles andere als ein Spaßverderber, keineswegs so oberflächlich, wie es manchmal den Anschein haben mag, vielmehr bei aller gesunden Realitätsbezogenheit, die ihm oft im Leben weiterhilft, auch durchaus idealistisch gesinnt, tolerant und echter Herzlichkeit fähig.

Da der Schütze-Mann, auch wenn er Tradition nicht verachtet, Neuem stets aufgeschlossen gegenübersteht, räumt er ein, daß eine allgemeine Veränderung der gesellschaftlichen Struktur es erforderlich machen könnte, das bisher übliche Muster der Partnerschaft von Mann und Frau neu zu überdenken.

Niemals wird ein Schütze auf stur schalten, wenn ihm Neues begegnet. Auch wenn sich Skepsis melden sollte, wird er die Ansicht vertreten, daß man nicht einfach von vornherein ablehnen kann, was man noch nicht versucht hat. Die Einstellung des Schütze-Mannes zur modernen Partnerschaft kann also als vorsichtig aufgeschlossen charakterisiert werden.

Die Vorsicht resultiert bei ihm vor allem aus dem Grundprinzip, daß er sich nichts aufzwingen lassen will. Eigene Entscheidungsfreiheit wird beim Schützen ganz groß geschrieben.

Jede neue Mode macht ihn neugierig und weckt seine Bereitschaft, sich damit auseinanderzusetzen, doch aufzwingen läßt er sich nun einmal nichts!

Kommt also eine Frau und erklärt ihm kurz und bündig, daß „man" jetzt dies und jenes so betrachten müsse, kontert der Schütze-Geborene erregt, daß er nicht „man" sei und es vorziehe, sich sein eigenes Urteil zu bilden. Schon möglich, daß er zustimmen könne, aber vorschreiben lasse er sich so etwas nicht. Von niemandem!

In jedem echten Schützen steckt ein Teil von einem Revolutionär, aber von einem gemäßigten. Und wenn die Revolution eine allgemeine ist, kann es durchaus geschehen, daß er – justament! – gegen die Revolution revoltiert.

Wer also einen Schütze-Mann für die Ideen der Gleichberechtigung erwärmen will, tut gut daran, ihm diese Gedanken nicht zwangsweise einzugeben, sondern sie einfach in den Raum zu stellen und dem Schütze-Geborenen auf diese Weise die Möglichkeit zu geben, sich freiwillig dazu zu bekennen.

Dieser Weg ist um so erfolgversprechender, als Herr Schütze ja allein schon auf Grund seiner Toleranz und seines Gerechtigkeitssinnes ohnedies nichts dagegen hat, daß sich die Frau, die er liebt, ihr Leben so einrichtet, daß sie damit glücklich ist.

Es versteht sich von selbst und ist eigentlich eine ganz normale Regung, wenn sich der Schütze-Mann wünscht, daß er selbst nicht zu kurz kommt, sobald die Frau an ihre Selbstverwirklichung schreitet und glaubt, diese nicht ausschließlich in der Rolle seiner Gefährtin zu finden.

Herr Schütze wird in der Regel kaum etwas dagegen einzuwenden haben, wenn seine Partnerin sich zum Beispiel um Weiterbildung bemüht, Kurse besucht oder Ähnliches unternimmt. Das mag er sogar begrüßen, denn er erwartet sich davon Anregungen, die mittelbar auch in sein eigenes Leben hineingetragen werden.

Er gehört auch nicht zu jener Sorte Mann, die zwar selbst Freundschaftsbeziehungen pflegt, der Frau aber die Hölle heiß macht, wenn sie sich mit ihren Freundinnen trifft.

Da ist er gerecht genug, zuzugeben, daß für jeden der beiden Partner dasselbe gelten müsse. Vielleicht regt sich bisweilen so etwas wie Eifersucht auf Kontakte, an denen er nicht teilhat, in ihm, aber in den meisten Fällen versteht er sie zu zügeln.

Ungehaltenheit resultiert bei ihm weniger aus dem Umstand, daß es im Leben der Frau noch andere Beziehungen außer der zu ihm gibt, als gegebenenfalls daraus, daß dadurch die Zeit, die er mit ihr verbringen möchte, verkürzt wird. Diesbezüglich sollte man seine Geduld besser nicht auf eine allzu harte Probe stellen.

Ist der Partnerin die eigene Berufstätigkeit wichtig, wird ein Schütze-Mann nur selten ein unumstößliches Veto einlegen. Er sagt sich wahrscheinlich, daß eine zufriedene Frau auch eine angenehmere Partnerin ist.

Nur wenn der Beruf der Gefährtin zu kraß in die private Sphäre übergreift, wenn etwa ihre Dienstzeiten so gelagert sind, daß die gemeinsame Freizeit dadurch beschnitten wird, kann auch ein aufgeschlossener Schütze-Mann ungemütlich werden. Da gelangt sein Verstehen an seine Grenze.

Wird der Schütze-Mann nicht überfordert, kann man sich im allgemeinen mit ihm arrangieren. Ein Appell an seine Hilfsbereitschaft, gelegentlich eine kleine Schmeichelei und Worte des Dankes fallen bei ihm durchaus auf fruchtbaren Boden.

Nett gebeten und von Zeit zu Zeit gelobt und bewundert, wird der Schütze-Mann meist bereit sein, seiner berufstätigen Partnerin den einen oder anderen Weg abzunehmen, sich einmal mit der Waschmaschine vertraut zu machen und – je nach persönlicher Begabung – vielleicht beim Kochen oder Saubermachen zu helfen. Wichtig ist, ihn in der Überzeugung zu bestärken, daß er all das letzten Endes freiwillig tut, weil er eben so tüchtig ist.

Was die sexuelle Freizügigkeit betrifft, die für manche zur modernen Partnerschaft gehört, ist die Stellungnahme der Schütze-Männer nicht so klar. Es kann durchaus sein, daß sie sich selbst gelegentlich einen Seitensprung gestatten, Ähnliches aber – modern hin, modern her – der Partnerin nicht zuzugestehen bereit sind.

Die Schütze-Frau und die moderne Partnerschaft

Frau Schütze ist eine willensstarke, unternehmungslustige und lebensbejahende Persönlichkeit. Es ist relativ leicht, mit ihr gut auszukommen, da in ihrem Wesen für Toleranz eine Menge Platz ist und die Liebenswürdigkeit zu ihren Hauptzügen gehört.

Beziehungen, seien sie nun verwandtschaftlicher oder freundschaftlicher Art, gestalten sich dann am erfreulichsten, wenn sie nicht allzu intensiv sind. Die echte Schützin liebt nämlich Kontakte zu möglichst vielen Menschen, möchte gleichzeitig aber auch ihren persönlichen Freiraum wahren, das heißt, man darf nicht versuchen, sie allzu eng an sich zu binden.

Im allgemeinen ist sie verläßlich und hilfsbereit – wenn Freunde in Not geraten, wird sie ihnen gerne und schnell beispringen. Dann läßt sie wieder einmal wochenlang nichts von sich hören, und wenn man ihr vorhält, daß sich so etwas mit echter Freundschaft nicht verträgt, schüttelt sie höchstens erstaunt den Kopf.

Will man die Vertreterinnen der verschiedenen Sternzeichen im Hinblick darauf, ob sie für die modernen Formen der Partnerschaft geeignet sind, in eine gewisse Reihenfolge bringen, so sind die Schütze-Geborenen ganz sicher in die erste Gruppe zu stellen.

Diese Frauen sind nämlich genau dafür geschaffen, mit Selbstbewußtsein ihren Platz als gleichberechtigte Partnerin eines Mannes zu behaupten.

Die Schütze-Frau, die so gerne ein buntes, abwechslungsreiches und bis an den Rand „volles" Leben lebt, möchte auch in der Partnerschaft so unabhängig wie möglich sein. Es ist ihr innerstes Bedürfnis, Entscheidungen frei treffen zu können, auch wenn sie eine Bindung eingegangen ist.

An die Kette legen läßt sich die Schütze-Geborene – wenn überhaupt! – nur, sofern diese Kette so lang und leicht wie nur irgend möglich ist. Sie sollte überhaupt nicht spürbar sein.

Schütze-Frauen, die sich selbst genau kennen, schrecken öfter vor festen Bindungen zurück, weil sie fürchten, daß dann ihr Leben, so wie sie es lebenswert finden, praktisch zu Ende sei. Sie gehen wohl Beziehungen zu Männern ein, denn sie haben viel Spaß daran, sind schließlich sexuell keineswegs bedürfnislos, aber sie flüchten bisweilen, wenn sie bemerken, daß es zu „ernst" werden könnte.

Manche lehnen es überhaupt ab, sich an einen einzelnen Mann zu binden, nehmen vielmehr für sich die Freiheit heraus, mehrere Beziehungen verschiedener Art parallel zu pflegen, und fragen, wenn man ihnen deshalb ins Gewissen reden möchte, höchst erstaunt: Warum soll eine Frau sich nicht gestatten dürfen, was Männer schon seit geraumer Zeit für sich in Anspruch nehmen?

Der Hang, sich zu emanzipieren, ist der Schützin angeboren. Sie ist überzeugt davon, daß es in puncto Lebensgestaltung, Rechte und Pflichten keinen Unterschied zwischen Männern und Frauen geben dürfte. Die Einteilung in sogenannte Männerberufe und Frauenberufe zum Beispiel findet sie absurd. In jedem Beruf soll echte Chancengleichheit für Frauen und Männer bestehen, fordert sie. Immerhin ist sie vernünftig genug, von ihren Geschlechtsgenossinnen nicht samt und sonders zu verlangen, daß sie sich nun plötzlich in bisher männlicher Domäne bewähren. Sie meint nur, daß jede Frau die Möglichkeit dazu haben sollte.

Wenn sich eine Frau für technische Dinge interessiert, dann soll sie diesen Interessen nachgehen dürfen und nicht belächelt werden. Man soll ihr keine Steine in den Weg legen. Hat umgekehrt eine Frau den Wunsch, daheim nur für Mann und Kinder zu leben, findet die Schützin das genauso in Ordnung. Jeder soll nach seinem Geschmack selig werden.

Diese Einstellung unterscheidet die Schütze-Frau von zu rabiaten Vorkämpferinnen der Frauenbewegung. Es kommt ihr wirklich nicht in den Sinn, die Männerherrschaft durch Frauenherrschaft zu ersetzen. Sie ist für echte Ausgewogenheit.

So wird sie beispielsweise als berufstätige Ehefrau nicht etwa erwarten, daß der Mann nun den Großteil der Hausarbeit übernimmt, um sie zu entlasten, aber eine vernünftige Arbeitsteilung im Haushalt erscheint ihr unter den Vorzeichen selbstverständlich. Warum sollte sich das denn nicht organisieren lassen, wenn beide einsichtig sind?

Immer schon gehörte die Schütze-Geborene zu jenem Frauentyp, der sich von den Haushaltspflichten nicht versklaven läßt. Auch wenn sie selbst einen Beruf hat, so hat sie doch zumindest eine ganze Reihe von Interessen, die es wünschenswert erscheinen lassen, daß die Arbeit mit Kochtopf und Staubsauger, Nähnadel und Bügeleisen nicht mehr Zeit beansprucht als unbedingt nötig.

Es muß noch genügend Zeit übrigbleiben, um zu lesen und Kontakte zu pflegen, sich über alles Neue zu orientieren und summa summarum dem Leben so viele schöne Seiten wie irgend möglich abzugewinnen.

Was die Schütze-Geborene eindeutig nicht will, das ist, von einem Menschen – und sei es der liebste – abhängig zu sein, womöglich für jeden Schritt zunächst seine Erlaubnis einholen zu müssen.

Ihr Unabhängigkeitsstreben kann verschieden stark ausgeprägt sein, manchmal bis zum Extrem gehen, doch auch wenn es in geringerer Dosierung auftritt, darf man sich nicht täuschen lassen: Es ist vorhanden und läßt sich auf die Dauer nicht unterdrücken.

Wer die Schützin etwa zur krassen Egoistin stempeln möchte, tut ihr meist unrecht. Sie ist nämlich durchaus bereit, auch einmal auf persönliche Wünsche zu verzichten, wenn es erforderlich ist. Worauf es bei ihr vordringlich ankommt, ist, daß dieser Verzicht von ihr nicht gefordert wird, sondern daß sie sich freiwillig dazu entschließen kann.

Mit allem ihrem Selbständigkeitsstreben und ihrem Griff nach Rechten, die man lange Zeit hindurch nur den Männern zugestand, ist die Schützin keineswegs eine „unweibliche" Frau. Sie läßt sich gerne umwerben, kann auch sehr weich und zärtlich sein und ist auch meist eine sehr gute Mutter. Sie findet sich bloß ganz einfach in der Rolle eines hilflosen kleinen Frauchens, einer Befehlsempfängerin, einer irgendwie „Untergeordneten" nicht zurecht.

Wer sie gelten läßt, so wie sie nun einmal ist, findet in ihr meist eine prächtige Kameradin, die viel zu geben hat und der man gelegentliches Trotzen nicht zu sehr ankreiden sollte.

Die Unbekümmertheit, die sie bisweilen zur Schau trägt, eine fröhliche Großzügigkeit, ja manchmal auch eine Portion Leichtsinn, all das kommt – vielleicht unbewußt – aus dem Gefühl, es mit dem Leben und seinen Tücken durchaus aufnehmen zu können, da beachtliche Kraftreserven vorhanden sind. Die Schütze-Geborene ist eine der größten Optimistinnen unter der Sonne. Es mag dieser Optimismus sein, der sie gerne das Experiment einer modernen Partnerschaft eingehen läßt. Warum sollte es denn nicht klappen?

Wer paßt am besten zum Schütze-Mann?

Die Steinbock-Frau (22. Dezember bis 20. Januar)
Ob Frauen aus dem Zeichen Steinbock die ideale Ergänzung für Schütze-Männer verkörpern, muß mit einem Fragezeichen versehen werden. Wenn der betreffende Schütze bereits in die Phase der Stabilisierung eingetreten und die Frau nicht allzu „streng"

und starr in den Ansichten ist, könnte es wohl klappen; doch ein unbefriedigender Rest wird stets verbleiben.

Die Wassermann-Frau (21. Januar bis 19. Februar)
Schütze-Männer und Wassermann-Frauen können zwar prächtige Kameraden abgeben, in größerer Gesellschaft ein Team bilden und zahlreiche gemeinsame Interessen pflegen, doch zeigt es sich oft, daß die günstigen Vorzeichen zusammenschmelzen, sobald es um engere und engste, also auch intime Beziehungen geht. Die Chancen sind etwa 50:50.

Die Fische-Frau (20. Februar bis 20. März)
Verbindungen mit Fische-Geborenen können kaum bejaht werden. Die Verschiedenheit der Charaktere ist so groß, daß schon ein Wunder geschehen müßte, wenn Schütze-Mann und Fische-Frau das Glück dauernd auf ihre Seite bringen könnten.

Die Widder-Frau (21. März bis 20. April)
Hingegen sind die Chancen für Paare aus den Zeichen Schütze und Widder überdurchschnittlich. Diese Partner harmonieren nicht nur auf erotischer Basis vorzüglich, sie verstehen einander auch sonst sehr gut. Selbstverständlich darf die Widder-Geborene nicht die „Herrin" allzu stark hervorkehren, doch dem Schütze-Mann gegenüber wird es ihr vielleicht nicht zu schwerfallen, ihre Herrschgelüste zu bezähmen. Er ist der Typ, dem sie gerne einmal den Willen läßt.

Die Stier-Frau (21. April bis 20. Mai)
Grund zur Eifersucht liefert der Schütze-Mann einer Stier-Gefährtin reichlich – ihrer Meinung nach. Und auch sonst dürfte es mehr als verträglich im Gebälk dieser Verbindung knacken. Ausnahmen sind möglich – aber sicher nicht häufig zu finden.

Die Zwillinge-Frau (21. Mai bis 21. Juni)
Zwillinge-Frau und Schütze-Mann finden rasch Kontakt. Sie sind einander sympathisch, und bei Gesprächen zeigt sich immer mehr, daß sie in vielen Punkten dieselbe Meinung vertreten.

Wenn es dann allerdings darum geht, die beiden „Programme" gemeinsam in die Lebenspraxis zu übertragen, könnten sich Schwierigkeiten einstellen. Immerhin: Diese Schwierigkeiten ließen sich überwinden. Ein wenig Nachgeben auf beiden Seiten, und dem Glück auf Kompromißbasis steht nicht viel im Weg.

Die Krebs-Frau (22. Juni bis 22. Juli)
Gegensätze befinden sich den Punkten der Übereinstimmung gegenüber in der Mehrzahl, wenn Schütze-Mann und Krebs-Frau eine gemeinsame Basis suchen. Daran wird sich auch bei längerer Bekanntschaft nichts ändern. Im Durchschnitt kommt auf vier Fehlschläge ein Beispiel, das als leidlich funktionierend bezeichnet werden kann, doch auch dann ist die Dauer so einer Beziehung eher begrenzt.

Die Löwe-Frau (23. Juli bis 23. August)
Recht lebhaft verspricht das Liebesverhältnis zwischen Schütze-Mann und Löwe-Frau zu werden. Und es könnte nicht nur lebhaft – es könnte herrlich werden, wenn – wenn die Löwe-Geborene Klugheit walten ließe. Die Frau hat die weitere Entwicklung in diesem Fall mehr in Händen als der Mann. Der Schütze ist prinzipiell positiv zu Löwinnen eingestellt. Er läßt diesem Typ auch manches durchgehen, nur zu bunt darf es die Löwe-Geborene nicht treiben.

Die Jungfrau-Frau (24. August bis 23. September)
Bei den Partnerschaften zwischen Schütze-Mann und Jungfrau-Frau verhält es sich eigenartig. Manche kommen über die ersten Runden überhaupt nicht hinaus, gehen wieder auseinander, ehe es zum richtigen Erkennen des Partners kam. Die Anlaufzeit ist weitaus länger als bei anderen Partnerinnen. Intimeres Bekanntwerden ist eher selten. Erfolgt es, ist noch immer nichts entschieden, denn gerade Jungfrau-Geborene brauchen oft ungeheuer lange, ehe sie bereit sind, sich so zu zeigen und zu geben, wie sie wirklich sind. Hat ein Paar aber alle die Hindernisse überwunden, läßt sich Schönes und Dauerhaftes erwarten.

Die Waage-Frau (24. September bis 23. Oktober)
Mit Waage-Frauen geht es dem Schütze-Mann meist umgekehrt. Da entwickelt sich nach ersten Geplänkeln im Rekordtempo eine Liebelei. Und damit ist oft bereits die Grenze erreicht. Mit anderen Worten: Derartige Beziehungen können zwar durchaus amüsant sein, die Vertiefung aber stellt sich nur selten ein.

Die Skorpion-Frau (24. Oktober bis 22. November)
Skorpion-Frauen sind Widerspruchsgeister, und das vermag den Schütze-Mann vorübergehend zu reizen. Daß es eines Tages zur Ernüchterung kommt, ist nahezu sicher, es fragt sich bloß, wie lange es dauert, bis der Schütze-Mann erkannt hat, daß eine Skorpionin so ziemlich genau jenen Typ verkörpert, mit dem er nicht leben kann.

Die Schütze-Frau (23. November bis 21. Dezember)
Die „Schützin" hat beim Schützen zunächst recht gute Chancen. Sie haben die gleiche Wellenlänge. Reibereien können sich allerdings aus dem starken Unabhängigkeitswillen beider Partner ergeben. Erfahrungen sollten nach Möglichkeit gemeinsam gesammelt werden.

Wer paßt am besten zur Schütze-Frau?

Der Steinbock-Mann (22. Dezember bis 20. Januar)
Ein Steinbock-Mann zum Beispiel bringt etliche Eigenschaften mit, die der Schützin imponieren. Er ist ehrgeizig, zielstrebig und erreicht auch meist, was er sich vornimmt. So weit, so gut. Auf sexuellem Gebiet ist ebenfalls eine ziemlich weitgehende Übereinstimmung zu erreichen. Wenn trotzdem nur jeder zweite Steinbock-Mann für Schützinnen „in Frage" kommt, liegt dies daran, daß Erdzeichen-Männer häufig eine gewisse Starrheit in ihren Ansichten aufweisen und wegen ihrer großen Gründlichkeit (bisweilen auch Schwerfälligkeit) den Schwung vermissen lassen, den Schütze-Frauen bei der Lebensfahrt lieben.

Der Wassermann-Mann (21. Januar bis 19. Februar)
Wassermann-Geborene sind in der Mehrzahl recht unternehmungslustig, kontaktfreudig und beweglich – also im Wesen dem der Schützin näherstehend. So eine Verbindung könnte höchst abwechslungsreich verlaufen. Entscheidend ist wohl, ob der im Planen große Wassermann auch im Durchführen „groß" ist oder ob seine Begeisterung erlahmt, sobald es Schwierigkeiten gibt. Relativ häufig fühlen sich Schütze-Frauen nach einiger Zeit von ihren Wassermann-Gefährten enttäuscht, und das trifft sie um so härter, als der Beginn doch so vielversprechend war. Es sind allerdings auch beglückende Ausnahmen möglich.

Der Fische-Mann (20. Februar bis 20. März)
Von Fische-Männern muß Schütze-Frauen eher abgeraten werden. Es mag sein, daß ihnen anfangs die Bewunderung dieser Anbeter schmeichelt, doch der weitere Verlauf ist selten gut. Dem Fische-Typ fehlt die geschmeidige Stärke, um sich neben der Schützin zu behaupten. Das muß keineswegs bedeuten, daß der betreffende Fisch ein Schwächling ist – er ist eben nicht der Mann nach dem Geschmack einer feurigen Schützin, und seine Launen stoßen bei ihr auf kein Verständnis.

Der Widder-Mann (21. März bis 20. April)
Mit einem Widder-Mann hingegen könnte sich Prächtiges ergeben. Es wird Kämpfe geben, das ist so gut wie sicher, doch ist die Chance für glückverheißendes „Zusammenraufen" überdurchschnittlich groß. Von diesen sehr günstigen Prognosen (auch erotisch harmonieren die beiden meist vorzüglich!) sind nur jene Widder-Männer ausgenommen, die ihre Kraft falsch ausspielen und die Tyrannen hervorkehren.

Der Stier-Mann (21. April bis 20. Mai)
Bei Stier-Männern hingegen sind wiederum Bedenken anzumelden. Die große Liebeskraft der Stier-Geborenen und ihre Leidenschaft könnten die Schütze-Frau zwar glücklich machen, doch haben Stier-Männer zwei Eigenschaften, die bei Schützinnen auf keinerlei Gegenliebe stoßen: Sie verbergen ihre weichen und

zärtlichen Regungen, und sie kehren der Partnerin gegenüber zu sehr die „Herren und Besitzer" hervor. Das kann auf die Dauer nicht gutgehen, zumal Stier-Männer auch eine üble Neigung zum Kritisieren haben und Diplomatie vermissen lassen.

Der Zwillinge-Mann (21. Mai bis 21. Juni)
Zwillinge-Männer könnten fröhliche Kameraden für Schütze-Frauen sein. Wie sich so ein Liebesbündnis weiter entwickelt, hängt ähnlich wie bei der Wassermann-Geborenen davon ab, ob der Zwillinge-Typ seine „Luftschlösser" den Realitäten anzupassen versteht oder nicht. Denn so amüsant die Schütze-Frau den ideenreichen, phantasievollen und begeisterungsfähigen Zwilling auch finden mag – sie ist bei all ihrem Temperament und Wagemut vernünftig genug, zwischen Phantasiegebilden und Realisierbarem unterscheiden zu können. Ein (relativ!) solider Zwilling mit Durchschlagskraft hat bei ihr Chancen – aber nur dieser!

Der Krebs-Mann (22. Juni bis 22. Juli)
Daß Schütze-Frau und Krebs-Mann miteinander glücklich werden können, muß doch ziemlich bezweifelt werden. Sie sitzen schwerlich im selben Boot. Einer hat für die Vorzüge des andern wenig „Verwendung", die beiderseitigen Schwächen aber fallen besonders stark ins Gewicht.

Der Löwe-Mann (23. Juli bis 23. August)
Löwe und Schütze stehen in einem günstigen Verhältnis zueinander. Es ist eine breite Basis vorhanden, auf der gebaut werden könnte. In erotischer Hinsicht kann man sogar von Idealpartnern sprechen, auch die Zielrichtung ist verwandt, ebenso die Lebensbejahung und die Freude an einem gewissen Luxus. Ein Versuch darf auf jeden Fall gewagt werden.

Der Jungfrau-Mann (24. August bis 23. September)
Wenn dem Paar Schütze-Mann–Jungfrau-Geborene zu Geduld geraten werden durfte, da auf „weitere Sicht" ihre Chancen immer größer werden, gilt das im umgekehrten Fall, also für Jungfrau-Mann–Schütze-Frau in viel geringerem Maße. Trennendes schiebt sich beim Charaktervergleich in den Vordergrund.

Der Waage-Mann (24. September bis 23. Oktober)
Ein Waage-Mann? – Nun, da sind vielerlei Berührungspunkte gegeben, gleichzeitig aber drängt sich die Frage auf, ob dieses Paar nicht lieber im Bereich herzlicher Freundschaft und Kameradschaft haltmachen sollte. Je lockerer nämlich die Beziehung, desto dauerhafter könnte sie sein. Zuviel „Nähe" und Vertrautheit tut dem Paar Waage-Schütze nicht gut.

Der Skorpion-Mann (24. Oktober bis 22. November)
Nur Skorpion-Männer, die zu den positivsten Vertretern dieses widerspruchsvollen Zeichens gehören, kommen als Partner für Schütze-Frauen in Frage. Sie müßten in besonderem Maße gezügelt, tolerant und aufgeschlossen sein.

Der Schütze-Mann (23. November bis 21. Dezember)
In der Regel kommen zwei Schützen sehr gut miteinander aus. Sie denken und fühlen auf der gleichen Wellenlänge und haben viele gemeinsame Interessen. Die beiden sollten jedoch darauf achten, vieles gemeinsam zu unternehmen. Sonst besteht die Gefahr des sich Auseinanderlebens.

Glückstage der Schütze-Menschen

Der Sonntag, Lieblingstag von zumindest allen arbeitenden Menschen, ist der ausgesprochene Glückstag der im Tierkreiszeichen Schütze Geborenen. An diesem Tag – manchmal bedauern sie, daß es kein Arbeitstag ist – gelingt ihnen fast alles auf Anhieb. Es wäre also ideal, an diesem Tag auch diffizile Unterhaltungen mit dem Chef zu führen – über ein Thema wie die nächste Gehaltserhöhung zum Beispiel. Schütze-Menschen, das wissen sie selbst am besten, können sich mitunter im Ton vergreifen und dabei so manches kaputtmachen, was sie vorher mühsam aufgebaut haben. Stünde ihnen nun der Sonntag, ihr Glückstag, auch für berufliche Verhandlungen zur Verfügung, dann könnten sie so manchen Schnitzer geschickt wieder ausbügeln.

Aber es gibt einen Trost: Außer dem Sonntag darf auch,wenngleich nicht ganz so ausschließlich, der Donnerstag zum Glückstag gestempelt werden.

Darüber hinaus gibt es noch all jene Glückstage, die Schütze-Menschen mit den Vertretern der anderen Tierkreiszeichen gemeinsam haben: Schütze und Widder: 2. Februar und 10. August; Schütze und Stier: 9. Mai und 11. Juli; Schütze und Zwillinge: 1. März und 14. Dezember; Schütze und Krebs: 12. September und 7. Oktober; Schütze und Löwe: 10. April und 2. Juni; Schütze und Jungfrau: 6. August und 18. November; Schütze und Waage: 4. Mai und 16. September; Schütze und Skorpion: 23. und 28. Dezember; Schütze und Steinbock: 9. März und 2. Oktober; Schütze und Wassermann: 21. Januar und 4. Februar; Schütze und Fische: 30. Juni und 8. Oktober.

Glückszahlen der Schütze-Menschen

Der Schütze-Mensch steht dank seines Optimismus und seiner freundlichen Art, die ihm das Vorwärtskommen im Beruf oft sehr erleichtert, schon sowieso auf der Sonnenseite des Lebens. Er ist ein Genießer und nicht selten ein ausgesprochener Lebenskünstler. Da er darüber hinaus noch seine Glückszahlen hat, kann eigentlich nicht mehr sehr viel schiefgehen, vorausgesetzt, er kennt die Zahlen, die für ihn günstig sind:

Die Glückszahlen lauten: 4 und 6, als Kombination 14–60–66. Für die in der ersten Dekade geborenen Schütze-Menschen kommen als Glückszahl noch die 13 und als Kombination 3–30–33 hinzu. Die Vertreter der zweiten Dekade sind gut beraten mit der 12 sowie mit der Kombination 2–24–48. In der dritten Dekade schließlich sind 9 eine Glückszahl und 17–29–99 eine erfolgversprechende Kombination.

Mit den Vertretern anderer Tierkreiszeichen haben die Schütze-Typen folgende Glückszahlen gemeinsam:

Mit den Widder-Menschen die 11, als Kombination 11–22–33; mit den Stier-Menschen die 14, als Kombination 4–40–54; mit den

Zwillinge-Menschen die 2, als Kombination 20–22–77; mit den Krebs-Menschen die 1, als Kombination 10–15–55; mit den Löwe-Menschen die 6, als Kombination 16–66–89; mit den Jungfrau-Menschen die 7, als Kombination 17–67–68; mit den Waage-Menschen die 5, als Kombination 15–50–55; mit den Skorpion-Menschen die 10, als Kombination 30–88–100; mit den Steinbock-Menschen die 17, als Kombination 17–17–77; mit den Wassermann-Menschen die 20, als Kombination 20–22–80; mit den Fische-Menschen die 15, als Kombination 15–47–49.

Glückssteine und Glücksfarben der Schütze-Menschen

Schütze-Menschen, die im allgemeinen so viel Heiterkeit und Gelassenheit ausstrahlen, können ganz besonders gut Schmuck tragen, vor allem aber auch den verspielten, leichten Modeschmuck. Selbst in den reiferen Jahren darf eine Schütze-Dame noch verschwenderisch mit dem Inhalt ihrer Schmuckkassette umgehen, ohne befürchten zu müssen, überladen zu wirken.

Die Edel- und Glückssteine der Schütze-Menschen sind Saphirquarz und Chalzedon. Siegelringe und Schmuck aus reinem Gold unterstreichen ebenfalls die positive Ausstrahlung dieses Typs.

Die Glücksfarben der Schütze-Menschen sind alle Purpurtönungen. Das ist eine königliche Farbe, die ganz einfach zum lebensbejahenden Schütze-Typ paßt. Weisheit im Urteil und Würde sind damit verbunden. Solange man jung ist, wählt man allerdings Nebenfarben des Purpurs, also blassere Arten dieses Farbtones wie Lila, Rosé etc.

Ein kluger Psychologe hat einmal gesagt, daß die Purpurfarbe den Menschen von der großen Masse abschließe und trenne. Und doch ist Purpur das Symbol der Duldsamkeit und Gerechtigkeit, und genau deshalb paßt es so besonders gut zum Schütze-Menschen.

Gut vertragen werden darüber hinaus im allgemeinen noch die Farben Silbergrau, Lachsrot und Giftgrün.

STEINBOCK

(22. Dezember bis 20. Januar)

Die starken und schwachen Seiten des Steinbock-Menschen

Das Zeichen Steinbock ist das erste der drei Erdzeichen. Der Steinbock-Mensch hat eine starke Beziehung zur Erde, im konkreten Sinn – er schätzt den eigenen Grund und Boden! – ebenso wie im übertragenen, und das heißt: Er bleibt beim Planen auch in seinen kühnsten Augenblicken stets auf dem Boden der Tatsachen.

Steinbock-Geborene haben einen festen Schritt, und das gilt nicht nur für die Männer dieses Zeichens, sondern auch für die weiblichen Steinböcke, die man kaum tänzeln oder trippeln sieht.

Die Mehrzahl der Steinbock-Geborenen weist einen kräftigen Körperbau auf, einige wirken gedrungen, neigen besonders im Alter zur Korpulenz. Auch wenn sie keine Fettpolster ansetzen, machen sie einen „schweren" Eindruck. Der schlankeste Steinbock ist noch lange kein Filigranfigürchen, eher knochig-hager. Und die Haltung drückt deutlich aus, was für den Steinbock charakteristisch ist: Vorsicht, Bedächtigkeit, beherrschende Kraft.

Äußerlichkeiten allein reichen nicht aus, um einen Menschen, der uns begegnet, sogleich in Typ und Wesen zu erkennen. Aber sie tragen dazu bei, das Bild zu bestimmen, das wir uns von ihm machen. Die geübte Beobachtungsgabe registriert weitere Details und zieht ihre Schlüsse daraus.

Der Steinbock-Mensch blickt seinem Gegenüber ruhig und prüfend in die Augen. Man hat bisweilen das Gefühl, er wolle „durch und durch" schauen – hinter die Maske, die die meisten tragen: die Maske der Höflichkeit oder des betonten Optimismus oder der berechnenden Liebenswürdigkeit oder was es sonst noch an Masken gibt, mit denen sich die Menschen tarnen.

Nimmt der Steinbock den eigenen Blick zurück, schaut er am Gesprächspartner vorbei, ins Leere – dann hat er sich sein Urteil bereits gebildet. Er möchte aber nicht, daß man es ihm am Ende gar „an den Augen abliest". Die Stimme des Steinbock-Geborenen beiderlei Geschlechts ist oft markant, mit unverkennbarem Timbre, bisweilen etwas rauh, meist dunkel getönt. Steinböcke flüstern nur selten. Bei Debatten verstehen sie sich durchaus Gehör zu verschaffen. Es gibt in diesem Zeichen viele Chefs, die brüllen. Gefährlicher aber sind wohl jene, die bei gedrosselter Lautstärke sarkastisch werden. Die „lauten" haben bei jedem weithin vernehmbaren Ausbruch genug „Dampf abgelassen", um anschließend ruhig und sachlich fortzufahren.

Wer im Zeichen Steinbock das Licht der Welt erblickte, läßt sich nicht leicht ein X für ein U vormachen. Gelingt es dennoch jemandem, einen Steinbock zu täuschen, und entdeckt es dieser dann später, so ist sein Groll gewaltig. Und mit einem grollenden Steinbock ist nicht zu spaßen!

Entwicklungen vollziehen sich in diesem Zeichen langsam. Das bedeutet nicht nur, daß es unter den Steinböcken ausgesprochene „Spätzünder" gibt. Sie brauchen stets eine guteWeile, um Erfahrungen zu verarbeiten, sich auf eine Situation einzustellen, Rückschläge zu verwinden. Erfreuliches, das ihnen begegnet, löst keinen Jubelsturm aus, sondern wird – fast könnte man sagen: nur zögernd angenommen. Auch an das Glück tasten sich Steinböcke vorsichtig heran. Sie prüfen die eigenen Gefühle und die des Partners, sind nicht leicht davon zu überzeugen, daß wirklich alles „stimmt".

Noch etwas ist für Steinböcke charakteristisch: Sie können nicht vergessen. Was sie tief erlebt haben, das bleibt in ihrer Erinnerung eingegraben. Es prägt sie. Wer einmal mit einem Steinbock Differenzen hatte, ihm vielleicht übel mitspielte oder ihm – sei es auch nur unbeabsichtigt – Schmerz zugefügt hat, darf bei einer neuerlichen Begegnung nicht hoffen, daß sich der Steinbock nicht mehr daran erinnert. Er tut es ganz gewiß. Vergessen ist bei den Menschen dieses Zeichens ein Fremdwort. Und verzeihen fällt dem richtigen Steinbock so schwer, daß er es häufig nicht schafft.

Allerdings: Wenn dem Steinbock-Geborenen etwas nicht gelingt, dann liegt – sofern es sich um eine Sache handelt, die von ihm allein abhängt – der Verdacht nahe, daß er sich nicht wirklich darum bemüht. Denn wenn der Steinbock etwas will, wenn er es für ausschlaggebend hält, dann läßt er nicht locker.

Zäh und geduldig konzentriert er sich auf seine Ziele. Daß etwas hoffnungslos sein kann, will er nicht zur Kenntnis nehmen. Ist er ein so großer Optimist? – Nein. Eher besonders starrsinnig. Unbeugsam verbissen.

Mit Kritik erreicht man bei einem Steinbock-Menschen wenig oder nichts. Er nimmt sie übel oder stellt sich taub – oder beides. Wenn man ihn beeinflussen will, dann muß man das geschickter anstellen, diplomatischer, so, daß der Steinbock sich nicht angegriffen fühlt und seine Einstellung allenfalls ändern kann, ohne sich dabei etwas zu „vergeben".

Was ein Steinbock verspricht, das hält er! Er wird sein Wort nicht leichtfertig verpfänden. Gibt er es, dann darf man darauf bauen. Das macht die Steinbock-Geborenen zu verläßlichen Freunden, zu Lebenspartnern, die gerade in schweren Tagen unerschüttert ihre Treue und Opferbereitschaft beweisen.

Wer heitere Gefährten sucht, voll unbekümmerter Lebenslust und mit einem Schuß Leichtsinn vielleicht, amüsant, risikofreudig, großzügig – wer heiterer Unverbindlichkeit ohne Verpflichtung den Vorzug gibt, der ist beim Steinbock-Typ an der falschen Adresse. Die Steinbock-Tugenden entfalten sich in entgegengesetzte Richtung. Das muß rechtzeitig erkannt werden. Irrtümer und Enttäuschungen bleiben dann beiden Partnern erspart.

Es ist übrigens nicht so, daß es mit einem Steinbock überhaupt nichts zu lachen gäbe. In seiner Art weiß er Humor durchaus zu schätzen, den stillen, besinnlichen und gelegentlich auch derberen. Er lehnt auch Lebensgenüsse keineswegs radikal ab, hat für Feste einiges übrig. Doch es muß alles seine Ordnung haben bei ihm, in das große Lebenskonzept passen. Vor die Wahl gestellt zwischen Pflichterfüllung und Vergnügen, wird er, ohne zu zögern, zugunsten der Pflicht entscheiden. Ist sie getan, dann erst kommt das Angenehme an die Reihe. Der echte Steinbock legt nicht nur strenge Maßstäbe an andere – er beginnt damit bei sich selbst.

Die Zähigkeit und Beharrlichkeit, die mit einer gewissen Schwerfälligkeit verbunden sein kann, tritt beim männlichen Steinbock-Geborenen noch etwas stärker in Erscheinung als bei den Frauen dieses Zeichens, doch ist auch bei ihnen viel praktischer Verstand und energische Bereitschaft vorhanden, das Leben fest „in den Griff" zu bekommen und den eigenen Wünschen entsprechend zu formen.

Steinbock-Geborene sind häufig bedacht, aus ihren Gaben materiellen Nutzen zu ziehen. Sie haben ein ausgeprägtes Verlangen nach Sicherheit, und dazu gehört eben auch die entsprechende finanzielle Basis. Ein richtiger Steinbock arbeitet zwar gerne – doch er will für seine Mühen auch den Lohn erhalten, den sie verdienen. Er tut nicht gerne etwas umsonst.

Auf waghalsige Unternehmungen läßt sich ein typischer Steinbock-Geborener kaum ein. Er zieht das bedächtige Vorwärtskommen auf festem Boden dem Sprung ins Ungewisse ganz entschieden vor. Ehe er einen Entschluß in die Tat umsetzt, hat er ihn gründlich erwogen. Er zögert bisweilen sogar zu lange – das heißt so lange, bis ein schnellerer Konkurrent ihm die Chance vor der Nase weggeschnappt hat. Das ist bedauerlich, doch weiß sich der Steinbock meist damit zu trösten, daß derselbe, der diesmal erfolgreich vor ihm durchs Ziel ging, ein andermal wohl eben durch seine unüberlegte Raschheit einen Fehlschlag erleiden wird, der dem Steinbock nicht zustoßen kann.

Steinbock-Menschen dürfen in der Mehrzahl als aufrichtig bezeichnet werden. Ein schöner Zug ihres Wesens, gewiß! – Allerdings wird diese Tugend auch hin und wieder übertrieben. Dann fügen sich Steinbock-Menschen selbst so manchen Schaden zu, indem sie unverblümt ihre ehrliche Meinung auch dann aussprechen, wenn es klüger wäre, sie für sich zu behalten.

Das unverbindlich-liebenswürdige im Umgang mit Menschen liegt dem Steinbock-Typ nicht. Er gibt sich auch gar nicht die Mühe, gewisse Ecken und Kanten seines Wesens zu verhüllen. Hier liegt einer der Gründe dafür, weshalb Steinbock-Geborene relativ oft Anfeindungen im Leben ausgesetzt sind.

Im Bereich der loseren Beziehungen, also der gesellschaftlichen Kontakte, der nachbarschaftlichen oder der beruflichen, wird der Steinbock-Typ eher auf respektvolle Bewunderung stoßen, auf distanzierte Achtung als auf herzliche Gefühle (sofern das Echo überhaupt positiv ausfällt und nicht durch Neid oder Voreingenommenheit überschattet wird).

Erziehung der Steinbock-Kinder

Steinbock-Kinder sind in sich verschlossen und zeigen im allgemeinen kaum Anlehnungsbedürfnis. Schon während der ersten Lebensjahre erweisen sie sich zumeist als typische Eigenbrötler, die sich stundenlang ganz allein mit einem Spiel beschäftigen oder vor sich hin träumen können, ohne überhaupt das Bedürfnis nach einer anderen Gesellschaft als ihrer eigenen zu empfinden.

Zwar sehnen sie sich innerlich sehr nach Wärme und Güte, doch vermögen sie ihren Gefühlen nur schwer Ausdruck zu verleihen, und nichts bringt sie so in Verlegenheit, als wenn Mutter oder Vater verlangen, daß sie die guten Tanten und Onkel mit Zärtlichkeiten überhäufen oder jene beliebten kleinen Kunststückchen produzieren sollen wie Gedichte aufsagen und Lieder singen.

Solche Ansinnen hängen oft genug wie ein Damoklesschwert über dem Leben des kleinen Steinbocks und machen aus jedem Familienfest so etwas wie eine kleine Tragödie für sich, um so mehr, wenn die Eltern dann in völligem Mißverstehen der Situation den kleinen Trotzkopf für seine Weigerung auch noch strafen.

Was das Steinbock-Kind braucht, ist viel und vor allem eine in sich gleichbleibende Liebe, die sich keine Launenhaftigkeit gestattet und vor allem nie in Ungerechtigkeiten verfällt. Nichts kann das Steinbock-Kind nämlich so wenig begreifen wie jene kleinen, oft gar nicht einmal beabsichtigten Ungerechtigkeiten und Launen, mit denen die Erwachsenen bisweilen in seine Welt einbrechen.

Einmal verletzt, ziehen sich solche Kinder nur allzuoft in ihr Inneres zurück, in das sie so leicht niemandem Zutritt gewähren. Sich in einer an und für sich belanglosen Sache das Vertrauen eines kleinen Steinbocks zu verscherzen, kann unter Umständen einen nicht wiedergutzumachenden Prestigeverlust bedeuten und mehr als das: Es kann sich negativ auf seine gesamte Charakterentwicklung auswirken. Denn dort, wo er sich seines inneren Haltes und seiner Sicherheit beraubt fühlt, wird der kleine Steinbock nur allzu leicht mißtrauisch und störrisch und kehrt seine Eigenbrötlernatur in einer bisweilen fast selbstzerstörerischen Weise hervor.

Im Umgang mit seinen Kameraden und Spielfreunden braucht der kleine Steinbock lange, bis er sich einmal richtig anfreundet. Er betrachtet alles, was an ihn herangetragen wird, grundsätzlich mit einem gewissen Mißtrauen und ist durchaus nicht geneigt, seine kleine eigene Welt, die er sich aufgerichtet hat, so leicht mit irgend jemandem zu teilen. Um sein Vertrauen zu erwerben, muß man sich anstrengen, und Eintagsfreundschaften sind schon für den Vorschulpflichtigen so etwas wie eine Unmöglichkeit.

Hat er sich aber einmal angeschlossen, tut er dies mit einer zähen Hingabe, die für die von ihm Favorisierten nicht einmal immer bequem ist. An jenen, die er einmal als Freunde akzeptiert hat, hängt der Steinbock mit einer Ausschließlichkeit der Zuneigung, die den Eltern vor allem dann viel zu schaffen machen wird, wenn der kleine Steinbock in die Lage kommt, seine Vorrangstellung als Jüngster in der Familie einem neugeborenen Brüderchen oder Schwesterchen überlassen zu müssen.

In diesem Fall ist es eine der wichtigsten Aufgaben der Eltern, ihren kleinen Steinbock schon frühzeitig, am besten während der Monate der Erwartung, auf das freudige Ereignis vorzubereiten und ihm eine ganz persönliche Verantwortlichkeit für das hilflose kleine Wesen einzuprägen, das neu in den Familienkreis treten wird. Sonst könnte es nämlich geschehen, daß es von seiten des Steinbock-Kindes zu einer jener Haßreaktionen kommt, die bisweilen förmlich den Familienfrieden gefährden, wenn es sich die Beachtung seiner Umwelt durch eine ausgeprägte passive Resistenz zu erzwingen sucht.

Einer einmal übertragenen Aufgabe gegenüber zeigen sich Steinbock-Kinder schon im frühen Kindesalter absolut verläßlich. Je mehr Vertrauen in sie gesetzt wird, desto eifriger sind sie bemüht, dieses zu rechtfertigen, da sie es als eine Auszeichnung empfinden.

Je öfter die Eltern dem kleinen Steinbock klarmachen, was für große Stücke sie auf ihn halten, desto besser werden sich seine physischen und seelischen Kräfte entfalten können, während es nicht allzu ratsam ist, ihn häufig zu tadeln oder Zweifel an seiner Geschicklichkeit laut werden zu lassen. Es könnte sonst nämlich geschehen, daß er, auf diese Weise eingeschüchtert, seine Fähigkeiten mehr und mehr von der Umwelt abzukapseln beginnt.

Zum Lernen braucht das Steinbock-Kind im allgemeinen etwas länger als andere Typen, dafür sitzt das, was es einmal erfaßt hat, aber auch unverrückbar fest. Das Beharrungsvermögen seines Gedächtnisses ist enorm. Eltern von Steinbock-Kindern haben an sich keinen Grund, sich Sorgen zu machen, wenn ihre Sprößlinge etwas verspätet zur Schulreife gelangen oder in den ersten Jahren nicht so recht mitkommen. Auf einmal „geht der Knopf auf", wenn sie nur mit behutsamer Hand gelenkt werden und ihnen die notwendige Zeit für die Lösung ihrer schulischen Probleme gegeben wird.

Um so früher aber sollten Steinbock-Kinder zum Leben in der Gemeinschaft und unter Kameraden erzogen werden, damit sie es beizeiten lernen, sich auch im späteren Leben ihrem Lebenskreis einzufügen. Der frühzeitige Besuch eines Kindergartens wird vor allem für das Einzelkind dieses Tierkreiszeichens zu einer pädagogischen Notwendigkeit.

Vor allem aber sollten die Eltern darauf achten, daß das Steinbock-Kind seine allzu große Schüchternheit abstreift, da diese später einmal zu ernsten Berufs- und Liebeskrisen führen könnte. Erfolg hat nur, wer an sich glaubt und dies der Welt beweist. Dieser Satz vor allem sollte den Steinbock-Kindern immer wieder eingehämmert werden.

Das im Zeichen Steinbock geborene Schulkind ist von allem sehr angetan, das die Bedeutung der eigenen kleinen Person unterstreicht. Denn oftmals leidet dieses Kind unter starken Minderwertigkeitskomplexen. Das Kind sucht diese Gefühle dadurch zu überwinden, daß es eigene kleine Verantwortungen übernimmt. Der Steinbock-Schüler besitzt einen nüchternen klaren

Geist und meist eine außerordentliche Begabung für handwerkliche Arbeiten, für technische Spielereien, die sein Interesse und seine Bewunderung finden.

Ein typischer Fall: Ein neunjähriger Steinbock-Knabe, dessen Intelligenzgrad nur 80 Punkte gegenüber den als normal geltenden 100 Punkten betrug, zeigte sich als ein wahres technisches Genie. Der Knabe war in der Lage, gewisse praktische Aufgaben besser zu lösen als sein Erzieher. So konnte er z.B. einen Filmprojektor besser instand halten als sein Lehrer.

Das Steinbock-Kind ist gewöhnlich frühreif. Der Lehrer sollte diesem Schüler die Möglichkeit geben, zu einer gewissen Selbstbestätigung zu gelangen. Der Steinbock-Schüler ist im allgemeinen nur wenig aufgeschlossen und anlehnungsbedürftig. Dennoch sehnt er sich nach Sympathie, Lob und Worten der Anerkennung für seine Leistung. Der Steinbock-Schüler braucht meist mehr Zeit als seine Klassenkameraden, um etwas zu erfassen und zu lernen. Durch Geduld, Güte und Behutsamkeit gewinnt man sein Vertrauen, und er findet sein Selbstvertrauen.

Jede Ungerechtigkeit und Kränkung nimmt sich das Steinbock-Kind sehr zu Herzen. Es drängt sich niemals vor, und deshalb sollte man es schon früh mit kleinen Aufgaben betrauen, damit es mutiger wird. Dem Kind muß dabei verständlich gemacht werden, daß seine Tätigkeit für die menschliche Gemeinschaft von Wert und Bedeutung ist. Der Lehrer sollte darauf achten, daß es sich vom Kreis der Schulkameraden nicht absondert. Auf diese Weise lassen sich für sein späteres Leben Kontaktschwierigkeiten verhüten.

Es muß nämlich bedacht werden, daß das Steinbock-Kind im allgemeinen ziemlich lange braucht, bis es zu Freundschaften bereit ist. Deshalb ist es in jungen Jahren ratsam, wenn sich Vater und Mutter unauffällig auch darum bemühen, daß ihr Kind Kontakt zu Gleichaltrigen entwickelt.

Der Steinbock-Mensch als Freund

Steinbock-Menschen sind äußerst verläßlich Freunde. Als schwierig werden sie wohl nur von anderen Menschen eingestuft, die eine grundlegend verschiedene Einstellung zum Problemkreis „Kontakte" im allgemeinen und zur Freundschaft im besonderen haben. Mit diesen „völlig anderen" aber wird ein Freundschaftsbund ohnedies kaum geschlossen werden.

Was Steinbock-Geborenen etwa als schwierig angelastet werden könnte, ist eine gewisse Schwerfälligkeit (sie gehören beispielsweise nicht zu jenen Typen, die sich von einer Minute zur nächsten entscheiden, an einem Weekendausflug teilzunehmen oder ein Theater zu besuchen), ferner ihre bisweilen rauhe Schale, die ihr gutes Herz umgibt, und auch ihre schonungslose Offenheit. Dem Freund ungeschminkt „die Wahrheit" zu sagen, halten sie für ihre Pflicht. Dagegen ist im Grunde genommen auch nichts einzuwenden – nur vertragen es eben nicht alle Menschen, wenn man ihnen unverblümt die Meinung sagt. Die Schuld, wenn eine Freundschaft aus diesem Grund in die Brüche geht, liegt dann aber kaum auf seiten des Steinbocks, zumindest nicht ausschließlich auf seiner Seite.

Steinböcke, vor allem die männlichen, können herzlich grob werden und richtig lospoltern. Sie tun das oft aus Sorge um einen Freund, oder weil sie sich ärgern, daß ein Mensch, an dessen Schicksal sie Anteil nehmen und dem sie das Beste wünschen, irgendwelche – in ihren Augen völlig überflüssige – „Dummheiten" gemacht hat.

In Fällen echter Not und Bedrängnis erweisen sich Steinbock-Freunde als tatkräftig und hilfsbereit. Bevor sie helfen, überzeugen sie sich allerdings gerne selbst davon, ob die Hilfe wirklich nötig ist. Es hat also gar keinen Zweck, ihnen irgendwelche Märchen von angeblich erlebtem Pech aufzutischen, um ihre Hilfe zu mobilisieren.

Der einzige Weg, die Hilfsbereitschaft der Steinbock-Geborenen zu aktivieren, führt über bedingungslose Offenheit. Es heißt, die Karten auf den Tisch zu legen, auch wenn dies möglicherweise unangenehm ist.

Diese Steinbock-Forderung nach Offenheit können vorwiegend Freunde erfüllen, die selbst zu den starken Naturen zählen. Zum Mogeln und Beschönigen neigen ja bekanntlich am ehesten die labileren Typen, die gerne einen Bogen um das Unbequeme machen und harte Gespräche auch dann scheuen, wenn die dabei verabreichte bittere Medizin zu ihrem Besten wäre. Schwäche kann ein Steinbock-Mensch allenfalls verstehen, aber er fühlt sich nicht dazu hingezogen und ist auch kaum bereit, sie zu unterstützen.

Das Sprichwort „Gleich und gleich gesellt sich gern" läßt sich auf Steinbock-Freundschaften gut anwenden. Der Steinbock will eben seine Freunde auch achten können, und Achtung hat er nur vor aufrechten Charakteren.

Wenn ein Steinbock-Mensch seine Freundschaft einem Schwächeren schenkt, dann kommen seine Sympathien gewiß nicht von ungefähr. Er hat dann wohl erkannt, daß es diesem Menschen keineswegs an ehrlichem Bemühen, Eifer und gutem Willen fehlt, daß nur eben der Wille nicht stark genug ist. Faulheit oder Bequemlichkeit unterstützt ein Steinbock-Mensch nie. Hingegen kann es sein, daß er fördernd und wegbereitend eingreift, wenn er etwa sieht, daß sein Freund zwar begabt und fleißig, nur eben zu bescheiden oder ungeschickt ist.

Sobald sich ein Steinbock-Mensch entschlossen hat, Freunden zu helfen, tut er es großzügig. Er erwartet dann auch, daß man ihm seine Dankbarkeit zeigt. Manchmal wehrt er Dankesworte ab – doch in so einem Fall ist er ausnahmsweise einmal nicht ganz ehrlich. Er tut bloß so, als sei er nicht interessiert daran. In Wirklichkeit verlangt er nach Dankesbezeigungen ebenso, wie er sich recht gerne loben und bewundern läßt.

Aufdringlich ist der Freund (oder die Freundin) aus dem Zeichen Steinbock nie. Es wird eher der Ansicht gehuldigt, daß ein kleiner Rest von Distanz einer Freundschaft eher dienlich sei. Von seiten der Steinbock-Freunde sind also weder neugierige Fragen noch überfallartige Besuche zu unmöglichen Zeiten zu befürchten. Auf die Verschwiegenheit dieser Menschen darf man bauen.

Berufe, die sich für Steinbock-Menschen eignen

Grundsätzlich kann gleich zu Beginn festgestellt werden, daß die Steinbock-Menschen viele Voraussetzungen für erfolgreiches Vorwärtskommen im Beruf mitbringen. Dazu zählen beispielsweise ihre Ausdauer und ihr Ehrgeiz, ferner Gewissenhaftigkeit, Fleiß und das Streben nach ständiger Erweiterung und Vervollkommnung ihrer Fähigkeiten.

Sieht man von jenen Berufen ab, die Anforderungen stellen, denen Steinböcke auf Grund ihrer Wesenseigenart nur in recht beschränktem Maße gewachsen sind, kann man also die Prognose wagen, daß sich dieser Typ auf den meisten Gebieten durchsetzen und es kraft seiner zähen Bemühungen auch zu gewissem Erfolg bringen wird.

Um hier gleich kurz jene Berufe zu erwähnen, für die Steinbock-Menschen die relativ geringste Eignung aufweisen, so lassen sie sich insofern zusammenfassen, als es sich in erster Linie um Berufe handelt, die besondere Beweglichkeit, Anpassungsfähigkeit, phantasievollen Schwung und die Fähigkeit erfordern, mit möglichst vielen Menschen möglichst rasch gute Kontakte herzustellen. Dies zu bewerkstelligen, ist nämlich keineswegs eine Stärke des Steinbock-Typs, der liebenswürdiger Unverbindlichkeit und leerem Wortgeklingel mißtrauisch gegenübersteht. Er verfügt zwar durchaus auch über Überzeugungskraft und Überredungskunst, doch nur in speziellen Fällen, also dann, wenn er von der Richtigkeit einer Idee, der Qualität einer Ware und darüber hinaus eben von der Notwendigkeit, für eine gute Sache einzutreten, völlig überzeugt ist. Und dann fährt er zumeist mit massivem Geschütz auf, mit harten Argumenten. Das Schmeicheln und das Werben mit Charme und mit List ist eben seine Sache nicht.

Berufe der Baubranche gehören zu den empfehlenswerten für Steinbock-Geborene. Als Baumeister und Architekt, als Straßenbauer oder Brückenbauingenieur kann es ein männlicher Steinbock zu etwas bringen. Verwandt mit der Tätigkeit des Aufbauens ist jene des Grabens. In diese Gruppe gehören im engeren und weiteren Sinn der Bergbauingenieur ebenso wie der Archäologe, der Geologe wie der Gärtner, der Bohrungsspezialist (etwa bei

Erdölfirmen) wie der Sprengmeister im Steinbruch oder beim Tunnelbau.

„Bohren", nicht gegenständlich, sondern sinngemäß aufgefaßt, ist für viele wissenschaftlich tätige Steinbock-Menschen typisch, denn sie „verbohren" sich in die zu lösenden Fragen ihres Forschungsgebietes, sie schürfen tiefer und tiefer und ruhen nicht eher, bis sie einer Sache auf den Grund gekommen sind.

Es gibt natürlich auch in diesem Zeichen Spezialbegabungen. Sie können künsterlischer Art sein. Im Zeichen Steinbock wurden viele Dichter geboren – Tschechow und Grillparzer, Edgar Allan Poe und Theodor Fontane, Kipling und Zuckmayer, um nur einige zu nennen.

Last not least muß auch erwähnt werden, daß viele Steinbock-Menschen eine starke Beziehung zur Welt der Zahlen haben, gute Rechner sind und gute Kaufleute.

Manuelles Geschick wird manchmal nur in Verbindung mit einem Hobby ausgenützt (geht der Traum vom eigenen Haus in Erfüllung, dann legen Steinbock-Geborene tüchtig selbst mit Hand an und sind auch künftighin eifrig bemüht, mit Streichen, Basteln, Tischlern usw. das eigene Heim immer noch schöner und bequemer zu gestalten) – es kann aber auch in die Richtung handwerklicher Berufe weisen.

Der Steinbock als Arbeitgeber

In erster Linie braucht der Steinbock-Geborene Sicherheit. Eine Lohntüte, die ihm immer zur gleichen Zeit ausgehändigt wird, ist ihm genauso wichtig wie eine Position, in der er ganz genau weiß, daß ihm niemand am Stuhlbein sägen wird, daß die Gehaltserhöhung automatisch kommen oder sich der Umsatz steigern wird.

Es ist für alle unter diesem Sternzeichen Geborenen ratsam, sich schon zu Beginn der beruflichen Laufbahn für eine Richtung zu entscheiden, bei der diese Voraussetzungen erfüllt sind: nämlich Sicherheit, Fortkommen und Regelmäßigkeit. Es liegt dem Steinbock-Geborenen wenig, eine Richtung einzuschlagen, die Reichtum über Nacht bedeutet. Meistens klappt das nicht. Sehr viel erfolgversprechender ist es, wenn gerade diese Menschen sich auf dem normalen Weg langsam, aber unaufhaltsam nach oben dienen.

Steinbock-Geborene schätzen Berühmtheit und Popularität über alles. Dieses Streben geht so weit, daß bei sehr vielen Vertretern dieses Sternzeichens die Karriere wichtiger ist als alles andere. Selbst das Privatleben wird dann vernachlässigt.

Empfehlenswert für den Steinbock-Geborenen sind Karrieren im Bereich der Politik, des Bankwesens, der Finanzen und der Werbung, außerdem Positionen, in denen dieser Sternzeichen-Vertreter seine Geduld, seine Sparsamkeit, seine Nüchternheit und seinen Verstand einsetzen kann. Er strebt nach einer Stellung, in der er seine Autorität ausspielen kann, systematisch vorgehen darf, sich mit der Verwaltung befassen kann und Menschen leiten darf.

Erfolgreich sind die Steinböcke auch als Wissenschaftler, Ingenieure, Mathematiker, Architekten, Zahnärzte und Berater im weitesten Sinne des Wortes.

Als Arbeitgeber fühlen sich die Steinbock-Geborenen von vornherein in ihrem Element. Es muß aber gesagt werden, daß sie als Vorgesetzte nicht gerade einfach sind. Bekleiden sie eine wichtige Position, interessieren sie in erster Linie ehrgeizige, große Projekte. Auch dann noch werden diese in Angriff genommen, wenn es den Anschein hat, als könnte das Ziel nicht erreicht werden. Die Steinbock-Geborenen erreichen es trotzdem.

Da sie selbst außerordentlich ehrgeizig sind, viel und konzentriert arbeiten, verlangen sie von ihren Angestellten auch eine Menge. In erster Linie Loyalität und den Willen, hart und ausdauernd zu arbeiten. Verständnis für jene, die sich zu drücken versuchen, fehlt ihnen.

Der Steinbock-Geborene als Arbeitgeber ist aber auch fair. So ehrlich er im allgemeinen mit sich selbst ist, so gerecht ist er zu seinen Angestellten. Erkennt er, daß sich jemand wirklich bemüht und unter ihm Karriere machen will, dann wäre er der letzte, der ihm Steine in den Weg legen würde. Andererseits muß aber auch davor gewarnt werden, zu versuchen, ausgerechnet dem Steinbock-Boß am Stuhl sägen zu wollen. Diesen Versuch wird er mit

Sicherheit so quittieren, daß derjenige, der seiner Position am nächsten kommt, auch am ehesten gefeuert wird.

Einige seiner Angestellten werden mit großer Wahrscheinlichkeit den Steinbock für einen Vermittler halten, weil er überraschenderweise am Arbeitsplatz häufig versucht, Streitigkeiten zu glätten und ein einigermaßen harmonisches Arbeitsklima herzustellen.

Er mischt sich dabei durchaus auch in die privaten Angelegenheiten seiner Angestellten – nicht zum Vergnügen aller. Erst wenn man länger unter seiner Leitung gearbeitet hat, wird man erkennen, daß der Steinbock über einen trockenen Humor verfügt, den man ihm am Anfang nicht zugetraut hat. Man wird aber auch erkennen, daß er über beinahe übermenschliche Kräfte verfügt, in seiner Dynamik nicht zu bremsen ist, mit seinem eigenen Arbeitseifer ein Beispiel gibt, das kaum von anderen nachvollzogen werden kann. Alles in allem gilt jedoch: Wer bereit ist, für seinen Steinbock-Chef hart zu arbeiten, wird diesen Einsatz auch belohnt bekommen.

Der Steinbock als Angestellter

Unglücklich ist der Steinbock-Geborene nur dann, wenn er sich unterschätzt fühlt und glaubt, eine Position zu bekleiden, die seiner nicht würdig ist. Meistens jedoch dauert es nicht lange, bis er sich emporgearbeitet hat. Dank seines Ehrgeizes, seiner methodischen Art, vorzugehen, wird er von allen Arbeitgebern geschätzt und schnell gefördert. Aber auch wenn das nicht der Fall wäre, käme der Steinbock-Mann voran. Er nutzt nicht nur jede Chance, sondern auch seine Ellbogen. Ohne auf die Gefühle und Meinungen seiner Mitstreiter zu achten, geht er unbeirrbar seinen Weg.

Er sondert sich allerdings auf dem Weg nach oben meistens von seinen Kollegen und Kolleginnen ab. Man schätzt ihn daher als Mitarbeiter nicht sonderlich und braucht längere Zeit, bis man erkannt hat, welche Qualitäten er wirklich hat. Ist nämlich ein Kollege oder eine Kollegin in Schwierigkeiten geraten, wird jemand verleumdet oder zu Unrecht getadelt, dann ist der Steinbock-Geborene derjenige, der sich für diesen stark macht. Erst in einem solchen Moment steigt begreiflicherweise seine Popularität.

Der Steinbock-Mann, von sich und seinen Fähigkeiten überzeugt, verläßt sich im allgemeinen nicht auf irgendwelche einflußreichen Freunde, sondern auf sein eigenes Wissen, seinen eigenen Fleiß und seine eigene Erfahrung. Er fährt damit auch besser.

So sehr der Steinbock-Geborene von den Arbeitgebern geschätzt wird, so oft man ihn auch anderen als leuchtendes Beispiel vorhält, so wenig wissen diese seine Strebsamkeit zu schätzen. Immer wieder wird ihm vorgeworfen, daß er die „Preise verdirbt", weil sein Ehrgeiz einmalig ist und er für seine Karriere Privatleben und Hobby hintanstellt.

Zu raten wäre dem Steinbock-Angestellten, daß er ein bißchen mehr aus sich herausgeht, nicht zu sehr auf seinem Geld sitzt und sich darum bemüht, etwas mehr Gelassenheit auch in seinen beruflichen Alltag zu bringen.

Am besten und erfolgreichsten arbeitet der Steinbock-Angestellte, wenn er das Glück hat, einen Chef der Zeichen Jungfrau, Stier oder ebenfalls Steinbock zu haben. Wenig wohl fühlt er sich in seiner beruflichen Haut, wenn er unter einem Zwilling, einer Waage oder einem Schützen Karriere machen soll.

Diese Gesundheitsregeln sollten Steinbock-Menschen beachten

Der Steinbock gehört zu den Menschen, die sich einerseits zuviel aufbürden lassen, sich für unersetzlich halten, andererseits Ärger, Bitterkeit, Enttäuschung oder ähnlichen Kummer „in sich hineinfressen" – was sich dann eben mit der Zeit auf den Magen schlägt – oder auf die Galle.

Der gesamte Verdauungstrakt und die ausscheidenden Organe bilden beim Steinbock-Typ die „kritische Zone", das heißt, daß Magen und Darm, Nieren, Galle, Blase eher als andere Körperzonen für Erkrankungen anfällig sind.

Interessant ist eine weitere Beobachtung, die sich im Zeichen Steinbock machen läßt: Bei den Geborenen dieses Zeichens kommt es parallel mit gefühlsmäßigen Verkrampfungen und seelischer Verhärtung (nach Enttäuschung, bitteren Erfahrungen) zu Steinerkrankungen: Es treten Gallen-, Nieren- oder Blasensteine auf.

Da vorbeugen bekanntlich besser ist als heilen, kommt der seelischen Therapie, und zwar der rechtzeitigen, große Bedeutung zu. Steinbock-Menschen täten gut daran, ihren starken Willen zur Selbstbeeinflussung zu mobilisieren. Sie sollten trachten, innerlich „lockerer" zu werden, die Dinge nicht übertrieben tragisch zu nehmen, den Optimismus zu aktivieren. Aber auch durch vernünftige Lebensweise, wozu die richtige Ernährung ebenso zählt wie leichter Ausgleichssport, läßt sich viel erreichen.

Eine Gefahrenquelle für die Gesundheit der Steinbock-Geborenen stellt nämlich auch die körperliche Trägheit dar, die mit zunehmendem Alter überhandnehmen kann. Steinbock-Menschen tendieren zu sitzenden Berufen und haben überdies eine Neigung dazu, es sich so bequem wie möglich zu machen. Sie legen auch kurze Wegstrecken lieber mit dem Auto oder Bus zurück, statt einmal zu Fuß zu gehen, sie jammern furchtbar, wenn der Lift streikt und sie gezwungen sind, Treppen zu steigen. Zum Spazierengehen haben sie keine Zeit.

Mangelnde Bewegung fördert die Darmträgheit, die ohnedies vielen Steinbock-Geborenen zu schaffen macht. Dann wird zu Pillen Zuflucht genommen, weil das am bequemsten ist. Läßt die Wirkung nach, kommen stärkere Pillen an die Reihe. Falsch! Entschieden besser wäre es und vor allem der Gesundheit zuträglicher, die Lebensweise und die Kost zu ändern.

Eine alte Regel fordert: Kein Tag ohne Apfel! – und gerade Steinbock-Menschen sollten sich daran halten. Zur Anregung der Verdauungstätigkeit ist ferner der Genuß von Feigen und eingewässerten oder gekochten Dörrpflaumen empfehlenswert. Im Frühling wird außerdem reichlich Rhabarberkompott gegessen.

Sämtliche Kompotte werden für Steinbock-Menschen vorteilhafterweise nicht mit Zucker zubereitet, sondern mit Honig gesüßt und auf Wunsch durch eine mitgekochte Zitronenschale oder durch Zitronensaft, der nach dem Abkühlen hinzugefügt wird, pikanter gemacht.

Eine Schale Kompott oder ein Glas Fruchtsaft helfen vorzüglich, das Hungergefühl zu dämpfen, das sich in später Abendstunde einstellen mag, besonders dann, wenn sich die Steinböcke an den wichtigen Rat halten, die letzte größere Mahlzeit des Tages spätestens um achtzehn Uhr einzunehmen. Diese Regel zu befolgen, ist gerade für Menschen mit träger Verdauung wichtig. Ideal wäre es, nach dem Abendbrot noch einen kleinen Spaziergang zu unternehmen. Er muß nicht lang sein. Eine halbe Stunde genügt. Wichtig ist die Regelmäßigkeit.

Vor dem Naschen muß dringend gewarnt werden. Obwohl Steinbock-Menschen im allgemeinen ziemlich sparsam sind, machen sie (zu ihrem Nachteil) bei Leckereien eine Ausnahme. Viele haben stets eine Tafel Schokolade oder eine Schachtel mit Konfekt in Reichweite und genehmigen sich „zwischendurch" so einen süßen Happen. Das Naschen wird Gewohnheit – der Griff nach den Bonbons erfolgt immer öfter –, und es liegt auf der Hand, daß in dieser Schwäche eine der Hauptursachen für die lebhaft beklagte Gewichtszunahme zu suchen ist.

Bevor dieses Kapitel abgeschlossen wird, soll die Aufmerksamkeit der Steinbock-Geborenen noch auf ein Nahrungsmittel gelenkt werden, das ihnen sehr empfohlen werden kann: Sauerkraut. Es enthält lebenswichtige Vitamine, vor allem Vitamin C, ferner Milchsäure, Eisen, Kalk und Mineralsalze. Es entschlackt, desinfiziert die Verdauungswege und wirkt auf diese Weise körperentgiftend. Übrigens: Sauerkraut ist im rohen Zustand leichter verdaulich als gekocht. Durch Beigabe von Zwiebeln, Meerrettich, Äpfeln, Joghurt, Zitronensaft und dergleichen mehr lassen sich immer wieder andere und sehr schmackhafte Rohkostschalen zubereiten.

Noch ein Hinweis: In der Küche der Steinbock-Menschen sollten pflanzliche Fette den tierischen vorgezogen werden.

Der Steinbock-Mann
und die moderne Partnerschaft

Die Geborenen eines Sternzeichens haben bei aller Individualität der einzelnen Persönlichkeit stets eine ganze Reihe gemeinsamer Kennzeichen. Wie sich dieses Gemeinsame im Wesen und Charakter dann freilich äußert, zu welchen Aktionen und Reaktionen es zum Beispiel in Fragen der Partnerschaft und besonders in diesen führt, das ergibt unter Umständen sehr auffallende Unterschiede.

Wir werden im folgenden Kapitel untersuchen, wie die Steinbock-Frau zu Fragen der modernen Partnerschaft steht, in der das immer weitere Kreise ziehende Streben der Frauen nach Gleichberechtigung eine wesentliche Rolle spielt. Und wir werden feststellen, daß sich die den Steinbock-Frauen angeborenen Wünsche nach Selbstbehauptung in vielen Punkten mit den Emanzipationsbestrebungen moderner Frauen decken.

Etwas anders präsentieren sich die Veränderungen in den Partnerbeziehungen, wenn man sie aus der Sicht eines männlichen Steinbocks betrachtet.

Herr Steinbock ist nicht minder beharrlich, selbstbewußt und auf Durchsetzung ausgerichtet wie sein weibliches Gegenstück. Er ist stark, und sein Charakter hat festumrissene Konturen, an denen sich im Lauf des Lebens nicht allzuviel ändert. Von einer einmal gefaßten Meinung geht ein Steinbock selten ab, genauer gesagt nur dann, wenn er einleuchtende Gegenargumente zögernd, widerstrebend, aber schließlich doch akzeptieren kann.

Die Argumente, die man ihm dafür nennt, daß die Partnerschaft von Mann und Frau heute aus den verschiedensten Gründen andere Akzente erhalten hat, als sie im vorigen Jahrhundert üblich und selbstverständlich waren, diese Argumente scheinen nicht allen Steinböcken ausreichend zu sein, sich ihnen zu beugen.

Der Steinbock verlangt nach der dominierenden Rolle. Er tut das nicht so hitzig wie zum Beispiel Männer aus den Feuerzeichen, dafür mit der für Erdzeichen typischen Beharrlichkeit, die bis zur Starrheit gehen kann.

Ein positiv bestrahlter Steinbock wird neben sich andere Menschen, denen er Achtung entgegenbringt, durchaus gelten lassen, denn Gerechtigkeit ist ihm keineswegs ein fremder Begriff.

In diesem Zusammenhang hat er sogar das Verlangen, die Frau, mit der er sich verbindet, achten zu können. Er ist es dem eigenen Stolz schuldig, auf die Gefährtin stolz sein zu können. Aber aus welchen Gründen achtet er sie? Weshalb ist er stolz auf sie? Am häufigsten, weil sie ihm treu und verläßlich zur Seite steht, mithilft, das von ihm im Leben Erkämpfte zu pflegen und zu bewahren, weil sie in seinem Haus zu repräsentieren versteht, seinen Kindern eine gute Mutter ist, seine Fürsorge mit Dankbarkeit und Bewunderung quittiert. Kurzum – er schätzt an ihr in erster Linie Eigenschaften und Verhaltensweisen, die zum überlieferten weiblichen Rollenbild gehören. Er läßt ihr freien Spielraum zur Entfaltung.

Wo die Grenzen für diese Entfaltung liegen, das ergibt sich für ihn – vielleicht gar nicht bewußt – aus der Tatsache, daß er in dieser Partnerschaft der dominierende Teil ist.

Der Steinbock-Mann ist, das muß man ihm zugute halten, fast immer ehrlich bestrebt, für die Menschen, die ihm „anvertraut" sind, in erster Linie also für seine Familie, bestmöglich zu sorgen. Es ist ihm gar nicht recht, wenn er von diesem Sorgerecht teilweise entlastet wird, etwa dadurch, daß seine Frau wie er berufstätig ist und vielleicht ebensoviel verdient wie er. Lediglich in der Aufbauphase am Beginn der eigenen Karriere findet er sich bereit, das Mitverdienen der Partnerin zu akzeptieren.

Ist sein Einkommen aber einmal so hoch gestiegen, daß es ausreicht, die Familie mit dem Nötigsten und noch etwas mehr zu versorgen, sehen es die meisten Steinbock-Männer gar nicht mehr gerne, wenn ihre Frauen einem Broterwerb nachgehen. Sie fühlen sich manchmal sogar verletzt dadurch. Es kränkt ihren Stolz. Meine Frau hat es nicht nötig, einen Beruf auszuüben, sagt sich so ein Steinbock. Gott sei Dank bin ich tüchtig und erfolgreich genug, ihr das zu ersparen.

Es geht über das Begreifenkönnen vieler Steinbock-Männer hinaus, daß eine Frau vielleicht sogar Befriedigung in ihrer Berufsausbildung empfinden kann, daß es ihr Bedürfnis ist, selbst

Leistungen auf einem Gebiet zu erbringen, das über den Rahmen von Haushalt und Kindererziehung hinausgeht. Karriere machen, „im Leben stehen" – das ist Männersache.

Dieser Ansicht sind sehr viele Steinbock-Geborene. Auch die durchaus wohlwollenden, denen das Glück ihrer Gefährtinnen eine echte Herzensangelegenheit ist, die aber in allerbester Absicht trotzdem nicht verstehen können, wieso es gerade ihrer Frau nicht genügt, sich am eigenen Herd zu „verwirklichen". Da stehen zahlreiche Steinbock-Männer vor einer Mauer, und die können sie nicht überwinden.

Der Steinbock-Mann als stark konservativ geprägter Typ ist sich meist gar nicht bewußt, daß er an übernommenen Rollenklischees klebt. Aber unbewußt überträgt er die Rolle, die er seine Mutter in der Familie ausfüllen sah, auch auf seine Frau. Und das gilt, um es nochmals zu sagen, keineswegs nur für jene Steinbock-Männer, die nach dem uneingeschränkten Patriarchat streben, sondern auch für jene, die sich ohnedies für sehr aufgeschlossen und modern halten.

Irgendwie widerstrebt es dem Steinbock-Mann ferner, daß ihm seit der Erfindung der Pille die alleinige Entscheidung über die Nachkommenschaft weggenommen wurde, daß nun auch die Frau selbst mitbestimmen kann, ob sie weitere Kinder und wann sie diese bekommen möchte.

Er sieht sich da einer gänzlich neuen Situation gegenüber, die ihn in gewisser Hinsicht entmachtet, und er ist ihr noch nicht voll gewachsen. Vielleicht wird er es lernen, umzudenken, aber das mag noch eine Generation oder mehrere Generationen dauern.

Oft gerät so ein Steinbock in einen argen Zwiespalt, und man sollte dafür Verständnis aufbringen. Ein Teil seines Wesens verlangt nach der gleichstarken Kameradin, die ihm in den Stürmen des Lebens zur Seite steht. Der andere Teil aber verlangt nach der anschmiegsamen und sich ihm unterordnenden Gefährtin, die von ihm abhängig ist. Wie soll er sich da wirklich verhalten?

In manchen Augenblicken ist er froh, sich von der Frau, die die Probleme der beruflichen Bewährung aus eigener Erfahrung kennt, nur um so besser verstanden zu fühlen. Aber ein anderes Mal stört es ihn gewaltig, daß er ihr nun nicht mehr imponieren kann, eben weil er ja nur durchzufechten hat, was sie ähnlich auch schon einmal erlebt hat.

Und immer wieder fragt er sich, warum es ihr eigentlich nicht genügt, einfach nichts weiter als die Frau zu sein, die er gewählt hat. Müßte ihr das denn nicht genügen?

Die Steinbock-Frau und die moderne Partnerschaft

Es wäre sinnlos, es zu leugnen: In den letzten Jahren und Jahrzehnten hat sich manches geändert – in den Beziehungen der Geschlechter zueinander, in der Liebe und in der Ehe, in der Partnerschaft schlechthin.

Manche Menschen begrüßen diese Veränderungen als gesellschaftlichen Fortschritt, andere stehen ihnen reserviert beobachtend oder gar ablehnend gegenüber. Die Ausgangsposition, das eigene Ich, die Persönlichkeit jedes einzelnen spielt dabei eine wesentliche Rolle.

Wie jeder Mensch ist, welche Charaktereigenschaften er hat, wie seine Einstellung zum Du ist, das alles aber wird wiederum zu einem nicht unwesentlichen Teil auch durch die Prägung beeinflußt, die er als Angehöriger seines Sternzeichens aufweist.

Hier soll nun der Versuch unternommen werden, den Fragenkomplex der modernen Partnerschaft, die sich im Wandel befindet, von dieser Seite her aufzuschlüsseln.

Das Zeichen Steinbock zählt zu den eher „konservativen", in denen Beharren auf Erprobtem groß geschrieben wird. Ein echter Steinbock ändert seine Ansichten nicht von einem Tag zum anderen. Er hat es heute folglich nicht immer leicht.

Wenden wir uns nun der Steinbock-Geborenen zu.

Frau Steinbock steht zu Recht im Ruf, ungemein tüchtig, gewissenhaft und verläßlich zu sein. Von jeher schon hatte sie das Verlangen, ihren Platz im Leben zu behaupten, und sie ist auch bereit, mit hohem Einsatz zu spielen.

Sie drückt sich weder vor Verantwortung, noch liegt es ihr, das Leben sozusagen „auf die leichte Schulter zu nehmen". Wenn sie einmal ja gesagt hat, dann steht sie auch dazu und läßt es nicht bei bloßen Worten bewenden.

Dieser sehr aktive und selbstbewußte Frauentyp rang eigentlich immer schon um die heute so oft zitierte „Selbstverwirklichung". Ein Teil dessen, was heute auf die Fahnen der Emanzipation geschrieben wird, deckt sich mit den Lebensforderungen der Steinbock-Frau. Ein Teil...

Was Frau Steinbock tut, das tut sie ganz. Sie faßt ein Ziel ins Auge und geht unerschrocken und mit großer Zähigkeit darauf zu. In ihrem Leben muß Klarheit herrschen, und sie muß wissen, wofür sie sich einsetzt.

Wie dieses Ziel aussieht, das läßt sie sich aber von niemandem vorschreiben. Ihr geht es nicht darum, einem gerade aktuellen Trend zu folgen, sondern ihrem eigenen Gesetz – dem, was sie selbst für richtig und erstrebenswert hält.

Es kann sein, daß einer bestimmten Steinbock-Frau die berufliche Karriere das Wichtigste scheint. Es wird andere geben, die die Erfüllung ihres Daseins in der Sorge für die Familie, für Mann und Kinder erblicken, und dann wird niemand sie davon überzeugen können, daß so ein Leben etwas „minder" wäre. Sie macht selbst ein Ganzes aus dem, was sie gewählt hat. Sie ist weitgehend unabhängig von dem, was heute oder morgen als „in" erklärt wird.

Frau Steinbock kennt im allgemeinen den eigenen Wert sehr genau, ganz egal, ob sie nun eine Karrierefrau oder „nur" Hausfrau ist.

Das Schlagwort „Gleichberechtigung", das groß über der modernen Partnerschaft steht, ist für die Steinbock-Geborene kaum etwas Neues. Sie hat immer schon danach gestrebt, ihren Platz neben dem geliebten Partner auf gleicher Ebene einzunehmen. Zur „Sklavin" eines Mannes ist die Steinbock-Frau ganz einfach nicht geboren.

Ob dieses nur unbewußt bei der Entscheidung für einen ganz bestimmten Mann eine Rolle spielt, das zu untersuchen ist wohl müßig.

Fest steht, daß die Steinbock-Geborene aus ihrem ureigensten Wesen heraus danach verlangt, vom Partner nicht nur geliebt, sondern auch anerkannt zu werden. Sie revoltiert dagegen, bloß Zierat im Leben des Mannes zu sein, den sie als Partner wählt.

Sie ist bereit, für das gemeinsame Leben und die Erlangung gemeinsamer Ziele alle ihre Kräfte restlos einzusetzen. Sie ist sehr belastbar. Dies hängt allerdings davon ab, ob sie überzeugt davon ist, sich für Lohnendes einzusetzen.

Dem richtigen Partner ist sie eine prächtige, nie ermüdende Kameradin. Er kann sich auf sie verlassen. Freilich: Er muß auch selbst das Seine tun. Sie muß ihrerseits das Gefühl haben, sich auf ihn verlassen zu können.

In einer Partnerschaft, die im Sinn der Steinbock-Frau „in Ordnung" ist, wird sie es selbstverständlich finden, daß sie zum Beispiel während der Zeit, in der der Partner noch studiert oder in einer anderen Berufsausbildung steht, den Hauptanteil der finanziellen Basis der Gemeinschaft trägt.

Andererseits wird sie es aber ablehnen, für zwei zu verdienen, wenn sich herausstellt, daß es sich ein Mann auf ihre Kosten bequem im Leben einrichten will, ohne eigene Ambitionen zu entwickeln. Zur „Ordnung" gehört für sie, daß die Waagschalen des Einsatzes bei den Partnern auf gleicher Höhe stehen.

Man kann es auf einen einfachen Nenner bringen: Die Steinbock-Frau fühlt sich wirklich gleichberechtigt. Sie tut das nicht erst, seit von Emanzipation gesprochen wird. Aber zur Gleichberechtigung gehören eben zwei. Eine Verschiebung, bei der der Frau alle Lasten aufgebürdet werden, lehnt die Steinbock-Frau ab.

Wenn sie manchmal nur zögernd bereit ist, nach diesen Grundsätzen zu leben, so spielt dabei die ihr angeborene Vorsicht und Skepsis eine Rolle. Es ist nicht leicht, eine Steinbock-Frau zu überzeugen. Sie ist nur langsam zu gewinnen. Auch wenn Herz und Sinne schon längst für einen bestimmten Partner sprechen, legt ihr der Verstand noch gewisse Schranken auf. Sie möchte seiner sicher sein. Das Streben nach Sicherheit und Bestand im Leben bestimmt ihr Verhalten.

Aus eben diesem Grund ist die Steinbock-Geborene, auch wenn sie durchaus „modern" denkt, nicht so rasch wie manche andere bereit, eine sexuelle Beziehung einzugehen. Sie will sicher sein, daß es der „Richtige" ist, mit dem sie sich vereint. Es verlangt sie danach, seine Ehrlichkeit und Beständigkeit zu testen, bevor sie ihm erlaubt, ihr näherzukommen.

Ihre Selbständigkeit beweist die Steinbock-Geborene übrigens noch in anderer Weise: Wenn sie im Lauf einer Beziehung zu der Erkenntnis kommt, daß der von ihr gewählte Partner doch nicht ganz ihren Wünschen und Vorstellungen entspricht, dann trennt sie sich von ihm, auch wenn es ihr im Augenblick noch so schwerfallen mag.

Sie mag keine Halbheiten. Bevor sie sich damit abfindet, in einer nicht wirklich funktionierenden Beziehung zu leben – weil diese besser ist als allein zu sein –, zieht sie das Leben auf eigenen Füßen vor. Sie fühlt sich stark genug dazu.

Wer paßt am besten zum Steinbock-Mann?

Die Wassermann-Frau (21. Januar bis 19. Februar)
Im Kreis der Wassermann-Damen könnte die eine oder andere zwar etliche Voraussetzungen für einen glücklichen Liebesbund mit einem Steinbock-Vertreter mitbringen, doch steht gerade bei diesem Paar vieles auf des Messers Schneide. Ohne Kompromißbereitschaft geht es auf gar keinen Fall. Je anpassungsfähiger, strebsamer und gefestigter die Wassermann-Geborene ist, desto größer ist die Chance.

Die Fische-Frau (20. Februar bis 20. März)
Bei einer Fische-Geborenen findet der Steinbock Treue und Bewunderung für seine Stärke, mit der das Leben von ihm gemeistert wird. Gerade diese Frauen sehnen sich nach dem starken Beschützer, und da der Steinbock diesen Typ verkörpert, blicken sie voll Bewunderung zu ihm auf. Allerdings sind etliche Steinbock-Männer ziemlich robust und mitunter auch schroff, ohne es „böse" zu meinen. Die Fische-Frau darf also nicht allzu zimperlich sein.

Die Widder-Frau (21. März bis 20. April)
Der energischen Widder-Frau vermag ein Steinbock durchaus zu imponieren. Sie nimmt sich meist sehr viel vor und will im Leben hochgesteckte Ziele erreichen. Wäre das nicht mit einem Stein-

bock zur Seite leichter möglich? Im Grund genommen schon, doch besteht bei zwei ähnlich kraftvollen und selbstbewußten Naturen latent die Gefahr des Zusammenprallens. Keiner will nachgeben. Auch empfindet die Widderin die bohrende Eifersucht des Steinbocks und Vorschriften, die er ihr machen will, meist bald als untragbare Fessel.

Die Stier-Frau (21. April bis 20. Mai)
Sehr günstig lauten die Prognosen für das Paar Stier-Frau und Steinbock-Mann. Wenn sich zwei Menschen aus diesen Sternzeichen zusammenfinden, gibt es meist ein Dauerbündnis, das allen Belastungen standhält. Man will dasselbe, ist sich auch über die Wege, die zur Erreichung eines Ziels eingeschlagen werden müssen, einig, und die Flamme der Liebe brennt gleichmäßig.

Die Zwillinge-Frau (21. Mai bis 21. Juni)
Zwillinge-Frauen mit ihrem herzlichen, aufgeschlossenen Wesen können auf Steinbock-Männer recht anziehend wirken. Der Steinbock glaubt vielleicht, die Ergänzung zum eigenen Ich gefunden zu haben und dem weiblichen Zwilling noch beibringen zu können, was ihm fehlt, um dem Idealbild nahezukommen. Doch klappt das dann doch nicht richtig. Solche Experimente mißlingen relativ häufig.

Die Krebs-Frau (22. Juni bis 22. Juli)
Die Chancen, die man für Krebs-Frau und Steinbock-Mann als Paar ausrechnen kann, stehen etwa fünfzig zu fünfzig. Es liegt zwar nichts ernsthaft Trennendes vor, doch obwohl beide Partner Sicherheit und Beständigkeit lieben, an der Familiengemeinschaft hängen und sexuell einigermaßen harmonieren, wird ein ideales Bündnis kaum zustande kommen.

Die Löwe-Frau (23. Juli bis 23. August)
Zwei etwa gleich große Machtansprüche prallen aufeinander, wenn es Löwe-Frau und Steinbock-Mann miteinander versuchen. Nur eine sehr kluge und diplomatische Löwin wird das Kunststück zuwege bringen, beim Steinbock den Eindruck zu er-

wecken, daß er der Herr sei, ohne daß es auf Kosten ihrer eigenen Persönlichkeit geht. Leidenschaft klingt im Alltagskampf allmählich ab.

Die Jungfrau-Frau (24. August bis 23. September)
Zu den Verbindungen mit überwiegend guten Vorzeichen zählt jene zwischen Steinbock-Mann und Jungfrau-Geborener. Die Jungfrau ist wohl jene Frau, die es am ehesten versteht, wenn der Steinbock seine wahren Gefühle nur zeigt, wenn er mit ihr allein ist. Ihr ist es egal, was andere Menschen sagen, sofern nur in ihren eigenen vier Wänden alles stimmt. Auch der Steinbock-Mann ist beglückt, wenn seine tüchtige, fleißige und gewissenhafte Lebenskameradin in den Stunden, die ihm allein gehören, nach und nach ihre beachtlichen Qualitäten als Liebhaberin enthüllt.

Die Waage-Frau (24. September bis 23. Oktober)
Recht geringe Berührungspunkte bestehen zwischen Steinbock und Waage. Für den Steinbock-Geschmack ist die Waage-Frau viel zu impulsiv, unbedacht und schwankend in ihrem Urteil, ihren Interessen. Sie wiederum findet, er sei ein Spaßverderber. Differenzen entstehen am laufenden Band.

Die Skorpion-Frau (24. Oktober bis 22. November)
Zweifelhaft ist es auch um das Dauerglück bestellt, das Skorpion-Frau und Steinbock-Mann aufzubauen versuchen – falls sie überhaupt dazu kommen und sich nicht schon vorher zerstritten haben. Nur ein supertoleranter Steinbock und eine Skorpionin, die sich ihre Neigung zum Sticheln und Auftrumpfen weitestgehend abgewöhnen kann, haben die Chance, an den vielen Klippen heil vorbeizukommen.

Die Schütze-Frau (23. November bis 21. Dezember)
Von den Partnerinnen aus den drei Feuerzeichen hat die Schütze-Geborene am ehesten Aussichten, sich mit dem Steinbock-Mann zu arrangieren. Es wird viel debattiert und bisweilen auch gestritten werden, doch ist die Möglichkeit, daß sich dieses Paar allmählich zusammenrauft, keinesfalls auszuschließen. Viele Schütze-

Frauen sind Lebenskünstlerinnen, die es verstehen, dem Partner seinen Willen zu lassen, ohne selbst zu kurz zu kommen. Warum also nicht den Versuch wagen?

Die Steinbock-Frau (22. Dezember bis 20. Januar)
Steinbock und Steinbock, das kann nur klappen, wenn beide Partner über eine gehörige Portion Toleranz und Humor verfügen, und vor allem ersteres findet man in diesem Zeichen relativ selten.

Wer paßt am besten zur Steinbock-Frau?

Der Wassermann-Mann (21. Januar bis 19. Februar)
Da im Zeichen Wassermann sowohl unstete Charmeure als auch verläßliche Kameraden zu finden sind, ist die Frage, ob ein Wassermann-Geborener zu einer Steinbock-Frau paßt, nicht allgemein zu beantworten. Mit einem innerlich gefestigten Wassermann könnte sich ein einigermaßen befriedigendes Verhältnis ergeben. Die labilen Typen scheiden von vornherein aus.

Der Fische-Mann (20. Februar bis 20. März)
Die Aussichten für das Paar Steinbock-Fisch, die für Fälle, in denen der Mann dem Steinbock-Zeichen entstammt, nicht so übel gewertet werden konnten, sind beim Vertauschen der Zeichen weitaus geringer. Die Steinbock-Frau, die sich mit einem Fische-Mann verbindet, ist fast immer die Stärkere, sie wird also die Zügel in ihren energischen Händen halten, und die Frage bleibt offen, wie sich der Fische-Mann damit abfindet. Meist fühlt er sich zurückgesetzt und überspielt, versucht aufzutrumpfen, spürt alsbald, daß er damit nichts erreicht, und kränkt sich. Die Waagschalen stehen allzu ungleich.

Der Widder-Mann (21. März bis 20. April)
Der Widder-Mann wünscht, daß an seiner Stellung als führender Partner nicht gerüttelt wird. Die Steinbock-Frau wird sich mit seiner manchmal recht selbstherrlichen Haltung kaum abfinden,

schon gar nicht, wenn sie entdeckt, daß er gerne mit zweierlei
Maß mißt, das heißt, für sich Freiheiten beansprucht, die er der
Partnerin nicht zugesteht. Es muß bezweifelt werden, ob das auf
die Dauer gutgehen kann.

Der Stier-Mann (21. April bis 20. Mai)
Mit dem ebenfalls etwas schwierigen Stier-Mann kommt die
Steinbock-Frau hingegen in der Mehrzahl der Fälle vorzüglich
zurecht. Es liegt so viel Verbindendes vor, daß Krisen relativ
leicht überwunden werden. In sexueller Hinsicht harmonieren
diese beiden ebenfalls überdurchschnittlich gut.

Der Zwillinge-Mann (21. Mai bis 21. Juni)
Ein Zwillinge-Mann fällt häufig in die Kategorie jener Bewerber,
die von der Steinbock-Dame „gewogen und zu leicht befunden"
werden. Mag sie auch kurzfristig den Lebenskünstler in ihm
bewundern und sich vielleicht heimlich wünschen, so wie er unbe-
schwert das Leben genießen zu können – bald kehrt sie wieder zu
ihren eigenen Grundsätzen zurück und verweist die Neigung zu
diesem Fremdling in das Reich der Träume.

Der Krebs-Mann (22. Juni bis 22. Juli)
Der Krebs-Mann ist sehr starken Stimmungsschwankungen unterworfen, und die Steinbock-Frau, die ihm durchaus Sympathien
entgegenbringen kann, wenn er seine „guten Tage" hat, will einfach nicht verstehen, wieso es ihm nicht gelingt, gegen seine seelischen Tiefs erfolgreich anzukämpfen. Sie möchte ihm gerne dabei
helfen, findet aber kaum die richtige Art. Dann fühlt er sich unverstanden, und sie ist verbittert. Die Liebe empfiehlt sich nicht.

Der Löwe-Mann (23. Juli bis 23. August)
Löwe-Mann und Steinbock-Frau wären zwar theoretisch ein Paar,
das es gemeinsam im Leben zu Beachtlichem bringen kann, doch
die Praxis ist davon oft recht weit entfernt. Der Löwe zeigt sich
meist von seiner besten und liebenswertesten Seite, wenn man
ihm schmeichelt und ihm ein bißchen huldigt. Das gelingt der
Steinbock-Frau nur ausnahmsweise. Auch im Sexualleben sind
Spannungen wahrscheinlich.

Der Jungfrau-Mann (24. August bis 23. September)
Zu einem Jungfrau-Partner darf weit eher geraten werden. Sofern er nicht allzu nörglerisch und kleinlich ist, gehört er sogar zu den Idealpartnern für Steinbock-Frauen. Beide haben Respekt voreinander, Verstehen wird groß geschrieben. Geht die Liebe mit beruflicher Zusammenarbeit Hand in Hand, ist die Basis gemeinsamer Interessen noch breiter.

Der Waage-Mann (24. September bis 23. Oktober)
Mit Waage-Männern geht es den Steinbock-Frauen ähnlich wie mit Zwillingen: Sollte eine Neigung aufkeimen, funkt bald der Verstand dazwischen und antwortet auf das „Schön wäre es, wenn..." mit einem nüchternen „...aber realisieren läßt es sich leider nicht!".

Der Skorpion-Mann (24. Oktober bis 22. November)
Skorpion-Männer haben jene Ausstrahlung, die auch ruhige Steinbock-Frauen meist schnell kriegerisch stimmt. Vor allem die typische Skorpion-Eigenschaft, Gefühle zwar zu zeigen, doch Spott und Stichelei darunterzumischen, bringt Steinbock-Frauen in Harnisch. Hin und wieder mag es eine Ausnahme geben, doch problematisch bleibt so eine Verbindung in hohem Grad.

Der Schütze-Mann (23. November bis 21. Dezember)
Partner aus dem Zeichen Schütze sind zunächst einmal nicht rundweg abzulehnen. Man muß dann eben sehen, wie sich die Dinge weiterentwickeln. Gefährlich könnte die Eifersucht der Steinbock-Frauen werden, denn Schütze-Männer sehen gerne allen hübschen Frauen etwas tiefer in die Augen – auch dann, wenn sie absolut nicht an Untreue denken. Sie sind eben so. Da sie aber viele Eigenschaften haben, zu denen Steinbock-Frauen ruhig ja sagen können, müßte sich so eine Partnerschaft – ehrliches Wollen auf beiden Seiten vorausgesetzt – günstig gestalten lassen.

Der Steinbock-Mann (22. Dezember bis 20. Januar)
Wenn zwei Steinböcke ihren Fleiß, ihre Zielstrebigkeit und ihren Ehrgeiz vereinen, werden sie es unzweifelhaft weit bringen. Sie müssen nur darauf achten, immer am gleichen Strang zu ziehen.

Glückstage der Steinbock-Menschen

Gerade Steinbock-Menschen, die zur Schwarzseherei neigen, sollten sich der Tatsache bewußt sein, daß sie Glückstage haben, an denen ihnen beinahe alles gelingt, was sie anfangen. Für die Vertreter dieses Tierkreiszeichens ist es der Dienstag, der Erfolg verspricht, und zwar sowohl in beruflicher als auch in privater Hinsicht. Steinbock-Typen, die das erkannt haben, legen daher sogar ihre Parties und Feste auf einen Dienstag, statt – wie üblich – auf einen Abend am Wochenende. Sie merken dann schnell, daß die Stimmung ganz besonders gut ist und daß die Gäste nicht mit Komplimenten darüber sparen werden, wie reizend der Abend gewesen sei.

Für die Vertreter der ersten Dekade ist darüber hinaus der Freitag, für die der zweiten der Sonntag, und für die der dritten Dekade schließlich der Mittwoch ein Tag, an dem sich schwierige Dinge „mit links" erledigen lassen.

Gemeinsam mit den Vertretern anderer Tierkreiszeichen sind ihnen folgende Glückstage:

Steinbock und Widder: 22. März und 11. Juli; Steinbock und Stier: 2. Februar und 13. August; Steinbock und Zwillinge: 1. Mai und 6. September; Steinbock und Krebs: 10. Oktober und 3. Dezember; Steinbock und Löwe: 4. April und 9. Juni; Steinbock und Waage: 15. Januar und 23. Februar; Steinbock und Skorpion: 30. Januar und 2. Dezember; Steinbock und Schütze: 14. März und 12. August; Steinbock und Wassermann: 7. November und 11. Dezember; Steinbock und Fische: 5. Mai und 6. Juli.

Glückszahlen der Steinbock-Menschen

Glückszahlen, so sollte man den Steinbock-Menschen immer wieder sagen, sind dazu da, beachtet zu werden, denn schließlich wird nur zum Lebenskünstler, wer alle Chancen ergreift, die sich ihm bieten.

Die Glückszahlen der unter dem Tierkreiszeichen Steinbock geborenen Männer und Frauen sind die 4 und die 24. Als Kombination haben sich bewährt: 4–14–40. Für die Vertreter der ersten Dekade sind die 6 und die 11 günstig, als Kombination 6–16–26. Die in der zweiten Dekade geborenen Steinbock-Menschen fahren gut mit der 3 und der 8 und haben Glück mit der Kombination 13–28–29. Für die in der dritten Dekade Geborenen sind die 1 und die 9 empfehlenswert, als Kombination 10–49–90.

Gemeinsam mit den Menschen, die unter einem anderen Tierkreiszeichen geboren sind, haben Sie als Steinbock-Vertreter folgende Glückszahlen:

Mit dem Widder: 2 und 5, als Kombination 20–60–65; mit dem Stier: 4 und 11, als Kombination 14–30–41; mit dem Zwilling: 6 und 12, als Kombination 12–14–24; mit dem Krebs: 7 und 8, als Kombination 17–80–88; mit dem Löwe: 1 und 6, als Kombination 16–30–70; mit der Jungfrau: 4 und 9, als Kombination 24–29–56; mit der Waage: 2 und 17, als Kombination 20–27–88; mit dem Skorpion: 3 und 8, als Kombination 13–53–66; mit dem Schütze: 7 und 9, als Kombination 17–19–31; mit dem Wassermann: 2 und 11, als Kombination 52–55–67; mit dem Fisch: 5 und 15, als Kombination 25–50–77.

Glückssteine und Glücksfarben der Steinbock-Menschen

Der funkelnde Bernstein und der kostbare Onyx gehören zu den Glückssteinen der Steinbock-Menschen. Die unter diesem Tierkreiszeichen geborenen Männer können es sich leisten, einen Ring oder ein anderes, männlich betontes Schmuckstück zu tragen, ohne in den Ruf zu kommen, sich weiblich auszustaffieren. Die Damen dieses Zeichens wirken am besten, wenn sie sich zu einem festlichen Anlaß mit nur einem oder höchstens zwei kostbaren Steinen oder Schmuckstücken zeigen und nicht dem Drang nachgeben, alles, was sich in ihrer Schmuckkassette befindet, auf einmal zur Schau zu stellen.

Aus dem Bernstein lassen sich außer hübschen Ringen auch Armbänder, Ketten und Anhänger anfertigen. In diesem Fall dürfen die hier genannten Schmuckstücke allerdings gemeinsam getragen werden, weil sie als Set angefertigt wurden und gedacht sind.

Zum Steinbock-Menschen passend ist ein helles, sonniges Gelb, das sich nicht nur in der Wohnung – als Tapete – besonders gut und freundlich macht, sondern auch der Grundton in der Garderobe sein sollte.

Eine Warnung muß jedoch ausgesprochen werden: Die besonders blassen Typen sollten vorsichtig mit der gelben Farbe umgehen, weil sonst ihre Blässe noch unterstrichen werden könnte, so daß sie in Farblosigkeit ausartet. Hier empfiehlt es sich, die Glücksfarbe mit kräftigen Tönen zu kombinieren, mit einem leuchtenden Grün, aber auch mit einem satten Braun.

WASSERMANN

(21. Januar bis 19. Februar)

Die starken und schwachen Seiten
des Wassermann-Menschen

Das Zeichen Wassermann ist ein Luftzeichen, und vieles im Wesen der Wassermann-Menschen ist wie Luft – nämlich nicht greifbar, nicht mit klaren Linien begrenzbar – flüchtig, verweht, immer wieder anders, je nach Umgebung, Einflüssen, Klima.

Es gibt freilich Wassermann-Geborene sehr verschiedener Prägung. Der Aszendent spielt in diesem Zeichen eine große Rolle. Er kann ebenso festigen wie zusätzlich verwirren, kann den Wassermann so haltlos machen, daß er allein mit dem Leben nicht zurechtkommt, oder ihn zu einem idealistischen Wegbereiter voll kühner Phantasie werden lassen.

Wassermann-Geborene ändern sich im Lauf ihres Lebens mitunter mehrmals. Es ist nahezu die Regel, daß man sie, ihr Verhalten, ihre Anschauungen kaum wiedererkennt, wenn man sie – Freunde aus der Jugendzeit – in späteren Jahren wieder trifft.

Der Wassermann-Typ kommt – sofern er nicht bereits „still" geworden ist! – wie ein Wirbelwind dahergefegt. Viel Hektik ist um ihn. „Ich habe so viel zu tun." – „Ich habe keine Zeit!" sind häufig verwendete Sätze. Der damit beschriebene Zustand hält objektiver Prüfung nicht immer stand. Das heißt: Ein sich als überlastet deklarierender Wassermann ist es nicht immer wirklich. Es fehlt ihm nur an Einteilung. Er gerät unter Zeitdruck, weil er sich nicht rechtzeitig auf das Wichtige konzentriert, weil er Dinge, die getan werden müssen, erst im letzten Moment in Angriff nimmt, weil er zuviel gleichzeitig erledigen möchte und folglich mit nichts fertig wird.

Alles Neue, Unbekannte, Fortschrittliche fasziniert den Wassermann. Er wirft sich mit Feuereifer darauf. Mit ehrlicher Begeisterung, doch ohne die Grenzen seines Leistungsvermögens und die eigene Ausdauer richtig einzuschätzen.

Daß „alte" Pflichten weiterhin zu erledigen sind, wenn interessantes Neues lockt, vergißt dieser Typ oder redet sich ein, daß es schon „irgendwie" in Einklang zu bringen sein wird, und manövriert sich nicht selten in eine richtig verzwickte, unüberschaubare Situation, an der dann – seiner Überzeugung nach – nicht er selbst schuld ist. Die anderen sind es oder die „Umstände".

Das Zeichen Wassermann ist insofern eines der verwirrendsten, als es kaum klare und allgemeingültige Konturen annimmt. Die Menschen dieses Zeichens verfügen über eine solche Vielfalt von Eigenschaften und Wesenszügen in so vielen wechselnden Schattierungen, wie man es nicht so bald in einem anderen Zeichen findet.

Da gibt es keinen Vorzug, der sich nicht im Handumdrehen als Schwäche erweisen könnte, keine Schwäche, die nicht auch eine positive, zumindest liebenswürdige Seite hätte. Und das macht es so schwierig, ein einigermaßen genaues Bild der Wassermann-Menschen zu zeichnen. Zwar lassen sich Haupteigenschaften nennen, über die die meisten Wassermann-Geborenen verfügen, doch wird man nicht umhin können, jede Feststellung mit einem kleinen „Aber" einzuschränken.

Ein hervorstechendes Merkmal der Wassermann-Menschen ist zum Beispiel ihre Aufgeschlossenheit und Interessiertheit. Wer wollte leugnen, daß es sich dabei um einen Vorzug handelt! Und doch kann aus diesem Vorzug auch ein Nachteil erwachsen. Das wird dann eintreten, wenn die Interessen in zu viele Richtungen gehen, sich zersplittern, wenn sie einander überlagern und dadurch die Konzentration auf ein Hauptziel und das Einhalten eines klaren Kurses stören oder gar verhindern. Es gibt Wassermann-Menschen, die immer mehrere Dinge gleichzeitig beginnen und nur zum Teil beenden.

In diese Kategorie gehören beispielsweise Frauen, die sich für irgendwelche Kurse anmelden und ihnen nach einigen Wochen wieder fernbleiben, die Bücher zu lesen beginnen, die Lektüre aber nicht beenden – Frauen, deren Schränke von unvollendeten Handarbeiten überquellen.

Die Ursache dafür kann im bald erlahmenden Interesse für eine Tätigkeit, ein Hobby, liegen, aber oft auch ganz einfach darin, daß eben zuviel begonnen wurde und die Zeit nicht reicht, alles Begonnene zu Ende zu führen.

Gewiß sind das die krassesten Fälle, doch eine in diese Richtung weisende Tendenz ist bei der Mehrzahl der Wassermann-Geborenen festzustellen.

Als Vorzug darf die Anpassungsfähigkeit des Wassermann-Typs gelten. Er findet sich in fast allen Situationen zurecht. Das ist ihm oft eine große Hilfe. Dank seiner Geschmeidigkeit „eckt" er nicht so leicht an.

Ziemlich eng mit der Anpassungsfähigkeit verwandt ist allerdings auch die Beeinflußbarkeit des Wassermann-Typs. Sie kommt der Schwäche schon verdächtig nahe. Ob sie sich günstig oder ungünstig auswirkt, das allerdings hängt in erster Linie davon ab, ob die Einflüsse, denen der Wassermann erliegt, positiv oder negativ sind.

Wenden wir uns einem anderen Vorzug des Wassermann-Menschen zu: seiner Hilfsbereitschaft. Obwohl diesem Typ ein gewisser – man könnte sagen – gesunder Egoismus nicht fremd ist, sind in seinem Wesen doch die Güte, das Mitfühlen, ja sogar Opferbereitschaft vorhanden. Das große „Aber", ohne das man, wie eingangs erwähnt, nicht auskommt, richtet sich in diesem Fall gegen die leider oft falsch angewendete Hilfsbereitschaft.

Manche Wassermann-Menschen sind in puncto Menschenkenntnis etwas zu kurz gekommen. Sie durchschauen es also zu spät, wenn man sie ausnützt. So kann es vor allem den weiblichen Geborenen dieses Zeichens zustoßen, daß sie Opfer über Opfer bringen und dafür letzten Endes nicht nur keinen Dank, sondern sogar Spott ernten. Einige neigen auch dazu, ihre Kinder über Gebühr zu verwöhnen, wodurch diesen kein guter Dienst erwiesen wird.

Die Mehrzahl der Wassermann-Menschen ist phantasiebegabt. Sie verfügen auf diese Weise über ein Plus und haben nüchternen, phantasielosen Menschen viel voraus. Nicht allein, daß sie in manchen Berufen von dieser Gabe profitieren, sie können sich auch privat durch phantasievolle Improvisation helfen. So manchen Ausweg entdecken sie einzig und allein dank ihrer Phantasie. So manche Verschönerung im Heim, überhaupt viel Schönes, das ihnen Freude macht, schaffen sie sich mit Hilfe der Phantasie.

Aber, Phantasie kann gefährlich werden, sobald sie gewisse Grenzen sprengt. Phantasie, die produktiv ist, die realisierbare Ideen und Pläne zeugt, gehört zu den großen Vorzügen. Verliert sie sich ins Traumhafte, Uferlose, Wirklichkeitsfremde, dann wird sie oft dem Vorwärtskommen im Leben hinderlich. Der Wassermann-Typ mit übersteigerter Phantasie vermag die Grenzlinien nicht mehr zu erkennen. Er baut Luftschlösser, wird zum Phantasten.

Daß sich der Wassermann-Mensch für alles Neue, Fortschrittliche und Moderne interessiert, ist gewiß alles eher als ein Nachteil. Wenn er hingegen aktuelle Schlagworte nur deshalb nachzuplappern beginnt, weil er beweisen will, daß er up to date ist, beginnt die Begeisterung für die jeweilige Mode eine Schwäche zu werden. Zum Glück verfügen zumindest fünfzig Prozent der Wassermann-Geborenen über genügend kritischen Verstand, um dieser Gefahr zu entgehen.

Eine etwas überdurchschnittliche Eitelkeit ist im Kreis der Wassermann-Menschen ziemlich häufig zu finden. Sie wird sogar zugegeben, und Wassermann-Damen, die sich lächelnd zu ihrer kleinen Schwäche bekennen, tun das so charmant, daß man gar nicht anders kann, als sie ihnen sofort zu verzeihen.

Die große Unternehmungslust der Wassermann-Geborenen ist sozusagen im Grenzbereich angesiedelt: Heute erweist sie sich als Vorzug, morgen entpuppt sie sich als Schwäche. Das wechselt ständig. Der unternehmungsfreudige Mensch wird nicht „rosten", in der Entwicklung stehenbleiben oder vor einem neuen Problem kapitulieren. Er wird allerdings manchmal nur aus dem Drang heraus, eben „irgend etwas zu unternehmen", Veränderungen in seinem Leben herbeiführen, die den Anstrich des Gewollten tragen, überflüssig sind und manchmal auch seine Lage unnötig verschlechtern.

Solche Fehlunternehmungen sind vor allem für junge Wassermann-Menschen charakteristisch. Mit zunehmender Reife neigt sich dann die etwas zwiespältige, weil eben hektisch forcierte Unternehmungsfreude doch mehr nach der positiven Seite, und die Vorzüge kommen dadurch stärker zur Geltung.

Dann nämlich äußert sich der Drang nach Aktivität nicht selten in einem besonders lobenswerten beruflichen Einsatz und einer ungewöhnlichen Schaffensfreude, die natürlich Tor und Tür öffnet und leicht bedeutet, daß der Weg nach oben schneller geht als üblich. Nur solche Wassermann-Typen, die weiterhin dazu neigen, sich trotz aller Energien zu verzetteln, könnten länger als ihnen lieb ist auf der Strecke bleiben und die Erfolgsleiter dann erst in vorgerücktem Alter erklimmen.

Erziehung der Wassermann-Kinder

Die Mütter von Wassermann-Kindern haben nur allzuoft Grund zum Seufzen: Mein Kind ist ein richtiges Quecksilber. Es hat nicht die Ausdauer, etwas zu Ende zu führen. Tatsächlich ist die größte Sorge, welche die Eltern in dieser Hinsicht haben, in der extrem starken Ablenkbarkeit solcher Kinder zu suchen. Zwar haben sie einen überaus wachen Geist, der alles Neuartige, Auffallende und außer der Regel Stehende mit der Schärfe einer Filmkamera registriert. Ihr Interesse entzündet sich blitzgeschwind, und sie können sich der Reihe nach und manchmal auch gleichzeitig für die verschiedenartigsten Dinge begeistern. Ebenso schnell aber erlahmt es wieder und bindet sich an das nächste schillernde Neue, solange dies eben neu bleibt. Ganz ähnlich geht es mit seinen Launen. Es kann von einer Minute zur anderen von einem strahlenden, liebenswürdigen und freundlichen Kind ins gerade Gegenteil umschlagen.

Versucht man, es zur Lösung einer bestimmten Aufgabe zu zwingen, wird es sich diesem Zwang zumeist durch List zu entziehen suchen. Die einzige Möglichkeit, seinen Geist zu fesseln, ist, die Dinge des täglichen Lebens so plastisch wie möglich an es heranzutragen. Für bloße Begrifflichkeit und Sachlichkeit hat es so gut wie gar nichts übrig. Im Gegenteil, Wassermann-Kinder schaffen sich zumeist eine bunte, schillernde Eigenwelt, in der alles, was die Phantasie ihnen vorgaukelt, zur fröhlichen Wirklichkeit wird.

Dies ist ein Grund, warum Wassermann-Kinder bisweilen gewisse Schwierigkeiten mit der Wahrhaftigkeit haben. Die Eltern, die das Kind bei einer scheinbaren Lüge ertappen, werden freilich gut daran tun, daraus keine Staatsaffäre zu machen, sondern sie einfach als das zu nehmen, was sie ist: Teil jener bunten Eigenwelt des Kindes, zu der die Erwachsenen keinen Zutritt haben.

Um den Begriff der Wahrhaftigkeit in dem Wassermann-Kind zur Wirklichkeit werden zu lassen, muß man behutsam zu Werke gehen, denn es liebt die bunten Blüten seiner Phantasie und fühlt sich unweigerlich verletzt, wenn es darin nicht ernst genommen wird.

Im Umgang mit anderen Kindern und auch mit Erwachsenen sind die kleinen Wassermänner und -mädchen zumeist verträglich, freundlich und liebenswürdig, doch verstehen sie es, durch ihre eigenen sprühenden Einfälle sich mehr und mehr in den Mittelpunkt ihres Kreises zu stellen. Unter den Kameraden fallen sie gelegentlich als Anstifter allen möglichen Unfugs auf.

Schwierig ist es bisweilen mit Einzelkindern dieses Tierkreiszeichens, weil sie Gefahr laufen, daß ihre Individualität sich allzu üppig entfaltet und sie sich in der Gemeinschaft nur verhältnismäßig schwer einzufügen vermögen. Besonders sei in dieser Hinsicht davor gewarnt, Wassermann-Kinder ausschließlich in der Umgebung von Erwachsenen leben zu lassen. Ihr Nachahmungstrieb und ihre scheinbare Anpassungsfähigkeit begünstigen dann nämlich einen Hang zur Altklugheit, der dem kindlichen Wesen in einer bedauerlichen Weise Abbruch tut.

Für den ersten Augenblick mag zwar so ein kleiner Gernegroß mit den Manieren eines vollendeten Kavaliers und der umständlichen Redeweise eines Erwachsenen überaus drollig wirken, doch wird sich der Mangel an echter Kindlichkeit immer verhängnisvoll für das spätere Leben erweisen müssen.

Auf Autorität und Strenge reagieren die meisten Wassermann-Kinder recht widerspenstig. Dort aber, wo sie einsehen, falsch gehandelt zu haben, nehmen sie die Strafe ohne Zögern und Widerstreben auf sich, wollen aber, daß die Angelegenheit damit begraben und vergessen ist. Nachtragen und den Beleidigten spielen ist für den kleinen Wassermann so gut wie unmöglich, und er versteht es auch nicht, wenn seine eigenen Versöhnungs- und Annäherungsversuche nicht so gut aufgenommen werden, wie er erwartet.

Die wesentlichste Hürde in der Erziehung des Wassermann-Kindes ist die Erziehung zur Ordnung, denn gerade in diesem Punkt ist es nun einmal von Natur aus unbegabt. Kleine Wassermänner fangen am liebsten hundert Dinge an und lassen sie nach kurzer Zeit wieder liegen. Dann ist es Sache der Eltern, ihnen klarzumachen, daß man erst ein Ding zu Ende führen müsse, ehe man mit dem nächsten beginnen darf.

Das beginnt mit dem täglichen Aufräumen der Spielsachen und endet bei der strengen Einteilung der täglichen Lernzeit. Sonst könnte es sein, daß ein an sich überdurchschnittlich begabtes Kind sich an seiner eigenen Flatterhaftigkeit verzettelt. Eine weise Mischung aus Nachsicht und Strenge und vor allem das tägliche gute Beispiel der Eltern und Geschwister wird dem Wassermann-Kind in dieser Hinsicht entscheidend helfen.

Gleichfalls von besonderer Wichtigkeit ist es, sich an die individuellen Fähigkeiten und Interessen des Kindes anzupassen. Diese wollen nämlich gepflegt werden, wenn sie sich entfalten sollen. Da sich vor allem unter den Wassermann-Kindern viele mit Sonderbegabungen in künstlerischer Richtung auszeichnen, wird es eine wesentliche Aufgabe der Eltern sein, den Sinn für das Schöne und die ästhetischen Werte so früh wie möglich zu wecken, freilich ohne die realen Gegebenheiten darüber zu vernachlässigen.

Ein besonderes Problem für die Eltern von Wassermann-Kindern ist die sexuelle Aufklärung. Diese sollte so früh wie möglich erfolgen, denn die immer rege Neugier könnte den jungen Wassermann sonst dazu verleiten, sein Wissen aus recht fragwürdiger Quelle zu schöpfen. Vor allem während der Pubertätszeit neigen solche Kinder häufig zu etwas abwegigen Vorstellungen und haben eine ausgesprochen schwüle erotische Phantasie, die nur durch eine gesunde Beschäftigungstherapie im Zaum gehalten werden kann.

Der Schüler des Wassermann-Zeichens ist unberechenbar. In jeder seiner Handlungen zeigt sich die Neigung zum Extrem. Es ist also wichtig, diesem Schüler den Sinn für das rechte Maß beizubringen. Viele Ideen des Wassermann-Schülers sind jedoch überaus lobenswert. Er interessiert sich für Probleme des menschlichen Fortschritts, der Kultur und Sitte, für fremde Sprachen, für Kunst und Wissenschaft.

Das Kind des Wassermann-Zeichens ist in erster Linie auf die Zukunft „programmiert", und das vor allem auf politischem und sozialem Gebiet. Der Lehrer sollte diesem Schüler vor allem die Voraussetzungen bieten für ein späteres Studium auf dem Gebiet der Soziologie. Die starke Ablenkbarkeit des Wassermann-Kindes bildet während der Schulzeit das größte Problem. Es ist oft schwer, seine Aufmerksamkeit längere Zeit für ein bestimmtes Thema zu fesseln. Sein lebhafter Geist verliert rasch das Interesse, um sich wieder einem neuen Objekt zuzuwenden. Jeder Lehrstoff sollte so plastisch und interessant wie möglich dargeboten werden. Nur so läßt sich der Lerneifer des kleinen Wassermanns wachhalten.

Durch Geduld, Liebe und verständnisvolles Eingehen wird das Kind aufnahmebereit. Hingegen zeigt es Widerspenstigkeit gegen Strenge und Befehlston. Durch List und Schläue entzieht es sich Bevormundung und Zwang.

Im Kreis der Mitschüler ist das Wassermann-Kind stets zu Scherz und lustigen Streichen aufgelegt, wobei ihm meist auch ein gutes Gefühl für die Grenze solchen Treibens mitgegeben ist. Wenn das Kind einsieht, falsch gehandelt zu haben, ist es bereit, dafür auch eine Rüge oder Strafe hinzunehmen.

Infolge seiner Sensibilität spürt das Wassermann-Kind sehr rasch, wo es gern gesehen ist und wo ihm weniger Sympathie begegnet, denn es besitzt ein feines Gefühl für alle Empfindungen, die ihm entgegengebracht werden, und ist bemüht, sein Verhalten danach einzurichten.

Als Erzieher eines Wassermann-Kindes haben Sie allen Anlaß zu glauben, daß dieses Kind nicht wie andere Kinder ist. Bereits als Kleinkind stellt es seine einzigartigen Gaben unter Beweis. Der Wassermann ist ein Luftzeichen, das von Uranus beherrscht wird, dem Planeten des Wechsels, des Fortschritts und der Ursprünglichkeit. Es ist schwierig, einen jungen Wassermann-

Geborenen einzuordnen. Sobald man glaubt, ihn zu kennen, kann er plötzlich einen völlig anderen Aspekt seiner Persönlichkeit zeigen.

Der Wassermann-Mensch als Freund

Bei Wassermann-Geborenen ist man vor Überraschungen nie sicher. Es handelt sich bei den Vertretern dieses Zeichens ja um höchst bewegliche, veränderliche und in vielen Facetten schillernde Wesen. Die Beständigkeit gehört nicht gerade zu ihren hervorstechendsten Charakterzügen.

Ein Freund oder eine Freundin aus dem Zeichen Wassermann ist demnach zwar meist liebenswürdig, mitteilsam, herzlich, unter Umständen durchaus hilfsbereit – doch tut man gut daran, auf die Verläßlichkeit dieser Freunde nicht hundertprozentig zu vertrauen.

Im Umgang mit Wassermann-Freunden läßt man deshalb am besten Großzügigkeit walten. Man darf keine zu hohen Forderungen an sie stellen.

Diese Feststellung trägt ganz einfach den Tatsachen Rechnung. Es wäre sinnlos, den Wassermann-Geborenen ihr Naturell zum Vorwurf zu machen. Sie können es ja nicht ändern. Die Freundschaft mit ihnen kann durchaus erfreulich verlaufen, und sie kann auch dauerhaft sein – nur wird sie sich eben in mancher Weise von Freundschaftsbeziehungen mit ernsten, tiefschürfenden, fest umrissenen Charakteren unterscheiden. Weiß man Bescheid darüber, was von einem „Wassermann" zu erwarten ist und was man von ihm vergebens fordern würde, kann man sich von Anfang an darauf einstellen, sozusagen die Grenzen abstecken, und dann bleiben einem Enttäuschungen erspart.

Was ist nun vom Freund aus dem Zeichen Wassermann zu erwarten und was nicht?

Er ist, wie bereits erwähnt, beweglich, rasch entschlossen, vielseitig interessiert. Daraus ergibt sich, daß das Beisammensein mit ihm niemals langweilig wird. Er schneidet immer wieder neue Gesprächsthemen an, debattiert gerne und mit Schwung, vertritt oft recht originelle Ansichten und äußert seine Meinung offen und unbekümmert.

Wenn man eine Begleitung für den Besuch von Theatern, Konzerten, Vorträgen etc. sucht – der Wassermann-Freund hält gerne mit. Er macht auch selbst diesbezügliche Vorschläge, regt dies und jenes an.

Man kann ihn unter Umständen im letzten Augenblick verständigen. Er wird nicht zögern oder jammern – „Warum hast du mich nicht früher angerufen?" –, wird vielmehr (sofern er nicht wirklich verhindert ist) freudig „Wunderbar!" rufen und angesaust kommen. Er ist absolut nicht schwerfällig.

Ebenso kann man auf ihn zählen, wenn man jemanden braucht, um eine Gesellschaft „aufzulockern". Der „Wassermann" findet sich nahezu in jedem Kreis zurecht, kennt keine Befangenheit fremden Menschen gegenüber, und sein liebenswürdiges, charmantes Geplauder läßt keine steife Atmosphäre aufkommen.

Diese gesellschaftlichen Qualitäten sind nicht zu unterschätzen – im allgemeinen und im besonderen etwaiger Vorteile wegen, die daraus erwachsen können. Wassermann-Menschen finden leicht Kontakt. Sie haben deshalb meist eine große Zahl von Bekannten und sind weiter gerne bereit, Verbindungen zwischen ihren Freunden und Bekannten herzustellen, die von praktischem Nutzen sein können.

Sehen wir uns die Hilfsbereitschaft der Wassermann-Geborenen noch etwas näher an.

Hilfe wird meist impulsiv und großzügig gewährt. Die „Wassermänner" handeln rasch und ohne Vorbehalt. Die Rolle des Helfers macht ihnen Freude – vor allem, wenn sie neu für sie ist. Wird ihre Hilfe längere Zeit hindurch in Anspruch genommen, zeigen sie allerdings gewisse Ermüdungserscheinungen. So läßt sich ihre Bereitschaft zum Helfen etwa folgendermaßen definieren: Sie wirkt sich am besten aus, wenn schnelles Eingreifen vonnöten ist, wenn es gilt, eine „Blitzaktion" zur Rettung einer verfahrenen Situation durchzuführen, wenn es auf hellen Verstand und gute Ideen ankommt. Die Hilfsbereitschaft erlahmt jedoch, wenn sie in Form eines auf weitere Sicht erforderlichen, gleichbleibenden Beistandes zu gewähren wäre.

Zu den Schwächen der Wassermann-Geborenen gehören ihre Unpünktlichkeit und ihre Vergeßlichkeit. Wenn sie etwa versprechen, einem Freund dies oder jenes zu besorgen, ist niemals ganz sicher, ob sie es tatsächlich tun. Dies hat gar nichts mit böser Absicht zu tun, weit mehr mit der leichten Ablenkbarkeit der Wassermann-Geborenen.

Berufe, die sich für Wassermann-Menschen eignen

Da die Intelligenz der meisten Wassermann-Geborenen über dem guten Durchschnitt liegt, sollte es ihnen, trotz schwankender Erfolgskurven, Rückschlägen und Pannen, die sich vor allem in der Jugend ergeben, nicht schwerfallen, beruflich vorwärtszukommen. Dies gilt besonders für jene Vertreter des Wassermann-Zeichens, die über Selbstkritik verfügen und geistige Zucht üben.

Die Vertreterin des Wassermann-Zeichens fühlt sich vorwiegend zu Berufen hingezogen, in denen sie hundertprozentig „Frau" sein kann. Sie ist ehrgeizig und sehnt sich nach Beachtung. So ein „Karriere-Girl" ist zu fast allem fähig und bereit, die „weiblichen Waffen" einzusetzen, um vorwärtszukommen.

Für die meisten Wassermann-Damen gilt, daß sie es ausgezeichnet verstehen, „etwas aus sich zu machen"; im verborgenen zu blühen, behagt ihnen nicht. Aufzufallen ist ihnen Bedürfnis. Da wird dann Redegewandtheit mit Charme verbunden, die äußere Erscheinung ins beste Licht gerückt und zum Sturmangriff angesetzt.

Die Wassermann-Eva lockt etwa eine Laufbahn als Fotomodell oder Mannequin, als Empfangsdame oder Reporterin, Script-Girl oder Fernsehsprecherin. Auch im Kunstgewerbe (Keramik, Leder, Modeschmuck etc.) ergeben sich Chancen – die entsprechende Begabung vorausgesetzt. An Geschmack, Ideen, Wagemut, Farben- und Formensinn wird es die Wassermann-Geborene jedenfalls nicht fehlen lassen. Da sehr häufig Fremdsprachentalent gegeben ist, könnte auch dies ein Hinweis für die Berufswahl sein. Im Show-Geschäft sind ebenfalls viele Wassermann-Frauen erfolgreich tätig. Es soll jedoch auch nicht verschwiegen werden, daß sich unter den Prostituierten der Großstädte ein relativ hoher Prozentsatz von Wassermann-Geborenen befindet.

Welche Berufe eignen sich für männliche Wassermann-Geborene? Vielleicht ergibt sich die Antwort auf diese Frage zu einem Gutteil bereits durch die Ausklammerung der nicht oder fast nicht geeigneten Berufe! Das sind nämlich diejenigen, die sich in gleichbleibenden Handgriffen, Berechnungen oder dergleichen erschöpfen, weder der Phantasie noch der eigenen Initiative Spielraum lassen und die Kontakte zur Umwelt beschränken. Der Wassermann wird niemals glücklich sein, wenn er jahraus, jahrein in einem Raum zu arbeiten hat, den er mit zwei oder drei Kollegen teilt, den aber sonst selten ein Fremder betritt. Er wünscht sich Kontakte mit möglichst vielen Menschen. Er spricht gerne, liebt die Debatten, die Bewegung, und er ist gerne unterwegs.

Wo findet er, was er sucht? Zum Glück in vielen Berufen. Da sind zum Beispiel alle jene, die mit dem Verkehrswesen, dem Tourismus zu tun haben. Auf einem Bahnhof herrscht genug Betrieb. Der Zugbegleiter hat ebenso mit vielen Menschen zu tun wie der Beamte in einem Reisebüro, der Hotelportier, der Kellner, der Vertreter, der Busschaffner, der Reisebegleiter, der Steward auf einem Vergnügungsdampfer, der Gastwirt, der Tourneeleiter.

Flugkapitän und Lokomotivführer sind Berufe, von denen vor allem junge Wassermann-Geborene träumen. Einige verwirklichen diese Träume sogar und bereuen es nicht.

In vielen Wassermann-Geborenen steckt ein Manager oder ein Künstler. Auch die Verbindung beider Anlagen ist anzutreffen. Der Film übt eine starke Anziehungskraft aus – und auf diesem Sektor gibt es eine Unzahl von Berufen, denn nicht nur der Schauspieler und der Regisseur sind wichtig, auch der Ausstattungschef, der Aufnahmeleiter, der Kameramann, der Requisiteur, der Cutter usw. Nicht zu vergessen der Mann, der für die Reklame verantwortlich ist.

Der Wassermann als Arbeitgeber

Der Wassermann-Geborene bevorzugt einen Arbeitsplatz, an dem er seine Intuition anwenden kann, sein modernes, schnelles Denken, überhaupt seine geistigen Fähigkeiten. Schon früh sollte er sich darüber Gedanken machen, daß er an einem Arbeitsplatz nicht gut aufgehoben ist, wo er stets die gleichen Handgriffe zu verrichten hat, wo er nicht vorwärtskommt und wo er vor allen Dingen seine Kreativität nicht einsetzen kann. Das würde ihn nachhaltig frustrieren und dazu führen, daß er nicht jenen beruflichen Aufstieg schafft, zu dem er eigentlich fähig ist. Routine langweilt ihn entsetzlich. Natürlich ist er in der Lage, eine solche Arbeit auszuführen, aber er ist dort weder glücklich noch sonderlich erfolgreich. Er ist vielmehr ein Typ, dazu geboren, Neues zu erfinden, neue Richtungen einzuschlagen.

Herr Wassermann sollte eine Beschäftigung haben, die es ihm erlaubt, seine Originalität zu beweisen. Sehr gut ist er im Umgng mit anderen Leuten, so daß ihm Funktionen liegen,die mit Publikumskontakt und Öffentlichkeitsarbeit verbunden sind. Besonders geeignet sind für den Wassermann auch solche Berufe, in denen er genau beobachten, Wahrheiten finden und diese dann auswerten kann. Es eignen sich für ihn daher auch folgende Gebiete: Wissenschaftler, Fotograf, Schriftsteller, Rundfunkreporter, Psychologe, Astrologe oder Verleger. Viele Vertreter dieses Sternzeichens fühlen sich aber auch zu Beschäftigungen hingezogen, die mit der Elektrizität oder mit Elektronen zu tun haben, mit dem Radio oder mit dem Fernsehen.

Aber auch als Schauspieler machen diese Menschen eine sehr gute Figur.

Besonders erfolgreich sind Wassermann-Geborene eingesetzt, wenn sie es geschafft haben, sich bis zum Arbeitgeber hochzudienen. In dieser Funktion müssen sie mit anderen Menschen umgehen und diese führen können, vor allen Dingen jedoch müssen sie ihre Talente ausschöpfen, andere sofort für sich einzunehmen.

Sehr viele Angestellte, die für einen Wassermann-Chef arbeiten, werden seine Progressivität und seinen Fortschritt respektieren. Sie werden seinen originellen Geist und seine Redegewandtheit zu schätzen wissen. Als Angestellter eines Wassermannes sollte man jedoch wissen, daß dieser Chef nicht daran interessiert ist, auch auf privater Ebene mit seinen Untergebenen zu verkehren. Er interessiert sich nicht dafür, was andere von ihm denken, und macht sich seinerseits kaum Gedanken über den wahren Charakter seiner Mitarbeiter. Ihn interessiert lediglich deren Leistung, deren beruflicher Fortschritt, aber kaum deren Privatleben.

Wegen dieser scheinbaren Interesselosigkeit an den persönlichen Angelegenheiten seiner Mitarbeiter wirkt der Wassermann häufig kühl und beinahe sogar arrogant. Man darf jetzt nicht den Fehler machen, aus dieser Tatsache abzuleiten, daß er sich auch nicht für die Arbeit der Angestellten interessiert. Ganz und gar nicht. Hier sieht er ihnen außerordentlich genau auf die Finger und merkt jeden Fehler sofort. Seine Schwäche besteht eigentlich darin, daß er kaum zuhört, wenn ihm andere etwas sagen. Manchmal kann es sich dabei auch um Verbesserungsvorschläge handeln, die dann ungehört verhallen.

Der Wassermann-Chef verläßt sich nämlich gerade in dieser Beziehung am liebsten auf seine eigenen Vorstellungen und läßt sich seine Meinung nicht von anderen ändern.

Die Angestellten des Wassermann-Chefs werden feststellen, daß ihr Chef zwar bereit ist, sich ihre persönlichen Probleme anzuhören, wenn sie ihm diese unterbreiten, aber daß er das doch mit außerordentlicher Distanz tut. Da dieser Sternzeichen-Vertreter alles Ungewöhnliche, alles Originelle liebt, hat er auch eine Schwäche für solche Mitarbeiter, die sich aus dem Rahmen des Gewöhnlichen, des Üblichen abheben.

Der Wassermann als Angestellter

Die größte Tugend und das Wichtigste für die Karriere eines Wassermann-Angestellten sind sein Überblick, sein allgemeines Interesse und seine Unvoreingenommenheit. Autorität ist etwas, das ihn nur am Rand berührt. Er wird zwar die ihm übergeordnete Persönlichkeit als seinen Chef anerkennen, aber doch nicht in irgendeiner Form zum Duckmäuser werden. Vielmehr begegnet er seinem Chef mit freundlichem Interesse, mit einem gewissen Respekt, aber doch auf keinen Fall mit dem Gefühl, ihm unterlegen zu sein.

Da der Wassermann ohnehin Schwierigkeiten hat, eine Person über sich als Chef anzuerkennen und gar noch Anweisungen entgegenzunehmen, ist es wichtig, daß er versucht, einen Chef zu finden, den er von Natur aus bewundern kann. Nur dann nämlich ist er in der Lage, hin und wieder auch einmal etwas einzustecken oder aber seine eigene Meinung der seines Vorgesetzten anzupassen.

Bedauerlicherweise kann der Wassermann-Angestellte sich sehr leicht verzetteln. Er braucht nicht sehr lange, bis er der Meinung ist, bereits zu wissen, daß er in eine bestimmte Arbeitsumgebung oder an einen bestimmten Arbeitsplatz ganz einfach nicht paßt. Zu schnell wirft er oft die Flinte ins Korn und betrügt sich dadurch selbst um eine schon beinahe begonnene Karriere. Es könnte nicht schaden, wenn er etwas mehr Geduld entwickeln würde.

Auch sollte sich der Wassermann-Angestellte klarmachen, daß er nicht gerade beliebt und populär ist, wenn er immer wieder als Fremder, als Neuling in eine Firma kommt, nachdem er bei der alten zu voreilig gekündigt hat. Zudem sollte er ein wenig zurückhaltend sein, wenn es darum geht, seine ungewöhnlichen und für die Zeit oft zu progressiven Ideen an den Mann zu bringen.

Man hält ihn leicht für einen Spinner, wenn er das, was in seinen Augen und in seiner Vorstellungswelt normal ist, versucht, anderen einzureden.

Zurückhaltung und Geduld bringen ihn jedenfalls ganz erheblich weiter und beschleunigen seine Karriere.

Was der Wassermann-Angestellte auch noch lernen sollte, wenn er bei seinen Kollegen und Kolleginnen etwas anerkannter und beliebter sein möchte, ist, sein Taktgefühl zu verbessern. Er ist manchmal wie der berühmte Elefant im Porzellanladen. Nur weil er sich vorher nicht überlegt, was andere verletzen könnte, und weil er so temperamentvoll ist, daß er alles, was ihm durch den Sinn geht, gleich ausspricht, gerät er immer wieder mit anderen aneinander.

Hat der Wassermann-Angestellte aber eine Position erreicht, in der er sich wohl fühlt, dann hält er sich meistens nicht lange im

Hintergrund auf, sondern gehört zu jenen Menschen, die unbedingt vorwärtskommen müssen und Karriere machen wollen. Ihm kann es auch passieren, daß er sich einbildet, die Aufgabe des Chefs übernehmen zu können, und daher beginnt, ihm am Stuhlbein zu sägen. Im allgemeinen stimmt es sogar: Die Aufgabe des Vorgesetzten hätte ihm viel besser gelegen als die eines Angestellten.

Der Wassermann kann sein gesamtes berufliches und geistiges Potential an den Mann bringen, wenn er unter einem Waage-Chef arbeitet, einem Zwillinge-Mann oder aber einer Widder-Frau. Frustriert und behindert wird er sich dagegen vorkommen, wenn er Karriere machen soll unter einem Jungfrau-Chef, einem Skorpion oder einem Steinbock.

Diese Gesundheitsregeln sollten Wassermann-Menschen beachten

Das Zeichen Wassermann prägt ziemlich eigenwillige, unruhige Menschen. Sie lieben die Abwechslung, sind stets auf der Jagd nach etwas Neuem, zersplittern mitunter ihre Interessen und Gefühle – mit einem Wort: In ihrem Leben herrscht ständig Bewegung und Anspannung.

Obwohl die Unruhe im Lebensablauf keine seelische Belastung bedeutet, ist nicht zu übersehen, daß die meist so „angenehm" vibrierenden Nerven sich eines Tages trotzdem für die Strapazen rächen können, die ihnen auferlegt werden. Nervöse Störungen treten bei Wassermann-Geborenen sogar recht häufig auf und äußern sich auf verschiedene Weise.

Wassermann-Menschen leiden häufig an nervöser Schlaflosigkeit (besonders wenn sie bereits das vierte Lebensjahrzehnt erreicht haben), ebenso an nervösem Herzzucken und an nervösen Magenbeschwerden. Auch Hautreizungen und Ekzeme auf nervöser Basis sind öfter zu beobachten.

Im Grunde genommen sind die Wassermann-Menschen, was ihre Gesundheit betrifft, allerdings beneidenswert. Man findet in ihren Sternen keinen Hinweis, der auf eine besondere und ernsthafte Bedrohung dieses oder jenes Organs gedeutet werden könnte. Schwere Leiden treten in diesem Zeichen relativ selten auf. Es überwiegen die zwar lästigen, aber eben doch nur „kleinen" Übel. Mit anderen Worten: Das Wohlbefinden wird öfter gestört sein, aber in sehr vielen Fällen handelt es sich um eher harmlose Störungen. Und gerade weil die Wassermann-Geborenen so ein gutes Gesundheitslos gezogen haben, sollten sie dem Schicksal dankbar sein und nicht leichtfertig aufs Spiel setzen, was ihnen geschenkt wurde.

Zu den genannten kleineren Übeln gehört unter anderem eine bei manchen frühzeitig einsetzende leichte Beeinträchtigung der Sehkraft. Die Augen sind schonungsbedürftig. Es muß besonderer Wert auf gutes Licht am Arbeitsplatz gelegt werden. Auch die Leselampe (Wassermann-Menschen lesen viel und gerne) darf nicht zu schwach sein. Vom Lesen im Bett ist abzuraten, da es die Augen besonders anstrengt.

Wenden wir uns nun den Ernährungsfragen zu.

Trifft man einen typischen Wassermann, kann man ihn manchmal seufzen hören: „Ich habe heute außer einer Tasse Kaffee am Morgen noch nichts zu mir genommen. Ich habe ganz einfach keine Zeit zum Essen gehabt! Mir ist schon ganz schwindlig!"

Keine Zeit zum Essen? – Das gibt es nicht! Hier liegt ein Beispiel für mangelnde Einteilung vor. Eine billige Ausrede. Für einigermaßen regelmäßige Mahlzeiten muß sich Zeit erübrigen lassen – außer es legt jemand gesteigerten Wert darauf, seine Gesundheit allmählich und systematisch zu untergraben! Wer könnte Derartiges im Ernst wollen?

Wenn – ausnahmsweise – wirklich nur ein paar Minuten zur Verfügung stehen, dann trinke man wenigstens ein Glas Milch oder Joghurt. Milch kann schon deshalb empfohlen werden, weil sie ein ebenso hochwertiges wie „reizloses" Nahrungsmittel ist – reizlos nicht, was den Geschmack, sondern was die Verträglichkeit auch in jenen Fällen betrifft, wo der schlecht behandelte Magen bereits reizbar geworden ist.

Oberstes Gesetz bleibt eine Ernährung, die abwechslungsreich und – nicht zu scharf gewürzt ist. Wassermann-Menschen hören das ungern, denn sie haben in der Regel eine Vorliebe für Gepfeffertes, stark Gesalzenes, Saures, Pikantes. Nun – wir wollen ja nicht verlangen, daß die Wassermänner auf scharfen Paprikasalat und brennende Currysauce überhaupt verzichten (es sei denn, es wurde ihnen eine Diät vorgeschrieben!), aber eine gewisse Einschränkung ist jedenfalls ratsam.

Der Übergang zu milderer Kost wirkt sich in vielen Fällen nicht zuletzt günstig auf die Haut aus, deren Unreinheiten dann verschwinden.

Gebratenes Fleisch sollte öfter durch gekochtes Fleisch oder gekochten Fisch ersetzt werden, dunkler russischer Tee durch Kräutertee, die pikante Mayonnaise durch englisch zubereitetes Gemüse. Versuchen Sie es einmal! Sie werden sehen, daß diese „Zumutung" gar nicht so schlimm ist!

Der Wassermann-Mann und die moderne Partnerschaft

Der Wassermann-Geborene ist ein sehr aufgeschlossener Typ, der sich für alles Neue interessiert und es auch schnell bejaht, mitunter aus keinem anderen Grund als eben dem, daß es etwas Neues ist. Aus dieser Einstellung läßt sich der Schluß ziehen, daß Herr Wassermann den Fragen der modernen Partnerschaft ebenfalls interessiert und zumindest wohlwollend gegenübersteht.

Hinzu kommt noch, daß ein Grundzug seines Wesens die Toleranz ist. Er möchte, daß man ihn „nach eigener Fasson selig werden läßt", und sein Gerechtigkeitssinn sagt ihm, daß er selbst dann wohl ebenso den anderen dieses zugestehen muß.

Sind somit vom Wassermann-Geborenen keine Schwierigkeiten zu erwarten, wenn seine Gefährtin auf Gleichberechtigung pocht und das überlieferte patriarchalische System nicht mehr anerkennt?

Das eben wollen wir untersuchen.

Der Wassermann-Typ wirkt auf die Umwelt oft harmonisch, liebenswürdig und überhaupt nicht schwierig. Genauso wie bei den weiblichen Geborenen dieses Zeichens muß aber auch bei den

Männern, die im Luftzeichen Wassermann geboren wurden, dieser oberflächliche Eindruck bei genauerer Betrachtung revidiert werden. Es handelt sich vielmehr um ein ziemlich kompliziertes, vielschichtiges Zeichen.

Eines ist sicher: Genaugenommen gibt es nichts, was bei einem Wassermann unmöglich wäre.

Die persönliche Entwicklung kann von Fall zu Fall völlig konträr verlaufen. Allumfassende Güte oder düstere Weltabgewandtheit – an einem dieser Punkte kann ein Wassermann landen, wenn seine Entwicklung einen bis ins Extrem führenden Verlauf nimmt. Meist allerdings bleibt er im Zwischenbereich, pendelt einmal mehr nach dieser Seite, einmal nach der anderen.

Die Erklärung für das beunruhigend Wechselhafte ist nicht so sehr in Launenhaftigkeit oder angeborener Sprunghaftigkeit zu suchen. Man kommt dem „Rätsel Wassermann" näher, wenn man als gegeben annimmt, daß er ein Vielerlei mit all den inbegriffenen Widersprüchen von Anfang an in sich trägt und je nach Lebenssituation bald die eine, bald die andere Facette seines Wesens aufleuchtet.

Umschwünge und Richtungsänderungen sind beim typischen Wassermann immer „drin" – weshalb sollten sie es in der Einstellung zur modernen Partnerschaft nicht sein?

Rein verstandesmäßig sagt der Wassermann gerne ja zu den neuen Bestrebungen, mit denen heute immer mehr Frauen größere Selbständigkeit und Unabhängigkeit zu erlangen trachten. Herr Wassermann kann diese Wünsche durchaus verstehen und respektieren. Vor allem, wenn sie ihm theoretisch vorgetragen werden.

Und wie sieht es in der Praxis aus?

Da der echte Wassermann meist das Vorhandensein geistiger Kontakte zur Partnerin bejaht, wird er es begrüßen, wenn sie selbst aufgeschlossen, interessiert und auch außerhalb der eigenen vier Wände aktiv im Leben steht, denn solche Frauen sind in der Regel anregendere Gesprächspartnerinnen und bringen mehr Verständnis für die Probleme des Mannes auf.

Freilich: Der männliche Wassermann schätzt nicht minder sein geordnetes Hausessen, das „von selbst" läuft. Ist seine Frau selbst berufstätig, wird das nicht immer in gleicher Weise möglich sein wie bei einer Nurhausfrau.

Es könnte sein, daß einige Wassermann-Geborene bei so einer Situation das sprichwörtliche „Haar in der Suppe" finden. Nicht alle. Ein weiterer Grundzug des Wassermann-Wesens ist nämlich die Hilfsbereitschaft. Sie könnte über so manche Hürde hinweghelfen.

Im allgemeinen sind Wassermann-Männer eher als manche andere bereit, daheim auch einmal selbst Hand anzulegen, der Frau bei der Erledigung der Hausarbeit zumindest gelegentlich zu helfen, Einkäufe zu besorgen und Ähnliches. Ob der gute Wille auch mit dem erforderlichen Geschick Hand in Hand geht, das ist wieder eine andere Frage. Es gibt nämlich ebensosehr geschickte, manuell tüchtige Wassermann-Geborene wie andere, die „zwei linke Hände" haben. Da wird die Frau dann gut daran tun, den guten Willen für das Werk zu nehmen und auch einmal ein Auge zuzudrücken.

Es braucht wohl nicht besonders hervorgehoben zu werden, daß das Einpendeln neuer Formen der Partnerschaft eine Frage ist, die kaum von heute auf morgen zu erwarten ist.

Es ist also bei jungen Paaren eher zu erwarten, daß sich das System des Miteinanderlebens zweier gleichberechtigter Partner einspielt, als in schon länger bestehenden Partnerschaften, die unter anderen Voraussetzungen eingegangen wurden. In solchen Fällen mag es auch beweglichen, toleranten und aufgeschlossenen Wassermann-Männern mitunter schwerfallen, sich auf geänderte Verhältnisse einzustellen.

Ein höchst positiver Punkt muß hervorgehoben werden: Man kann mit einem Wassermann zumindest über all diese Dinge sprechen. Er zeigt durchaus Bereitschaft, sich damit auseinanderzusetzen, nicht nur, weil er gerne debattiert und Fragen gerne von verschiedenen Seiten beleuchtet, sondern weil er meist ehrlich bereit ist, einen anderen Standpunkt als den eigenen gelten zu lassen. In welchem Umfang dieser verstandesmäßigen Bereitschaft dann auch die Bereitschaft zur Tat folgt, wird verschieden sein.

Jedenfalls ist der Wassermann nicht der Typ, der der Frau an seiner Seite rundweg etwas abschlägt, was sie als wichtig für sich selbst beansprucht. Er mag mehr oder auch weniger erbaut darüber sein, er wird sie kaum vehement aufzuhalten trachten. Eher läßt er gelegentlich einmal ein mildes Murren oder Grollen hören, sich aber wohl auch wieder besänftigen.

Viel hängt vom weiblichen Geschick der um Emanzipation kämpfenden Frau an der Seite eines Wassermannes ab. Bleibt sie ihm die liebende, zärtliche Gefährtin, die ihm immer wieder zeigt, wieviel er ihr bedeutet und daß ihr viel an einem harmonischen Verhältnis zu ihm gelegen ist, wird das Experiment am ehesten gelingen.

Und es ist ja wirklich nicht einzusehen, weshalb emanzipierte Frauen jene Tugenden plötzlich vergessen sollten, die man bislang als vorwiegend „weiblich" bezeichnete. Sich auf neuem Gebiet bewähren bedeutet ja nicht, alle Brücken zum Alten abzubrechen.

Im Gegenteil! Gerade jene Frauen, die es verstehen, sich trotz einer beruflichen Karriere ihren weiblichen Charme zu bewahren, und die sich darum bemühen, die häuslichen Pflichten so wenig wie möglich zu vernachlässigen, werden an der Seite eines anspruchsvollen Wassermannes durchaus glücklich sein können, denn in diesem Falle wird der männliche Partner, weil er die Anstrengungen sieht und würdigt, nun seinerseits versuchen, ebenfalls mitzuhelfen.

Die Wassermann-Frau und die moderne Partnerschaft

Der ganze große Fragenkomplex, der mit der modernen Partnerschaft in Verbindung steht, wird keineswegs von allen Wassermann-Frauen im gleichen Licht gesehen werden, gibt es doch gerade in diesem Zeichen recht unterschiedliche Ausprägungen des typischen Kennzeichens.

So können die Antworten, die Wassermann-Geborene im Gespräch und selbstverständlich in ihrem gesamten Verhalten auf diese Fragen geben, mitunter stark voneinander abweichen, je nachdem, ob es sich um eine ernstere oder zu größerer Leichtigkeit neigende Vertreterin des Wassermann-Zeichens handelt.

Und noch etwas spielt eine Rolle: die nicht geringe Beeinflußbarkeit der Wassermann-Frauen, die diese zwar nicht wahrhaben wollen, die aber unleugbar vorhanden ist. So kann eine Wassermann-Geborene ohne weiteres ihren Standpunkt zu wichtigen Lebensfragen im Lauf der Jahre mehrmals ändern, je nachdem, unter welchen Einfluß sie gerade geraten ist.

Sehen wir uns die „typische" Wassermann-Frau einmal näher an. Welche Wesenszüge fallen da in mehr oder weniger hervorstechender Weise in erster Linie auf?

Viel Widersprüchliches ist im Charakter der Wassermann-Frauen enthalten. Sie sind anschmiegsam und auf Selbständigkeit bedacht, heiter, aber doch öfter auch von trüben Stimmungen heimgesucht, vergnügungssüchtig, aber ebenso bereit, für die Familie Opfer zu bringen, liebenswürdig und mitunter dann überraschend grob, auf alle Fälle geistig rege und vielseitig interessiert, sich oft zersplitternd und die klare zielführende Linie nicht immer findend.

In den Beziehungen zum anderen Geschlecht ist eine deutlich erkennbare kameradschaftliche Note enthalten. Wassermann-Frauen schätzen den Sex, zählen aber nicht zu den extrem leidenschaftlichen Naturen. Sie ziehen das angenehm wärmende Feuer ganz entschieden der verzehrenden Flamme vor.

Um beim Thema Kameradschaft zu bleiben: In diesem Punkt hat die Wassermann-Geborene die Forderungen der Gleichberechtigung quasi in ihrem persönlichen Programm schon vorweggenommen. Aber das ist nur eine einzelne Facette.

Es kann durchaus vorkommen, daß so eine Wassermann-Frau, die davon überzeugt ist, mit ihrem Gefährten auf der gleichen Ebene zu stehen und die gleiche Verteilung der Pflichten und Rechte in die Praxis übersetzt zu haben, mit einem anderen Teil ihres Wesens den Mann in ihrem Leben als heimlichen „Herrn" nahezu anbetet.

Sie kann sein willfähriges Werkzeug sein, jedem Wink von ihm blind gehorchen und sich dabei einreden, alles, was sie für ihn tut, einzig und allein aus eigenem Antrieb und völlig freiwillig zu tun.

Des Zwiespalts in ihrer Seele ist sie sich nur ausnahmsweise bewußt. Meist spielt sich all das im Bereich des Unbewußten, Unterbewußten ab.

Die gelegentlichen heftigen Ausbrüche solcher Wassermann-Frauen, ihr heftiges Widersprechen, ihre Lust am Streiten und Debattieren, sind nichts anderes als Momente des Aufbegehrens gegen eben jene Beherrschung durch den Mann, die sie vehement leugnen.

Je nach individueller Bestrahlung verläuft all das in bewegteren oder milderen Bahnen. Viel hängt auch davon ab, welcher Art der Einfluß ist, den der betreffende Mann auf die Wassermann-Frau ausübt. Ist er selbst ein gefestigter, positiver Charakter, der seine Macht nicht mißbraucht, wird die Entwicklung viel ruhiger ablaufen als bei einem Gefährten, der seine Macht rücksichtslos einsetzt.

Von den Sexbeziehungen abgesehen, streben die meisten Wassermann-Frauen mit mehr Glück danach, sich neben dem Mann beruflich zu behaupten. Dieser Typ gibt sich nur selten mit einem Dasein zwischen Küche und Kinderzimmer zufrieden. Die lebhaften Interessen sind ständig auf der Suche nach Anregungen und einer Betätigung auch auf anderem Gebiet als dem des Haushaltes.

Im Beruf kann auch tatsächlich Erhebliches geleistet werden, denn der Wassermann-Typ ist ideenreich, unternehmungslustig, phantasiebegabt und schwungvoll, setzt sich auch mit Charme und Beredsamkeit verhältnismäßig leicht durch und kann somit ohne weiteres eine beachtliche Karriere machen.

Die Wassermann-Frau findet im beruflichen Erfolg ein Gutteil der Selbstbestätigung, nach der sie verlangt, und sie wird darum kämpfen, sich dieses Erfolgserlebnis zu bewahren, auch wenn es ihr zum Beispiel von seiten des Mannes streitig zu machen versucht wird.

Wiederum gibt es verschiedene Entwicklungsmöglichkeiten – jene, daß sich die Wassermann-Frau dem Mann gegenüber behauptet ebenso wie die andere, daß sie eines Tages ihm dann doch nachgibt und auf weitere Berufsausübung verzichtet.

Selbstverständlich wird sie in so einem Fall nie aufhören, immer wieder zu versichern, daß dieser Verzicht einzig und allein ihr freier eigener Entschluß war.

Wassermann-Frauen, die nicht oder nicht mehr berufstätig sind, nehmen stets lebhaften Anteil am Beruf des Mannes. Sie werden ihn nötigen, von seiner Arbeit zu erzählen, werden womöglich trachten, ihr Wissen auf diesem Gebiet zu erweitern, um besser mit ihm diskutieren zu können, und wenn es irgend angeht, werden sie auch trachten, ihn in irgendeiner Weise tatkräftig zu unterstützen.

Schon in jungen Jahren zeigt sich dieser Trend. So findet man relativ häufig Wassermann-Mädchen, die mit dem Partner, der noch in der Berufsausbildung steht, fleißig lernen und ihn in jeder Weise zu unterstützen suchen.

Um es nochmals zusammenzufassen: Nahezu alle weiblichen Wassermann-Geborenen stehen den Emanzipationsbestrebungen von heute durchaus aufgeschlossen und positiv gegenüber. Sie werden manchmal sogar zu Wortführerinnen werden und in flammenden Appellen die Gleichberechtigung von Mann und Frau fordern, völlig überzeugt davon, daß das gut und richtig und notwendig ist und daß sie nur äußern, was ihrer innersten Überzeugung entspricht.

Aber es kann dann eben auch vorkommen, daß so eine Wassermann-Geborene mitten im schönsten Diskutieren plötzlich unruhig zu werden beginnt und sich abrupt verabschiedet – weil sie fürchtet, sonst mit dem Abendbrot für „ihn" nicht rechtzeitig fertig zu werden und Angst davor hat, er könnte ungnädig reagieren, wenn er heimkommt und das Essen nicht schon für ihn bereitsteht.

So sind sie eben, die vielschichtigen, widersprüchlichen, trotz allem liebenswerten Wassermann-Frauen.

Und es ist ihre Widersprüchlichkeit, die die Wassermann-Damen für viele Männer so anziehend macht, weil man bei ihnen fast nie im voraus sagen kann, was sie als nächstes tun, sagen, planen oder fühlen werden. Langweilig jedenfalls ist das Leben mit ihnen im allgemeinen nicht!

Wer paßt am besten zum Wassermann-Mann?

Die Fische-Frau (20. Februar bis 20. März)
Von weiblichen Fischen sollte ein Wassermann lieber nicht zuviel erwarten. So eine bezaubernde nixenhafte Fische-Frau könnte ihn rühren und neugierig machen, doch dürfte der Beziehung

kaum allzu lange Dauer gegönnt sein. Kommt es zum Bruch, ist die Wunde bei der Fische-Geborenen tiefer als beim Wassermann. In etwas fortgeschrittenen Jahren, also wenn beide Partner schon Erfahrungen gesammelt haben und eher abzuschätzen vermögen, was sie erwarten dürfen und was nicht, ist ein „Arrangement" eher möglich – jedoch kaum als ideal zu bezeichnen.

Die Widder-Frau (21. März bis 20. April)
Die Widder-Frauen sind dem Wassermann meist zu radikal und wohl auch oft zu leidenschaftlich. Er schätzt nämlich wohltemperierte Sexbeziehungen mehr als die überhitzten. Und wenn eine Widder-Frau liebt, dann tut sie es eben heiß. Auch ist sie eine dominierende Frau – was den Widerspruchsgeist des Wassermanns herausfordert. Gutes Verstehen entwickelt sich unter dem Vorzeichen der Freundschaft jedenfalls eher als in Liebe und Ehe.

Die Stier-Frau (21. April bis 20. Mai)
Wie es überhaupt dazu kommen kann, daß sich ein Wassermann in eine Stier-Frau verliebt, ist schwer zu sagen, da sie einem Zeichen angehört, das mit dem seinen kaum harmoniert. In der Liebe ist freilich alles möglich – nur müssen die Zukunftsaussichten für so ein Paar dann eben als gering bezeichnet werden.

Die Zwillinge-Frau (21. Mai bis 21. Juni)
Der Zwillinge-Frau könnte es relativ leicht gelingen, dem Wassermann zu beweisen, daß sie die Frau seiner Träume ist. Sie schlüpft sozusagen in sein Wunschbild hinein, und siehe da – es paßt ihr wie ein Kleid nach Maß. Es könnte also eine ebenso amüsante wie dauerhafte Verbindung entstehen. Nur ein kleines Bedenken ist anzumelden: Da beide ein wenig zum Leichtsinn (Geld!) neigen, könnten sie sich in Schwierigkeiten hineinmanövrieren. Doch irgendwie werden sie damit fertig.

Die Krebs-Frau (22. Juni bis 22. Juli)
Ob ein Wassermann an der Seite einer Krebs-Frau sein Glück findet, hängt von ihm selbst ab. Ist er von der ruhigeren Art und sie nicht allzu launisch, schaffen Kinder ein Verbindungselement, dem zuliebe man bereit ist, die eigenen Wünschen etwas zurück-

zuschrauben, könnte ein Durchschnittsglück erreicht werden. Die erotische Komponente ist nicht zu unterschätzen. Vor einem überstürzten „Ja" sei dennoch gewarnt.

Die Löwe-Frau (23. Juli bis 23. August)
Wiederum fällt die individuelle Charakterprägung ins Gewicht, sobald sich Löwe-Frau und Wassermann einander nähern. Dauerglück ist eher Ausnahme als Regel, aber immerhin möglich. Die Voraussetzungen lauten: besondere Zielstrebigkeit des Wassermanns, der „über sich hinauswachsen" müßte, um der Löwin zu imponieren. Auf ihrer Seite hingegen sind besondere Konzilianz und Großzügigkeit erforderlich.

Die Jungfrau-Frau (24. August bis 23. September)
Eine geistig aufgeschlossene, energische, jedoch nicht dauernd nörgelnde Jungfrau-Geborene könnte einen „regulierenden" und zielführenden Einfluß auf den Wassermann-Geborenen ausüben. Krisen liegen trotzdem chronisch in der Luft. Als starkes Plus hingegen ist anzuführen, daß beide Partner viel für verfeinerte Liebesfreuden übrig haben. In diesem Punkt würde es also „stimmen".

Die Waage-Frau (24. September bis 23. Oktober)
Waage-Frauen und Wassermann-Geborene haben sowohl im seelischen als auch im sexuellen Bereich zahlreiche Berührungspunkte. Auch in der Einstellung zu praktischen Lebensfragen müßten sich zumindest Kompromisse erzielen lassen. Diese Erwägungen lassen den Schluß zu, daß die Waage-Frau eindeutig zu jenen Partnerinnen gehört, die man Wassermann-Männern besonders „ans Herz legen" darf.

Die Skorpion-Frau (24. Oktober bis 22. November)
An der Seite von Skorpion-Frauen blüht kaum jenes Glück, das sich ein Wassermann-Typ ausmalt. Die Skorpionin vermag ihn zwar sexuell zu reizen und vorübergehend zu fesseln, doch dieser Zauber erlischt, sobald sich im Alltag herausstellt, wie herzlich wenig man eigentlich gemeinsam hat.

Die Schütze-Frau (23. November bis 21. Dezember)
Schütze-Frau und Wassermann-Geborener stimmen als Liebespartner etwa zu fünfzig Prozent überein. Das heißt: Die Waage kann sich nach einiger Zeit ebenso zur Positiv- wie zur Negativseite neigen. Als Ausweg an kritischer Weggabelung bietet sich der Versuch an, die Liebe in eine herzliche Kameradschaft überzuleiten. In manchen Fällen ist das die Lösung aller Probleme. Doch müssen selbstverständlich beide Partner damit ehrlich einverstanden sein.

Die Steinbock-Frau (22. Dezember bis 20. Januar)
Begegnen einander eine Steinbock-Frau und ein männlicher Wassermann, so dauert es meist sehr lange, bis sie sich aufeinander „eingespielt" haben – falls es überhaupt dazu kommt. Sind sie einig geworden, wird der Wassermann erhöhte Anstrengungen unternehmen müssen, um auch weiterhin vor den Augen der bekannt ehrgeizigen, fleißigen und leistungsbewußten Steinbock-Gefährtin zu bestehen. Überdies: Einen Seitensprung kann die echte Steinbock-Frau kaum verzeihen.

Die Wassermann-Frau (21. Januar bis 19. Februar)
Wassermann und Wassermann, das klappt nur, wenn die beiden Partner über so viel innere Ausgeglichenheit verfügen, daß sie sowohl die Sprunghaftigkeit des Partners als auch die eigene Ruhelosigkeit verkraften können.

Wer paßt am besten zur Wassermann-Frau?

Der Fische-Mann (20. Februar bis 20. März)
Der Wunsch der Wassermann-Frauen nach Zärtlichkeit, Behutsamkeit und Herzensgüte wird vom gemütvollen Fische-Mann in der Regel erfüllt. Andererseits ist der Fische-Geborene (obwohl keineswegs ein Schwächling) doch nicht so durchschlagskräftig, wie sich Frau Wassermann ihr starkes Ideal vorstellt. Es ist auch zu erwarten, daß sich ihr Verlangen nach Geselligkeit und sein bedeutend selektiveres Kontaktbedürfnis schwerlich auf einen Nenner bringen lassen.

Der Widder-Mann (21. März bis 20. April)
Der Widder ist einer der „Starken", zugleich aber auch einer von jenen Männern, die diese Stärke mitunter recht eigenwillig ausspielen. Das paßt der echten Wassermann-Frau kaum. Sie rächt sich und zielt justament auf jene Punkte, in denen er Kritik am wenigsten verträgt. Wie das weitergeht? – Selten gut.

Der Stier-Mann (21. April bis 20. Mai)
Dem autoritären Stier könnte es gelingen, eine labile Wassermann-Frau völlig unter seinen Einfluß zu bekommen. Es gibt Paare, wo ein eindeutiges Hörigkeitsverhältnis vorliegt und auch die selbständige Wassermann-Frau aufgehört hat, noch eigene Gedanken zu denken. Von Glück ist dann wohl kaum zu sprechen, mag der Stier-Mann seiner Frau auch suggeriert haben, daß sie glücklich ist.

Der Zwillinge-Mann (21. Mai bis 21. Juni)
Mit einem Zwillinge-Mann könnte sich für die Wassermann-Geborene echtes Dauerglück ergeben. Wie es um den Tiefgang bestellt ist, hängt von individuellen Faktoren ab. Solange beiden die recht abwechslungsreiche Lebensgemeinschaft mit starken kameradschaftlichen und toleranten Komponenten genügt, ist gewiß nichts dagegen einzuwenden.

Der Krebs-Mann (22. Juni bis 22. Juli)
Ein Krebs-Mann wirkt auf die Wassermann-Frau oft besonders erotisierend. Wie es dann im praktischen Alltag weitergeht, läßt sich nicht eindeutig vorhersagen. Die Entscheidung dürfte bereits in den ersten Ehejahren fallen. Ziemlich oft wird eine Ehe, die merklich an Glanz verloren hat, der Kinder wegen aufrechterhalten. Gelegentliche Schönwetterperioden wechseln mit peinigenden Reibereien.

Der Löwe-Mann (23. Juli bis 23. August)
Für das Paar Wassermann-Frau und Löwe-Mann sind die Aussichten gar nicht so übel. Der Löwe fühlt sich durch diese Gefährtin angeregt, und wenn sie es versteht, ihm richtig „um den Bart zu

gehen" und an seine Großzügigkeit zu appellieren, wird sie es kaum vergebens tun. Er schafft ihr die glänzende Basis und ermöglicht es ihr in vielen Fällen, jene Rolle in der Gesellschaft zu spielen, die ihr so großen Spaß macht.

Der Jungfrau-Mann (24. August bis 23. September)
Daß irgendeine Wassermann-Frau einmal einen Jungfrau-Mann kennenlernt und die beiden einander nicht gleichgültig bleiben, ist schon möglich. Daß es viele derartige Paare gibt, ziemlich unwahrscheinlich. Es treffen nämlich so starke Gegensätze aufeinander, daß die erotische Anziehung nur selten stark genug sein wird, sie zu überdecken. Und wenn dies geschieht, ist die Fortsetzung mit einem großen Fragezeichen zu versehen.

Der Waage-Mann (24. September bis 23. Oktober)
Wassermann-Frau und Waage-Mann – sie mögen einander. Aus dieser Sympathie kann im Handumdrehen mehr werden. Es stimmt: Sie sind füreinander geschaffen. Sie werden sich zanken und wieder versöhnen, werden viel unternehmen und manchmal Schiffbruch erleiden, weil ihre Phantasie größer ist als das Abwägen der realen Möglichkeiten – doch all das erschüttert sie nicht. Sie trösten einander und feuern einander an und kommen schließlich doch auf einen grünen Zweig.

Der Skorpion-Mann (24. Oktober bis 22. November)
Sollte sich eine Wassermann-Frau für einen Skorpion-Mann interessieren, muß ihr zu besonderer Vorsicht geraten werden. Skorpione wollen schnell ans Ziel kommen, und die Wassermann-Geborene, die von diesem interessanten Partner fasziniert ist, könnte sich quasi überrennen lassen. Klüger wäre es, zunächst auf „Warteposition" zu gehen. Das wird dem Skorpion nicht gefallen. Er wird zornig werden – und gerade dann zeigt er sein wahres Gesicht. Das ist in jedem Fall aufschlußreich.

Der Schütze-Mann (23. November bis 21. Dezember)
Oft entwickelt sich eine Liebe zwischen Wassermann-Frau und Schütze-Mann aus einer Berufskameradschaft oder einem Gesell-

schaftsflirt. Es fragt sich, ob es nicht am besten wäre, es dabei bewenden zu lassen. Sehr sicher sind Prognosen nämlich nicht zu stellen. Die Chancen stehen 50:50. Das ist nicht gerade schlecht, aber eben auch nicht allzu gut. Wenn eine Wassermann-Frau risikofreudig ist, soll sie es versuchen. Der Schütze ist bestimmt ein feiner Kerl. Fragt sich bloß, ob für sie.

Der Steinbock-Mann (22. Dezember bis 20. Januar)
Den Steinbock-Mann findet die Wassermann-Geborene denn doch etwas zu streng, zu verschlossen oder zu verbohrt. Es könnte sie zwar reizen, ihre weiblichen Waffen an ihm zu erproben, und sie mag sich auch einreden, daß sie ihn auflockern könnte. Aber das gelingt nur bis zu einem gewissen Grad. Außerdem reagieren Steinbock-Männer höchst unsanft auf Versuche, sie durch Flirts mit Rivalen aus der Reserve zu locken.

Der Wassermann-Mann (21. Januar bis 19. Februar)
Eine solche Verbindung wird weder konventionell noch langweilig sein. Beide Partner sind vielseitig interessiert und können sich stundenlang unterhalten und sich gegenseitig zahlreiche geistige Anstöße geben. Weniger eng ist oft die körperliche Übereinstimmung, und es kann einige Zeit dauern, bis die typische Wassermann-Distanz abgebaut ist.

Glückstage der Wassermann-Menschen

Glückstage, so sagen viele Wassermann-Geborenen abfällig, brauche ich nicht. Mir gelingt doch sowieso alles, was ich unternehme. Ganz von der Hand zu weisen ist dieses Argument nicht, denn die Wassermann-Typen sind die geborenen Optimisten, und allein diese Tatsache genügt oft schon, ihnen jene leichte Hand zu geben, mit der die Dinge sich fast von selbst erledigen. Dennoch: Auch den „Wassermännern" kann mal etwas danebengehen, und dann ist es gut, die eigenen Glückstage zu kennen, an denen die Wahrscheinlichkeit groß ist, daß die gerade erst verpatzte Sache nun doch noch klappt.

Der allgemeine Glückstag ist der Donnerstag, wobei für die Vertreter der ersten Dekade noch der Dienstag, für die der zweiten noch der Sonnabend und für die der dritten schließlich noch der Mittwoch hinzukommen.

Gemeinsam mit den Vertretern der anderen Tierkreiszeichen haben Sie als Wassermann-Geborener folgende Glückstage:
Mit dem Widder den 3. März und 11. Oktober; mit dem Stier den 1. Januar und den 30. August; mit den Zwillingen den 5. Mai und den 5. Juni; mit dem Krebs den 30. Juli und den 23. Dezember; mit dem Löwe den 19.März und den 24. April; mit der Jungfrau den 14. Juli und den 28. November; mit der Waage den 5. August und den 25. September; mit dem Skorpion den 13. Februar und den 24. April; mit dem Schütze den 16. August und den 13. Dezember; mit dem Steinbock den 2. Mai und den 14. Juni; mit den Fischen den 17. März und den 13. Dezember.

Glückszahlen der Wassermann-Menschen

Gleich zwei Zahlen gibt es, die als glückbringend für alle unter dem Sternzeichen Wassermann geborenen Menschen bezeichnet werden können. Die Zwei und die Zwölf sind es, die sich als positiv erwiesen haben. Ferner ist die Kombination 2–20–46 erfolgversprechend.

Für die in der ersten Dekade geborenen Wassermann-Menschen ist darüber hinaus noch die 21 und als Kombination 11–21–50, für die in der zweiten Dekade geborenen Menschen die 4 und als Kombination 4–14–40 und für die in der dritten Dekade geborenen Wassermann-Typen schließlich die 10 und als Kombination 10–12–60 ratsam.

Gemeinsam mit den Vertretern anderer Tierkreiszeichen haben Sie als Wassermann-Typ folgende Glückszahlen:
Mit dem Widder die 3 und als Kombination 3–13–30; mit dem Stier die 5 und als Kombination 15–25–75; mit den Zwillingen die 7 und als Kombination 7–27–70; mit dem Krebs die 11 und als Kombination 11–13–67; mit dem Löwe die 1 und als Kombination 10–14–88; mit der Jungfrau die 8 und als Kombination 18–36–68;

mit der Waage die 12 und als Kombination 12–48–68; mit dem Skorpion die 15 und als Kombination 30–35–66; mit dem Schützen die 18 und als Kombination 18–48–68; mit dem Steinbock die 6 und als Kombination 16–46–86; mit den Fischen die 9 und als Kombination 9–19–90.

Glückssteine und Glücksfarben der Wassermann-Menschen

Zu den bewährten Glückssteinen der im Zeichen Wassermann Geborenen gehören in erster Linie der Türkis, ferner der Rubin und Smaragd sowie wasserhelle Steine, an erster Stelle der Aquamarin. Nicht nur besonders hübsch, sondern auch glückbringend sind Silber- und Platinfassungen.

Die meist sehr attraktiven Wassermann-Damen können auch in reiferem Alter noch gut beinahe jede Sorte Schmuck tragen, da sie oft sehr viel jünger wirken, als sie tatsächlich sind. Es muß jedoch betont werden, daß ihr frisches Aussehen nicht nach besonders viel Schmuck verlangt und daß es daher im allgemeinen besser ist, sich auf ein, zwei kostbare Stücke zu beschränken. Nur bei besonderen Anlässen darf schon einmal etwas mehr von dem Inhalt der Schmuckschatulle gezeigt werden.

Die ganz jungen Wassermann-Mädchen dürfen freizügig mit allen Arten des Modeschmucks operieren, ohne sich dadurch lächerlich zu machen. Es steht ihnen – und ihrem oft etwas „verrückten" Typ –, ruhig ein wenig zuviel des Guten zu tun.

Die Therapie- und Glücksfarben der Wassermann-Menschen sind ein beruhigendes Violett sowie Braun, Blau und Rosé. Allgemein sollten keine zu grellen Farben gewählt werden, denn die Ausstrahlungskraft der Wassermann-Menschen, und ganz besonders der Frauen, ist groß und eindrucksvoll genug und braucht nicht noch zusätzlich unterstrichen zu werden. Grelle Töne müssen zwar nicht ganz vermieden werden, sollten aber nur in Kombination mit weicheren Schattierungen gewählt werden.

FISCHE
(20. Februar bis 20. März)

Die starken und schwachen Seiten des Fische-Menschen

Dreierlei ist für den Fische-Typ – und zwar für den männlichen ebenso wie für den weiblichen – charakteristisch: seine starke Gefühlsbetontheit, seine Abhängigkeit von wechselnden Stimmungen und ein gewisser Hang zur Bequemlichkeit.

Man könnte diese Charakteristika strenggenommen in die Rubrik „Schwächen" einreihen (zumindest die beiden zuletzt genannten) und folglich schließen, daß eben ihrer starken Ausprägung wegen im Fische-Wesen die Schwächen schwerer wiegen als die Vorzüge. So einfach ist das jedoch nicht.

Fische-Menschen werden oft unterschätzt. Gewiß – sie sind nicht allzu durchschlagskräftig, sie sind bisweilen schwankend in ihren Entschlüssen, und es gibt zweifellos Menschen, bei denen der Wille bedeutend stärker ist. Zählt man ferner noch hinzu, daß es nur wenigen Fische-Geborenen gegeben ist, sich selbst „ins rechte Licht zu rücken" und auf das eigene Können aufmerksam zu machen, nimmt es nicht wunder, wenn der Fische-Typ bei flüchtiger Betrachtung unter seinem echten Wert taxiert wird. Schade!

Gerade in diesem Zeichen werden nämlich sehr wertvolle Menschen geboren – zwar keine stürmischen Kämpfernaturen, doch aufrichtige, gütige Charaktere, die sich für Menschen, die ihnen nahestehen, aufopfern.

Es kann tatsächlich passieren, daß Fische-Geborene von der Umwelt in schamloser Weise ausgenützt werden. Sie sind ja so hilfsbereit, sind geradezu glücklich, wenn sie jemandem beispringen und eine Gefälligkeit erweisen können! Man hat es wieder einmal mit einem Beweis für die schon öfter aufgestellte Behauptung zu tun, daß gerade wertvolle Charaktereigenschaften auch Probleme aufwerfen können.

Versuchen wir, die Plus- und Minuspunkte, die sich bei der Charakteranalyse der Fische-Geborenen ergeben, der Reihe nach zu untersuchen und gegeneinander abzuwägen.

Auf der Positivseite wäre zunächst einmal das Pflichtgefühl zu nennen. Es äußert sich oft schon in frühester Jugend: Fische-Kinder nehmen es mit dem Lernen und den Hausaufgaben meist sehr genau (dabei spielt freilich auch ein Teil Ängstlichkeit mit).

Der Verstand ist eher überdurchschnittlich – zumindest ist praktischer Verstand vorhanden. Es fällt freilich auf, daß Fische-Menschen zwar wiederholt in der Lage sind, eine Situation verstandesmäßig klar zu erfassen und logisch zu folgern, was nun zu tun wäre – daß die Durchführung dann jedoch am Mangel an Energie scheitert oder an der Abneigung gegen Schwierigkeiten und Unbequemlichkeiten. Mit anderen Worten: Man weiß zwar, was zu tun wäre, aber man tut es trotzdem nicht. Man schmollt, bemitleidet sich und läßt den Dingen ihren Lauf. So verhalten sich viele Fische-Menschen, wenngleich nicht alle.

Bleiben wir noch bei den Vorzügen: Fische-Menschen beweisen große Dankbarkeit und Anhänglichkeit. Sie verfügen über starken Familiensinn, bejahen Bindungen dieser Art, sind nahestehenden Menschen gegenüber ziemlich zuverlässig. Wie weit dabei (möglicherweise unbewußt) Berechnung mit eine Rolle spielt, kann von Fall zu Fall verschieden sein.

Berechnung läge vor, wenn der Fische-Typ in seinem Eintreten für Familienmitglieder eine Art „Rückversicherung" anstrebt. Wenn er sich also etwa sagt: „Ich muß mich um Schwester X oder Onkel Y kümmern – dann werden sie sich auch meiner annehmen, wenn es nötig ist."

Der Fische-Mensch hat ja ein besonders starkes Verlangen nach Geborgenheit, nach dem Schutz, den eine größere Gemeinschaft gibt. Es ist ihm nicht nur Bedürfnis, seelisch zu wurzeln (verstanden zu werden, Bejahung zu finden, sich in der Zuneigung nahestehender Menschen selbst bestätigt zu finden), sondern er strebt auch nach ganz realem Schutz. Dies hat wiederum mit seiner eher pessimistisch gefärbten Einstellung zum Leben zu tun. Der Fische-Mensch rechnet nahezu chronisch damit, daß „etwas passieren" könnte. Er sieht eher schwarz, reagiert auf Rückschläge – sogar auf relativ unbedeutende – mit Verzagtheit und fühlt instinktiv, daß ihm die Gefahr droht, von robusteren Mitmenschen überrundet, in den Hintergrund gedrängt, ausgebootet zu werden.

Da dieser Wunsch nach mehrfacher Verankerung und Absicherung so groß ist, wirkt sich ein Scheitern derartiger Bestrebungen beim Fische-Typ nachhaltiger aus als bei anderen Typen. Ein Fehlschlag in der Ehe trifft den Fische-Menschen nicht allein im Gefühlsbereich, er leidet nicht nur an der Enttäuschung, es wird für ihn oft ein schweres Problem, den Verlust an Sicherheit auszugleichen, den er erlitten hat; denn irgendwie fühlt sich jeder Fische-Mensch automatisch sicherer, wenn er einen Gefährten an der Seite hat. Er steht dann ja nicht allein mehr auf seinen eigenen zwei Beinen, sondern sozusagen auf vier Füßen.

Disharmonische Verhältnisse in der Ehe oder der Familie führen bei diesen sensiblen Menschen leicht zu nervlichen Störungen, zum Sinken der Leistungskraft und somit zu beruflichen Rückschlägen. Aus diesem Grund ist es gerade für die Geborenen dieses Zeichens so ungemein wichtig, den richtigen Lebenspartner zu finden.

Nun wurde doch bereits wieder von Schwächen gesprochen. Die Reihe der Vorzüge, über die Fische-Geborene verfügen, ist jedoch keineswegs erschöpft.

Der überwiegende Teil der Fische-Geborenen hat ein starkes Gerechtigkeitsempfinden, das leicht alarmiert werden kann. Es führt zum Eintreten für Benachteiligte; es reagiert freilich auch heftig, wenn es die eigene Person ist, der ein Unrecht widerfährt. Und in diesem Zusammenhang kann nicht verschwiegen werden, daß Fische-Menschen manchmal zu empfindlich sind, daß sie sich mitunter selbst etwas zu wichtig nehmen, wie ja überhaupt die Ichbezogenheit und der Hang zum Selbstbemitleiden ihnen gelegentlich einen Streich spielen.

Ein eindeutiger Vorzug ist die manuelle Geschicklichkeit, über die neunzig Prozent aller Fische-Geborenen verfügen. Dies gilt wiederum für Fische-Männer und Fische-Frauen in ganz ähnlicher Weise. Die meisten haben „goldene Hände". Wenn etwas kaputtgegangen ist – sie bringen es wieder in Ordnung. Sie basteln und reparieren, leimen und verschönern. Es schmeichelt ihnen, wenn man sie in solchen Belangen um Rat fragt und ihnen nach gelungener Arbeit Lob spendet. Das Bedürfnis nach Anerkennung und Bewunderung ist in diesem Zeichen nämlich auch sehr groß. Lob stärkt ihnen den Rücken, Bestätigung läßt sie förmlich „wachsen".

Der Fische-Mensch braucht eben immer wieder Ermunterung und Lob, will immer wieder aufs neue bestätigt haben, daß sein Schaffen erfolgreich, sein Dasein für andere Menschen wichtig ist. Er sucht Bestätigung, Verständnis, Anerkennung, die ihm den Rücken steifen.

Fehlt das „Ja" der Umwelt oder fällt es nach Ansicht des Fische-Typs nicht klar genug aus, lassen Elan und Lebensfreude im allgemeinen nach. Die Geborenen dieses Zeichens verfügen nicht über genügend Kraftquellen im eigenen Innern, um sich, ganz auf sich selbst gestellt und womöglich gegen Widerstand von außen, durchzusetzen. Sie sind das genaue Gegenteil des trotzigen Herausforderer-Typs, der ungünstigen Verhältnissen die Stirne bietet und unter dem Motto „Jetzt erst recht" zum Sturm auf Hindernisse ansetzt.

An Zähigkeit fehlt es dem Fisch in der Regel nicht, doch handelt es sich bei ihm um passive Zähigkeit. Mit einer gewissen Verbissenheit harrt so mancher Fisch auf verlorenem Posten aus, klammert er sich an Illusionen, verteidigt er längst Gescheitertes (sei es eine Ehe oder eine Karriere) gegen alle, nicht zuletzt auch gegen wirklich wohlmeinende Freunde, die ihm die Augen öffnen und ihn dazu bringen wollen, aktiv zu werden, zu retten, was zu retten ist.

Man findet in diesem Zeichen viele Träumer, die aus der Wirklichkeit flüchten, sich eine jener berühmten „Lebenslügen" zurechtzimmern und nichts so übelnehmen wie den Versuch, sie auf den Boden der Tatsachen zurückzuführen. Dies ist beispielsweise in Verbindungen der Fall, in denen der Fische-Mensch vom Partner schamlos ausgenützt wird und dennoch, wider bessere Einsicht, an der Illusion festhält, geliebt zu werden.

Möglicherweise sind jene Fische-Geborenen sogar glücklicher als die anderen, die ihre trübe Lage erkennen und mit dieser Erkenntnis resignieren. Sie verharren tatenlos in Selbstbemitleidung. Wiederum fehlt meist die Kraft, sich „am eigenen Schopf" aus der Misere zu ziehen. Es wird lediglich Trübsal geblasen, geweint, gejammert.

Für Außenstehende, die diese Situation erleben müssen, stellt sich dieses Verhalten als schwer verständlich dar. Sie müssen erfahren, daß die Fische-Menschen leider keinen Trostversuch akzeptieren. Es ist dann besser, sie in ihrem Kummer alleine zu lassen.

Erziehung der Fische-Kinder

Das Wesen der im Zeichen Fische geborenen Kinder zeichnet sich schon früh durch seine außergewöhnliche Verwundbarkeit aus. Fische-Kinder sind stets äußerst anlehnungsbedürftig und sehnen sich nach Zärtlichkeit und Wärme. Sie genießen es, im Schoß der Familie heranzuwachsen, und nichts ist ihrer Entwicklung so abträglich wie die Spannungen und Differenzen eines disharmonischen Familienlebens.

Die Erziehung eines Fische-Kindes sollte deshalb stets von behutsamer Liebe diktiert werden. Vor allem die reiche Phantasie und das stark ausgeprägte Innenleben solcher Kinder verlangen von ihren Erziehern ein besonderes Maß an Einfühlungsvermögen und Verständnis. Das, was des Fische-Kindes eigene Welt darstellt, als wirklichkeitsferne Phantastereien abzutun, hieße das gerade Gegenteil von dem zu erreichen, was das Ziel jeder vernünftigen Erziehung sein muß: nämlich der individuellen Persönlichkeit des werdenden Menschen bei ihrer Entwicklung zu helfen.

Wo das Fische-Kind auf Verständnislosigkeit stößt, beginnt es sich innerlich abzukapseln. Seine naturgegebene Schüchternheit wird dann nicht selten zur echten Kontakthemmung, und um zu vermeiden, daß es um seiner bisweilen skurril scheinenden Ideen willen ausgelacht wird, zieht es sich völlig in seine Innenwelt zurück und wird zum Träumer, dem sein äußerer Aufgabenbereich nur wie ein lästiges Hindernis auf dem Weg zu einer schöneren, bunten Märchenwelt erscheint.

Solche Kinder werden vor allem im Schulalter zu großen Sorgen ihrer Eltern, denn sie erreichen bisweilen, obwohl sie begabt sind, das Klassenziel nur mit Mühe – eben deshalb, weil sie infolge des Mißverständnisses zwischen der äußeren und der inneren Welt nicht imstande sind, die Grenzen derselben rechtzeitig auszumessen und zu erkennen.

Liebe, und nicht Strenge, wird daher das einzige Mittel sein, dem Fische-Kind den Weg zu einem ausgeglichenen und harmonischen Dasein zu erschließen. Wenn die kleine Traumsuse mit einem „Pinsch" aus der Schule kommt – der, wohlgemerkt, gar nicht notwendig wäre, weil sie ein begabtes Mädchen ist –, wird die kluge Mutter sie nicht mit Schelte oder sogar Drohungen empfangen, sondern sie eher beiseite nehmen und sagen: „Hör einmal, liebes Kind, du hast zwar diesmal versagt, aber wir wissen doch beide, daß du es schaffen kannst, wenn du willst. Laß uns einmal zusammen überlegen, was wir tun können."

Durch solche freundlichen Ermunterungen wird der gute Wille des Fische-Kindes geweckt, und wenn es erst einmal bei der Sache ist, sind die schwierigsten Hürden schon genommen. Das Kind, das sich trotz seines Versehens geliebt und verstanden weiß, wird nämlich von sich aus alles tun, um die gute Meinung, die seine Eltern von ihm haben, nicht zu enttäuschen.

Ein Problem besonderer Art für viele Fische-Kinder ist das der Furcht. Sie sind rein anlagemäßig vielfach äußerst schreckhaft, was sich im Verlauf ihrer Entwicklung bisweilen noch verstärkt, da ihre in diesem Zusammenhang recht ausschweifende Phantasie ihnen die übelsten Streiche spielt. Ein Großteil jener hypersensiblen und nervösen Kinder, die nur bei Licht einschlafen wollen, weil sie ein dunkler Raum mit panischem Entsetzen erfüllt, gehören dieser Kategorie von Tierkreiszeichen an.

Bei der Erziehung von solchen kleinen „Feiglingen", die im

Ernstfall übrigens genauso tapfer sein können wie jedes andere Kind, da sie sich ja nicht vor der Wirklichkeit, sondern vor den Ausgeburten ihrer eigenen Phantasie fürchten, ist es daher sehr wesentlich, einen Furchtkomplex da, wo er auftaucht, sofort zu bekämpfen. Das Märchen vom schwarzen Mann und ähnlichen Schreckgespenstern ist besonders hier nicht nur völlig unangebracht, sondern könnte im Ernstfall eine echte Psychose auslösen.

Vernünftige Eltern werden alles daransetzen, ihre kleinen Fische-Sprößlinge vor der Angst zu bewahren, indem sie ihnen Sicherheit und Vertrauen einflößen. Hat das Fische-Kind erst einmal erkannt, daß seine Furcht nur ein Produkt seiner eigenen Phantasie ist, vermag es nämlich auch damit fertig zu werden.

Freilich darf man dabei nicht mit Gewaltmethoden zu Werke gehen, denn das Fische-Kind mit drakonischer Strenge zu einem tapferen Menschen erziehen zu wollen, hieße, es für den Rest seines Lebens völlig einschüchtern. Vielmehr werden die klugen Eltern, wenn sie die Anzeichen einer solchen Furcht an ihrem Kind bemerken, es liebevoll belehren, daß es in der treuen Obhut der Seinen nichts zu befürchten habe. Hat es das Gefühl dieser inneren Sicherheit, werden auch die Symptome der Furcht bald mehr und mehr verschwinden.

Da viele Fische-Kinder zu einer recht hemmungslosen Großzügigkeit neigen, die sie zum willkommenen Ausbeutungsobjekt gerissener Spielgefährten macht, ist es angebracht, ihnen rechtzeitig die Bedeutung der Begriffe „mein" und „dein" beizubringen. Es könnte sonst geschehen, daß sie sich alles mögliche abschmeicheln lassen, nur weil sie es nicht über sich bringen, im richtigen Moment nein zu sagen. Gerade das aber wäre eine schlechte Voraussetzung, um im Kampf des späteren Lebens bestehen zu können.

Da Fische-Kinder in jeder Hinsicht leicht beeinflußbar sind, erweisen sie sich gelegentlich auch ungünstigen Einflüssen gegenüber recht aufgeschlossen. Es wird sich daher als zweckmäßig erweisen, wenn die Eltern den Kreis der Spielkameraden und Freunde unauffällig überwachen, um auf diese Weise Schäden auszuschließen. Besonders wichtig ist in diesem Fall eine frühzeitige Aufklärung über das Geschlechtsleben, da Fische-Kinder infolge ihrer großen Nachgiebigkeit und Labilität sonst nur allzu leicht Opfer einer frühzeitigen Verführung werden könnten.

Die Kinder des Fische-Zeichens sind darüber hinaus meist schüchtern, aber gutartig, liebevoll und freundlich. Sie bemühen sich stets, ihre besten Charakterzüge hervorzukehren, um in ihrem Benehmen gelobt und ermutigt zu werden, denn sie neigen zur Zaghaftigkeit.

Das Fische-Kind ist außerordentlich empfänglich für seine Umwelt, und ein hartes Wort kann es empfindlich treffen. Es ist das am nachhaltigsten zu beeindruckende von allen Tierkreiszeichen. Es braucht die liebevolle mütterliche Fürsorge am meisten, um nicht traurig und unglücklich zu sein. Das Kind ist oft nicht leicht zu verstehen, sobald es sich schon früh seines Eigenwertes bewußt wird.

Die Fische sind ein Wasserzeichen, das beweglich ist und vom Planeten Neptun beherrscht wird. Diese Zusammensetzung erklärt die zwiespältige Natur des Fische-Kindes, die Fülle seiner Einbildungskraft und seiner Gaben, die vor allem auf künstlerischem Gebiet vorhanden sind.

Das Symbol des Zeichens besteht aus zwei Fischen, die in die entgegengesetzte Richtung schwimmen. Daraus erklärt sich die Unentschlossenheit und Zaghaftigkeit, die oft bei den Fische-Geborenen anzutreffen ist. Das Fische-Kind braucht eine geschickte Hand zur Führung und Festigung seines Charakters, damit es seine besten Eigenschaften entwickeln kann.

Die Beweglichkeit seines Geburtszeichens gibt ihm eine leichte Auffassungsgabe. Aber man muß das Kind bei der Auswahl seiner Freunde und seiner Tätigkeit lenken. Das Element des Wassers verstärkt die gefühlsmäßige Seite seines Wesens, und die Stimmung wechselt leicht von einem Extrem ins andere, vom Frohsinn zur Trauer und Niedergeschlagenheit. Hier sollte man mit Fingerspitzengefühl und Takt den besten Weg suchen, um dem Kind zu helfen, seine Labilität zu überwinden.

Der Einfluß des Planeten Neptun ist im allgemeinen stark genug, um seine positiven Eigenschaften hervorzukehren, so z.B. die inspirativen Fähigkeiten. Die negativen Einflüsse des Zeichens verwirren beim Fische-Geborenen die Klarheit der

Erkenntnis und behindern das realistische Denken. Aber das Fische-Kind besitzt meist überdurchschnittliche geistige Gaben.

Es strebt in allem, was es unternimmt, nach Vollkommenheit, und seine lebhafte Phantasie vermag es auf künstlerisches Gebiet zu führen. Das Kind begreift schnell und lernt mit Leichtigkeit, wenn es bereit ist, sich zu konzentrieren.

Der Fische-Mensch als Freund

Fische-Geborene haben eine positive Einstellung zur Freundschaft, und wie die meisten gütigen, hilfsbereiten, mitfühlenden Naturen verfügen sie durchaus über Wesenszüge, die man als förderlich für das Eingehen und den Bestand von freundschaftlichen Beziehungen bezeichnen kann.

Dies ist eine summarische Feststellung, und sie bleibt aufrecht, denn was im folgenden erklärt wird und was allenfalls als Widerspruch verstanden werden könnte, hebt die zuerst getroffene Behauptung keineswegs auf, sondern schränkt sie nur in Details ein.

Die erste Einschränkung liegt auf der Hand, und sie ist übrigens nicht allein in Verbindung mit Fische-Menschen zu treffen: Nicht jeder wird von der Freundschaft mit einem „Fisch" gleichermaßen befriedigt sein – oder umgekehrt: Der Fische-Geborene kann seine Freundschaftstugenden nicht jedem gegenüber in gleich erfreulicher Weise entfalten. Wenn es also mit einer Freundschaft nicht klappt, braucht die Schuld daran nicht bei ihm zu liegen. Sie liegt vielleicht auch nicht beim Partner. Manche Menschen passen einfach nicht zusammen, weder in der Liebe noch in der Freundschaft.

Noch etwas muß berücksichtigt werden: Auf Grund seiner inneren Struktur und Veranlagung sind jedem Typ gewisse Grenzen gesetzt. Innerhalb dieser Grenzen hat die Willensentfaltung freien Spielraum. Es hängt von jedem einzelnen und seinen Anstrengungen ab, ob er seine Möglichkeiten wirklich voll nutzt und ausschöpft. Die Grenzen seiner Möglichkeiten aber kann niemand überschreiten.

Dieser allgemeine Hinweis wurde gegeben, weil seine Beachtung unerläßlich ist, soll ein oberflächliches und ungerechtes Urteilen vermieden werden. Gerade in der Freundschaft aber ist doch Verstehen so wichtig, und der „Fisch" im besonderen hat ein so starkes Bedürfnis danach, verstanden zu werden. Er wird im Leben oft genug ungerecht behandelt, nicht voll gewürdigt und beiseite geschoben, weil er sich nicht in Szene setzen, nicht die Reklametrommel für sich zu rühren versteht. So sehnt er sich doppelt danach, wenigstens im Kreis der ihm lieben Menschen, in seiner Familie und bei seinen Freunden Anerkennung zu finden – zumindest nicht unterschätzt zu werden.

Es widerspricht dem Fische-Charakter, die eigenen Vorzüge auf dem Präsentierteller herumzureichen. Oft entdeckt man erst nach längerer Bekanntschaft, welche wertvollen Gaben und Eigenschaften dieser stille Zeitgenosse aufzuweisen hat.

Freunde, die es ehrlich mit dem „Fisch" meinen, werden ihn aufzumuntern trachten und es an Zuspruch nicht fehlen lassen. Beim Zusammentreffen widriger Umstände neigt der Fische-Mensch zur Resignation. Da gilt es, ihn aufzurütteln. Dies muß jedoch klug und taktvoll geschehen. Mit Spott oder mit kompakten Vorwürfen wird nichts erreicht. Der empfindliche „Fisch" ist leicht zu verletzen und verliert dann das Vertrauen zu den Ratgebern, von denen er sich nicht verstanden fühlt. Soweit darf es nicht kommen.

Was die Hilfsbereitschaft der Fische-Geborenen anbelangt, von der schon die Rede war, so muß noch näher darauf eingegangen werden. Ohne Zweifel: Die Bereitschaft zum Helfen ist sehr groß. Ohne zu überlegen – mitunter allzu leichtsinnig und vertrauensselig – wird der „Fisch" dem Freund, der ihn darum bittet, finanziell beistehen; er wird sich womöglich die Erfüllung eigener Wünsche versagen, um dies tun zu können. Vor allem weibliche „Fische" verstehen sich gut aufs Trösten; ihr warmes Mitgefühl, ihr herzliches Teilnehmen am Kummer, der Freunde bedrückt, kann echte seelische Hilfe sein.

Hier muß auch auf eine kleine Schwäche der Fische-Geborenen hingewiesen werden: Sie machen um Unbequemes gern einen Bogen. Ihr Bedürfnis nach Ruhe und gleichbleibendem Tagesablauf ist sehr groß, und wenn es um die Befriedigung dieser Bedürfnisse geht, können „Fische" zu Egoisten werden, obwohl sie im allgemeinen nicht übertrieben egoistisch sind.

Ein weiterer dunkler Punkt ihres Wesens liegt in ihrer geringen Widerstandskraft gegen trübe Stimmungen. Fische-Menschen neigen zu Depressionen, und sie überlassen sich ihnen, ohne auch nur den Versuch zu machen, dagegen anzukämpfen.

Berufe, die sich für Fische-Menschen eignen

Wer im Zeichen Fische geboren wurde, macht fast nie eine Blitzkarriere. Sollte dies ausnahmsweise doch der Fall sein, kann man die Wette wagen, daß dieser rasche Aufstieg nicht mit kühnem Unternehmungsgeist geschafft wurde, sondern eher ein Produkt glücklichen Zufalls ist – oder von einem geschickten Manager gesteuert wurde.

Bei diesen gemütvollen Menschen ist es wichtig, daß sie eine Gefühlsbindung zu ihrer Arbeit haben. Sofern sie frei von Zwang (sei es einem von den Eltern ausgeübten oder einem durch Umstände hervorgerufenen) ihre Wahl treffen können, entscheiden sie sich meist für Berufe, in denen Helfen, Dienen, Bewahren groß geschrieben werden. Arzt, Krankenpflegerin, Priester, Kindergärtnerin, Förster, Kosmetikerin – das sind einige Berufe, für die Fische-Menschen besondere Eignung besitzen.

Auch das handwerkliche Geschick ist meist ziemlich ausgeprägt. Kommt zur manuellen Fertigkeit noch das künsterlische Empfinden, ergibt das den in geschmackvollen Details schwelgenden Kunsthandwerker, und damit ist die Brücke geschlagen zum rein künstlerischen Schöpfertum. Musische Begabung ist bei Fische-Menschen relativ häufig, und sie sollte auch dann gepflegt werden, wenn sie nicht stark genug ist, um das Ergreifen des Künstlerberufes zu rechtfertigen. Künstlerische Betätigung als Hobby wirkt sich nicht selten indirekt fördernd auf die beruflichen Angelegenheiten der Fische-Geborenen aus, indem sie den „Privatkünstlern" Entspannung, Freude, Zufriedenheit schenkt und folglich zur so wichtigen inneren Ausgeglichenheit beiträgt.

Das Bild des berufstätigen Fische-Menschen bedarf noch deutlicher Hervorhebung seiner Licht- und Schattenseiten. Den positiven Faktoren wie Sorgsamkeit, Anhänglichkeit, Verantwortungsbewußtsein gegenüber den dem Fisch anvertrauten Pflegebedürftigen, Schwachen – diesem Erfreulichen tritt auch weniger Erfreuliches zur Seite: etwa der Hang, um Schwierigkeiten und Unangenehmes einen Bogen zu machen, der schwache Behauptungswille, der störende Einfluß seelischer Schwankungen.

Wie stets kommen auch beim Fische-Typ die Unterschiede zwischen einzelnen Vertretern dieses Zeichens dadurch zustande, daß jeweils ein anderer Wesenszug stärker hervortritt, wodurch sich trotz der Gleichartigkeit des Grundcharakters immerhin beträchtliche Akzentverschiebungen ergeben können.

Was ist zu beachten, wenn man mit Fische-Geborenen in näheren beruflichen Kontakt kommt?

An erster Stelle empfiehlt es sich, daran zu denken, daß Fische-Menschen oft mehr sind und mehr können, als dies bei flüchtiger Betrachtung den Anschein hat. Es lohnt also, bei ihnen auf „Entdeckungen" auszugehen. Man gebe ihnen eine Chance! Man zeige ihnen, daß man Vertrauen zu ihnen hat und ihre Arbeit anerkennt! Die Wirkung ist nicht selten überraschend, zeigt sich doch, daß so ein „Fisch", der bisher immer wieder von rücksichtslosen Konkurrenten überspielt und an die Wand gedrückt wurde, der jahrelang ein unauffälliges Statistendasein führte, plötzlich größeren Aufgaben durchaus gewachsen ist. Genauer gesagt: Er war ihnen immer gewachsen, aber er hatte keine Gelegenheit, das zu zeigen, und es fehlte ihm die Energie, sich diese Gelegenheit zu erkämpfen.

Das Problem Nr. 1 der Fische-Karrieren ist und bleibt, daß dieser Typ das genaue Gegenteil einer Kämpfernatur ist. Wenn jemand vor ihm die Bresche schlägt, ihm Raum schafft, dann entfalten sich seine Gaben. Zumindest ist dies bei der Mehrzahl der Fische-Menschen der Fall.

Der Fisch als Arbeitgeber

Der sensible, empfindsame Fische-Geborene sollte sich, ehe er sich beruflich festlegt, sehr genau überlegen, welche Form der Beschäftigung er auswählen soll. Erstens verändert er sich nur sehr ungern, und zweitens fällt es ihm ohnehin schwer, Karriere zu machen. Darüber hinaus tut er sich im Umgang mit seinen Mitmenschen nicht immer leicht.

Er sollte sich klarmachen, daß ihm jede Rivalität gegen den Strich geht, mithin auch jeder Konkurrenzkampf. Er ist angezogen von allen Dingen, die er kreieren kann und die im weitesten Sinn in den musischen Bereich fallen.

Als Schauspieler sind sehr viele Fische-Geborene weltberühmt geworden. Es liegt ihnen, in eine andere Rolle zu schlüpfen, sich hinter einer Maske zu verbergen, so daß sie ihre wahren Gefühle nicht zeigen müssen.

In all jenen Bereichen, in denen Willensstärke und rationale Vernunft für das berufliche Fortkommen nicht hundertprozentig ausschlaggebend sind, haben Fische-Geborene die besten Chancen. Sie müssen in der Lage sein, ihre Intuition zu benutzen, müssen durch ihr eher sympathisches Wesen wirken und müssen ihre breite Vorstellungskraft und ihre kreative Ader ausschöpfen können. Sehr viele Fische-Geborene sind namhafte Poeten, Sänger, Dramaturgen und Regisseure geworden.

Sehr gute Berufsaussichten haben Fische-Geborene auch dort, wo sie sozial tätig werden können und wo ihre große Hilfsbereitschaft zum Tragen kommt. Damit ergeben sich bereits naheliegende Berufe wie alle Pflegeberufe, der gesamte Bereich der Medizin sowie des Sozialwesens.

Wenn es dem Fische-Geborenen passiert ist, daß er in einem langweiligen Job hängengeblieben ist, der kaum Aufstiegschancen bietet und in dem seine Talente nicht gefördert werden, so ist ihm dringend zu raten, wenigstens in seiner Freizeit aktiv zu sein und sich mit Hobbys abzugeben, die Abwechslung bedeuten und Befriedigung.

Genaugenommen sind jene Fische-Geborenen, die in die Rolle der Arbeitgeber geschlüpft sind, nur selten zu finden. Das heißt jedoch nicht, daß sie nicht in der Lage sind, diese Position recht gut auszufüllen. In diesem Zusammenhang fällt auf, daß die Arbeitnehmer, die unter einem Fische-Chef dienen, diesen entweder hundertprozentig ablehnen oder für ihn durchs Feuer gehen. Ein Mittelmaß gibt es in dieser Beziehung kaum.

Diejenigen, die für den Fische-Arbeitgeber sind, beschreiben ihn als einen sehr verständnisvollen Chef, der außerordentlich hilfsbereit ist und ihnen keinerlei Schwierigkeiten macht; jene, die ihn ablehnen, nennen ihn neurotisch, verwirrend und sehr oft kopflos.

Es muß jedoch anerkannt werden, daß der typische Fische-Arbeitgeber durch seine leicht nachgiebige Art oft sehr viel mehr erreichen kann als Chefs anderer Sternzeichen, die es mit Kraft, Durchsetzungsvermögen und Ellenbogenfreiheit versuchen. Der einzige Vorwurf, den man dem Fische-Arbeitgeber immer wieder machen kann, ist der, daß er nicht energisch genug durchgreift und daß er manchmal nicht ganz bei der Sache ist, weil er so viele andere Interessen hat, die ihn gefangennehmen. Entscheidend ist aber auch, daß der Fische-Boß fast immer dafür sorgt, daß in seiner Firma ein ausgesprochen gutes Betriebsklima herrscht und daß die Arbeitsbedingungen und die Bezahlung fair sind.

Der Fisch als Angestellter

Genaugenommen braucht der Fische-Angestellte einen Helden, zu dem er aufschauen kann und der ihn inspiriert. Er braucht unbedingt einen Chef, mit dem er sich identifizieren kann und dessen Fähigkeiten ihm imponieren. Im allgemeinen tut sich der Fische-Angestellte in den ersten Wochen und Monaten recht schwer. Es dauert lange, bis seine Fähigkeiten erkannt werden und bis auch seine Vorgesetzten begriffen haben, was alles in diesem Mann steckt. Dadurch, daß er sich immer bescheiden im Hintergrund hält, daß er durch Freundlichkeit, aber nicht durch Taten überzeugt und daß er mitunter eine gewisse Trägheit an den Tag legt, wird er oft als wenig kompetent eingestuft.

Erst wenn erkannt wird, daß er durchaus brillant sein kann, daß er hervorragende Ideen hat und vor allen Dingen auf dem breiten Feld der Künste und vieler manueller Fähigkeiten Überdurchschnittliches zu leisten vermag, stehen ihm plötzlich alle Türen offen.

Auch die überdurchschnittliche Kreativität dieser Sternzeichen-Vertreter wird nicht in den ersten Wochen und Monaten an einem neuen Arbeitsplatz erkennbar. Das zeigt sich oft erst im Laufe der Jahre. Daher ist es auch bezeichnend, daß die meisten Fische-Angestellten zunächst in mehreren verschiedenen Jobs tätig waren, ehe sie einen Arbeitsplatz gefunden haben, der ihnen hundertprozentig zusagt.

Die meisten Chefs mögen ihre Fische-Angestellten deshalb, weil diese immer für ausgleichende Gerechtigkeit sorgen, ein gutes Betriebsklima herstellen, in jeder Lebenslage hilfsbereit sind und sich nicht scheuen, einmal eine Überstunde zu machen.

Ein guter Rat sollte allen Fische-Angestellten mit auf den Weg gegeben werden: nämlich, daß sie sich nicht unter Preis verkaufen dürfen. Tun sie das, wird es später um so schwieriger, eine Gehaltserhöhung zu erhalten oder jene Anerkennung zu finden, die meistens nur den ganz Erfolgreichen zuteil wird.

Lernen müssen es die Fische-Angestellten, daß sie in ihrer Firma zuverlässig und vor allen Dingen pünktlich sein müssen. Auch geht es nicht, daß sie sich von ihren Stimmungsschwankungen beeinflussen lassen und in manchen Fällen eine berufliche Situation dadurch verbauen, daß sie gerade eine Phase der Depression durchmachen.

Der Charme, den die meisten Fische-Geborenen ausstrahlen, und die Leichtigkeit, mit der sie ihre Mitmenschen handhaben, führt oft dazu, daß die Mitarbeiter und selbst ihre Vorgesetzten nicht erkennen, welches Chaos nicht selten auf dem Schreibtisch dieses Sternzeichen-Vertreters herrscht. Man sollte da jedoch sehen, daß eine gewisse Genialität, zu der eine unübersichtliche Anordnung der Arbeitsmaterialien gehört, kennzeichnend ist für den Fische-Vertreter.

Entscheidend ist für den Fische-Geborenen, daß er einen Chef hat, der ihm hin und wieder die Entscheidung abnimmt und dafür sorgt, daß ein bestimmtes Tempo eingehalten wird. Überläßt man den Fische-Angestellten zu sehr sich selbst, kann er sich verzetteln oder in einen Trott fallen, der mit der progressiven Entwicklung der Firma nicht mehr unter einen Hut zu bringen ist.

Am besten sind jene Fische-Angestellten beraten, die das Glück haben, entweder als Boß einen Krebs, einen Skorpion oder aber einen Widder zu haben. Sehr viel schwieriger und mit sehr viel mehr Frustration ist das berufliche Fortkommen verbunden, wenn sie unter einem Löwen, einem Schützen oder gar einem Steinbock Karriere machen wollen.

Diese Gesundheitsregeln sollten Fische-Menschen beachten

Um glücklich zu sein und sich auch körperlich wohl zu fühlen (seelische und körperliche Verfassung sind innig miteinander verbunden und beeinflussen einander wechselseitig!), bedürfen die Fische-Geborenen eines gleichmäßig freundlichen „Klimas", das heißt harmonischer Umwelteinflüsse. Menschen, die liebevoll und verstehend auf die kleinen Fische-Schwächen eingehen, eine fröhliche, aufmunternde Wirkung ausüben und energische Festigkeit mit Takt und Zartgefühl verbinden, können mitunter Wunder wirken.

Fische-Menschen sind sensible Naturen, leicht zu kränken und zu verletzen – richtige seelische Mimosen, oft unter Lebensangst leidend und das eigene Licht unter den Scheffel stellend. Sie sehnen sich nach Beachtung, Lob, Anerkennung; es fehlt ihnen jedoch die Gabe, auf sich aufmerksam zu machen und sich energisch durchzusetzen. So müssen sie öfter hinter robusteren und rücksichtsloseren Rivalen zurückstehen. In solchen Situationen leiden sie heftig. Und der Fische-Mensch „verkümmert", wenn er gekränkt wird oder sich gekränkt fühlt, verspottet wird oder sich das einbildet, mißverstanden wird oder sich mißverstanden vorkommt. Er neigt dann zu nervlichen Störungen und kränkelt, ohne richtig krank zu sein.

Auffallend ist bei den Fische-Geborenen, daß sie besonders leicht fiebern. Was bei anderen Menschen allenfalls etwas erhöhte Temperatur hervorruft – eine kleine Erkältung zum Beispiel, eine leichte Halsentzündung –, löst bei vielen Fische-Geborenen sogleich Fieber aus.

Magenverstimmungen sind ebenfalls häufig von Fieber begleitet, und den Magen verderben sich die Fische relativ schnell. In dieser Beziehung müssen sie besonders vorsichtig sein. Manchmal genügt es, daß ein Essen mit einem anderen Fett zubereitet wurde, als sie gewöhnt sind – und schon streikt der Magen. Daraus ergibt sich unter anderem, daß Fische-Menschen im Urlaub und auf Reisen der Kost erhöhte Aufmerksamkeit schenken müssen. Ein verdorbener Magen beeinträchtigt die Ferienfreude doch nicht unerheblich, und wenn sich am Ende gar noch Fieber hinzugesellt, sind schnell einige Tage der Erholung verloren.

Überfüllung des Magens schadet den Fische-Geborenen, und sie sollten deshalb lieber mehrere kleine Mahlzeiten als zwei große zu sich nehmen. Kluge Fische-Menschen hören mit dem Essen auf, bevor sie völlig satt sind, und zwar nicht nur aus Rücksicht auf die „Linie".

Der empfindliche Magen reagiert bei einigen Fische-Typen auch auf Druck von außen nachteilig. Das bedeutet, daß auf einschnürende Kleidungsstücke verzichtet werden muß. Fische-Frauen, die eine schmale Taille vorweisen wollen und sich deshalb in enge Korsetts zwängen, büßen mit Übelkeitserscheinungen für ihre Eitelkeit.

Zum Frühstück ist ein warmes Getränk empfehlenswert: Milchkaffee, Tee mit Milch, Kakao oder warme Milch. Das Frühstück soll zwar seine Funktion erfüllen, „den Motor anzuheizen", zweckmäßig aber nicht so üppig sein, wie sich dies bei Menschen mit kräftiger Konstitution vertreten läßt. Fische-Geborene wählen also statt auf Speck gebratenen Eiern besser ein weichgekochtes Ei und dazu Toast oder eine Schnitte dunkles Brot mit Butter.

Eine Zwischenmahlzeit im Lauf des Vormittags ist vertretbar, da ja das Mittagessen nicht zu üppig ausfallen soll. In Frage kommen Äpfel, Orangen, Bananen, Milch mit Sanddornsaft oder Honig, allenfalls ein kleines belegtes Brötchen.

Mittags wäre gerade bei Fische-Geborenen dafür zu plädieren, die Mahlzeit mit einem Teller Suppe zu beginnen, beziehungsweise zwischen Suppe und ein wenig Rohkost als Vorspeise zu wechseln. Die Fleischportion sollte nie mehr als 100 g betragen. Gemüse wird englisch zubereitet, Salate dürfen nicht zu scharf gewürzt sein.

Als „kritische Zone" des Körpers gilt bei Fische-Geborenen der Bereich der Atmungsorgane. Anzeichen, die allenfalls auf Erkrankungen in diesem Bereich schließen lassen, sind deshalb niemals leichtfertig zu übergehen. Vorsicht schadet bekanntlich nicht. Ergibt eine Untersuchung, daß es sich nur um eine harmlose Erkältung oder dergleichen handelt – um so besser. Und sollte etwas Ernsthafteres vorliegen, ist ein beginnendes Leiden wie jeder rechtzeitig erkannte Schaden ungleich erfolgversprechender zu behandeln und zu beheben als ein fortgeschrittenes. Der Sinn jedes Hinweises auf die sogenannten kritischen Zonen liegt ja vornehmlich im Wecken der Aufmerksamkeit.

Der Fische-Mann und die moderne Partnerschaft

Der Fische-Mann ist ebenso wie die Fische-Frau warmherzig und gefühlsbetont, sehr von wechselnden Stimmungen abhängig, nicht sehr entschlußfreudig, mehr zur Bequemlichkeit neigend, doch von starkem Gerechtigkeitssinn erfüllt und in manchen Fällen, eben wenn es darum geht, der Gerechtigkeit zum Sieg zu verhelfen, auch über sich hinauswachsend.

Dieser Typ möchte sein Lebensschiff gerne in der Nähe des sicheren Ufers kreuzen lassen, wo keine gefährlichen Stürme drohen und ihm nicht Entscheidungen abgefordert werden, bei denen es um alles geht.

Er ist fleißig, tüchtig, oft sehr begabt, aber nicht in der Lage, seine Vorzüge ins helle Licht zu setzen. Solcherart ist sein Vorankommen im Leben in ziemlich hohem Grad von der Gunst der Umstände und auch von der Hilfe verständnisvoller Menschen abhängig.

Nicht nur in diesem Zusammenhang ist es für den Fische-Mann äußerst wichtig, die richtige, gütig-heitere und behutsam fördernde Lebenskameradin zu finden.

Der Fische-Mann verkörpert einen Typ, der stark am Überkommenen, Überlieferten hängt. Er jagt also nicht um jeden Preis hinter dem her, was gerade „in" ist, begegnet aktuellen Schlagworten mit äußerster Vorsicht und Skepsis und orientiert sich lieber an Erprobtem und Bewährtem als an Neuem und Modernem.

Wie ist also die Einstellung des Fische-Mannes zu der modernen Partnerschaft?

Der in den Grundzügen seines Wesens herzensgute und eher weiche Fische-Geborene liebt seine Familie und sein gemütliches Heim über alles. Er ist zuverlässig und hilfsbereit und für die Menschen, die seinem Herzen nahestehen, auch zu großen persönlichen Opfern bereit.

Schon lange bevor von Gleichberechtigung die Rede war und in diesem Zusammenhang auch davon, daß in Ehen, in denen beide Partner berufstätig sind, der Mann genauso wie die Frau einen Teil der Hausarbeit übernehmen sollte, war diese Hilfe für viele Fische-Männer schlichtweg eine Selbstverständlichkeit.

Einen Fische-Mann braucht man in der Regel nicht erst zweimal zu bitten, doch diesen oder jenen Handgriff zu tun, Besorgungen zu erledigen oder einmal auf die Kinder aufzupassen – er wird es tun, vor allem dann, wenn ihm dafür Dank gesagt und Lob gespendet wird.

Was ein echter Fische-Geborener ist, der fand es nie „unter seiner Würde", etwa die Kohlen aus dem Keller zu holen oder seiner Frau die schweren Taschen die Treppen hochzutragen.

Er tat das schon in einer Zeit, als mehr Menschen darüber etwas mitleidig lächelten, als dies heute der Fall ist. Es hat sich doch inzwischen ein gewisser Wandel in der Einstellung zu solchen Fragen ergeben. Hieß es früher öfter, daß ein Mann, der sich im Haushalt nützlich machte, „unter dem Pantoffel stehen" müsse, so gilt es heute nicht mehr als „unmännlich", wenn ein Mann Tätigkeiten übernimmt, die man einst als weibliche Domäne ansah.

In diesem Punkt gibt es für Fische-Männer also kaum Schwierigkeiten, sich den Erfordernissen moderner Partnerschaft anzupassen. Der männliche Fisch wird ebenso bereit sein, seine Sprößlinge vom Kindergarten abzuholen, wenn seine Arbeitszeit früher endet als die seiner Frau, er wird sich auch daheim viel und gerne mit den Kindern beschäftigen, denn er ist ein sehr liebevoller Vater.

Eine andere Frage ist, wie denn nun der Fische-Mann überhaupt zur Berufstätigkeit seiner Ehefrau denkt.

Da ist seine Stellungnahme nicht immer völlig klar. Aus angeborener Toleranz wird er seiner Frau kaum etwas in den Weg legen, wenn er weiß, daß ein Beruf ihr Freude macht und sie daran hängt.

Im Grunde genommen sähe er es allerdings in vielen Fällen lieber, wenn sie daheim bliebe. Da spielt schon ein wenig Egoismus mit. Die Nurhausfrau kann sich dem von der Arbeit heimkehrenden Gatten begreiflicherweise mehr widmen als eine, die selbst abgehetzt von der Arbeit kommt. Und der Fische-Mann hat es sehr gerne, wenn man „für ihn da" ist, sich für ihn Zeit nimmt und auf ihn eingeht. Er möchte ein harmonisches Klima im Heim vorfinden, Ruhe und Beschaulichkeit.

Noch aus einem anderen Grund steht der Fische-Mann der berufstätigen Frau sozusagen „mit gemischten Gefühlen" gegenüber. Sein Selbstbewußtsein ist eine zähe, aber recht zarte Pflanze, die gestützt sein möchte. Es tut seinem Selbstbewußtsein gut, wenn er sich sagen kann, daß er allein ausreichend für seine Familie zu sorgen imstande ist.

Trägt die Ehefrau ebenso wie er selbst zum Familienbudget bei, fällt für den Fisch also etwas weg, worauf er stolz sein könnte. Das nagt bisweilen an ihm, auch wenn er sich dessen vielleicht nicht bewußt ist und schon gar nicht darüber spricht.

Eine zusätzliche Verlagerung zum Negativen hin ist gegeben, wenn die Lebenspartnerin womöglich gar mehr verdienen sollte als der Fisch selbst. Völlig auf ein kritisches Gebiet gerät die Partnerschaft aber dann, wenn die Frau des Fischs diesen darauf hinweisen sollte, daß sie offenbar tüchtiger ist als er, oder gar, wenn sie ihm Vorwürfe macht.

Fische-Menschen sind äußerst verletzbar, deshalb erfordert das Zusammenleben mit ihnen von den Partnern viel Fingerspitzengefühl und Takt. Eine moderne Partnerschaft mit einer berufstätigen, selbstbewußten und lebenstüchtigen Frau vermag durchaus zu klappen – aber nur dann, wenn diese Frau den Fische-Mann richtig zu behandeln versteht.

Dazu gehört, daß sie ihn öfter erkennen läßt, wie sie seine Leistungen und Bemühungen schätzt und achtet, daß sie ihm auch deutlich zeigt, welch bedeutende Rolle er in ihrem Leben spielt. Er darf wissen, daß sie ihren Beruf liebt – vorausgesetzt, daß er keinen Zweifel hegen muß, selbst ins Hintertreffen zu geraten.

Einfühlsame und kluge moderne Frauen werden ihrem Fische-Gefährten deshalb von Zeit zu Zeit immer wieder zu verstehen geben, daß er für sie das Wichtigste im Leben ist. Er wird es ihnen zu danken wissen.

Mit Diplomatie und zärtlicher Festigkeit ist von Fische-Männern nahezu alles zu erreichen. Nichts hingegen mit schroffen Worten, Spott oder Vorwürfen. Der verletzte Fisch wird bei Debatten, die so eine ungute Wendung genommen haben, kaum mit gleichen Waffen zurückschlagen. Er wird sich in sich selbst zurückziehen und still leiden.

Selbstverständlich leidet darunter dann die Partnerschaft als Ganzes. Deshalb: Hände weg von Versuchen, den Fische-Mann „umkrempeln" zu wollen. Man muß ihn lassen, wie er ist, muß ihn behutsam und möglichst so, daß er es gar nicht merkt, dorthin führen, wo man ihn haben will, und man darf ihn nicht überfordern.

Die Fische-Frau und die moderne Partnerschaft

Die Frauen aus dem Wasserzeichen Fische sind bezaubernde Wesen und besonders reich an jenen Tugenden, die man die weiblichen zu nennen pflegt. Sie sind äußerst anlehnungs- und schutzbedürftig, umsorgen und bemuttern gerne die Menschen, denen sie zugetan sind, haben meist einen guten Geschmack, manuelles Geschick und beweisen hauswirtschaftliche Tüchtigkeit.

Fische-Geborene gehören zu den sensibelsten Typen überhaupt. Man kann sie leicht erschrecken und in Angst versetzen, sie grübeln viel, haben überdurchschnittliches Verlangen nach Zärtlichkeit und Verstehen und brauchen, um sich günstig entwickeln zu können, ein gleichmäßiges „Klima", das ihnen zusagt.

Ihre Willenskraft ist nicht allzu groß. Wenn Widerstände im Leben auftreten, ist es nur wenigen Fische-Frauen gegeben, energisch dagegen anzukämpfen.

Es ist keinesfalls abfällig gemeint, wenn hier festgestellt wird, daß viele Fische-Geborene den Typ der „Frau von gestern" verkörpern – jener Frau, die meist aus der Obhut des Elternhauses in die eines Ehemannes überging, ihren Platz in der Familie voll ausfüllte, jedoch keine sonderlichen Ambitionen zeigte, sich in berufliche Abenteuer zu stürzen, sich vielmehr gern auf einen Tätigkeitsbereich beschränkte, zu dem im wesentlichen die Sorge für Mann und Kinder gehörte.

Fische-Frauen haben Seelen wie Mimosen. Falsch angefaßt, von einer rauhen Hand berührt, verschließen sie sich und verkümmern. Mit Spott und harten Worten – auch wenn sie vielleicht gut und aufmunternd gemeint sein sollten – erreicht man, daß der weibliche Fisch auch den letzten Rest an Elan einbüßt und mutlos geworden die Hände resignierend sinken läßt.

Enttäuschungen, Fehlschläge, Krisen stürzen die Fische-Geborenen in Depressionen, und sie finden dann nicht immer die Kraft, sich selbst wieder aufzuraffen. Fühlen sich die weiblichen Fische hingegen geborgen und verstanden, so erreichen sie nicht nur das Maximum an Daseinsfreude, sondern auch an Leistungsfähigkeit.

Der Fische-Typ eignet sich schlecht zum Einzelgänger. Daß manche Frauen so stolz darauf sind, ganz allein auf eigenen Füßen zu stehen, nimmt die Fische-Geborene verwundert zur Kenntnis. Sie kann es nicht zu ihrem eigenen Lebenskonzept machen.

Immer noch träumen Fische-Frauen von der Ehe als einer Insel der Geborgenheit, immer noch suchen sie im Mann den starken Beschützer, der sie gegen die Härten des Lebens verteidigt. Es drängt sie ganz einfach nicht danach, als gleichberechtigte Kameradin an seiner Seite zu stehen und mit ihm gemeinsam um die gesteckten Ziele zu kämpfen.

Richtige „Karrierefrauen" findet man im Zeichen Fische nur äußerst selten. Ist eine Fische-Geborene berufstätig, dann entweder aus idealen Motiven – in Berufen, die zum Beispiel mit Pflegen, Bewahren, dem Einsatz für altruistische Ziele zu tun haben – oder auch einem unerbittlichen Muß gehorchend, also etwa wenn sie alleinstehend ist, als Geschiedene oder Verwitwete für Kinder zu sorgen hat oder aus ähnlichen Gründen.

Manche Fische-Frauen muß man zum Erfolg regelrecht zwingen. Sie verstehen es herzlich wenig, aus den eigenen Fähigkeiten das Maximum herauszuholen, etwas „aus sich zu machen". Die meisten drängt es auch nicht in Positionen führender Art. Sie fühlen sich wohler in einem Team, vor allem, wenn dort gutes Zusammenarbeiten herrscht und sie sich geborgen fühlen können.

Mit der großen sexuellen Freizügigkeit, die in den letzten Jahren um sich gegriffen hat, weiß die echte Fische-Geborene ebenfalls nicht viel anzufangen. Sex allein, also gelöst von Beziehungen gemütvoller und geistiger Art, bedeutet ihr wenig.

Hat sie sich einmal gebunden, so ist sie von Natur aus treu. Selbstverständlich wünscht sie sich auch einen treuen Partner. Jene Großzügigkeit im sexuellen Bereich, bei der beide Partner einander gelegentliche Seitensprünge zugestehen, ist ihr völlig unverständlich.

Zusammenfassend ergibt sich aus all dem zwangsläufig, daß die Emanzipationsbewegung an den meisten Fische-Frauen vorübergeht. Ja, die Fische-Geborene sieht in den vielgepriesenen Errungenschaften der letzten Zeit mehr Nachteile als Vorteile für die Frauen, denn was die modernere Form der Partnerschaft an Vorteilen bietet – eben dafür hat die Fische-Frau keine Verwendung.

Sie müßte über den eigenen Schatten springen, um sie nützen zu können. Und wer kann das schon? Eine Fische-Frau am allerwenigsten. Ausnahmen bestätigen die Regel.

Wer paßt am besten zum Fische-Mann?

Die Widder-Frau (21. März bis 20. April)
Eine Widder-Geborene wäre zweifellos energisch genug, um den Fische-Mann anzufeuern und beim Vorwärtskommen kräftig zu unterstützen – meist ist sie jedoch zu energisch und findet nicht ganz den richtigen Ton für so einen Mann mit „dünner Haut". Daß es im Sexuellen richtig klappt, ist ebenfalls nicht recht anzunehmen.

Die Stier-Frau (21. April bis 20. Mai)
Ein nicht ganz so fragwürdiges, jedoch ebenfalls noch zwiespältiges Bild ergibt sich bei der Gegenüberstellung von Fische-Mann und Stier-Frau. Die Treue und Anhänglichkeit der Fische-Geborenen wissen Stier-Mädchen zweifellos zu schätzen. Vielleicht macht es ihnen auch Freude, den dankbaren Fisch zu umsorgen und zu bemuttern. Letzten Endes entscheidet bei diesen Paaren die individuelle Charakterprägung.

Die Zwillinge-Frau (21. Mai bis 21. Juni)
Sehen wir uns das Paar Fische-Mann – Zwillinge-Frau näher an. Auf erotischem Gebiet herrscht am ehesten Harmonie – doch der Fisch will nicht nur körperliche, sondern vor allem auch seelische Liebe, und in dieser Hinsicht gibt ihm die ambitionierte, unternehmungslustige und unruhige Zwillinge-Dame „zuwenig". Vor allem zuwenig Sicherheit. Ihre Vorliebe für Überraschungen und schnelle Entschlüsse, vor allem aber ihre Freude am Flirten lassen ihn nicht zur Ruhe kommen.

Die Krebs-Frau (22. Juni bis 22. Juli)
Wenn der Fische-Mann sich in eine Krebs-Frau verliebt, darf man gratulieren. Selten treffen so viele ideale Voraussetzungen zusammen. Die beiden überbieten einander an Rücksichtnahme, Zärtlichkeit und liebevollem Aufeinandereingehen. Das gegenseitige Anspornen ist genau richtig dosiert und deshalb auch erfolgreich. Man muß nur wünschen, daß diese beiden nicht in eine echte Notsituation geraten, denn dann würden sie sich wahrscheinlich schwer zurechtfinden.

Die Löwe-Frau (23. Juli bis 23. August)
Für eine Löwin ist der Fische-Mann wahrscheinlich nicht der Held ihrer Träume, denn diesen stellt sie sich „strahlender" und durchschlagskräftiger vor. Es erhebt sich somit die Frage, wie weit die Löwe-Geborene bereit ist, etwas „zurückzustecken". Einige Frauen dieses Zeichens werden die Verläßlichkeit, Herzensgüte und den Familiensinn des Fische-Mannes hoch genug schätzen und deshalb auf die Erfüllung anderer Wünsche verzichten. Aber sehr viele dürften nicht so entscheiden.

Die Jungfrau-Frau (24. August bis 23. September)
Fische-Mann und Jungfrau-Dame können zwar ganz gut miteinander auskommen, doch haftet solchen Beziehungen eine eigenartige Kühle an. Der Fisch wird bald zu frieren beginnen, und auch die Jungfrau wird nicht glücklich sein, denn ihrer zur Schau getragenen Nüchternheit zum Trotz regiert in weiten Bezirken ihrer Seele alles eher als nur das Nüchterne. Der Fisch aber findet nicht den Schlüssel zu diesen Bereichen.

Die Waage-Frau (24. September bis 23. Oktober)
Verbindungen mit Waage-Frauen dürften sich sehr wechselhaft gestalten. Zwar kann es längere, durchaus harmonische Perioden geben, aber auch schwere Vertrauenskrisen. So sehr sich ein Fische-Mann bemüht – manchmal kann er seine Waage-Liebste einfach nicht verstehen. Wieso ist sie heute für völlig anderes begeistert als gestern? fragt er sich verstört. Die bohrenden Zweifel trüben schließlich auch das sonst vorzügliche Sexklima.

Die Skorpion-Frau (24. Oktober bis 22. November)
Trotz starker Gegensätze ist das Paar Fische-Mann – Skorpion-Frau keinesfalls chancenlos. Es ist allerdings echtes und ausdauerndes Bemühen von beiden Seiten erforderlich, um die vorhandenen Klippen zu umschiffen. Aber es könnte gelingen. Jedenfalls sollte nicht zu früh resigniert werden.

Die Schütze-Frau (23. November bis 21. Dezember)
Wenn Fische-Mann und Schütze-Frau eine gemeinsame Glücksbasis finden, liegt eher eine Ausnahme als die Regel vor. Die

Schützinnen begehen – unbewußt und oft von der besten Absicht geleitet – in der Behandlung der sensiblen Fische-Männer leicht Fehler, die sich nicht wiedergutmachen lassen. Beide sind oft blind für die Vorzüge des Partners und sehen nur, was sie stört oder nervös macht.

Die Steinbock-Frau (22. Dezember bis 20. Januar)
Da die Steinbock-Frauen großen Wert auf Beständigkeit legen, werden sie einem Fische-Mann zunächst positiv gegenüberstehen und ihn genau prüfen. Es ist allerdings möglich, daß sich trotz anfänglicher Liebesbereitschaft auf beiden Seiten dann doch nichts Befriedigendes ergibt. Die nüchterne und materielle Lebenseinstellung, die bei ziemlich vielen Steinbock-Geborenen überwiegt, könnte dem Fisch unbehaglich werden. Solche Beziehungen schleppen sich oft lange dahin, bis es doch zum Bruch kommt.

Die Wassermann-Frau (21. Januar bis 19. Februar)
Zwischen Fische-Mann und Wassermann-Dame entsteht oft sehr schnell Sympathie, ja sogar Liebe. Die Fortsetzung läßt sich nicht allgemein voraussagen. Entscheidend ist meist die Charakterfärbung der Wassermann-Geborenen, denn da gibt es große Unterschiede. Es sind nahezu alle Möglichkeiten offen.

Die Fische-Frau (20. Februar bis 20. März)
Eine Verbindung zwischen zwei Fischen funktioniert nur dann gut, wenn es sich um zwei Vertreter der gegensätzlichen Extreme handelt.

Wer paßt am besten zur Fische-Frau?

Der Widder-Mann (21. März bis 20. April)
Ein Partner aus dem Zeichen Widder zum Beispiel wäre in vieler Hinsicht die ideale Ergänzung für die Fische-Frau. Er kann für zwei schaffen und wird mit den Tücken des Lebens stets irgendwie fertig. Aber er ist auch manchmal rücksichtslos, sogar Menschen

gegenüber, die er herzlich liebt. Er mißt mit anderen Maßen als die Fische-Frau. Ein weiterer heikler Punkt in solchen Verbindungen: das große sexuelle Verlangen der Widder-Männer, das Fische-Mädchen eher erschreckt als mitreißt.

Der Stier-Mann (21. April bis 20. Mai)
Stier-Männer spielen sich gerne zu Beschützern auf, und es könnte sie reizen, eine Fische-Frau zu wählen, der sie immer wieder gönnerhaft erklären können, wieviel sie ihnen zu verdanken hat. Motto: Was wärst du ohne mich? Doch die Stiere haben auch eine fatale Neigung, Schwächere als „Blitzableiter" zu mißbrauchen. Die sensible Fische-Frau wird durch diese Stier-Neigung am Nerv getroffen.

Der Zwillinge-Mann (21. Mai bis 21. Juni)
Fische-Frau und Zwillinge-Mann haben in der Liebe oft einen guten Start. Es kann auch noch eine Weile gut weitergehen, zumal die erotischen Kontakte meist vorzüglich sind. Doch eines Tages entdeckt die Fische-Geborene, daß ihr Freund genaugenommen recht leichtsinnig ist. Sie beginnt sich zu ängstigen. Prompt lacht er sie aus. Was soll ihm schon passieren? Dieser fröhliche Optimismus ist der Fische-Frau unbegreiflich. Die ersten feinen Risse in der Verbindung werden breiter und breiter.

Der Krebs-Mann (22. Juni bis 22. Juli)
Ein Krebs-Mann ist in vieler Hinsicht der Idealpartner für Fische-Frauen – vorausgesetzt, daß er kein allzu großer Phantast ist, denn wenn sich der Schwung der Phantasie zu weit von der Realität entfernt, ist es um die Sicherheit nicht mehr rosig bestellt. Doch einer Fische-Frau zuliebe kann der Krebs-Mann fast alles tun, also auch seine Phantasie zügeln. Beide lieben innige Kontakte, seelische Verbundenheit. Er paßt zu ihr.

Der Löwe-Mann (23. Juli bis 23. August)
Dem Löwe-Mann schmeichelt die Bewunderung und Dankbarkeit der Fische-Partnerin. Das macht ihn umgänglich und großzügig. Man kann beobachten, daß Löwe-Männer den Fische-Frauen

gegenüber mehr Geduld aufbringen, als sie sonst entwickeln. Es dürfte gelegentlich Krisen geben, doch müssen sie nicht unbedingt das Ende der Liebe bringen.

Der Jungfrau-Mann (24. August bis 23. September)
Was Jungfrau-Mann und Fische-Frau verbinden könnte – die Beständigkeit der Neigung, die in den Charakteren verankert ist, Sicherheitsstreben und Freude an verfeinerter Sinnlichkeit –, diese Gleichgestimmtheit in mehreren Bereichen kommt merkwürdigerweise fast nie zum Tragen. Es fehlt offenbar die „Initialzündung", die anregen muß, einander zu entdecken. Der Sprung von der Neutralität zur Engagiertheit unterbleibt.

Der Waage-Mann (24. September bis 23. Oktober)
Den meisten Waage-Männern sind Fische-Frauen zu kompliziert. Ein Waage-Mann will nicht jeden Tag das gleiche vorgesetzt erhalten, auch wenn es sich um „Süßes" handelt; er will unternehmungslustige Gefährtinnen, die bei all seinen Einfällen munter mithalten. Er will auch einmal toben können, ohne damit Tränenströme und Katastrophenstimmung auszulösen. Waage-Männer finden, daß Fische-Frauen „spinnen" – und gehen.

Der Skorpion-Mann (24. Oktober bis 22. November)
Bei einer Verbindung von Fische-Frau und Skorpion-Mann könnte das Überraschende eintreten, daß der Skorpion vergißt, sich seines gefürchteten Stachels zu bedienen. Der männliche Skorpion fühlt sich an der Seite der Fische-Geborenen so unangefochten in seinem Machtanspruch, daß er sich milde und „gnädig" wie nie zeigt. Allerdings: Seine sexuellen Wünsche überschreiten oft beträchtlich die Grenzen, die Fische ziehen.

Der Schütze-Mann (23. November bis 21. Dezember)
Schütze-Männer sind zwar gerührt über die Innigkeit, die ihnen aus den Augen der Fische-Frauen entgegenleuchtet, und sie sind zu Beginn einer Beziehung voll der besten Vorsätze – das dauert aber meist nur so lange, bis sie merken, daß die Liebe der Fische-Geborenen für sie zu einer kurzen „Kette" geworden ist und sie in ihrer Bewegungsfreiheit einschränkt.

Der Steinbock-Mann (22. Dezember bis 20. Januar)
Steinbock-Mann und Fische-Frau haben etwas größere Chancen, als sich für Paare feststellen ließ, bei denen der Mann im Fische-Zeichen geboren wurde. Der kraftvolle Steinbock findet es „ganz in Ordnung", daß die Frau an seiner Seite Schwächen zeigt. Er sucht sich klarzuwerden, was er von ihr erwarten darf und was nicht – und bleibt dann möglicherweise auf Grund dieser realen Erwägungen beim Ja, das sein Herz sprach.

Der Wassermann-Mann (21. Januar bis 19. Februar)
Ist die Fische-Geborene noch sehr jung, wenn sie einen Wassermann-Typ liebenlernt, sind Komplikationen zu erwarten, da der Wassermann-Geborene meist eine lange Periode des Ungestüms, Suchens und Schwankens durchmacht, ehe er sich zu einem Dauerpartner „eignet".

Der Fische-Mann (20. Februar bis 20. März)
Fische–Fische, das klappt nur, wenn wenigstens einer der Partner genug Schwung hat, um den anderen immer wieder mitzureißen.

Glückstage der Fische-Menschen

Gerade die unter dem Sternzeichen Fische geborenen Menschen neigen zur Schwarzseherei und bilden sich daher gerne ein, Glückstage könne es zwar für die Vertreter der anderen Zeichen geben, nicht aber für sie selbst. Diese pessimistische Einstellung ist jedoch weit gefehlt. Der Donnerstag ist ganz allgemein der Tag für die Fische, an denen ihnen fast alles gelingt und an dem sie sowohl im privaten wie auch im geschäftlichen Bereich eine glückliche Hand haben.

Für die Vertreter der ersten Dekade ist darüber hinaus der Montag, für die der zweiten der Freitag und für die der dritten schließlich der Mittwoch mit den besten Erfolgschancen besetzt.

Gemeinsam sind den Fische-Geborenen mit den Vertretern der anderen Tierkreiszeichen folgende Glückstage:

Fische und Widder: 3. März und 16. Mai; Fische und Stier: 1. August und 12. Dezember; Fische und Zwillinge: 10. September und 6. Oktober; Fische und Krebs: 3. Februar und 23. Juni; Fische und Löwe: 9. Januar und 30. August; Fische und Jungfrau: 7. April und 21. April; Fische und Waage: 29. Juli und 15. November; Fische und Skorpion: 14. Mai und 19. Dezember; Fische und Schütze: 4. März und 18. Juli; Fische und Steinbock: 17. April und 12. November; Fische und Wassermann: 16. September und 12. Oktober.

Einen Glückstag können Sie sich übrigens selbst ausrechnen: Es ist das Datum, das sieben Tage vor Ihrem Geburtstag liegt.

Glückszahlen der Fische-Menschen

Haben Sie es als Fische-Geborener wirklich immer noch nicht gemerkt? Natürlich ist die Fünf Ihre Glückszahl! Wie auch immer Sie diese Ziffer anwenden – sie ist erfolgversprechend. Und die glückbringende Kombination haben Sie auch noch nicht erkannt? Haben Sie denn schon einmal versucht, auf die Zahlenreihe 5–15–50 zu setzen? Und können Sie sich an den Ausgang erinnern?

Raffen Sie Ihre eigenen Glückszahlen doch einmal zusammen! Sie wissen doch, daß für Sie als die Vertreter der ersten Dekade noch die 12 als Glückszahl und als Kombination 12–20–60 hinzukommen, oder? Für die in der zweiten Dekade Geborenen lauten die Zahlen 6 und 16–46–90 und für in der dritten Dekade geborene Fische-Menschen schließlich 3 sowie 13–30–38.

Auch wenn Sie mit einem Partner liiert sind, der nicht im Zeichen Fische geboren ist, haben Sie bestimmte Glückszahlen. Sie lauten:

Fische und Widder: 1 und als Kombination 10–15–50; Fische und Stier: 4 und als Kombination 40–45–78; Fische und Zwillinge: 8 und als Kombination 58–80–88; Fische und und Krebs: 7 und als Kombination 17–50–57; Fische und Löwe: 9 und als Kombination 19–82–89; Fische und Jungfrau: 11 und als Kombination 21–40–51; Fische und Waage: 0 und als Kombination 10–30–90; Fische und Skorpion: 8 und als Kombination 18–28–48; Fische und Schütze: 6 und als Kombination 66–67–97; Fische und Steinbock: 15 und als Kombination 55–67–95; Fische und Wassermann: 13 und als Kombination 26–39–52.

Glückssteine und Glücksfarben der Fische-Menschen

Als ausgesprochene Glückssteine der Fische-Menschen müssen der feurige Rubin, der kühle Aquamarin sowie der funkelnde Goldtopas gewertet werden. Diese Steine sollten darüber hinaus besonders schlicht gefaßt werden. Es empfehlen sich Weißgold, Platin und einfaches Silber.

Fische-Frauen sind sehr oft schlank bis überschlank während der jungen Jahre. Gerade in dieser Zeit sollten sie daher mit dem Tragen von zuviel Schmuck vorsichtig sein, weil grazile Persönchen besonders leicht lächerlich und überladen wirken, wenn sie versuchen, zuviel von dem Inhalt ihrer Schmuckschatulle auf einmal vorzuzeigen.

Die Herren dieses Zeichens tragen im allgemeinen außer dem Ehering keinen Schmuck. Wenige von ihnen haben darüber hinaus noch einen Siegelring, der jedoch immer nur zu besonderen Anlässen getragen wird.

Die Glücksfarben der Vertreter dieses Tierkreiszeichens sind Orange, ein mattes Gelb, ein duftiges Lindgrün sowie ein sehr zartes Beige, alles Töne also, die die Sensibilität dieser Menschen unterstreichen. Es erklärt sich von selbst, daß die „Fische-Mimosen", wie sie gerne genannt werden, mit grellen, scharfen Schattierungen nichts anfangen können. Ein Fische-Mädchen in einem grell lilafarbenen Anzug oder einen Fische-Mann in einem hellblauen Anzug mit einer knallroten Krawatte dazu wird man vergebens suchen. Fische-Menschen dagegen, die ihre Garderobe farblich geschickt kombiniert haben, findet man überall.